复杂金融系统中的随机与延迟性

李江城 著

中国财经出版传媒集团
经济科学出版社
Economic Science Press

图书在版编目（CIP）数据

复杂金融系统中的随机与延迟性/李江城著． --北京：经济科学出版社，2021.10
ISBN 978-7-5218-3005-7

Ⅰ.①复… Ⅱ.①李… Ⅲ.①金融体系－研究 Ⅳ.①F830.22

中国版本图书馆 CIP 数据核字（2021）第 220418 号

责任编辑：李一心
责任校对：齐　杰
责任印制：范　艳

复杂金融系统中的随机与延迟性

李江城　著

经济科学出版社出版、发行　新华书店经销
社址：北京市海淀区阜成路甲 28 号　邮编：100142
总编部电话：010-88191217　发行部电话：010-88191522
网址：www.esp.com.cn
电子邮箱：esp@esp.com.cn
天猫网店：经济科学出版社旗舰店
网址：http://jjkxcbs.tmall.com
北京季蜂印刷有限公司印装
787×1092　16 开　19.75 印张　350000 字
2022 年 6 月第 1 版　2022 年 6 月第 1 次印刷
ISBN 978-7-5218-3005-7　定价：86.00 元
（图书出现印装问题，本社负责调换。电话：010-88191510）
（版权所有　侵权必究　打击盗版　举报热线：010-88191661
QQ：2242791300　营销中心电话：010-88191537
电子邮箱：dbts@esp.com.cn）

前　言

本书主要探讨了复杂的金融系统中的随机性与延迟性。信息的随机作用和时间延迟与自然系统中的噪声和时间延迟是相似的。噪声和时间延迟效应在诸如物理系统、生态系统、化学反应和基因科学等自然系统中是一个广泛存在的现象，对系统既能增益也会损害系统稳定。金融系统作为一个复杂的系统，其核心的运行单位为政府、企业、机构及个人等投资者。信息的随机作用和时间延迟最终又会直接或间接地对投资者造成冲击，必然影响着金融系统中投资者行为动力学过程，有可能诱发投资者非理性行为加剧，造成金融市场价格剧烈波动，乃至成为金融危机的重要源头之一，这会给国民经济和政治环境都带来不利的影响。金融系统是经济社会的大动脉，是经济稳定运行的重要基石。因此，我们有必要引入金融物理和贝叶斯统计的研究方法和发展新的理论，就信息引起的随机作用和时间延迟对金融系统中投资者行为影响机制展开深入研究，建立随机延迟的投资者行为动力学模型，探讨随机延迟的复杂金融系统中物性变化，找到适当的调控方法增益好的作用，调控坏的影响。

本书内容分为四个模块。第一～第五章为第一模块，简单介绍了研究问题、采用的方法和一些相关的概念。第六～第十章为第二模块，重点探讨了股票市场中的随机性与延迟性，其主要内容发表在 SCI 期刊，同时也被 SSCI 所收录。这部分探讨了金融市场及投资中极端金融市场、市场随机共振、羊群效应和稳定性等问题。第十一～第十三章为第三模块，以农林病虫害定损建模、保险定价等为例，研究了巨灾保险中的随机性与延迟性问题，本部分的内容也发表在 SCI、SSCI 期刊。最后一个模块为第十四章，对复杂金融系统中随机性与延迟性研究的新方法做了展望与简单介绍。

本书得到云南财经大学博士学术基金全额资助出版。本书撰写过程中，作者的部分研究生参与了收集和整理工作，其分工为：2017 级研究生冷娜同学：第二章、第三章、第四章、第五章；2018 级研究生李瑞同学：第十一、第十二、第十三章；2018 级研究生王政同学：第十四章的第一、第二节；2018 级研究生许铭哲同学：第十四章的第三、第四节。感谢云南财经大学金融学院、云南大学数学与统计学院和物理与科学技术学院多位老师的建议。此外，感谢国家自然科学基金委、教育部人文社科项目、云南省青年拔尖万人项目和云南省基础应用研究面上项目等的支持。最后，感谢家人的理解和支持。

李江城
2021 年 7 月于云南财经大学

Contents 目 录

第一章　绪论 · 1
　　第一节　研究问题与意义 · 1
　　第二节　研究动态的概述 · 4
　　第三节　研究思路意义与前景 · 10
　　第四节　研究方案 · 13

第二章　金融市场 · 15
　　第一节　金融市场的概述 · 15
　　第二节　金融市场的功能 · 20
　　第三节　金融市场的趋势 · 22

第三章　投资基础理论 · 28
　　第一节　投资的简介 · 28
　　第二节　收益和风险 · 29
　　第三节　最优风险资产组合 · 32
　　第四节　定价理论 · 35
　　第五节　投资绩效分析 · 37

第四章　金融物理学基础 · 39
　　第一节　金融物理学的研究对象 · 39
　　第二节　实验经济物理学基础 · 45
　　第三节　随机动力学简介 · 48

第五章　贝叶斯方法 · 53
　　第一节　后验分布 · 55

第二节　贝叶斯推断 …………………………………………… 57
第三节　贝叶斯计算 …………………………………………… 61

第六章　信息时间延迟性与市场稳定性 …………………………… 64
第一节　平均逃逸时间与稳定性 ……………………………… 64
第二节　稳定性与非线性的赫斯顿（Heston）模型 ………… 66
第三节　信息延迟与稳定性 …………………………………… 68

第七章　金融危机环境中的价格稳定性 …………………………… 72
第一节　延迟对稳定性影响 …………………………………… 74
第二节　延迟与风险收益稳定性 ……………………………… 85
第三节　周期信息与稳定性 …………………………………… 98

第八章　金融系统中的随机共振 …………………………………… 108
第一节　股票市场共振 ………………………………………… 109
第二节　延迟与共振 …………………………………………… 132

第九章　时间延迟抑制羊群效应 …………………………………… 137
第一节　研究背景 ……………………………………………… 137
第二节　延迟赫斯顿模型 ……………………………………… 141
第三节　延迟赫斯顿模型的贝叶斯估计 ……………………… 142
第四节　股票收益的统计性质 ………………………………… 147
第五节　正收益的平均驻留时间 ……………………………… 148

第十章　投资组合稳定性 …………………………………………… 155
第一节　组合动力学模型 ……………………………………… 155
第二节　金融危机的组合模型 ………………………………… 163
第三节　马科维兹组合与逃逸时间 …………………………… 172

第十一章　巨灾保险概述 …………………………………………… 184
第一节　风险、巨灾风险和农业巨灾 ………………………… 185
第二节　巨灾保险制度 ………………………………………… 191
第三节　农业巨灾保险 ………………………………………… 194

第十二章　病虫害巨灾实证研究 ······ 205
第一节　病虫害的平均逃逸研究 ······ 205
第二节　病虫害的随机共振研究 ······ 220

第十三章　启示与建议 ······ 243
第一节　病虫害巨灾的影响 ······ 243
第二节　中国农业巨灾保险制度存在的问题 ······ 246
第三节　国外巨灾保险制度的经验 ······ 248
第四节　农业巨灾保险启示与建议 ······ 250

第十四章　前沿介绍 ······ 254
第一节　复杂网络与金融 ······ 254
第二节　代理人基（Agent-based）模型 ······ 262
第三节　量化投资 ······ 270
第四节　机器学习 ······ 275

参考文献 ······ 284

第一章

绪　论

第一节　研究问题与意义

一、研究背景

噪声和时间延迟效应在诸如物理系统、生态系统、化学反应和基因科学等自然系统中是一个广泛存在的现象,对系统既能增益也会损害系统稳定。金融系统作为一个复杂的系统,其核心的运行单位为政府、企业、机构及个人等投资者。黄吉平在《经济物理学》中从经济物理角度把市场中参与主体通过代理人思想给予建模[①]。与自然系统受到噪声和时间延迟效应作用一样,信息的随机作用及延迟效应必然影响着金融系统中的代理人行为动力学过程,有可能诱发代理人非理性行为加剧,造成金融市场价格剧烈波动,乃至成为金融危机的重要源头之一。这会给国民经济和政治环境都带来不利的影响。金融系统是经济社会的大动脉,是经济稳定运行的重要基石。党的十九大及政府工作报告中都强调了"守住不发生系统性金融风险的底线"。

金融市场稳定是经济稳定的重要基础,是经济稳定和发展的重要条件。首先,股票市场不稳定现象加剧。近几十年来股票市场资产价格剧烈波动,进而使金融危机频繁发生,表现出较差的稳定性。特别是最近几年来,我国股票市场也受到国内外环境影响,时常发生剧烈的波动,如2015年下半年,A股市场剧烈波动,短期内连续两次下跌超过20%；2016年初,A股熔断

---

① 黄吉平. 经济物理学 [M]. 北京：高等教育出版社, 2013.

事件中价格的剧烈波动；2018年中美贸易战下，A股大幅波动，持续创新低；2020年新冠肺炎疫情造成全球股市动荡。其次，金融稳定是经济安全和国家安全的重要组成部分。2017年全国金融工作会议上，习近平强调，金融是国家重要的核心竞争力，金融安全是国家安全的重要组成部分，金融制度是经济社会发展中重要的基础性制度。党的第十八届五中全会通过的《中共中央关于制定国民经济和社会发展第十三个五年规划的建议》中也强调了要建立金融风险识别和预警机制，发展金融风险管理工具和防止发生系统性、区域性金融风险等建议。党的十九大要求，"健全金融监管体系，守住不发生系统性金融风险的底线"。2019年2月22日在中央政治局会议上习近平又一次强调"金融活，经济活；金融稳，经济稳；经济兴，金融兴；经济强，金融强。"[①] 金融稳定的重要基础之一是股票市场的稳定。如今A股市值已然排名全球第二，我国股市已经成为金融和经济社会发展的重要组成部分，也发展为全球不可忽视的重要市场。我国股市稳定也成为我国金融安全、经济安全和国家安全的重要组成部分。最后，金融市场稳定是经济发展的重要基础之一。股票市场是经济晴雨表。股票市场为我国经济社会资源配置提供了一个高效的途径，是金融市场的核心部分之一，也是社会主义经济发展核心竞争力的重要组成部分。通过股票市场开展股权融资是企业发展的重要融资手段之一。2018年11月1日习近平主席在民营企业座谈会上提到了股权和债券融资解决民营企业融资难融资贵问题[②]；2018年11月5日在首届中国国际进口博览会开幕式上习近平主席宣布设立科创板；2019年7月22日，科创板正式开市。这些都说明了股票市场对经济发展的重要意义，而它的稳定也是经济发展的重要基础之一。

　　因此，我们非常有必要引入物理学研究方法和发展新的理论，就信息引起的随机作用和时间延迟对金融系统中投资者行为影响机制展开深入研究，建立随机延迟的投资者行为动力学模型，探讨随机延迟的投资者行为中物性变化，预测投资者行为动力学过程，找到适当的调控方法增益其好的作用，调控坏的影响。此外，考虑到有限数据下，对所建立的模型、预测的结果和调控的方法的有效性进行检验，我们有必要引入如贝叶斯统计推断的方法来完善本书的研究。本书研究成果能从理论上补全部分随机延迟的金融物理模型的贝叶斯统计推断研究，为投资者投资决策中未来预期提供一定的理论及

---

① 人民网－中国共产党新闻网．扎实做好"六稳"工作，习近平这样说，2020－06－06（01），http：//cpc.people.com.cn/n1/2020/0606/c164113－31737576.html.

② 新华社，2018－11－01，http：//www.gov.cn/xinwen/2018－11/01/content_5336616.htm.

方法指导，也可以为经济政策实现有效调控提供一定的理论支持。

二、研究意义

1. 理论意义

从唯物角度，人是具有物质性的。人类的行为、演化及表现也一直受到物理学家的关注。金融系统是人类长期演化形成的复杂的系统之一，也是现代经济社会的心脏，是经济稳定运行的基石。金融系统的本质目标是对社会的资源进行配置，是服务于人的。金融系统作为一个复杂的系统，其微观核心又是"人"，是政府、企业、机构及个人等投资者，如同物理学中的微观粒子或者是复杂系统中的节点，从金融物理或经济物理角度也可定义为代理人[1]。

经典金融理论主要从均衡或无套利的角度探讨金融系统的宏微观特性。从宏观角度，金融系统会表现出一些传统金融理论难以解释的现象和效应，如阿比盖尔（Abergel）等人在他们书中提到的金融系统中临界、相变、逃逸、共振等复杂物理现象[2]、杠杆效应、羊群效应、动量效应、反转效应和市值效应等复杂金融动力学效应（黄吉平，2013），以及布伦纳迈尔（Brunnermeier）价格剧烈波动和金融危机等极端金融物理问题[3]。同时，侯赛因（Hussain）和普列托（Prieto）在其著作中提到随着大数据时代科技的发展，使得金融数据获取变得容易和复杂的计算方法可以得到实现[4]。这对于我们的研究给出了启示，就进一步深入研究复杂社会系统动力学演化而言，基于统计物理与复杂系统的思想探讨复杂金融动力学系统是一个具有较低的成本、较高的可行性和强力技术支持的切入点。此外，金融物理方法和思想也已经直接影响着金融市场和金融实践。约万诺维奇（Jovanovic）和辛库斯（Schinckus）研究发现改变了金融数据分析的实践方法，已经广泛应用于套期保值、信息过滤和金融危机分析等金融实践领域及相关专业软件中（Jovanovic & Schinckus，2017）[5]。

因而我们非常有必要引入统计物理及复杂系统的研究方法和思想，对复

---

[1] 黄吉平. 经济物理学 [M]. 北京：高等教育出版社，2013.

[2] Abergel F., Aoyama H., Chakrabarti B. K., et al. Econophysics and Sociophysics: Recent Progress and Future Directions [M]. Springer International Publishing，2017.

[3] Brunnermeier M. K. Bubbles [M]. Palgrave Macmillan UK，2016.

[4] Hussain K., Prieto E. Big Data in the Finance and Insurance Sectors [M]//New horizons for a data-driven economy. springer, cham，2016.

[5] Jovanovic F., Schinckus C. Econophysics and Financial Economics: An Emerging Dialogue [M]. Oxford University Press，2017.

杂金融系统的微观时空演化行为及其物理机制进行建模，分析复杂金融动力学系统的微观时空演化行为、动力学效应和现象等相关问题的物理机制，探讨复杂金融系统时空演化行为、相关动力学效应和表象的动态预测方法，并找到适当的应用方法，增益其好的作用，调控坏的影响。这是一个学术上具有学科交叉融合价值的研究领域。这对统计物理及复杂系统科学研究领域的拓展、对经济金融理论的发展和对学科交叉融合等都有着重要的理论意义。复杂金融系统微观时空演化的动力学行为、物理机制和动态预测等关键问题，是在交叉研究的角度上对现有研究的有力补充和创新，为投资者投资决策中未来预期提供一定的理论及方法指导，也可以为经济政策实现有效调控提供一定的理论支持。

2. 现实意义

本书不仅仅是为了拓展统计物理及复杂系统科学在复杂金融动力学系统演化的研究，同时也将秉承"咨政为民、服务社会、政产学研用"的目标，探讨微观时空演化及复杂动力学效应与现象等相关问题的物理机制，进一步建立复杂金融动力学系统微观演化行为、复杂动力学效应及现象的动态预测方法，并应用到实际金融经济问题中，提出政策建议。这不仅是一个学术上具有学科交叉融合的理论意义，同时也具有产学研用实践意义。我们的研究成果既能吻合党的十九大强调了"守住不发生系统性金融风险的底线"的大的政策方针，能为投资者的风险管理提供新的方法支持，也能为投资者的投资决策行为提供一定的理论及方法指导，也可以为经济政策实现有效调控提供一定的理论支持。

第二节 研究动态的概述

一、金融物理研究动态概述

近二十年来，应用物理方法来研究金融系统的动力学行为、复杂的非线性特征和建立计量模型等已经成为物理与经济领域交叉研究的一个常见现象，并形成金融物理学。在国内，周炜星教授的《金融物理学》和黄吉平教授的《经济物理学》均较为系统地介绍了国内外金融物理学领域的发展。

金融物理学家对复杂金融系统的微观研究贡献上主要有基本面投资者和噪声交易者博弈、逾渗模型、伊辛模型、少数者博弈模型、复杂网络模型、代理人模型和市场导向的资源分配模型等,以及由此衍生出来的各种模型(Abergel et al., 2017;周炜星,2007)[1]。对于金融系统宏观表象的研究,更多的是关注于资产定价及其物理表象变化研究,也就是股票资产价格收益率、波动率和价差等统计规律及其价格时间序列模型,如几何布朗模型、ARCH 模型、GARCH 模型和 Heston 模型等扩展研究(Mantegna & Stanley, 2000)[2]。国内诸多的统计物理团队也深入开展了复杂金融系统宏微观演化模型研究(黄吉平,2013;周炜星,2007;Jiang et al., 2017)[3]。结合这些宏微观模型,金融物理学家对金融系统的各种宏微观非线性行为、动力学效应和复杂特性等不稳定问题做出了深入研究。

(1)就宏微观的临界、相变、幂律、逃逸和共振等复杂不稳定现象而言,金融物理学家开展了许多有建设性的研究,如舍弗(Scheffer)等基于临界相变行为对金融市场灾难性减速现象开展早期预警[4];科兹洛夫斯卡(Kozłowska)等的研究也强调了临界相变行为在金融系统中的预警作用[5];辛库斯(Schinckus)用伊辛模型分析了金融系统,类比地发现临界现象[6];夏(Xia)等基于复杂网络方法提出了一种构建中国股票市场网络的阈值模型,并对其拓扑性质进行了研究,可以观察到幂律现象和临界行为[7];瓦伦蒂(Valenti)等人分析了价格逃逸进程和探讨了波动增强金融市场稳定性现象[8]。

---

[1] Abergel F., Aoyama H., Chakrabarti B. K., et al. Econophysics and Sociophysics: Recent Progress and Future Directions [M]. Springer International Publishing, 2017.

[2] Mantegna R. N., Stanley H. E. An Introduction to Econophysics: Correlations and Complexity in Finance [M]. Cambridge university press Cambridge, 2000.

[3] 周炜星. 金融物理学导论 [M]. 上海:上海财经大学出版社,2007;黄吉平. 经济物理学 [M]. 北京:高等教育出版社,2013;Jiang X. F., Zheng B., Ren F., et al. Localized Motion in Random Matrix Decomposition of Complex Financial Systems [J]. Physica A Statistical Mechanics & Its Applications, 2017 (471): 154–161.

[4] Scheffer M., Bascompte J., Brock W. A., et al. Early-Warning Signals for Critical Transitions [J]. Nature, 2009 (461): 53–59.

[5] Kozłowska M., Denys M., Wiliński M., et al. Dynamic Bifurcations on Financial Markets [J]. Chaos Solitons & Fractals the Interdisciplinary Journal of Nonlinear Science & Nonequilibrium & Complex Phenomena, 2016 (88): 126–142.

[6] Schinckus C. Ising Model, Econophysics and Analogies [J]. Physica A Statistical Mechanics & Its Applications, 2018 (508): 95–103.

[7] Xia L., You D., Jiang X., et al. Comparison between Global Financial Crisis and Local Stock Disaster on Top of Chinese Stock Network [J]. Physica A: Statistical Mechanics and its Applications, 2018 (490): 222–230.

[8] Valenti D., Fazio G., Spagnolo B. Stabilizing Effect of Volatility in Financial Markets [J]. Physical Review E, 2018 (97): 62307.

（2）对羊群效应、杠杆效应、金融危机等复杂股票市场不稳定行为，金融物理学家也做了深刻的探讨，得到了诸多新的发现和结果。例如，张翼成教授及其学生夏雷在1997年提出了少数者博弈模型（Challet & Zhang, 1997）[①]；埃吉鲁兹（Eguiluz）和齐默尔曼（Zimmermann）基于代理人的演化网络对羊群效应进行了微观建模分析[②]；李等人基于少数博弈代理人分析了一种灵活的反向思维模型的两组竞争策略[③]；约阿什（Yoash）等人对金融市场短期羊群行为进行了建模，讨论了羊群效应下股票价格的统计特征[④]；黄吉平（Huang, 2015）[⑤]系统地阐述了基于可控的人类经济或金融相关问题的统计物理实验室及实验经济物理学概念和方法；郑波教授工作组结合多层羊群行为和代理模型研究了行业结构及波动聚类（Chen et al., 2015）[⑥]和基于代理人模型和复杂金融系统对羊群效应进行了仿真模拟研究（Chen et al., 2017）[⑦]；张等人分析了金融系统的非线性、随机相互作用动力学及其复杂性（Zhang & Wang, 2018）[⑧]；蒋雄飞等人基于随机矩阵理论研究了复杂金融系统，再现了特征模态的回归-波动相关性，观察到杠杆效应（Jiang et al., 2017）[⑨]；彭桢和胡昌生讨论了杠杆交易对股价崩盘风险的阈值效应（Peng & Hu, 2020）[⑩]。

从前人的诸多研究中可以发现用统计物理及复杂系统研究金融系统是一个有效的方法，能解释很多传统金融难以解释的问题，同时也给出一条新的

[①] Challet D., Zhang Y. C. Applications I. On the Minority Game: Analytical and Numerical Studies [J]. Physica A, 1998 (256): 514–532.

[②] Eguiluz V. M., Zimmermann M. G. Transmission of Information and Herd Behavior: An Application to Financial Markets [J]. Physical Review Letters, 2000 (85): 5659–5662.

[③] Li Q., Braunstein L. A., Havlin S., et al. Strategy of Competition between Two Groups Based on an Inflexible Contrarian Opinion Model [J]. Physical Review E, 2011 (84): 066101.

[④] Yoash S., Yonatan B., Eshel B. -J. Modelling the Short Term Herding Behaviour of Stock Markets [J]. New Journal of Physics, 2014 (16): 053040.

[⑤] Huang J. P. Experimental Econophysics: Complexity, Self-Organization, and Emergent Properties [J]. Physics Reports, 2015 (564): 1–55.

[⑥] Chen J. -J., Tan L., Zheng B. Agent-Based Model with Multi-Level Herding for Complex Financial Systems [J]. Scientific reports, 2015 (5): 8399.

[⑦] Chen T. -T., Zheng B., Li Y., et al. New Approaches in Agent-Based Modeling of Complex Financial Systems [J]. Frontiers of Physics, 2017 (12): 128905.

[⑧] Zhang W., Wang J. Nonlinear Stochastic Interacting Dynamics and Complexity of Financial Gasket Fractal-Like Lattice Percolation [J]. Physics Letters A, 2018 (382): 1218–1225.

[⑨] Jiang X. F., Zheng B., Ren F., et al. Localized Motion in Random Matrix Decomposition of Complex Financial Systems [J]. Physica A Statistical Mechanics & Its Applications, 2017 (471): 154–161.

[⑩] Peng Z., Hu C. The Threshold Effect of Leveraged Trading on the Stock Price Crash Risk: Evidence from China [J]. Entropy, 2020 (22): 268.

理论方法。这也慢慢被学界和业界所认可，甚至在部分学校已经开设了相关的课程和专业。同时，上述的复杂股票市场不稳定行为及相关现象的宏微观机制本质上都源自其微观行为特征，所以对金融系统所表现出不稳定效应和现象的微观解释及微观建模是金融物理学的面临的重要挑战之一（Abergel et al.，2017；Kutner et al.，2019）①。其中，从前文的叙述可知，复杂代理人模型是基于统计物理及复杂系统所建立的一个重要的模型，它能深刻地刻画羊群效应（Chen et al.，2017；Huang，2015）、杠杆效应（Jiang et al.，2017）、波动聚类（Huang，2015）② 和幂律行为（Xia et al.，2018）③ 等。所以基于代理人和复杂网络对金融系统微观进行建模是近十年来金融物理领域研究的热点问题之一。前人的研究还有一些不足之处和值得深入探讨的研究方向，如传统宏观价格模型难以深入解释很多复杂不稳定效应，宏观模型有较强经济解释意义，但微观模型经济意义解释不强，宏微观一体建模且统一研究不够深入等。这启示了我们可以从金融物理角度探讨金融系统宏微观随机演化动力学行为，进一步探讨股票价格稳定性问题。

二、贝叶斯方法研究动态

稳定性预测研究广泛应用在电网系统（Shamisa et al.，2018）④、地质工程（管宏飞等，2019）⑤ 和汽车制造（Ke et al.，2017）等系统工程领域。而在金融系统中，对整个金融市场稳定性预测则有阿尔扎马索夫（Arzamasov）和佩尼卡斯（Penikas）的稳定指数建模及预测⑥、章曦（2016）⑦ 的中国系统性金融风险预测、刘瑞兴（2015）的金融压力对中国

---

① Abergel F., Aoyama H., Chakrabarti B. K., et al. Econophysics and Sociophysics: Recent Progress and Future Directions [M]. Springer International Publishing, 2017; Kutner R., Ausloos M., Grech D., et al. Econophysics and Sociophysics: Their Milestones & Challenges [J]. Physica A: Statistical Mechanics and its Applications, 2019 (516): 240 – 253.

② Huang J. P. Experimental Econophysics: Complexity, Self – Organization, and Emergent Properties [J]. Physics Reports, 2015 (564): 1 – 55.

③ Xia L., You D., Jiang X., et al. Comparison between Global Financial Crisis and Local Stock Disaster on Top of Chinese Stock Network [J]. Physica A: Statistical Mechanics and its Applications, 2018 (490): 222 – 230.

④ Shamisa A., Majidi B., Patra J. C. Sliding – Window – Based Real – Time Model Order Reduction for Stability Prediction in Smart Grid [J]. IEEE Transactions on Power Systems, 2018 (34): 326 – 337.

⑤ 管宏飞，等. 基于 BP 神经网络对边坡稳定性预测分析 [J]. 中国煤炭地质，2019，31 (S1): 55 – 57.

⑥ Arzamasov V., Penikas H. Modeling Integral Financial Stability Index: A Cross – Country Study [J]. Higher School Of Economics Research Paper No WP BRP, 2014 (75): 1.

⑦ 章曦. 中国系统性金融风险测度、识别和预测 [J]. 中央财经大学学报，2016 (2): 45 – 52.

实体经济冲击、金教授工作组的财务脆弱性预测的准确性（Kim & Ko，2019）① 和韩国金融压力指数预测等研究（Kim et al.，2019）②。

对于股票市场稳定性预测研究则更多的是偏向于研究股票价格波动率、VaR 和 CVaR 等指标的预测。如马锋等人高频波动预测模型③、龚旭和林伯强的油价波动预测研究④、张耀杰等人混频方法的样本外波动率预测（Zhang et al.，2019）⑤ 和沈根祥和邹欣悦 GAS – HEAVY 模型的波动预测⑥ 等研究均开展了资产价格波动率预测分析。对于风险价格的预测研究，也可以在如下的文献中发现，如姚萍等基于 EGB2 分布族的 GAS – EGARCH 模型的 VaR 预测⑦、布莱恩（Braione）和舒尔特（Scholtes）在不同分布假设下的风险价值预测⑧、拜耳（Bayer）使用弹性网、lasso 和岭惩罚的分位数回归预测风险价值⑨、高田（Takada）等人利用熵来预测比特币的每日条件风险价值⑩、托森（Torsen）和塞克纽娜（Seknewna）具有异方差的条件风险值的自举非参数预测研究⑪等。

与此同时，与传统统计相比，贝叶斯估计在推断总体的过程中，不仅使用到了总体信息和样本信息，还考虑了通过历史资料和经验总结出先验信

---

① Kim H., Ko K. Improving Forecast Accuracy of Financial Vulnerability: Pls Factor Model Approach [J]. Economic Modelling, 2020 (88): 341 – 355.

② Kim H., Shi W., Kim H. H. Forecasting Financial Stress Indices in Korea: A Factor Model Approach [J]. Empir Econ, 2019 (1): 1 – 40.

③ 马锋，等. 基于马尔科夫状态转换和跳跃的高频波动率模型预测 [J]. 系统工程, 2016 (34): 10 – 16.

④ 龚旭，林伯强. 跳跃风险, 结构突变与原油期货价格波动预测 [J]. 中国管理科学, 2019 (26): 11 – 21.

⑤ Zhang Y., Wei Y., Zhang Y., et al. Forecasting Oil Price Volatility: Forecast Combination Versus Shrinkage Method [J]. Energy Economics, 2019a (80): 423 – 433.

⑥ 沈根祥，邹欣悦. 已实现波动 Gas – Heavy 模型及其实证研究 [J]. 中国管理科学, 2019 (27): 1 – 10.

⑦ 姚萍，等. 基于 EGB2 分布族的 GAS – EGARCH 模型与 VaR 预测 [J]. 运筹与管理, 2019, 28 (11): 125 – 134.

⑧ Braione M., Scholtes N. K. Forecasting Value-at – Risk under Different Distributional Assumptions [J]. Econometrics, 2016 (4): 27.

⑨ Bayer S. Combining Value-at – Risk Forecasts Using Penalized Quantile Regressions [J]. Econometrics and statistics, 2018 (8): 56 – 77.

⑩ Takada H. H., Azevedo S. X., Stern J. M., et al. Using Entropy to Forecast Bitcoin's Daily Conditional Value at Risk [C]. proceedings of the Multidisciplinary Digital Publishing Institute Proceedings, 2019 (33): 1.

⑪ Torsen E., Seknewna L. L. Bootstrapping Nonparametric Prediction Intervals for Conditional Value-at – Risk with Heteroscedasticity [J]. Journal of Probability and Statistics, 2019: 6.

息，可以使统计推断更为精确（Guess，1990）[1]。随着 20 世纪计算机软硬件和马尔可夫链蒙特卡罗算法（MCMC）（Brooks et al.，2011）[2] 的高速发展解决了贝叶斯统计推断方法的计算难题，贝叶斯统计方法的参数估计、检验、变量选择和预测等研究在统计物理（Ryosuke & Naoki，2013）[3]、复杂系统（Goldstein，2017）[4]、材料学（Vigliotti et al.，2018）[5]、计算科学（Hooi et al.，2016）[6]、经济学（Bollinger & Hasselt，2017）[7]、金融学（Gonzales et al.，2018）[8]、生态学（Ying et al.，2017）[9] 和心理学（Etz & Vandekerckhove，2018）[10] 等领域得到广泛的关注、成功的应用和发展。特别是在金融市场时间序列和风险预测等方面也取得了诸多成果。①时间序列贝叶斯预测方面，如波乐等（Pole）的贝叶斯时间序列预测应用[11]，安吉斯（Angers）等人的分类数据时间序列的贝叶斯预测[12]，威斯特（West）可扩展性、结构不确定性与决策的多元时间序列贝叶斯预测[13]，丘迪（Chudy）

---

[1] Guess F M. Bayesian Statistics: Principles, Models, and Applications [J]. Technometrics, 1990, 32 (4): 453–454.

[2] Brooks S., Gelman A., Jones G., et al. Handbook of Markov Chain Monte Carlo [M]. CRC press, 2011.

[3] Ryosuke N., Naoki M. Collective Opinion Formation Model under Bayesian Updating and Confirmation Bias [J]. Physical Review E Statistical Nonlinear & Soft Matter Physics, 2013 (87): 062123.

[4] Goldstein M. Bayes Linear Analysis for Complex Physical Systems Modeled by Computer Simulators [M]. Springer Berlin Heidelberg, 2017.

[5] Vigliotti A., Csányi G., Deshpande V. S. Bayesian Inference of the Spatial Distributions of Material Properties [J]. Journal of the Mechanics and Physics of Solids, 2018 (118): 74–97.

[6] Hooi B., Shah N., Beutel A., et al. Birdnest: Bayesian Inference for Ratings-Fraud Detection [C]. proceedings of the siam international conference on data mining, 2016: 495–503.

[7] Bollinger C. R., Van Hasselt M. Ba (Y) Esian Moment-Based Inference in a Regression Model with Misclassification Error [J]. Journal of Econometrics, 2017 (200): 282–294.

[8] Gonzales R., Aranda P., Mendizabal J. A Bayesian Spatial Propensity Score Matching Evaluation of the Regional Impact of Micro-Finance [J]. Review of Economic Analysis, 2017 (9): 127–153.

[9] Ying S., Zhang J., Zeng L., et al. Bayesian Inference for Kinetic Models of Biotransformation Using a Generalized Rate Equation [J]. Science of The Total Environment, 2017 (590–591): 287–296.

[10] Etz A., Vandekerckhove J. Introduction to Bayesian Inference for Psychology [J]. Psychonomic Bulletin & Review, 2018 (25): 5–34.

[11] Pole A., West M., Harrison J. Applied Bayesian Forecasting and Time Series Analysis [M]. Chapman and Hall/CRC, 2018.

[12] Angers J. F., Biswas A., Maiti R. Bayesian Forecasting for Time Series of Categorical Data [J]. Journal of Forecasting, 2017 (36): 217–229.

[13] West M. Bayesian Forecasting of Multivariate Time Series: Scalability, Structure Uncertainty and Decisions [J]. Annals of the Institute of Statistical Mathematics, 2020 (72): 1–31.

等人的八个宏观经济指标的长期贝叶斯预测①，布斯蒂科娃（Bustikova）基于随机森林与朴素贝叶斯分类器的一种概率文本挖掘时间序列预测方法②等。②贝叶斯风险预测方面，如康蒂诺（Contino）和杰拉赫（Gerlach）基于 GARCH 的贝叶斯尾部风险预测（Contino & Gerlach, 2017）③、陈博士（2017）等对在险价值的预测④、齐奥塔斯（Tsiotas）组合风险价值的贝叶斯预测⑤、雅典（Athens）和凯尔斯（Caers）基于蒙特卡罗的地热开发贝叶斯风险评估框架⑥、陈（Chen）和渡边（Watanabe）通过阈值实现波动率对风险价值进行贝叶斯建模和预测⑦等。

因此对股市投资者行为的研究依然是经济物理学和金融学领域的热点。然而与前面的研究不同，我们着眼于分析信息的随机作用和时间延迟影响的投资者行为动力学，探讨随机延迟驱动下投资者行为预测及调控的方法。同时考虑到有限数据条件下，对投资者行为的动力学模型、预测结构和调控方法进行检验，我们会引入贝叶斯统计推断的方法。通过探讨信息的随机性和时间延迟效应对投资者行为的影响，构建随机延迟的宏微观投资者行为模型，分析噪声和时间延迟对投资者行为的作用机制。最终一方面可以为投资者投资决策中未来预期提供一定的理论及方法指导，另一方面也可以为经济政策实现有效调控提供一定的理论支持。

第三节 研究思路意义与前景

希利尔等学者在《公司金融基本原理》中提到"金融系统是有关资金

---

① Chudy M., Karmakar S., Wu W. B. Long‐Term Prediction Intervals of Economic Time Series [J]. Empir Econ, 2020 (58): 191‐222.

② Bustikova L., Siroky D. S., Alashri S., et al. Predicting Partisan Responsiveness: A Probabilistic Text Mining Time‐Series Approach [J]. Political Analysis, 2020 (28): 47‐64.

③ Contino C., Gerlach R. H. Bayesian Tail‐Risk Forecasting Using Realized Garch [J]. Applied Stochastic Models in Business and Industry, 2017 (33): 213‐236.

④ Chen C. W. S., Weng M. M. C., Watanabe T. Bayesian Forecasting of Value-at‐Risk Based on Variant Smooth Transition Heteroskedastic Models [J]. Statistics & Its Interface, 2017 (10): 451‐470.

⑤ Tsiotas G. A Bayesian Encompassing Test Using Combined Value-at‐Risk Estimates [J]. Quantitative Finance, 2018 (18): 395‐417.

⑥ Athens N. D., Caers J. K. A Monte Carlo‐Based Framework for Assessing the Value of Information and Development Risk in Geothermal Exploration [J]. Applied Energy, 2019 (256): 11.

⑦ Chen C. W. S., Watanabe T. Bayesian Modeling and Forecasting of Value-at‐Risk Via Threshold Realized Volatility [J]. Applied Stochastic Models in Business and Industry, 2019 (35): 747‐765.

的流动、集中和分配的一个体系，是投资者、企业和政府为执行其金融决策而使用的一套市场和中介机构"（Hillier et al., 2014）[①]。诸如利率、经济指数、公司财报和政府决策报告等各种信息在金融系统中流动，投资者接收到的信息的种类好坏等存在着随机性，信息冲击市场的强度也是随机的，信息在系统中投资者之间传播也会表现出时间延迟特征。如随机扩散受到边界影响，信息对投资者的随机作用也会因投资者的投资者异质偏好、决策能力和交际范围而表现出不对称的特征。因而信息的随机作用和时间延迟必然极大地影响着投资者行为。经济政策通过对信息扩散范围、通道和时间的调控，也必然能有效地对投资者行为进行调整。

同时，信息的随机作用和时间延迟与物理系统中的噪声和时间延迟是相似的。信息的随机作用和时间延迟最终又会直接或间接地对投资者造成冲击。因而我们可以用类比的方法对金融系统中信息的随机作用和时间延迟对投资者行为动力学问题进行深入研究。在统计物理中噪声是引起系统内外的随机涨落（Gardiner, 2000）[②]。现实中很多系统运输有关的物质、能量、信息的传输时间都有着一定的时间延迟（Frank, 2005）[③]。噪声和时间延迟有可能会诱发系统共振（Lindner et al., 2004）[④]、相变（Teramae & Tanaka, 2004）[⑤] 和稳定增强（Zeng et al., 2015）[⑥] 等现象。这些研究方法和成果可以用来深入探讨信息引起的随机作用和时间延迟对金融系统中投资者行为影响机制，发现金融系统中最优的随机作用和时间延迟，找到可控的方法增益随机作用和时间延迟对投资者行为有益的部分。

此外，考虑到在有限数据下，对所建立的模型、预测结果和调控方法的有效性进行检验，本书拟用贝叶斯统计推断的方法完善项目的研究。贝叶斯

[①] Hillier D., Clacher I., Ross S., et al. Fundamentals of Corporate Finance [M]. Dongbei University of Finance & Economics Press, 2012.

[②] Gardiner C. W. Handbook of Stochastic Methods [M]. Springer - Verlag Berlin Heidelberg, 2000.

[③] Frank T. D. Delay Fokker - Planck Equations, Perturbation Theory, and Data Analysis for Nonlinear Stochastic Systems with Time Delays [J]. Phys Rev E Stat Nonlin Soft Matter Phys, 2005 (71): 031106.

[④] Lindner B., García - Ojalvo J., Neiman A., et al. Effects of Noise in Excitable Systems [J]. Physics Reports, 2004 (392): 321 - 424.

[⑤] Teramae J. N., Tanaka D. Robustness of the Noise - Induced Phase Synchronization in a General Class of Limit Cycle Oscillators [J]. Physical Review Letters, 2004 (93): 204103.

[⑥] Zeng C., Zhang C., Zeng J., et al. Noise - Enhanced Stability and Double Stochastic Resonance of Active Brownian Motion [J]. Journal of Statistical Mechanics Theory & Experiment, 2015 (2015): 8027.

统计方法在经济学、生物医学、社会科学等（Guess，1990）①诸多领域中得到了广泛的研究和应用。即使在统计物理领域也是一个有效的方法（Harada，2011）②。例如唐纳（Donnet）等人给出了随机模型刻画的增长曲线使用混合模型的贝叶斯分析方法③；阿尔伯特（Albert）等人从统计物理的角度给出了随机微分方程描述的动力学模型的贝叶斯参数推断④等。因此对复杂统计模型的贝叶斯估计、贝叶斯变量选择等贝叶斯推断已然成为近年来贝叶斯统计学研究的一个前沿。我们引入贝叶斯统计推断的方法，结合实际的数据，对所建立的模型、预测的结果和调控的方法的有效性开展估计和检验的贝叶斯统计推断研究。

基于经济物理学家对股市投资者行为宏微观建模及研究，本书结合统计物理、贝叶斯统计和金融学的方法，致力于研究信息的随机作用和时间延迟对投资者行为的动力学问题，从宏观和微观的角度建立随机延迟的投资者行为动力学模型，研究股市投资者行为中的物理现象，预测投资者行为动力学过程，找到适当的调控方法增益其好的作用，调控坏的影响。同时金融物理学中融合贝叶斯统计方法的研究较少，本书从理论发展上会补全部分随机延迟的投资者行为动力学中模型、预测和调控方法的贝叶斯统计推断研究。笔者研究团队是一个涉及统计物理、贝叶斯统计和金融学的交叉研究团队。这是一个具有学科交叉融合学术价值和产学研用实践意义的研究领域。研究成果既是对物理学对社会系统演化研究的拓展，又是多学科融合交叉研究应用，也能为投资者投资决策提供一定的理论方法。研究成果会对可控的信息范围、强度、延迟和传导机制等进行建模，分析通过信息调控投资者行为的最优方案。这些研究能为政府金融调控提供一定的理论参考。

---

① Guess F M. Bayesian Statistics: Principles, Models, and Applications [J]. Technometrics, 1990, 32 (4): 453-454.

② Harada K. Bayesian Inference in the Scaling Analysis of Critical Phenomena [J]. Physical Review E Statistical Nonlinear & Soft Matter Physics, 2011 (84): 056704.

③ Donnet S., Foulley J. L., Samson A. Bayesian Analysis of Growth Curves Using Mixed Models Defined by Stochastic Differential Equations [J]. Biometrics, 2010 (66): 733-741.

④ Albert C., Ulzega S., Stoop R. Boosting Bayesian Parameter Inference of Stochastic Differential Equation Models with Methods from Statistical Physics; proceedings of the EGU General Assembly Conference, EPSC 2016: 13057.

第四节 研 究 方 案

本书拟采用理论和实证相结合的研究方案。基于金融物理模型的前人研究,考虑信息的随机作用和时间延迟,建立随机延迟的投资者行为动力学模型,探讨投资者羊群、反向和对冲等行为表现的相变、临界、共振和增强稳定等物理现象,研究随机延迟的投资者行为预测和调控方法,结合实际数据发展这些金融物理模型的贝叶斯统计推断及其算法,通过理论解析和数值模拟进一步得出结论。本书拟采用的技术路线详细情况如图1-1所示。

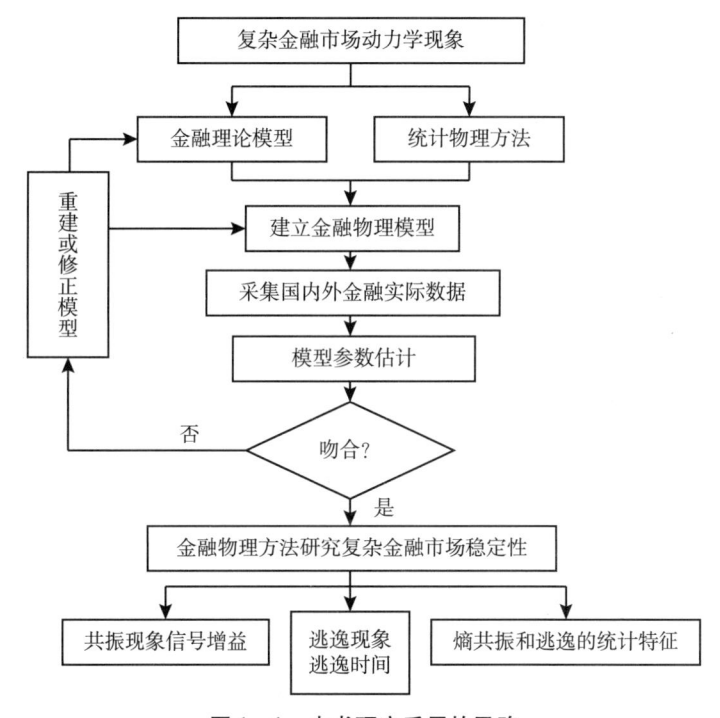

图1-1 本书研究采用的思路

具体的研究方案详细内容如下:

基于 Black - Scholes、GARCH 和 Heston 等经典金融计量模型为基础,结合金融物理学方法,引入信息的随机性、周期性、延迟性和不对称性等特征。通过高斯白噪声、色噪声和其他非高斯噪声等刻画信息的随机性;引入延迟项、周期性函数和不对称势函数来分别描述信息的周期性、延迟性和不对称性等特征。理论构建金融系统中逃逸和共振现象的金融物理模型，开发金融物理模型的参数估计的理论及算法，并对模型参数进行估计（见图1-1）。

数值模拟和理论近似计算求解动力学模型，获得股票价格、收益及波动等时间序列，进一步分析逃逸和共振现象中股票的价格和收益的统计性质。基于理论得到的股票价格时间序列，计算股票逃逸时间、信号功率增益和熵等量，分析信息对金融市场稳定性的影响，评估实际金融市场稳定性，开发金融稳定性模型的拟合优度检验的理论及算法。一方面计算出实际金融数据股票的价格和收益的统计性质，与理论特征相比较验证；另一方面计算出实际金融序列的股票逃逸时间、信号功率增益和熵等量，与理论结果比较来检验模型合理性（见图1-1）。

第二章

金融市场

随着中国改革开放的不断推进，金融市场在经济建设中的地位越来越重要，而随着金融市场的不断发展，金融市场的参与者越来越多，金融产品越来越丰富，金融市场呈现越来越复杂的特点。对金融市场复杂的随机和延迟问题的探讨是以金融市场为背景的，所以本书在探讨我们的问题前，很有必要先对金融市场的知识进行梳理，以便为后来的金融市场的复杂性研究做铺垫。张亦春等人的《金融市场学》（张亦春等，2013）[①]、博迪和莫顿的《金融学》（博迪等，2018）[②]、米什金的《货币、银行和金融市场经济学》（米什金，2011）[③] 和黄达的《货币银行学》（黄达，2014）[④] 等对金融市场做出了详细介绍和论述。因此本章基于这些著作和文献，对金融市场做了如下简要介绍。

第一节 金融市场的概述

一、金融市场的概念

随着经济全球化的进程和发展，经济关系日益金融化，融资非中介化，社会资产日益金融化，资产证券化的趋势越来越明显。金融业不仅在产业内部发展，还渗透到了社会经济政治生活的方方面面。一旦某些地区或者国家

[①] 张亦春，等. 金融市场学（第四版）[M]. 北京：高等教育出版社，2013.
[②] 兹维·博迪，等. 金融学（第二版）[M]. 曹辉，等译. 北京：中国人民大学出版社，2018.
[③] 米什金. 货币、银行和金融市场经济学 [M]. 北京：北京大学出版社，2011.
[④] 黄达. 金融学：货币银行学（第5版）[M]. 北京：中国人民大学出版社，2014.

发生金融危机时，就会对其经济发展和政治稳定带来巨大冲击。因此需要加强对目前金融秩序和体制的探讨，进一步对传统金融理论开展深刻反思。当我们深入了解了金融市场的运作方式和各种经济主体的行为方式及规律之后，才能对当前复杂的金融问题做出分析，提出对应的投资建议和制定相应的政策。这将有利于投资者开展投资活动，有利于企业开展融资工作，有利于政府部门开展监管工作。

首先，我们需要知道什么是金融市场。在研究的开始，我们需要对金融市场的概念展开界定。张亦春等人的《金融市场学》与博迪和莫顿的《金融学》对此做了详细界定。金融市场提供了一个有形或者无形的场所来实现金融资产进行交易，反映了金融资产的供应者和需求者之间所形成的一种供求关系，包含了金融资产交易过程中所产生的运行机制，其中最主要的是价格，这个价格包含了利率、汇率及各种证券的价格机制。

金融市场、要素市场和产品市场的不同点在于：第一，金融市场上的市场参与者之间是一种借贷关系或者说是委托代理关系，不是单纯的买卖关系，简单来说就是市场参与者之间以信用为基础，资金的使用权和所有权暂时分离和让渡；第二，市场参与者之间的交易对象是货币资金———一种特殊的商品，在对其进行让渡或者借贷时，货币资金转化为资本可以得到增值；第三，当前的金融市场属于无形的交易场所，最普遍的交易方式就是通过计算机网络和电信来进行交易。

其次，金融市场有什么作用呢？金融是现代经济的核心，其作用主要体现于对资源的配置。高效资源配置的金融市场能为经济社会发展做出重要的贡献。然而，市场机制是否有效运行决定了资源是否能够合理配置，金融市场又主导市场机制，在这个过程中发挥着枢纽的作用。从有效市场假说的角度看，如果一个金融市场是有效的，那么证券价格就能准确及时地反映所有信息，包括公开以及非公开信息。金融市场的功能就是通过其特有的运作机制将社会上的闲散资金聚集起来，形成资金池，维持并推动着整个商品经济的运转；进而可以通过其灵敏的信号传递和强有力的调控机制，优化资源配置，使资金向合理的方向运行。因此，为了保障金融市场的稳定运行，完善的法律制度和先进的技术是重要的前提。

二、金融市场的主体

金融市场的主体主要有投资者、筹资者、套利者、套期保值者、调控以及监管者五类。金融市场的投资者是指为了赚取利息收入、差价和股息等而购买股票或债券等各种证券类产品的主体。它们和实体经济的投资者有所不同，在金融市场上扮演着资金供给者的角色。筹资者是金融市场上的资金需求者，他们通过发行票据、债券、股票及其他金融衍生工具从金融市场获得融资。套利者是利用两个市场之间的定价不同来获利，并为金融市场提供流动性。但这种获利只是短期的，供求关系会使得两个市场之间的定价趋于平衡。套期保值者的目的是为了规避现货市场上的价格风险，在期货市场上进行套期保值，利用金融市场来转嫁自己所承担的风险。调控以及监管者是对金融市场进行监管和宏观调控的主体，主要包括中央银行、证监会等其他金融监管机构。具体而言，这五类主体主要由政府部门、工商企业、居民个人、存款型金融机构、非存款性金融机构和中央银行六种参与者构成。

政府部门：政府部门在收支过程中经常发生资金的临时闲置，如在税款集中收进还没有支出时，就会把这些资金投向市场，为金融市场供应资金。它们往往又是资金的需求者，通过发行债券向金融市场筹措资金，弥补财政赤字或经济建设的资金需要。除此之外，很多国家和政府还积极参与国际金融市场上的活动，如中东的主要石油输出国，它们就是资金大户，为国际金融市场提供大量的资金。而其他的一些国家则是资金的需求者，在国际金融市场上通过发行债券、股票等各类证券方式获得资金，不管是发达国家还是发展中国家都是金融市场上的参与者和经济行为主体。

工商企业：为了使企业的闲置资金获得收益或者保值，工商企业往往会把资金借贷让渡出去，再收取利息收益，或者进行投资。作为资金的需求者，他们在市场上筹集短期资金，用于日常的经营，如短期拆借等方式；又通过发行股票或者中长期债券等方式来筹集资金扩大再生产规模，提高企业的财务杠杆比率，发挥财务杠杆给其带来的好处，增加盈利。

居民个人：居民个人把工资储蓄等储存在银行，以便获得利息收入，或者通过金融中介机构，购买债券、基金和保险等理财产品，希望通过将闲置资金投资来保值增值，又可以满足日常的资金流动性需求，或者是在商品市场上购买住房、汽车等大宗商品。对于风险偏好者来说，也可以购买股票、期货和外汇等风险相对来说比较大的证券或投资组合。这些行为都是居民个人向金融市场提供资金的表现。当然，居民个人也会有资金需求，如住房贷款、其他消费贷款等。

存款型金融机构：商业银行、储蓄机构和信用合作社等存款型金融机构是吸取各种存款，然后再将资金贷给那些需要资金的经济实体，或者将它们投资于证券，以获得利润的机构。它们是金融市场的关键中介机构，也是对冲和套利的关键中枢。

非存款性金融机构：既然存在存款性金融机构，那么也存在非金融机构，它是金融市场上非常重要的一部分，它们的资金来源不同于接受存款的金融机构吸收公众存款，主要是通过发行有价证券或者以契约方式积累社会闲置资金。非存款性金融机构主要有保险公司、养老基金、投资银行和投资基金等。

中央银行：中央银行的公开市场操作不是为了盈利，而是通过公开市场操作来影响金融市场资金的供求和其他经济主体的行为。此外，一些国家的中央银行也受政府委托，在金融市场上参与证券的买卖活动，代理政府债券的还本付息等金融市场活动。

三、金融市场的类型

金融市场根据标的物划分为货币市场、资本市场、外汇市场、大宗商品市场和衍生金融工具市场。

（一）货币市场

货币市场是交易短期债务工具的金融市场，通常是表示交易初始期限为一年和小于一年的金融工具的短期的市场。因此它具有较好的流动性，主要功能也就是维持金融资产的流动性。短期的金融市场一方面可以满足资金需求者的短期资金需求，另一方面也为那些有盈余资金并且偏好流动性高的投资者提供投资标的。货币市场上交易的债务工具由于期限较短，价格波动水平不大，投资风险较低。货币市场的金融工具主要有商业票据、国库券、可转让定期存单、银行承兑汇票、回购协议等一些期限比较短的金融资产。从期限来讲，货币市场上的资金借贷的时间以3~6个月为主，对于债券来说主要以6~9个月为主。因为短期的金融工具通常拥有较高的流动性，因此可以比较容易的在二级市场上变现，具有类似货币的性质，由于它们的这个特点，所以称之为货币市场。

（二）资本市场

资本市场是交易期限大于一年的债券和股权工具的市场。相较于货币市场而言，资本市场期限更久，流动性也没有货币市场强。该市场主要包括债券市场、股票市场和抵押贷款市场等长期的资金借贷市场。债券市场也是金融市场必不可少的部分，也是资金需求者直接从市场获取资金的一个重要通道。通过债券市场这个平台资金从资金剩余者流向资金需求者，为资金不足者筹措资金。债券主要分为企业和政府债券。企业在资本市场上融通的资金大多数都用在了企业的设立以及扩张上面，政府在资本市场拿到资金以后就会用到公共事业和财政收支上面。资本市场上的金融工具，主要特点是期限长，流动性相对货币市场来说很低，价格变动的幅度也相对货币市场来说更大，因此风险也要比其他的短期金融资产高。股票是对公司净收入和资产的索取权。抵押贷款是指向家庭或企业发放的用于购买房屋、土地或其他建筑物的贷款。这些建筑物或者土地即为贷款的抵押品。抵押贷款市场在我国也是非常重要的债务市场，抵押贷款的贷款过程需要考虑贷款人的信用以及抵押物的价值，贷款合同中会规定贷款利率，贷款期限和抵押物。

（三）外汇市场

和货币市场类似，外汇市场也是一个交易各种短期金融资产的市场，不一样的是外汇市场进行的是以不同种货币计价的两种票据之间的交易。如果根据组织形式分类，可以划分为有形市场和无形市场。有形市场是指具体的外汇市场，有固定的交易场所，并且规定了进行外汇交易的营业时间。无形市场也称为抽象的外汇市场，没有一个固定的交易场所，也不会规定营业的时间段。所有的外汇交易都通过电话或者计算机来完成交易。从外汇市场的构成上划分，可以分类为批发市场和零售市场。外汇的批发市场是指银行同业间的外汇交易市场。其主要目的在于避免因为汇率的变动导致的汇率风险，所以银行会主动调节银行的外汇资金的盈缺。批发市场也包括银行和中央银行两者之间的外汇交易市场。中央银行通过和银行的外汇交易这个过程可以实现对外汇市场的干预。外汇零售市场是指银行与客户之间的柜台交易市场。客户们会由于自身的各种需要，向银行买卖外汇。在这个过程中，银行在外汇的供给者和需求者之间起到媒介的作用，银行主要的目的就是通过这个过程来赚取买卖外汇的差价。如果从外汇市场的交易类别上分类的话，可以大致分为四类，分别为即期外汇市场、远期外汇市场、外汇期货市场以及外汇期权市场。如果从外汇市场的交易范围来分类的话，又可以分类为国内外汇市场和国际外汇市场两个类别。

（四）大宗商品市场

大宗商品主要可以分为能源、基础原材料、农副产品以及贵金属四类，商品交易所也就是交易大宗商品的场所。纽约商品交易所、芝加哥商品交易所是国际上比较著名的大宗商品交易所。国内比较有名的交易所有大连期货交易所、郑州期货交易所、上海贵金属交易所和中金所。不同的交易所的主要交易品种会各有不同，大连交易所主要是以交易商品货物以及普通的金属为主；郑州交易所主要以交易农产品为主；上金所主要以贵金属交易为主；

而中金所成立时间较晚，主要的交易标的是一些新兴的品种，如股指期货、国债期货和利率期货等金融期货。

（五）衍生金融工具市场

衍生金融工具市场是各种衍生金融工具交易的市场。衍生金融工具可以大概理解为其实是由基础性的金融工具通过拆解、重组或创新而来的派生型工具。它的价格会随着基础性的金融工具的价格或数值变动而变动。基础性工具的范围很广泛，不仅包括我们熟悉的商品、股票和债券，也包含利率、汇率和如股票指数、物价指数和天气指数等各种指数。当然它也包括金融衍生工具自己，也就是说衍生工具自己可以再衍生。这些基础性标的物的表现会决定衍生工具的回报率。金融衍生工具最主要功能是保值避险，最通常的操作方法是套期保值。其次，它具有价格发现功能。由于未来产品的交易可以影响甚至决定未来的价格，同时也可以为投资者提供套利机会，衍生工具交易的可以使市场的流动性增强，市场的效率也随之提高。衍生金融工具主要分为远期、期货、期权和互换四类。

第二节　金融市场的功能

一、资金配置功能

金融市场的基本功能就是把资金从那些收入大于支出或者有资金盈余的家庭转移到收入小于支出或者说资金短缺的家庭中。直接融资就是需要资金的人直接在金融市场上卖出证券等金融工具，从资金盈余的人手中贷到资金。债券事实上是对借款人未来收入和资产的索取权，而股票则是对上市公司净资产的索取权。例如，一家公司想要购买设备扩大生产，它从储蓄者手中获取资金的方式可以是发行债券，也就是在一个规定的期间内按期支付利息，到期还本付息；也可以是发行股票，也就是把公司的利润和资产的股份出售给所有者。金融市场有利于资本的合理配置，将资金从生产率为零或生产率低下的地方转移到具有高生产率的地方，从而提高生产率，增加产量。当然，金融市场也会带来负面的影响，比如在发生金融危机的时候，金融市场受到严重的破坏，就会传染到整个经济，使经济发展受阻，严重时还会爆发政治危机。

二、改善福利功能

有效的金融市场具有改善社会福利的功能。一个有效的金融市场帮助年轻人购买现在需要的但是负担不起的物品，而不是让他们等到以后攒够钱才能购买，帮助年轻人提前消费，合理安排购买时机，在一定程度上改善了消费者的生活福利。

三、资金蓄水池功能

金融市场资金蓄水池的功能指的是金融市场可以把社会上的闲置资金、小额资金汇集起来，形成一个大型资金蓄水池，可以再投入社会再生产。在整个国民经济中，政府、企业和居民的收入和支出在时间上不会时刻一一相对的，总会存在资金闲置的时候，一些部门和企业资金闲置的时候，另外一些部门就会有资金需求的时候。这样一来，金融市场就可以为两方提供资金融通的平台。

四、经济调节功能

金融市场对宏观经济有着调节的作用。在金融市场大量的直接融资活动中，投资者进行一项投资之前，理性的投资者一般会对所投资的公司、行业、地区等进行一些调查。只有那些具有发展潜力的，财务状况良好的公司更容易获得投资者的青睐。因此金融市场上的上市公司为了吸引更多投资者从而提高股价会尽自己最大能力经营好公司，所以金融市场起到了引导上市公司，从而调节资金向好公司流去的一种调节功能。另外，金融市场也是政府实施货币政策的平台。传统的货币政策工具主要有存款准备金政策、再贴现政策和公开市场操作三种，在调节宏观经济时使用货币政策或者财政政策都是以金融市场存在为前提的。

五、反映经济功能

金融市场是经济的"晴雨表"，具有反映经济的功能。首先，由于证券的交易都在公开市场上进行，并且上市公司需要按规定按期披露信息，因此很多信息都是公开的，证券价格变化反映了一个公司的经营质量的变化，金融市场可以反映这种变化。金融市场上的交易可以直接或者间接地反映一个国家货币供应量的变化。从而可以看出政府在货币政策方向的态度、实施情况、通货膨胀情况和投资者的预期等经济变化。

其次由于存在大量研究人员从事企业、行业、宏观经济的研究，从他们的调查中可以了解很多企业的发展情况。随着科技的不断进步，金融全球化成为未来的大体趋势，信息的传播更加快速，信息数量也呈现爆炸式的增长。因此金融市场也成了反映各种信息的平台，它可以反映公司的基本面信息、行业的动态以及宏观环境的好坏。

第三节　金融市场的趋势

一、金融全球化

自20世纪70年代末以来，西方国家金融自由化的兴起，导致各国政府放松了对金融业活动的监管，同时也放松了对外汇、信贷和利率以及其他方面的监管，这使资本在全球范围内的自由流动成为可能。随着近年来的地区、种族、文化的融合和计算机、通信技术的发展，各个国家的一块一块的金融市场已经紧密地连成了一片，全球的哪一个国家的金融市场发生动荡都会通过这个全球性的网络传染到世界各地。同样的金融交易可以在世界各地的任何主要市场进行，又因为全球昼夜时差的存在，全球的金融市场不会中断，其中的金融交易昼夜不停。所以现在国家间的利率水平已经开始浮动地保持在同一水平，金融的全球化不可阻挡。金融全球化将全球的金融体系变为一个整体的复杂的网络，这表示国界已经不受币种和范围的限制，投资者的资金可以在全球的每一个国家投资。

不可否认，金融全球化对全球整个金融网络的资本以及资源在空间和时间范围内进行了合理的配置，加速了全球各个国家、地区经济的增长和发展。并且，给投资者和套利者提供了更为广阔的市场，这会使他们的机会更多而成本更小，还有更多的金融产品可供选择。这些都是金融全球化的积极方面。

金融全球化也带来了巨大的弊端，当全球的金融市场连起来成为一个复杂的网络，那么在这个网络上的哪一个点发生变化，都会使风险传播到网络上的每一个点，只不过是对其影响的大小不同。所以，如何加强对金融风险的防范与控制已经成为一个不可回避的问题。这会使国家和银行对货币政策及其政策传导过程、影响的估计更加困难，国家和银行实施货币政策的难度明显加大。由于国界和国力的限制，有一些问题是某些政府无法应对的，维护其国家或者地区内的金融稳定可能会无比艰难。

总的来说,金融全球化是时代的潮流。通过国际协调和联合监督,可以建立一种新型的国际金融体系,这是金融全球化必须解决的重要问题。

二、金融自由化

20世纪70年代中期以来,金融自由化的趋势是指西方国家,特别是发达国家逐步放松甚至取消对金融活动的某些控制措施的过程,金融自由化、证券化和全球化已成为其中的一个重要组成部分。自20世纪90年代以来极为突出,它们相互影响、相互因果、相互促进。

从金融自由化的内容来看,自由化其实是取消了不适应经济和金融环境变化的监管措施,这与其背后的基本经济和金融因素的变化是不可分割的。主要表现为西方经济的大萧条,凯恩斯学派经济思想的质疑和新经济自由主义的兴起。例如,20世纪20年代出现的货币和供给学说都强调了市场机制的功能,不赞成过多政府干涉,当时受到广泛欢迎,为金融自由化奠定了理论和实践基础。

面对金融自由化的利弊,国际金融界对金融自由化问题有不同的看法。他们中的一些人赞同,有的人反对,还有一些人持妥协态度。事实上,自由并不意味着没有政府干预和监管。在任何时候,政府都不会让金融业自行其是,但在某些时候,某些趋势会盛行。关键不是规范或自由化,而是采取适当的监管措施,以适应新的发展趋势,以寻求利益和避免劣势。从历史和现实的角度来看,金融业的发展是放松、管制、再管制的周期性过程。当然,每一轮新的监管和新的自由化趋势都是一样的,它都被赋予了新的内容。

三、资产证券化

资产证券化是指将流动性较差的资产通过银行等中介机构集中重新组合,变成企业的应收账款,以这些资产作为抵押来发行证券,增加资产的流动性。资产证券化早期起源于美国。最开始是由储蓄银行、储蓄贷款协会和其他机构开展的住房抵押贷款证券化。随后,商业银行争相效法,对其拥有的债券进行证券化,以强化资产的流动性和市场性。就这样,过去传统的以银行为中心的融资借贷方式发生了变化。

资产证券化主要就是将非流动性资产或者是流动性不强的资产转化为流动性较强的资产,在市场上进行融资。如住房抵押贷款证券化,虽然住房抵押贷款的信用度较高,融资性良好,但是其流动性不强,且都是一些小额债权,所以金融机构就通过政府做担保,把这些小额债权集中起来转化成流动性较高的证券,进入市场流通。再如中小企业的信用度较低,风险较高,它们融资的唯一途径就是向银行贷款,很难在资本市场上融资,出现了"融资难、融资贵、融资慢"等问题,结果就是中小企业发展受阻,规模难以扩大。但随着金融市场的流动性增强,流通市场的扩大,这些信用等级较低的中小企业也可以发行债券,随着发行债券的增多,出现了高收益债券市场,这种高收益可以说是对中小企业信用较低的一种补偿。除此之外,一些发展中国家也将自己的信用等级不高的债务证券化然后出售,增加了流动性,以此来解决累积债务的问题。资产证券化的趋势逐渐渗透到各个方面,整个经济中资产证券所占的比重越来越大。资产和融资非中介是这一趋势的映射。在资产证券化阶段,短期资金可以长期化,长期资本也可以是短期资本,这样才能更容易地适应现代大规模生产发展对资本调整的企求。

(一) 资产证券化的起因

1. 金融管制的放松和金融创新的发展

自 1980 年以来,资产证券化成为一种趋势,特别强调了市场机制的影响。银行等金融机构的经营环境在此期间也出现了很大的变动。20 世纪 30 年代的大萧条已成为历史,目前西方国家首要的难题是经济的"滞涨"。这一时期市场利率大幅度波动,各金融机构之间的对抗日趋激烈。基于 20 世纪 30 年代经济危机经验的若干金融监管法律法规已不再符合实际经济环境,所以很多发达国家为了激励金融业的发展,都选择放松管制措施。在这个过程中,金融创新在某些方面发挥了推动作用,全面的金融创新自身就是适应市场需求的结果,也是金融机构当前放松管制的结果,活跃的市场和效率的提高组成了资产证券化的基础。

2. 国际债务危机的出现

国际债务危机的出现造成了很多银行等金融机构的巨额坏账。有的大型国际银行遭遇债务违约。他们认为解决资金周转困难的重要途径是加强资产的流动性,证券发行无疑是其中一种方式。证券化不仅可以重新安排原有的价值权,而且可以保护新债权不受流动性不足的影响。因此,随着技术的发展和信息的处理速度加快,获取信息的成本越来越低,更多的中介机构开始加入国际金融市场。同时,资产证券化的发展离不开现代电信和自动化技术的发展,它们为资产证券化创造了良好的条件。

(二) 资产证券化趋势的影响

资产证券化对金融市场主体产生了积极的影响。第一,对于投资者来说，投资者可以在资产证券化的趋势中根据自己的风险偏好有了更多的选择，投资者可以根据资本规模和偏好进行投资组合。第二，对于金融机构，通过资产证券化，它可以提高资产的流动性，特别是原有坏账债权转换权，提高资本周转率。第三，资产证券化也是金融机构获得低成本资金来源和增加收入的新渠道。第四，对于金融市场而言，资产证券化加快了市场的流动性，增强了市场的生命力。

当然，资产证券化也存在不好的一面。第一，资产证券化的风险更加复杂化。资产证券化中很多资产实际上是长期贷款和应收账款的结合，其本来的风险就是不能回避的。资产证券化涉及了很多关联方，如发起人、债务人、担保人、受托人和投资者等。他们会影响新证券本身的结构，可以将风险分散到几个有限责任承担者的身上。这样一来，资产证券化的风险就会体现出一定的复杂性。如果不能妥善的处理，将会影响整个金融体系的质量。例如美国于2007年爆发的次贷危机，最后波及了全球经济，这就是一个非常典型的例子。第二，资产证券化的复杂化加大了金融监管的难度。资产证券化也使金融监管机构在面对扩大的信贷和货币供应量时变得更加难以监管。

但是，无论如何，资产证券化的趋势将不可抵挡，因为国际金融市场一直在蓬勃发展。随着社会以及科技的不断发展，金融市场的功能会越来越丰富和完善，随着证券的发行和交易成本的不断降低，证券交易会变得越来越简单，那么金融市场对资产证券化需求会变得更加强烈。

四、金融工程化

金融工程是在研究金融问题和设计开发金融产品时引入工程思想，通过计算机、数学和统计学等高新技术，对同一个金融或财务问题拿出创造性解决方案。它意味着创新，是金融领域的飞跃。它通过对现有概念、金融产品的分解和重新组合，来进行风险管理。

（一）金融工程化的起因

1. 社会经济制度的变革

在20世纪中后期，布雷顿森林体系的崩溃以及石油价格变动给全球的金融系统带了重创，并且这令国家、企业和私人在进行跨国经济活动时，要去面对比之前更加不稳定的汇率风险。而当投资者们熟悉了这样的环境后，国家和政府为了维护自身稳定开始使用一些政策性工具来试图维持汇率稳定，这样对金融风险管理提出了创新性要求，并需要对现有金融产品进行分解、重新组合。

2. 电子技术的进步

如今的金融市场越发依赖于全球信息传播的速度、交易员快速沟通的能力以及电脑和复杂分析的软件。金融工程使用工程方法，如图表、数值计算和模拟技术来研究问题，其研究与金融市场的现实有着直接而密切的联系。电信网络的发展使得实时数据传输成为可能，从而可以在全球范围内进行交易。科技进步改变了许多老的交易理念，在新的条件下显示出更大的生命力。如计算机程序交易利用股票现货与股指期货之间的价格不平衡来获利，如果采用基本的套利策略，则本身是很古老的方法，这种策略已经在过去的一个多世纪中应用于粮食交易。

（二）金融工程化的影响

在近二十多年里，社会的科学技术有了巨大的进步，日新月异。同时，由于政治、经济、社会环境的改变，促使金融系统在不断地更新换代。如今的金融市场越来越依赖于全球信息传播的速度、交易员快速沟通的能力，并且随着个人电脑和复杂分析软件的出现，金融工程越来越多地使用工程方法，如图表、数值计算，以及研究问题的模拟技术。

在金融工程化的过程中，学者们和投资者为其经营活动找到了转移、规避金融风险的途径，它可以大幅度提升金融市场的资金使用效率，并且随着科学技术的发展其效用会越来越强。与此同时，我们需要注意到，金融工程化有利也有弊，全球的政府和银行可以利用其维持经济和金融局势的稳定，而其他的一些有组织的投资集团和套利者可能会利用它进行投机以获取巨大的利益，并给某地区或国家的经济带来致命的打击，如若资本不够雄厚，它们可能面临着经济金融体系的大崩盘，给人民带来伤害。因此，我们应学习它，使用它，更要防范它。

五、金融科技化

金融科技英译为 fintech，是 financial technology 的缩写，可以简单理解成为 finance（金融）+ technology（科技），主要是指由大数据、区块链、云计算、人工智能等新兴前沿技术带动，对金融市场以及金融服务业务供给产生重大影响的新兴业务模式、新技术应用、新产品服务等[1]。

2019 年 8 月，中国人民银行印发《金融科技（FinTech）发展规划

---

[1] 尹志超，余颖丰. 重视金融科技在金融发展中的作用 [J]. 人民周刊，2018（23）：62-63.

(2019—2021年)》，明确提出到2021年时全面建立中国金融科技的"四梁八柱"，实现金融产业和新科技的完美融合，推动中国成为世界金融科技发展领先水平[①]。该文件的发布，代表着中国金融科技正从1.0时代转向2.0时代。金融科技2.0是主动供给型金融科技发展模式，是对现有金融科技基础设施的管理、升级和改革的综合结果，包括金融制度创新、金融业务创新及金融组织创新[②]。

金融科技的兴起和广泛应用是时代发展的必然结果，以下这些因素都推动了其出现和发展：第一，客户需求。随着数字时代的来临，生活的各方面都实现了数字化，客户也不再满足于传统的金融服务，对于服务的便捷度以及质量提出了新的要求，从而使得金融服务行业不得不开始探索新的发展之路，即金融科技。此外，也有社会、经济等其他需求因素。第二，技术的更新。科学、信息技术的不断发展和更新，为金融服务的创新提供了新途径，即与互联网、云计算等相融合来对金融服务产品进行开发。善于应用科技手段，抓住时代机遇的金融企业，必然会比传统金融企业获得更加长远的发展。第三，非传统机构的介入，传统金融机构在对金融服务进行削减时，非传统机构开始在部分业务领域发展，从而拥有更多的商业机会。

金融科技的发展为金融行业注入了新的活力，改变了大部分商业银行的服务模式，尤其是金融科技在金融变革中扮演着的重要角色，而这一角色的"主角"就是人才，它为金融业"弯道超车"提供了机遇，为金融业重塑提供了"利器"。于是，金融科技的发展给商业银行人才素质的培养和提升带来了极大的挑战，这一挑战来自两个方面，一方面纵观商业银行人才的现有存量大多停留在操作层面，尽管近几年有些引入和培养，但高精尖人才奇缺，很难适应新兴科技，素质与银行发展不匹配的人员势必将面临非自愿失业；另一方面未来商业银行人才素质的需求（即增量）势必青睐于高精尖人才，高素质人才的涌入会改变从前"英雄无用武之地""劣币驱逐良币"的怪圈，定将呈现"良币驱逐劣币"的正常发展轨迹。

[①] 谢平，石午光. 数字加密货币研究：一个文献综述 [J]. 金融研究，2015 (1)：1-15.
[②] 孟先彤. 金融科技2.0的发展意义及风险防范策略 [J/OL]. 管理现代化，2020 (5)：12-14. [2020-10-02]. https://doi.org/10.19634/j.cnki.11-1403/c.2020.05.003.

第三章

投资基础理论

第一节 投资的简介

投资是指特定经济主体为了在未来可预见的时期内获得收益或是资金增值,在一定时期内向一定领域投放足够数额的资金或实物的货币等价物的经济行为。投资可以分为实物投资、资本投资和证券投资。实物投资具有以下特点:首先,它与生产和管理密切相关;其次,投资回收期相对较长,清算速度相对较慢,流动性相对较低。资本投资和证券投资通过使用货币购买相关公司的股份或公司债券来间接参与公司的一些利润分配。证券投资在证券市场上常用的分析方法包括基础分析、技术分析和定量分析(汪昌云等,2013;博迪等,2014)①。

与实物资产相对应的是股票和债券等的金融资产。这些证券更多的是一种凭证记录,本质上不能直接增加一个社会的生产能力。但是这些金融资产代表了投资者对实物资产所生产商品和服务的索取权,代表了投资者对经济体的分配权利。尽管我们没有自己的造酒厂,我们也可以通过购买贵州茅台来分享造酒业所产生的利润。

投资者可以追求效用最大的即时消费,也可以牺牲现在的享受来选择对未来收益的投资。如果选择投资,它们可以购买如贵州茅台、万科股份和中国平安等各种各样的证券来投资金融资产。在企业收到投资者的投资资金后

---

① 汪昌云,类承曜,谭松涛. 投资学 [M]. 北京:中国人民大学出版社,2013;博迪,凯恩,马库斯,等. 投资学:Investments [M]. 北京:机械工业出版社,2014.

就可以采用相关的投资资金购买相应的设备和实物资产等。所以金融资产最终产生的相关收益还是取决于人们通过投资资金购买事物资产所产生的利润。

我们通常将金融资产分为三种：第一，固定收益型金融资产；第二，权益型金融资产；第三，衍生金融资产。固定收益金融资产是货币市场中的一种债务型证券，具有短期到期日、流动性和低风险的特征，例如美国国库券和银行存款收据。股票是常见的权益型金融资产，持有人不承诺一定的收入，但可能会收到公司支付的股息，与公司实物资产的所有权成比例。衍生金融资产是相对传统的金融工具，其特点是杠杆和信贷交易，例如相应的期货合约、期权合约和期货合约等。

金融市场和在其上交易的各种金融工具产生收益的同时，均存在着风险。因为只要有收益就会有风险，多数研究显示风险和收益是正相关的。风险投资者基于自己的风险喜好程度开展资本配置。这种风险分配对需要筹集资金以增加资本投资的公司是有益的。如果投资者可以选择证券的类型，它们可以选择最合适的风险收益状况，并以最高价格出售每种证券，这有助于建立实物资产经济型股票。

金融市场中投资参与的主体主要有家庭部门、公司部门和政府部门。家庭通常会做出有关经济活动的决定，例如工作、工作培训、退休计划、储蓄和支出。我们要做出的大量决策都集中在特定的财务决策上。公司在金融市场中是主要的融资者。公司有两种筹集资金的方式：一种是从银行借款或发行债券以直接从投资者借款；另一种是发行股票并改用公司来吸引新的合作伙伴。政府也需要借钱，但是政府不能作为公司出售股票。如果政府税收无法支付政府支出，则政府贷款受到严格限制。当然，政府可能会增加钞票，但这会导致通货膨胀。因此，大多数政府都避免叠印钞票。

第二节　收益和风险

一、收益

持有期收益指的是投资者持有某一投资工具一段时间所带来的总收益，包括利息收入和资本利得或损失，也常常称为简单收益（simple return）。具体计算方法如下：

$$R_t = \frac{X_t - P_{t-1}}{P_{t-1}} = \frac{P_t + D_t - P_{t-1}}{P_{t-1}} \quad (3-1)$$

其中，$X_t = P_t + D_t$ 为资产在 t 时期的支付，具体过程如图 3-1 所示：

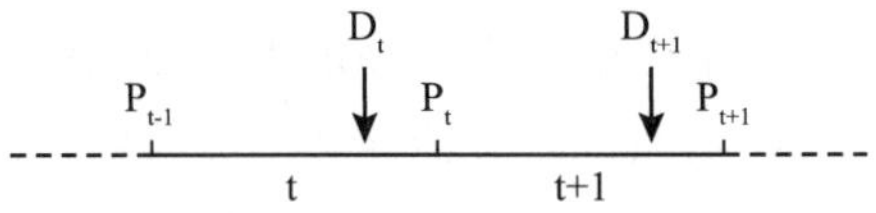

图 3-1 资产价格及其不同时期的支付（收入）

在一般的学术研究中，简单收益计算不是很方便，对数收益率使用较为常见。对数收益率（Log return）计算方法如下所示：

$$\begin{aligned} r_t &= \ln\left(\frac{X_t}{P_{t-1}}\right) \\ &= \ln(X_t) - \ln(P_{t-1}) \\ &= \ln(P_t + D_t) - \ln(P_{t-1}) \end{aligned} \quad (3-2)$$

在无红利下，即 $D_t = 0$ 时，简单收益率和对数收益率之间有如下的换算关系：

$$R_t = \frac{P_t - P_{t-1}}{P_{t-1}} \quad r_t = \ln(1 + R_t)$$

$$r_t = \ln(P_t) - \ln(P_{t-1}), \quad R_t = e^{r_t} - 1 \quad (3-3)$$

（一）单证券单一持有期限投资收益率

资本损益代表投资者持有的证券资产的收盘价与市场价格之间的差额。如果 P_{it} 表示投资者在 t 时刻持有 i 证券的价格，P_{it-1} 表示在 t-1 时刻证券 i 的价格，D_{it} 表示投资期内投资者收到的现金支付即投资的现时股息、利息收入则投资的持有期收益率为：

$$R_{it} = \frac{P_{it} - P_{it-1} + D_{it}}{P_{it-1}} = \frac{P_{it} - P_{it-1}}{P_{it-1}} + \frac{D_{it}}{P_{it-1}} \quad (3-4)$$

第一部分 $\frac{P_{it} - P_{it-1}}{P_{it-1}}$ 反映了资本损益收益率；

第二部分 $\frac{D_{it}}{P_{it-1}}$ 反映了股利收益率。

进行投资分析时，投资者应获得固定的年收益，这将在每个分析期间将收入转换为年收入。

（二）单个证券多期限投资平均收益率

给定单个证券的一组年度回报，有两种衡量投资绩效总额的指标：

1. 算术平均收益率

$$R_A = \frac{1}{T} \sum_{t=1}^{T} R_{it} \qquad (3-5)$$

2. 几何平均收益率

$$R_G = \sqrt[T]{\prod_{t=1}^{T}(1+R_{it})} - 1$$

$$= \sqrt[T]{\frac{W_T}{W_0}} - 1 \qquad (3-6)$$

其中，R_{it} 代表不同时间段的年持有收益率；t 代表各个不同的投资时期；T 的含义是投资者持有的总年数或年数；W_0 代表投资者的期初财富；W_T 代表投资者的期末财富。

(三) 预期收益率

预期收益率：

$$E(R_i) = \sum_{i=1}^{n} P_i R_i \qquad (3-7)$$

其中，R_i 表示 i 证券的投资收益率；P_i 表示对应于 R_i 的概率。

二、投资风险的衡量

计算收益率的标准差或者方差（standard deviation or variance）是投资分析中风险测度最常采用的方法。

方差的计算公式如下：$\sigma^2(R_i) = \sum_{i=1}^{n} P_i [R_i - E(R_i)]^2$，式中 P_i 表示收益率事件发生的概率；R_i 表示各种可能的收益率；$E(R_i)$ 表示预期收益率。

投资风险的来源有多种，常见的有市场风险、通胀风险、政策风险和欺诈风险等。

1. 市场风险（market risk）

我们知道无论是股票市场还是证券市场，只要价格变化，那么都会给投资者带来相应的损失或者收益，从而我们把证券市场的这种行为称为市场风险。

例子：图 3-2 非常生动地描绘了股价下跌了多少，并且相关曲线的下降或者上升将会反应股价波动相关特征。

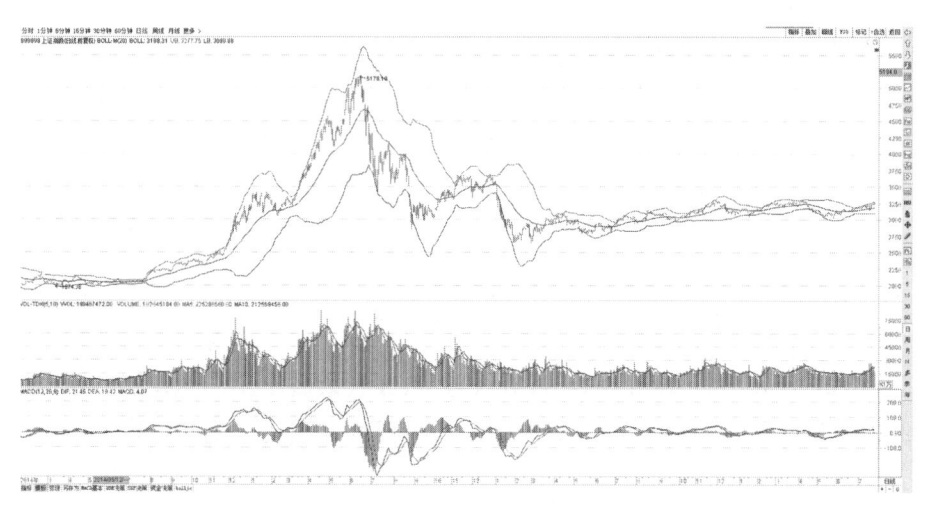

图 3-2　上证综合指数 k 线

2. 通胀风险（inflation risk）

通货膨胀风险是指由于通货膨胀引起的价格上涨，从而减少了每单位货币购买的商品和服务的数量，从而进一步影响了投资者的实际持有率。

3. 政策风险（policy risk）

政府会对证券市场进行一定的干预，我们都希望不要干预过度，如果说干预过度，那么将会导致投资者不能准确地对于相应的政策做出合理的政策，从而有可能给投资者带来相应的损失。

4. 欺诈风险（expropriation risk）

我们所说的欺诈风险是指市场中的内幕交易或者相关操纵市场以及相关信息披露的不及时或者消息的不准确性，导致投资者遭受损失的可能性。

第三节　最优风险资产组合

控制资产组合风险最直接的方法是一些资产投资于短期国库券和其他安全货币市场证券，而另一些投资于风险资产。我们知道当风险过大的时候，我们可以投资多个证券，选择一些相关性比较低的证券进行投资或者进行投资组合，将相应的非系统风险进行分散，当市场中仅仅只有市场风险的时候，那么它来源于市场相关的影响，我们也可以称为系统性风险。

考虑分离定理意味着，如果我们的市场中有非风险资产或者多个资产组合,那么无论我们投资者怎么规避风险,最终选择的风险组合还是一样的,区别在于投资者个人效用函数的不同。

根据该定理,投资组合选择过程可以分为两个阶段:

第一,我们作为投资者首先需要选取适当的风险资产组合,其中包括每一种风险资产的预期收益、方差或者协方差等。

第二,在确定了最适合的风险资产组合以后,那么根据投资者风险规避程度,来确定在最高风险资产与非风险资产的比率,从而获得最终的最佳投资组合。

一、一个风险资产与无风险资产之间的资本配置

假设投资者资产与风险资产投资之比为 w,非风险资产投资资产之比为 1-w,则投资组合的预期收益和标准差为:

$$E(\tilde{r}_p) = wE(\tilde{r}_{risk}) + (1-w)r_f, \sigma_p = w\sigma \quad (3-8)$$

其中,$E(\tilde{r}_{risk})$ 代表风险资产的期望收益,r_f 代表无风险资产的收益率。从而可以轻松获得投资组合期望收益与标准差之间的关系:

$$E(\tilde{r}_p) = r_f + \frac{E(\tilde{r}_{risk}) - r_f}{\sigma}\sigma_p \quad (3-9)$$

还有一种情况就是组合实现集,它代表的含义就是当市场中只有一种风险资产和一种风险资产,则上述公式也将包括投资组合中所有可能的风险和利润集。

在"估计收益率标准差"平面中,一条直线穿过无风险和有风险的资产,该线称为"资本分配线",资本分配线的斜率等于投资组合。预期收益增加了单位标准偏差,这是每个额外风险单位的额外收益。它是在期望收益$(E(r))$-标准差(σ_r)平面坐标中标出投资组合的特征为资本配置线(capital allocation line),其中风险资产的期望收益为$E(\tilde{r}_{risk})$,无风险资产的收益率为r_f。

二、两种风险资产与无风险资产之间的资本配置①

我们假设市场中有两个风险资产,则总投资为财富与这两个风险资产的比率为 w,如上所述,投资于非风险资产的财富比例为 1-w。例如一个股票和一个公司债券,投资到股票上的财富在 w 中的比例为 x 和在债券上为

---

① 汪昌云,类承曜,谭松涛. 投资学[M]. 北京:中国人民大学出版社,2013;博迪,凯恩,马库斯,等. 投资学:Investments[M]. 北京:机械工业出版社,2014.

$1-x$，则投资组合的期望收益和标准差为：

$$E(\tilde{r}_{risk}) = xE(\tilde{r}_S) + (1-x)E(\tilde{r}_B)$$

$$\sigma_{risk}^2 = x^2\sigma_S^2 + (1-x)^2\sigma_B^2 + 2x(1-x)Cov(\tilde{r}_S, \tilde{r}_B)$$

$$= x^2\sigma_S^2 + (1-x)^2\sigma_B^2 + 2x(1-x)\rho_{S,B}\sigma_S\sigma_B \quad (3-10)$$

还可以轻松获得两种风险组合的预期偏差与标准偏差之间的关系：

$$\sigma_{risk}^2 = a_2 E^2(\tilde{r}_{risk}) - a_1 E(\tilde{r}_{risk}) + a_0 \quad (3-11)$$

其中：

$$a_2 = \frac{\sigma_S^2 + \sigma_B^2 - 2\rho_{S,B}\sigma_S\sigma_B}{[E(\tilde{r}_S) - E(\tilde{r}_B)]^2}$$

$$a_1 = \frac{2E(\tilde{r}_S)\sigma_B^2 + 2E(\tilde{r}_B)\sigma_S^2 - 2[E(\tilde{r}_S) + E(\tilde{r}_B)]\rho_{S,B}\sigma_S\sigma_B}{[E(\tilde{r}_S) - E(\tilde{r}_B)]^2}$$

$$a_0 = \frac{E^2(\tilde{r}_B)\sigma_S^2 + E^2(\tilde{r}_S)\sigma_B^2 - E(\tilde{r}_B)E(\tilde{r}_S)\rho_{S,B}\sigma_S\sigma_B}{[E(\tilde{r}_S) - E(\tilde{r}_B)]^2} \quad (3-12)$$

在预期收益差异平面中，存在形成无风险资产的风险资产组合和资本分配线，即市场上有三种资产时的投资组合。同样得到由无风险资产和风险资产，在期望收益（E(r)）-标准差（σ_r）平面坐标中与效率边界构成不同的风险投资组合，其中如 P_0 和 P_1。具体呈现在图3-3中。很容易看出，在相同的标准水平下，最高斜率资本分配线在所有资本分配线上的期望收益最高。通过图3-3，我们可以看出 P_0 是在给定效率边界和无风险收益下最优风险资产组合。

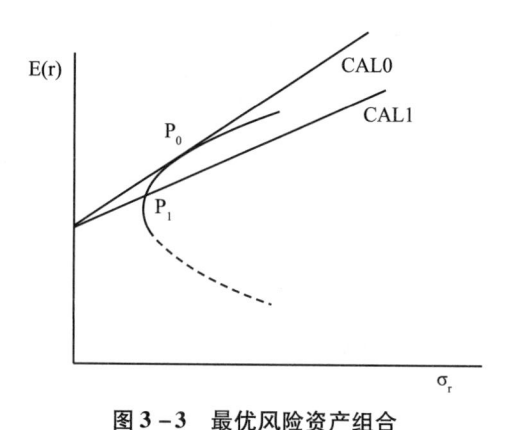

图3-3 最优风险资产组合

在通过无风险资产进行的所有资本分配项目中，边界有效的高效资本分配项目都是所有投资者的资本，因为它们在相同风险水平下具有最高预期收益。最优投资组合是无差异曲线与资本分配线相交的地方。具体如图 3-4 所示。其中 E_1 和 E_2 是在不同风险厌恶下，由投资者的无差异曲线估计得到的不同投资者的最优资产组合。

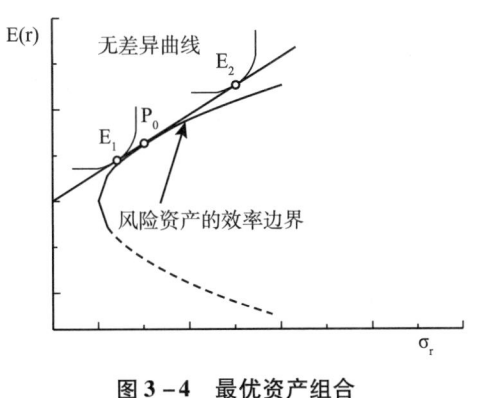

图 3-4 最优资产组合

第四节 定 价 理 论

一、资本资产定价模型（capital asset pricing model，CAPM）

CAPM 基于马克维兹模型，并于 1970 年由诺贝尔经济学奖获得者威廉·夏普（William Sharpe）在他的《投资组合理论与资本市场》一书中发表。CAPM 是现代金融学的奠基石。通过这个模型，我们可以相对准确的预测资产相关风险和预期收益之间的关系。在这种情况下，私人投资者将会面临两个风险，一是系统性风险，指无法通过市场多元化消除的风险。二是非系统风险，也称为特殊风险（唯一风险或固有风险），这种类型是投资者可以通过更改股票投资组合而删除的单个股票的风险。夏普发现单个股票或者股票组合的预期回报率（expected return）的公式如下：

$$E(r_{risk}) = r_f + \beta_{risk}[E(r_M) - r_f] \quad (3-13)$$

其中，r_f（risk free rate）是无风险回报率，纯粹的货币时间价值，一般采用短期国库券收益率近似代替；β_{risk} 是风险资产证券的贝塔（Beta）系数，$E(r_M)$ 是市场期望回报率（expected market return），$[E(r_M) - r_f]$ 是股票市场溢价（equity market premium）。系统风险 β 与预期收益率关系曲线是证券市场线（security market line，SML）。

在 CAPM 模型中，β 系数是对资产系统风险的度量，它是用于度量整个市场中证券或投资组合波动性的风险的度量。风险投资者所需的溢价可通过 CAPM 计算。换句话说，您可以使用 CAPM 来确定当前股价是否与您的收入相符。贝塔是通过统计分析市场上的每日收益和单个股票每天的价格收益来计算的。

CAPM 得出一个非常简单的结论。因为风险和收益是正相关关系，所以当投资者想要获得较高的收益，其实就是通过投资高风险股票。在 CAPM 中最难计算的是贝塔的值。确实，许多研究都对 CAPM 的准确性表示怀疑，但该模型仍在投资界广泛使用。虽然通过 β 来预测单个股票的变化有一定的难度，但是投资者仍然认为，具有 β 值较大的股票投资组合比市场价格更具波动性，无论市场价格是上涨还是下跌，相应的都将会波动性小于市场。

基金经理对于投资者来说非常重要，这是因为如果市场价格下跌，您可以投资低 β 的股票。如果市场上涨，您可以投资 β 值大于 1 的股票。如果您的投资很小，您可以通过许多金融网站查询到个别股票的贝塔值，因此您不必花费时间来计算个别股票和市场的贝塔值。只要读者注意，就可以找到它。

二、套利定价理论（arbitrage pricing theory，APT）

1976 年，美国学者斯蒂芬·罗斯（Stephen Rose）在《经济理论杂志》发表了经典论文《资本资产价格中的任意交易理论》，提出了 APT 理论，一种新的资产价格模型。相对于资本资产价格模型，套利定价理论需要更少的假设，并且不要市场投资组合，只使用套利概念来定义相关的余额。

我们知道不同的理论最终推导出来的市场关系是不同的，但是还是有一定的关联，比如套利价格理论和资产价格定价模型，它们推导出来的市场关系就是有一定相似度的。首先套利价格理论是基于收入形成过程的多阶段模型，该模型被认为与代表证券收益某些基本要素线性相关。当套利价格理论与资本资产价格模型形成了相似的关系的时候，这个时候就说明当收入是由一个单一因素（市场组合）形成。因此，套利价格理论被认为是广义资本资产价格模型，为投资者提供了另一种理解市场风险与收益之间平衡的方式。

线性多因素模型的一般表达为：

$$r_i = a_i + \sum_{j=1}^{k} b_{ij} F_j + \varepsilon_i, \ i = 1, 2, \cdots, N \quad (3-14)$$

或

$$r = a + B \times F + \varepsilon \qquad (3-15)$$

其中，$r = (r_1, \cdots, r_N)^T$ 代表 N 种资产收益率组成的列向量，$F = (F_1, \cdots, F_N)^T$ 代表 K 种因素组成的列向量，$a = (a_1, \cdots, a_N)^T$ 是常数组成列向量，$B = (b_{ij})_{N \times K}$ 是因素 j 对风险资产收益率的影响程度，称为灵敏度（sensitivity）/因素负荷（factor loading），组成灵敏度矩阵，$\varepsilon = (\varepsilon_1, \cdots, \varepsilon_N)^T$ 是随机误差列组成的列向量，且 $E(\varepsilon_i) = 0$，$i = 1, \cdots, N$。

第五节 投资绩效分析

一、收益率评价法

选取好数据后，首先计算出组合中各只股票的每个周期收益率 r_{it}：

$$r_{it} = \frac{V_t - V_{t-1}}{V_{t-1}} \qquad (3-16)$$

其中，r_{it} 代表第 i 只股票在第 t 个周期的收益率，V_t 代表该股票第 t 个周期的收盘价，V_{t-1} 代表该股票第 t-1 个周期的收盘价。

最优投资组合 P 第 t 个周期的收益率 R_{Pt}：

$$R_{Pt} = \sum_{i=1}^{10} w_i \times r_{it} \qquad (3-17)$$

其中，w_i 表示第 i 只股票的权重。

收益率评价法的缺陷：（1）如果说选择基金时候，我们的标准仅仅是基金的收入水平，那么这是不准确的，因为对于一只基金来说，过往的高回报并不代表现在也能收到高回报收益；（2）回报率不仅取决于基金经理的能力，还取决于市场趋势和基金风险投资组合水平。

当市场如牛市一样蓬勃发展时，总体市场收益率通常会上升，而当市场处于疲软状态如衰退时，总体市场收益率通常会下降。风险越高的基金，那么最终要求的风险补偿也会越高，对应的，低风险它的补偿也会低一些。如果仅因风险高而获得高回报，该基金就不会比任何其他基金都要好。

二、夏普（Sharpe）比率

夏普比率是一种基于总风险（即单位风险的报酬）的综合绩效指标，

可以用来表示以下公式：

$$SR = \frac{R_A - r_f}{\sigma_A} \quad (3-18)$$

其中，R_A 代表评估期每个阶段的平均投资基金收益，r_f 表示评估期间的无风险收益率，σ_A 为投资回报率的标准差。SR 为投资组合的夏普指数，它假设投资者在以下情况下规避风险，当所选择组合夏普比率大于市场组合夏普比率时候，表示投资组合要比市场好，所以夏普比率越高，基金的绩效越好。

三、詹森（Jensen）指数

它基于 CAPM 模型，该模型是为获得市场上必要的补偿而进行的投资组合的超额收益（α）：

$$\alpha = R_A - r_f - \beta(R_m - r_f) \quad (3-19)$$

当 $\alpha > 0$ 时，说明基金战胜了市场。Jensen 指数忽略了非系统性风险，并认为证券投资分散了风险。如果 α 接近零，则结论很糟糕，可以使用统计检验确定 α 是否为非零。投资者可以使用詹森指数来确定投资表现优于其他基金的好坏。

四、特雷诺（Treynor）比率法

特雷诺比率（Treynor ratio）方法是一种基于证券市场线的综合绩效评估方法，重点关注系统风险的收益。基金获得的单位系统风险的风险溢价。用公式表示为：

$$TR = \frac{R_A - r_f}{\beta_A} \quad (3-20)$$

其中，β_A 为投资组合的贝塔值，TR 为投资组合的特雷诺比率，当所选择组合特雷诺比率大于市场组合特雷诺比率时候，说明投资组合战胜了市场。

五、评估比率（appraisal ratio，AR）

评估比率基于 CAPM 模型，是相对于投资组合所承担的非系统性风险的超额收益的相对指标，与市场投资组合形成更大的风险投资组合，它可以表示为：

$$AR = \frac{\alpha}{\sigma_e} \quad (3-21)$$

其中，$e_p = R_t - \alpha - \beta(R_m - r_f) - r_f$，$\alpha$ 是詹森指数，σ_e 是 CAPM 模型残差的标准差。估值速率越高，性能越好。

第四章

金融物理学基础

第一节 金融物理学的研究对象

一、交易资产

我们日常生活中交易资产的种类有很多,但是其中最活跃的可能就是金融市场中的金融资产。每一种金融资产的交易记录都能够成为很好的研究对象,经过了大量的研究以后,经济学家研究出了衍生品的定价模型(赫尔, 2018)[1]。通过对高频数据如标度性、自相关性等的研究,物理学家发现了金融市场和物理学之间的一些关联(Mantegna & Rosario, 2000; Mantegna & Stanley, 1995)[2]。国内的黄吉平教授和周炜星教授在他们的专著中均对金融物理学的前沿发展做了深入研究和阐述(黄吉平, 2013; 周炜星, 2007)[3]。在本书研究中,大篇幅的研究是基于股票市场展开的。主要的原因有以下几点:一是为金融衍生品的价格多变,但是衍生品价格最终还是要取决于基础证券的价格变化,因此可以说基础证券是研究一切其他衍生产品的基础(赫尔, 2018);二是不同的交易资产有着相似的规律;三是股票市

---

[1] 约翰·赫尔. 期权、期货及其他衍生产品(原书第10版)[M]. 王勇, 等译. 北京: 机械工业出版社, 2018.

[2] Mantegna, Rosario N. An Introduction to Econophysics: Correlations and Complexity in Finance [M]. Cambridge University Press, 2000; Mantegna R. N., Stanley H. Scaling Behaviour in the Dynamics of an Economic Index [J]. Nature, 1995 (376): 46–49.

[3] 黄吉平. 经济物理 [M]. 北京: 高等教育出版社, 2013; 周炜星. 金融物理学导论 [M]. 上海: 上海财经大学出版社, 2007.

场参与门槛低，参与人数多，参与的主体多，交易量巨大，是非常有代表性的风险资产；四是股票价格、股票指数的高频数据比较容易获得。

二、收益率

对于我们研究的对象，例如所说股票价格的动力学特性，随着后来越来越多的研究，人们发现其实价格的变化相对来说是一个很好的研究因素。因"资产价格的变化"多数表现出平稳的特性（Mantegna & Rosario, 2000; Mantegna & Stanley, 1995），因而其是主要被分析数据类型之一，且计算也较为简单和容易理解。

第一种"资产价格的变化"可以通过价格差分直接得到：

$$Z(t) \equiv P(t + \Delta t) - P(t) \tag{4-1}$$

其中 $P(t)$ 是指我们时刻在 t 时刻金融资产的价格（如股票价格、股指价格）。但是如果时间间隔 Δt 很大时，因为通货膨胀的影响，$P(t+\Delta t)$ 和 $P(t)$ 将不可比。

第二种可以将贴现的价格变化量作为研究对象：

$$Z_D(t) \equiv [P(t+\Delta t) - P(t)] \cdot D(t) \tag{4-2}$$

其中 $D(t)$ 是贴现因子。这个方法的优点是不需要非线性或随机变换，同时金融资产价格按照"不变货币价值"给出。但是，存在一个问题：$D(t)$ 常常不能准确的选择。

第三种分析对象也可以是价格收益率：

$$R(t) \equiv \frac{P(t+\Delta t) - P(t)}{P(t)} \tag{4-3}$$

以价格收益率为研究对象的优点是收益率可以直接体现某一时间段里的金融资产的收益、损失的百分比，缺点是收益率对尺度变化（Δt）也很敏感。

第四种分析对象是价格对数收益率：

$$S(t) \equiv \ln P(t+\Delta t) - \ln P(t) \tag{4-4}$$

以上方法的优点是，不再需要贴现因子，而是将尺度变化的平均修正考虑进来。缺点是这种修正只有当尺度变化是常数的时候才成立，并且式（4-2）的非线性变换将严重影响随机过程的统计特性。另外，当 Δt 很小时，由于 $P(t+\Delta t) - P(t) \ll P(t)$ 通常能得到满足，那么不难证明，$S(t) \approx R(t)$，即对数收益率趋近于收益率。由于通常认为股价波动服从几何布朗运动，所以对数收益率也就自然而然成为最常用的分析对象（赫尔，2018）[1]。

对于尺度变化的计算主要有物理时间、交易时间和交易次数等不同尺度选择。

物理时间：在该事件尺度下，我们将会发现在休市期间没有交易，从而构成时间序列的是一段段分隔开的序列。

交易时间：是指在物理时间的基础上排除休市时间以后的时间。虽然把分隔的数据连接起来了，但是这种时间尺度无法说明休市期间的一些重要信息，而且隔夜的价格变化也被当成是短期的。

交易时间尺度：这种时间尺度缺点明显—每笔交易之间的实际时间间隔得不到反映因此还没有被经验分析所证实（Mantegna & Rosario，2000；Mantegna & Stanley，1995）[2]。本书选用交易时间的尺度进行以下分析。

三、波动率

波动率（volatility）是金融领域的一项重要的概念。波动率是较为常见的时间相关类的金融时间序列。波动率，简单来说就是为一个时间段内金融资产价格收益率 S(t) 的标准差：

$$V \equiv \sigma_t \equiv \sqrt{\frac{1}{N}\sum_{i=1}^{N}[S(t_i)-\mu]^2} \qquad (4-5)$$

当然在不同的论著当中，也会有不同的定义，如下面这种：

$$V \equiv \frac{1}{N}\sum_{i=1}^{N}|S(t_i)-\mu| \qquad (4-6)$$

不同的定义代表了不通过的含义，上面提及的两种定义只是进行简单的对比。我们可以发现，不同的定量波动方法的最后的计算结果都是相似的，并不会影响太多结论。

在研究波动率的时候，研究者常常会遇到"波动率聚集性"的问题与相关的概念，它的定义就是如果市场上有波动比较大的价格变化，其后面也在发生相应的变化，大的价格变化会跟随大的变化，小的价格变化会跟随小的波动，"波动率聚集性"因此而得名。

波动率的聚集性从侧面反映了波动率随时变化的特性。即假定价格时间

---

[1] 约翰·赫尔. 期权、期货及其他衍生产品（原书第10版）[M]. 王勇，等译. 北京：机械工业出版社，2018.

[2] Mantegna, Rosario N. An Introduction to Econophysics: Correlations and Complexity in Finance [M]. Cambridge University Press, 2000; Mantegna R. N., Stanley H. Scaling Behaviour in the Dynamics of an Economic Index [J]. Nature, 1995 (376): 46–49.

序列变量的波动幅度（标准差）固定不变，这在现实生活中是不可能实现的。恩格尔（R F. Engel）1982年在研究英国通货膨胀率的波动率时，提出了著名的自回归条件异方差模型（autoregressive conditional heteroskedasticity model，ARCH模型）。1986年，波勒斯列夫（T. Bollerslev）提出了更为一般的广义自回归条件异方差模型（general aotoregressive conditional heteroskedasticity model，ARCH模型），对波动率进行了进一步的建模（Bollerslev，1986）[①]。

四、金融时间序列分析的分类

到目前为止非常多的实证分析工作就是将各种传统的数理统计方法应用在金融数据之上。经济物理领域中对于金融时间序列的分析，可大致分为两类，一类是统计分布类，另一类是时间相关类。

（一）统计分布类

常见的随机变量一般满足随机游走、正态分布、列维分布或幂律分布等特征。

1. 随机游走

随机游走是非常简单的随机过程。随机游走在我们研究的过程中，尤其是在数量金融方面占据着重要的地位。为了研究随机游走，我们可以假设一只活动在二维空间上的点。假设这个点每隔固定时间（Δt）就以相同的概率移动到它的相邻位置（如前、后、左、右），那么它的轨迹就是一个二维的随机游走。我们可以在不同的维度下进行相关的讨论，如在一维的情形下，一个从原点出发的随机游走过程，在时间间隔 $\Delta T = n\Delta t$ 之后，它的位置 S_n 可以表示为 n 个独立同分布随机变量 x_i 之和：

$$S_n = x_1 + x_2 + x_3 + \cdots + x_n \qquad (4-7)$$

这里随机变量 x_i 用于描绘每一步的移动。最简单的情况下，x_i 随机的取值 $+s$，$-s$，也就是每种情况都会有0.5的概率。就可以证明以下两式：

$$\begin{cases} E(S_n) = 0 \\ E(S_n^2) = ns^2 \infty \Delta T \end{cases} \qquad (4-8)$$

式（4-8）表明，随机游走位移 S_n 的方差随着时间间隔 $\Delta T = n\Delta t$，体现为线性递增。也就是说，位移 S_n 的标准差 σ 与时间间隔 Δt 的0.5次幂成

---

① Bollerslev T. Generalized Autoregressive Conditional Heteroskedasticity [J]. Eeri Research Paper，1986（31）：307 –327.

正比，如下所示：

$$\sigma = \sqrt{E(S_n^2)} \propto \Delta T^{0.5} \quad (4-9)$$

2. 正态分布

基于以上的讨论，如果我们将极限的情况考虑进去的话，上面的过程就会变成一个维纳过程，而后者则是一个连续的随机过程，和布朗运动有着密切的关联。在维纳过程中，由中心极限定理表明，位移为正态分布，也叫高斯分布，它的概率密度函数由钟形曲线刻画：

$$P(S) = \frac{1}{\sigma\sqrt{2\pi}} e^{-\frac{S^2}{2\sigma^2}} \quad (4-10)$$

其中，P(S) 是位移 S 的概率密度函数，σ 是位移 S 的标准差，在某些场合下分布函数也常在讨论概率学的基本特征中出现。

3. 列维稳定分布

列维稳定过程最一般的特征函数形式为：

$$\ln\varphi(k) = \begin{cases} i\mu k - \gamma|k|^{\alpha}\left[1 - i\beta\frac{k}{|k|}\tan\left(\frac{\pi}{2}\alpha\right)\right] & (\alpha \neq 1) \\ i\mu k - \gamma|k|\left[1 + i\beta\frac{k}{|k|}\frac{2}{\pi}\ln|k|\right] & (\alpha = 1) \end{cases} \quad (4-11)$$

这里 $0 \leq \alpha \leq 2$（只有这个范围才对应稳定分布），γ 是一个正的尺度因子，μ 为任意实数，$\beta \in (-1, 1)$ 是一个非对称参数。我们对于 α 和 β 值，列维稳定分布的密度函数存在解析形式为 α = 1/2，β = 1，列维—斯米尔洛夫分布（Levy Smirmov）；α = 1，β = 0，洛伦兹分布（Lorentz distribution）；α = 2，高斯分布。如果我们在计算的过程中只考虑了相关的零均值对称分布，那么我们可以，对于较大的值|x|而言，指数为 α 的稳定分布的有效渐进近似为：

$$P_L(|x|) \sim |x|^{-(1+\alpha)} \quad (4-12)$$

特别的，当 α < 2 时，对 n ≥ α 而言，各阶矩|x|ⁿ 是发散的。由于所有 α < 2 的列维稳定过程有无限方差，因此列维稳定随机过程通常没有特征尺度——方差无限（Mantegna & Rosario，2000；Mantegna & Stanley，1995）[1]。1963年，曼德尔布罗特"革命性地"提出了价格变化服从列维稳定分布的假说

---

[1] Mantegna, Rosario N. An Introduction to Econophysics: Correlations and Complexity in Finance [M]. Cambridge University Press, 2000; Mantegna R. N., Stanley H. Scaling Behaviour in the Dynamics of an Economic Index [J]. Nature, 1995 (376): 46 – 49.

(Mandelbrot, 1963)[①]。这个模型的优点是考虑到了经验数据的非高斯性尖峰厚尾。但问题是：稳定分布对应的渐进行为（尾部特征）是 α≤2，而经验数据的尾部特征是 α≈3；列维稳定分布方差无限，这和我们计算出来的结果相矛盾。

4. 幂律分布

19世纪意大利经济学家帕累托通过相关的研究发现了著名的二八法则，即最富有的20%的人口，占有了80%的社会财富。哈佛大学语言学家齐普夫1932年时发现了齐普夫定律，简单来说就是将应予单词出现的频率将会随着相关名词的出现而呈现幂函数递减。其实我们生活中有很多现象都是幂律分布，如最近经常发生的地震规模、论文被别人应用的次数等，这些其实并没有统一的规律，所以我们有时候也会成为标度不变性。

（二）时间相关类

金融时间序列的最重要的一类性质是时间相关性。如果我们将一系列事件的收益率序列打乱以后在进行相关的对比，那么在统计的时候将会有很大的差异。

1. 自相关函数

自相关函数是用来考察同一序列不同时刻取值之间的相关程度的函数，常见于信号处理与金融时间序列分析。如一个收益率时间序列 $S(t)$，其自协方差 $Cov(\Delta t)$ 定义为时间序列 $S(t)$ 与其经过时间平移后的序列 $S(t-\Delta t)$ 之间的协方差。自协方差通过方差进行标准化之后，即成为自相关函数 $\rho(\Delta t)$。如下所示：

$$Cov(\Delta t) \equiv E[(S(t)-\mu)(S(t-\Delta t)-\mu)] \quad (4-13)$$

$$\rho(\Delta t) \equiv \frac{Cov(\Delta t)}{\sigma^2} \quad (4-14)$$

其中，$E[x]$ 是 x 的数学期望，μ 和 σ 分别为时间序列 $S(t)$ 的平均值和标准差，自协方差 $Cov(\Delta t)$ 与自相关函数 $\rho(\Delta t)$ 均为平移时间 Δt 的函数。不难证明，自相关函数 $\rho(\Delta t)$ 的数值范围介于 -1 与 1 之间。

2. 互相关函数

互相关函数可应用于研究两个不同时间序列之间的相关性，比如在研究同一只股票价格时间序列与交易量时间序列之间的关系、不同的两只股票收益率时间序列之间的相关性。假设两个时间序列分别为 $S_1(t)$ 与 $S_2(t)$，则

[①] Mandelbrot B. The Variation of Certain Speculative Prices [J]. The Journal of Business, 1963 (36): 394–419.

协方差 $\mathrm{Cov}(S_1, S_2)$ 与互相关函数 $\rho(S_1, S_2)$，分别定义为：

$$\mathrm{Cov}(S_1, S_2) \equiv E[(S_1(t) - \mu_1)(S_2(t) - \mu_2)] \qquad (4-15)$$

$$\rho(S_1, S_2) \equiv \frac{\mathrm{Cov}(S_1, S_2)}{\sigma_1 \sigma_2} \qquad (4-16)$$

其中，μ_1 与 μ_2 分别为时间序列 $S_1(t)$ 与时间序列 $S_2(t)$ 的平均值，σ_1 与 σ_2 分别为时间序列 $S_1(t)$ 与时间序列 $S_2(t)$ 的标准差。由互相关函数可以引入一个欧几里得距离 $d(S_1, S_2)$，以表示两只股票之间的距离：

$$d(S_1, S_2) \equiv \sqrt{2[1 - \rho(S_1, S_2)]} \qquad (4-17)$$

股票的距离也可用该式子表示。

3. 赫斯特指数（Hurst 指数）

赫斯特指数，要从 1950 年左右英国水文学家赫斯特（H. E. Hurst）的研究工作讲起它的概念。赫斯特在研究尼罗河水库水流和储存能力的关系时提出了重标极差分析法（R/S 方法），该方法给出了以他命名的 Hurst 指数 H，根据 H 的大小可以方便地判断随机游走是否有偏：当 $H = 0.5$ 时，时间序列是一个无偏的随机游走过程；当 $0.5 < H \leq 1$ 时，是一个持续性的随机游走，具有长期记忆性；当 $0 \leq H < 0.5$ 时，是一个反持续性的随机游走，即均值回复过程。

第二节　实验经济物理学基础

在很多经济、社会以及其他系统中，会存在很多具有主观能动性的代理人（agent），此指系统中的个体，也可解释为代理，或行为人，或主体。代理人都会主动去争夺有限的资源。

科学家们进行了许多尝试，为了能有效地描述这些简单而又复杂的有趣系统。在金融物理学的研究过程中，我们经常是由一个经济学问题作为切入点，但研究的结果经常会对经济学之外的社会或者生物等更为普遍的系统有一定的启发性。这是因为物理学家通常更关注结论的普适性。物理学家们通常认为这个世界是简单的，是由一些普适的基本规律支配发展的，而这种思想在研究自然界的过程普遍被适用并且取得很大的成功。对于经济学问题的研究是先将一个具体的经济问题粗粒化，即将复杂的大问题简化为一个清晰的小问题来研究，或者是先理论推导找到问题中的主要因素，然后从问题抽象出模型，最后建立代理人模型（agent-based mode），并进行理论分析。这部分我们称为实验经济物理学，来突出可控实验在研究中的重要作用——被用作协助研究具体的经济现象或者问题，这点其实和我们运用的传统方法又有很大的不同。

一、爱尔法鲁酒吧问题（EI Farol 酒吧问题）

少数者博弈模型在金融物理学对经济问题模型中非常具有代表意义，而它的前身则是著名的爱尔法鲁酒吧问题。这个名叫爱尔法鲁的酒吧，位于著名的圣塔菲（Santa Fe）研究所附近，圣塔菲是美国西南部新墨西哥州的首府、复杂性科学研究的重镇。爱尔法鲁酒吧总是在周四的晚上提供美妙的音乐和可口的食物，深受顾客的喜爱，经常人满为患，大家都愿意在这个酒吧度过自己每周四的夜晚。然而酒吧的位子是有限的。圣塔菲研究所的阿瑟教授肯定也是这个酒吧的常客，并且有时候可能也占不到座位而回家待着，因此开始思考去不去酒吧这一决策问题，抽象之后即为所谓的"酒吧问题"。

如果从非线性动力学角度来说，最后存在一个上座率类似于一个吸引子。如果这一周酒吧人数非常多，那么下一周去酒吧的人减少的可能性很大。因此，上座率在均值上下波动，并会呈现"均值回复"性质。如果在每次博弈后剔除点数最少的博弈者，并引入一个新的博弈者，其策略完全复制点数最多博弈者的策略（即遗传），并允许其中的一个被任意选取的策略变更（即变异），则构成所谓的达尔文主义少数者博弈模型（Challet & Zhang，1997）[1]。

二、少数者博弈模型

最初的少数者博弈模型为各种衍生模型的提出留下了很大的创造空间和理论基础，即使表面上看似很简单，但是却让我们了解了非常深刻的物理意义（Challet et al.，2005；Zaluskakotur，2005；Cara et al.，1998）[2]。少数者博弈模型和它的衍生模型的另一特性，就是在趋向平衡的极限条件下存在解

---

[1] Challet D.，Zhang Y. C. Emergence of Cooperation and Organization in an Evolutionary Game [J]. Physica A，1997（246）：407–418.

[2] Challet D.，Marsili M.，Zhang Y. C. Minority Games：Interacting Agents in Financial Markets（Oxford Finance Series）[M]. Oxford University Press，Inc，2005；Zaluskakotur M. From Randomness to Periodicity—the Effect of Polarization in the Minority Game Strategy Space [J]. Acta Physica Polonica，2005（36）：8；Cara M. A. R. D.，Pla O.，Guinea F. Competition，Efficiency and Collective Behavior in the 'El Farol' Bar Model [J]. Physics of Condensed Matter，1998（10）：187–191.

析解，这些统计物理方法涵盖自旋玻璃态法（Challet，1999；Challet et al.，2000）[1]、动态生成泛函分析法（Heimel & Coolen，2001）[2]和集群反集群理论（Johnson et al.，1999；Hart et al.，2001）[3]。少数者博弈模型的最初的出发点是基于对现实中市场中赢家总是少数人这个现象的观察，早期的研究工作主要集中在研究各种少数者博弈模型的物理性质，而大家对这类模型是否能够真正描述实际市场倒不是很关心。

在少数者博弈模型中我们比较关注的也是非常重要的问题之一就是过去的信息在模型中到底有什么作用。换句话说，少数者博弈模型与博弈者的记忆是否有关系。卡瓦尼亚通过数值模拟研究了少数者博弈模型，发现真实历史和随机历史相对应的波动率的行为是相同的，从而给出了一个否定回答（Cavagna & Andrea，1999）[4]。李发现，少数者博弈模型中集体现象的涌现，与历史记录是否真实无关，如果考虑波动率的行为，历史真实性的作用在于产生了周期性（Lee，2001）。沙莱和马尔西利通过对德布鲁因图的分析发现，记忆的无关性只在某些特殊的情况下才成立，对于衍生少数者博弈模型来说，博弈者记忆在模型中起着重要作用（Challet et al.，2000）[5]。有研究结果表明——原始少数者博弈模型中的波动率和记忆性无关，现实中其实是由于有限规模效应造成的，当博弈者数目不断增加的情况下，即使波动率的行为在临界区和信息无效区内表现得和记忆没有关系，但是在信息有效区间里面，随机历史的波动率是要比真实历史波动率小的，信息有效程度也会降低（Ho et al.，2005）[6]。

---

[1] Challet D. Modeling Market Mechanism with Minority Game [J]. Physica A, 1999 (276): 284 – 315; Challet D., Marsili M., Zecchina R. Statistical Mechanics of Systems with Heterogeneous Agents: Minority Games [J]. Physical Review Letters, 2000 (84): 1824 – 1827.

[2] Heimel J. a. F., Coolen A. C. C. Generating Functional Analysis of the Dynamics of the Batch Minority Game with Random External Information [J]. Physical Review E, 2001 (63): 056121.

[3] Johnson N F, Hart M, Hui P M. Crowd effects and volatility in markets with competing agents [J]. Physica A, 1999 (269.1): 1 – 8; Hart M., Jefferies P., Hui P. M., et al. Crowd – Anticrowd Theory of Multi – Agent Market Games [J]. The European Physical Journal B, 2001 (20): 547 – 550.

[4] Cavagna, Andrea. Irrelevance of Memory in the Minority Game [J]. Physical Review E, 1999 (59): 3783 – 3786.

[5] Challet D., Marsili M. Relevance of Memory in Minority Games [J]. Physical Review E, 2000 (62): 1862 – 1868.

[6] Ho K., Man W., Chow F., et al. Memory Is Relevant in the Symmetric Phase of the Minority Game [J]. Physical Review E, 2005 (71): 066120.

三、马尔西利少数者博弈模型

属于少数者的交易者才是获胜者的情况是当且仅当市场价格形态处于反转的情况下时,我们可以举一个例子:在股票价格持续上升或持续下跌期间,大多数人都会选择跟风,真正能够避免股价暴跌而带来巨额损失或是在股票触底反弹时获取最大利润的是那些能够正确预见市场反转并及时从多数者角色转变为少数者的人。对于短期投机者来说,获取最大利润的方式是不同的,他们需要频繁地在多数者和少数者之间转换角色。

在马尔西利研究的基于交易者预期的少数者多数者博弈模型中,交易者被分为两类:一类是趋势追随者,总是力求使自己处于多数者的角色;另一类则反其道而行之,总是努力使自己成为少数者。于是,交易者的期望是自我实现的。科兹沃夫斯基和马尔西利还提出了基于多数者的博弈模型,通过理论分析和数值模拟详细研究了该模型的物理性质,并给出了相图(Challet et al., 2000)[1]。

为了模拟博弈模型,一个简单的方法是如果让每个交易者在每一时刻买卖1股股票,而且不允许交易者同时持有或卖空超过股股票,如果模型市场是封闭的话,也就是所有交易者一直在市场中。如果市场允许交易者可以连续的买入或者卖空,模型的股票价格就会接近无穷大或者接近于零。为了能让模型能够更加接近真实的市场,可以按照一定的概率将财富分配给交易者,然后交易者根据当前财富值的一定比例进行交易,如果交易者当前的现金是零,则不允许再买入,当交易者的现金和股票都是零的时候,该交易者就出局。也可以将交易费用引入到模型当中,并制定各种常用的交易策略。

最后需要指出的是,少数者获胜的原理在特定的市场机制下仍然可以被认为是一个很好的投资策略,事实上,有研究表明这一模型可以预测价格的大幅波动,这与前面讨论的少数者获胜原则仅适用于市场反转的结论一致。

第三节 随机动力学简介

在随机动力学中(朱位秋、蔡国强,2017)[2],马尔可夫(Markov)过

---

[1] Challet D., Marsili M., Zecchina R. Statistical Mechanics of Systems with Heterogeneous Agents: Minority Games [J]. Physical review letters, 2000 (84): 1824.

[2] 朱位秋,蔡国强. 随机动力学引论 [M]. 北京:科学出版社,2017.

程是一种比较重要的过程，主要是由于：（1）它能应用到许多实际随机过程的模型；（2）已有的马尔可夫过程理论可以容易解决各种困难的随机问题；（3）它比较容易生成和模拟。在金融系统中随机建模中常常用到随即动力学的马尔可夫过程。

如果用 X(t) 来表示马尔可夫过程，并且过程 X 的值和参数 t 都是离散的，那么就将它称为马尔可夫链。倘若 X 是连续，而 t 是离散的，那么就称它为马尔可夫序列。在实际应用中由于 X 之值与参数 t 都是连续的，所以通常称之为马尔可夫过程。

一、马尔可夫过程

如果一个随机过程只具有短暂记忆，也就是当下状态只受最近环境的影响，这类过程统称为马尔可夫过程。一个随机过程 X(t) 如果称为马尔可夫过程，那么它的条件概率应该满足：

$$P[X(t_n) \leq x_n | X(t_{n-1}) \leq x_{n-1}, \cdots, X(t_1) \leq x_1]$$
$$= P[X(t_n) \leq x_n | X(t_{n-1}) \leq x_{n-1}] \quad (4-18)$$

式（4-19）中 $t_1 < t_2 < \cdots < t_n$，随机过程 X(t) 为马尔可夫过程的充分条件是它在不重叠的两个时间区间上的增量是独立。也就是如果 $t_1 < t_2 \leq t_3 < t_4$，那么 $[X(t_2) - X(t_1)]$ 与 $[X(t_4) - X(t_3)]$ 独立。如果 X(t) 是一个高斯过程，那么两个增量不相关，也就是：

$$E\{[X(t_2) - X(t_1)][X(t_4) - X(t_3)]\} = 0, \quad t_1 < t_2 \leq t_3 < t_4 \quad (4-19)$$

对马尔可夫过程而言，还可以通过下列概率密度函数来表示：

$$p(x_n, t_n | x_{n-1}, t_{n-1}; \cdots; x_1, t_1) = p(x_n, t_n | x_{n-1}, t_{n-1}) \quad (4-20)$$

利用条件概率密度的性质，得到：

$$p(x_1, t_1; x_2, t_2; \cdots; x_n, t_n) = p(x_n, t_n | x_{n-1},$$
$$t_{n-1} | x_{n-2}, t_{n-2}) \cdots p(x_1, t_1) \quad (4-21)$$

由上可以发现高阶概率密度可以通过初始概率密度和条件概率密度获得。换句话说，马尔可夫过程完全由它的条件概率密度和初始概率密度来表述。初始概率密度包括初始状态是固定，也就是初始概率密度是狄拉克 δ 函数的情况。量化马尔可夫过程 X(t)，条件概率密度 $p(x_k, t_k | x_j, t_j)$ 在量化马尔可夫的过程中是最重要的。条件概率密度又称为转移概率密度。如果它的转移概率密度不随着时间的平移而改变，那么称该马尔可夫过程是平稳的，也就是对任一时间平移 Δt_1 个单位：

$$p(x_k, t_k | x_j, t_j) = p(x_k, t_k + \Delta t | x_j, t_j + \Delta t) = p(x_\tau, \tau | x_0, 0)$$
$$(4-22)$$

其中 $\tau = t_k - t_j$，x_T 和 x_0 分别是 $X(\tau)$ 和 $X(0)$ 的状态变量。这个时候，平稳概率密度可以通过转移时间区间趋近于无穷获得，也就是：

$$P(x) = \lim_{\tau \to \infty} P(x, \tau | x_0, 0) \qquad (4-23)$$

上面介绍的标量马尔可夫过程很容易推广到矢量马尔可夫过程 $X(t) = [X_1(t), X_2(t), \cdots, X_n(t)]^T$ 是 n 维的矢量马尔可夫过程，它应该满足下式：

$$p(x_n, t_n | x_{n-1}, t_{n-1} | x_{n-2}, t_{n-2}) \cdots p(x_1, t_1) = p(x_n, t_n | x_{n-1}, t_{n-1}) \qquad (4-24)$$

需要注意的是，矢量马尔可夫过程的分量可以是也可以不是标量马尔可夫过程。福克－普朗克－柯尔莫哥洛夫方程考虑三个时刻 $t_1 < t < t_2$，由式（4-24）和式（4-21）可以得到：

$$p(x_2, t_2 | y, t | x_1, t_1) = p(x_2, t_2 | y, t) p(y, t | x_1, t_1) \qquad (4-25)$$

在式（4-26）中对 y 积分，得：

$$p(x_2, t_2 | x_1, t_1) = \int p(x_2, t_2 | y, t) p(y, t | x_1, t_1) dy \qquad (4-26)$$

式（4-27）就是著名的查普曼－柯尔莫哥洛夫－斯莫拉伍斯基方程，它是决定转移概率密度的积分方程。为了更好理解，积分方程式（4-27）可转换成等价的微分方程，也就是著名的福克普朗克柯尔莫哥洛夫（Fokker-Planck-Kolmogorov, FPK）方程式，其中 $p = p(x, t | x_0, t_0)$ 是转移概率密度，

$$\frac{\partial}{\partial t} p + \sum_{j=1}^{n} \frac{\partial}{\partial x_j}(a_j p) - \frac{1}{2} \sum_{j,k=1}^{n} \frac{\partial^2}{\partial x_j \partial x_k}(b_{jkp}) = \frac{1}{3!} \sum_{j,k,l=1}^{n} \frac{\partial^3}{\partial x_j \partial x_k \partial x_l}(c_{jklp}) - \cdots = 0 \qquad (4-27)$$

其余参数设置可以参考《随机动力学引论》（朱位秋、蔡国强，2017）[①]。

当马尔可夫扩散过程到达平稳状态时，它的平稳概率密度就是转移概率密度的极限，从而可以得到简化的 FPK 方程：

$$\sum_{j=1}^{n} \frac{\partial}{\partial x_j}(a_j p) - \frac{1}{2} \sum_{j,k=1}^{n} \frac{\partial^2}{\partial x_j \partial x_k}(b_{jkp}) = 0 \qquad (4-28)$$

在式（4-29）中 $p = p(x)$ 是平稳概率密度，a_j 与 b_{jk} 和时间 t 无关，式（4-29）又可改写成为：

$$\sum_{j=1}^{n} \frac{\partial}{\partial x_j} G_j = 0, \quad G_j = a_j p - \frac{1}{2} \sum_{k=1}^{n} \frac{\partial}{\partial x_k}(b_{jkp}) \qquad (4-29)$$

[①] 朱位秋，蔡国强. 随机动力学引论 [M]. 北京：科学出版社，2017.

二、柯尔莫哥洛夫后向方程

在 FPK 方程里,未知函数 $p(x, t \mid x_0, t_0)$ 是 t 和 x 的函数,而 t_0 与 x_0 是参数。FPK 方程也称为柯尔莫哥洛夫前向方程,因为其中 $\frac{\partial p}{\partial t}$ 项是关于后一时间 t 的导数,与后一时间 t 相应的状态变量 x 称为前向变量。另外,$p(x, t \mid x_0, t_0)$ 也可以看作是 t_0 与 x_0 的函数,而把 t 与 x 看作参数。柯尔莫哥洛夫后向方程的具体推导可以参考(Lin & G,2004)[①],此时会有:

$$\frac{\partial p}{\partial t_0} + \sum_{j=1}^{n} a_j \frac{\partial p}{\partial x_j} + \frac{1}{2} \sum_{j,k=1}^{n} b_{jk} \frac{\partial^2}{\partial x_{j0} \partial x_{k0}} + \frac{1}{3!} \sum_{j,k,l=1}^{n} \frac{\partial^3}{\partial x_{j0} \partial x_{k0} \partial x_{l0}} + \cdots = 0$$

(4-30)

式(4-30)中 a_j,b_{jk},c_{jkl},……还是导数矩,只是它们是 x_0 与 t_0 的函数。

对于马尔可夫扩散过程而言,式(4-31)可以转化为:

$$\frac{\partial p}{\partial t_0} + \sum_{j=1}^{n} a_j(x_0, t_0) \frac{\partial p}{\partial x_{j0}} + \frac{1}{2} \sum_{j,k=1}^{n} b_{jk}(x_0, t_0) \frac{\partial^2 p}{\partial x_{j0} \partial x_{k0}} = 0 \quad (4-31)$$

式(4-30)与式(4-31)称为柯尔莫哥洛夫后向方程,其中 x_0 被称为后向变量。FPK 方程(前向方程)通常用于求概率密度。

三、维纳过程

维纳(Wiener)过程其实算是最简单的马尔可夫扩散过程,它也称为布朗运动,以 $B(t)$ 表示一个随机过程,如果下列条件满足:

(1) $B(t)$ 是一个高斯过程;
(2) $B(0) = 0$;
(3) $E[B(t)] = 0$,
(4) $E[B(t)_1 B(t)_2] = \alpha^2 \min(t_1, t_2)$。

其中,α^2 称为维纳过程的强度。上述式子说明,维纳过程不是平稳过程。假设 $t_1 < t_2 \leq t_3 < t_4$,可以得到:

$$E\{[B(t_2) - B(t_1)][[B(t_4) - B(t_3)]]\}$$
$$= E[B(t_2)B(t_4) - B(t_1)B(t_4) - B(t_2)B(t_3) + B(t_1)B(t_3)]$$
$$= \sigma^2(t_2 - t_1 - t_2 + t_1) = 0$$

(4-32)

[①] Lin,Cai Y. K.,G. Q. Probabilistic Structural Dynamics [M]. McGraw – Hill Professional,2004.

其相关函数在对角线 $t_1 = t_2$ 上连续，因此 B(t) 在时间长度 L_2 上连续。此外，可求得导数 B(t) 的相关函数：

$$E[B(t)_1 B(t)_2] = \frac{\partial^2}{\partial t_1 \partial t_2} E[B(t)_1 B(t)_2]$$

$$\sigma^2 \frac{\partial^2}{\partial t_1 \partial t_2} \min(t_1, t_2) = \sigma^2 \frac{\partial H(t_2 - t_1)}{\partial t_2} = \sigma^2 \delta(t_2 - t_1) \quad (4-33)$$

其中 H(t) 是赫维赛德单位阶跃函数：

$$H(t) = \begin{cases} 1, & t > 0 \\ 0, & t < 0 \end{cases} \quad (4-34)$$

由于维纳过程 B(t) 是高斯过程，所有高于二阶的导数矩为零，所以它是扩散过程，其 FPK 方程为：

$$\frac{\partial}{\partial t} - \frac{1}{2}\sigma^2 \frac{\partial^2 p}{\partial z^2} = 0 \quad (4-35)$$

除了 B(t) 在 L_2 意义上不可微外，还可证 B(t) 在任意有限时间区间内的变化是无界的。因此，维纳过程只是一类物理过程的理想化数学模型（Gardiner，2000）[①]。

---

① Gardiner C. W. Handbook of Stochastic Methods [M]. Springer - Verlag Berlin Heidelberg, 2000.

第五章

贝叶斯方法

在如计量经济学、生物、医学、社会科学等很多领域中，推断统计得到了广泛的研究和应用（Rohatgi，2003）[1]。特别是伴随着贝叶斯统计的快速发展，已经成为目前统计学领域快速发展的分支之一。目前有关各种复杂统计模型的贝叶斯估计、贝叶斯变量选择等贝叶斯推断已经有了大量结果。

针对复杂模型的贝叶斯估计，唐年胜和段星德（Tang & Duan，2012）[2]曾经研究了纵向数据下广义线性混合效应模型的贝叶斯估计；基于一般线性回归模型的框架，杨等人又结合分位数回归提出了贝叶斯经验似然方法（Yang & He，2012）[3]；在假设误差分布服从非对称拉普拉斯（Laplace）分布的框架下，洛兰等（Luo et al.，2012）[4]研究了纵向数据下线性混合效应模型的贝叶斯分位数回归分析，模拟研究的结果也显示所提出方法是有效的；徐登可等人研究了半参数均值方差模型的贝叶斯估计（Xu & Zhang，2013）[5]；在非线性模型的框架下，唐年胜和赵慧（Tang & Zhao，2013）[6]研究了纵向数据下非线性再生散度混合效应模型的贝叶斯分析；唐年胜等

---

[1] Rohatgi V. K. Statistical Inference [M]. Dover Publications, 2003.

[2] Tang N S, Duan X D. A semiparametric Bayesian approach to generalized partial linear mixed models for longitudinal data [J]. Computational Statistics & Data Analysis, 2012, 56 (12): 4348–4365.

[3] Yang Y. W., He X. M. Bayesian Empirical Likelihood for Quantile Regression [J]. Annals of Statistics, 2012 (40): 1102–1131.

[4] Luo Y, et al. Bayesian Quantile Regression for Longitudinal Data Models [J]. Journal of Statistical Computation and Simulation, 2012 (11): 1635–1649.

[5] Xu D. K., Zhang Z. Z. A Semiparametric Bayesian Approach to Joint Mean and Variance Models [J]. Statistics & Probability Letters, 2013 (83): 1624–1631.

[6] Tang N. S., Zhao Y. Y. Semiparametric Bayesian analysis of nonlinear reproductive dispersion mixed models for longitudinal data [J]. Journal of Multivariate Analysis, 2013 (115): 68–83.

(Tang et al., 2014)① 研究了具有不可忽略缺失响应变量与协变量的非线性再生散度混合效应模型，研究结果显示该方法可以得到模型中未知参数和混合效应的贝叶斯估计。

对于贝叶斯变量选择的研究，帕克和卡塞拉（Park & Casella, 2008）② 基于线性回归模型研究了模型中未知参数的贝叶斯最小绝对收缩和选择算子（又译为套索算法，least absolute shrinkage and selection operator，LASSO）变量选择方法；阿拉姆扎维等（Alhamzawi et al., 2012）③ 结合了分位数回归提出了一种针对线性回归模型的贝叶斯自适应套索算法算法；还有相关研究人员针对该模型中的未知参数，提出了基于半参数结构方程模型的有效的贝叶斯套索算法方法理论结果与模拟结果也显示提出的方法能正确估计模型中的未知参数和正确识别真实的模型（Guo et al., 2012）④；还有相关文献基于有效的 MCEM 算法针对线性回归模型提出了一种贝叶斯套索算法选择方法（Yuan & Wei, 2014）⑤；除此以外还有文章结合了分位数回归，针对线性混合效应模型提出了稳健贝叶斯 Lasso 方法（Alhamzawi & Yu, 2014）⑥。在国内，茆诗松和汤银才教授的《贝叶斯统计》（茆诗松、汤银才，2012）⑦ 详细地对国内外的贝叶斯统计基础研究做了介绍。因此对复杂统计模型的贝叶斯估计、贝叶斯变量选择等贝叶斯推断已然成为近年来统计学研究的一个重点。在本书后面的研究中也应用到了贝叶斯方法，因而我们接下来需要对该方法做一个简单的介绍。

---

① Tang N. S., Zhao H. Bayesian Analysis of Nonlinear Reproductive Dispersion Mixed Models for Longitudinal Data with Nonignorable Missing Covariates [J]. Communications in Statistics – Simulation and Computation, 2014（6）：1265 – 1287.

② Park T., Casella G. The Bayesian Lasso [J]. Journal of the American Statistical Association, 2008（482）：681 – 686.

③ Alhamzawi R., Yu K., Benoit D. F. Bayesian Adaptive Lasso Quantile Regression [J]. Statistical Modelling, 2012, 12（3）.

④ Guo R., Zhu H., Chow S. M., et al. Bayesian Lasso for Semiparametric Structural Equation Models [J]. Biometrics, 2012（68）：567 – 77.

⑤ Yuan J., Wei G. An Efficient Monte Carlo Em Algorithm for Bayesian Lasso [J]. Journal of Statistical Computation and Simulation, 2014（84）：2166 – 2186.

⑥ Alhamzawi R., Yu K. M. Bayesian Lasso – Mixed Quantile Regression [J]. Journal of Statistical Computation and Simulation, 2014（84）：868 – 880.

⑦ 茆诗松，汤银才. 贝叶斯统计 [M]. 北京：中国统计出版社，2012.

第一节 后验分布

定义1：我们把符号 $\pi(\alpha|x)$ 定义为在给定 x 后 α 的后验分布，从表示符号中也可以看出它是定义为在给定样本观测值 x 后 α 的条件分布。而这里 x 和 α 具有联合密度：

$$h(x,\alpha)=\pi(\alpha)f(x|\alpha) \qquad (5-1)$$

而 x 具有边际密度分布，其结构如下：

$$m(x)=\int_\alpha f(x|\alpha)dF^\pi(\alpha) \qquad (5-2)$$

因此，明显地可以看出，当 $m(x)\neq 0$ 时有下列贝叶斯公式的密度函数形式：

$$\pi(\alpha|x)=\frac{h(x,\alpha)}{m(x)} \qquad (5-3)$$

在这个样本 x 在给定条件下，α 的条件分布被称为 α 的后验分布。它集中了总体样本和先验三种信息，也排除了一切与 α 无关信息。

定理1：设 T 是 α 的充分统计量，且有密度 $g(t|\alpha)$、$m(t)$（t 的边际密度）大于零的，且因子分解定理成立，如果 $T(x)=t$ 则有下列等式成立：

$$\pi(\alpha|x)=\pi(\alpha|t)=\frac{\pi(\alpha)g(t|\alpha)}{m(t)} \qquad (5-4)$$

由充分统计量来确定 $\pi(\alpha|x)$ 的理由是 $g(t|\alpha)$ 和 $m(x)$ 通常会比 $f(x|\alpha)$ 和 $m(x)$ 在运算过程中更容易处理。

一、共轭先验分布

在实际计算中想要计算 $m(x)$ 和 $\pi(\alpha|x)$ 是比较难的。因此关于贝叶斯很多文献都在试图寻找可以使 $\pi(\alpha|x)$ 比较容易计算的先验分布，这些分布我们把他们称为共轭先验分布。

定义2：假设 α 为总体分布中的一个参数，其中 $\pi(\alpha)$ 是参数 α 的先验密度，如果抽样以后，算得的后验密度函数和 $\pi(\alpha)$ 是相同的函数结构，那么 $\pi(\alpha)$ 就是 α 的共轭先验分布。

二、无信息先验分布

贝叶斯假设是在"无信息"的场合下，在参数取值范围内，人为地取到每个值的可能性是相等的。一般情况下，我们把符合贝叶斯假设条件的先验分布称为"无信息先验分布"。无信息先验分布的选取和参数在总体分布中的位置相关，也就是对群的作用具有不变性，所以，通过这种方式选择先验分布的理念导出的先验分布，也被命名为不变先验分布。常见的无信息先验分布有位置的无信息先验、尺度问题的无信息先验、位置尺度参数族无信息先验和杰弗里斯（Jeffreys）先验等。

1. 位置的无信息先验

假设总体 X 的密度是 $P(x-\alpha)$，而且它的样本空间 $\mathcal{X}$ 和它的参数空间 Θ 都来自实数集 $\mathfrak{R}^1$，把 α 称为位置参数，上面已经说过了推导出无信息先验分布的思路，对于位置参数族来说，先验分布对于位置的变换应该是保持不变的。

如果 X 移动 Δ 个量得到 $Y = X + \Delta$，同时让参数 α 也移动 Δ 个量得到 $\eta = \alpha + \Delta$，显然 Y 存在密度 $P(y-\eta)$。它仍是位置参数族成员，而且它的样本空间还是 $\mathfrak{R}^1$。所以 (X, α) 问题与 (Y, η) 问题的结构完全一样。所以 α 与 η 应该具有相同的无信息分布，也就是：

$$\pi(\tau) = \pi^*(\tau) \tag{5-5}$$

2. 尺度问题的无信息先验

具有下列特点的密度函数称为尺度函数 $\{f(x/\delta) \cdot \frac{1}{\delta^*} : \sigma > 0\}$，其中 σ 为尺度参数。假设改变参数的单位，令 $Y = \rho X (\rho > 0)$ 则 Y 的密度为 $\frac{f(y/\delta)}{\delta^*}$，其中 $\sigma^* = \rho X (\rho > 0)$，所以变换 $Y = \rho X (\rho > 0)$ 就等于变换 $\sigma^* = \rho X (\rho > 0)$。由以上分析可知尺度问题的无信息先验 $\pi(\alpha)$ 应具有以下性质：

$$\pi(\sigma^*) = |dX/d\sigma^*| \pi(X) = c^{-1} \pi(\sigma^* \rho^{-1}) \tag{5-6}$$

3. 位置尺度参数族

具有下列特征的密度函数族被称为位置尺度参数族：

$$\left\{\frac{1}{\sigma} f\left(\frac{x-\beta}{\sigma}\right), -\infty < \beta < +\infty, \sigma > 0\right\} \tag{5-7}$$

令 $\alpha = (\beta, \sigma)^T$。可以证明位置尺度不变的先验分布是：

$$\pi(\alpha) = \pi(\beta, \sigma) = \pi(\beta)\pi(\sigma) \propto 1 \cdot \sigma^{-1} = \sigma^{-1} \tag{5-8}$$

即 β 和 σ 是相互独立的，且 $\pi(\beta) \propto 1$，$\pi(\sigma) \propto \sigma^{-1}$。

4. 杰弗里斯（Jeffreys）先验

假设总体密度函数为 $p(x|\alpha)$，其中 $\alpha \in \Theta$，又假设参数 α 的无信息先验是 $\pi(\alpha)$。如果对参数 α 作相应变换：$\eta = \eta(\alpha)$，之后杰弗里斯提出 α 与 η 的密度函数应该满足如下的表达式：

$$\pi(\alpha) = \pi^*(\eta) |d\eta/d\alpha| \qquad (5-9)$$

所以根据以上的分析,经过整理以后可以得到 α 的无信息先验 π(α) 的表达式为:

$$\pi(\alpha) = \pi(\eta(\alpha)) |d\eta/d\alpha| \qquad (5-10)$$

具体请参考杰弗里斯的研究文献(Jeffreys,1998)[①] 中的证明,他用不变测度证明了:如果取 $\pi(\alpha) = |I(\alpha)|^{1/2}$ 能让上述式子成立的先验就是 Jeffreys 先验。

第二节 贝叶斯推断

利用贝叶斯方法可以轻松地处理和 α 有关的推断问题。因为后验分布被我们设想成为包含关于 α 所有包含的已知信息也就是包含了样本的和先验的所有信息,所以只要是有关 α 的推断就应只存在于这个分布当中。

一、估计

为了估计总体分布中 P(x|α) 的参数 α,从总体中随机抽取一个样本 $x = (x_1, \cdots, x_n)$,同时根据 α 的先验信息选择一个先验分布 π(α),再通过贝叶斯公式计算得到后验分布 π(α|x)。之后,作为 α 的估计可选用后验分布 π(α|x) 的某个位置特征量,α 的最大似然估计是 π(α|x) 的最大众数 $\hat{\alpha}$,让 $\hat{\alpha}$ 最大化 π(α|x)。除此以外还有 π(α|x) 的平均值和中位数。

定义 3:α 的广义最大似然估计为 π(α|x) 的最大众数 $\hat{\alpha}$,把 π(α|x) 看作 α,让 $\hat{\alpha}$ 最大化 π(α|x)。除此以外还有 π(α|x) 的平均值和中位数。

二、贝叶斯估计误差

假设 $\hat{\alpha}$ 是 α 的一个贝叶斯估计值,在给定样本的条件下,在综合各种信息之后,α 是按 π(α|x) 取值,因此贝叶斯估计误差的评估最好而又最简单的方法是用 α 对 $\hat{\alpha}$ 的后验均值方差或者平方根来评估。

定义 4:假设 α 的后验分布是 π(α|x),并且 α 的贝叶斯估计为 $\hat{\alpha}$,那么 $(\alpha - \hat{\alpha})^2$ 的后验均值就是:

$$\text{MSE}(\hat{\alpha}|x) = E^{\alpha|x}(\alpha - \hat{\alpha})^2 \qquad (5-11)$$

[①] Jeffreys H. The theory of probability [M]. OUP Oxford, 1998.

MSE($\hat{\alpha}$|x) 表示 $\hat{\alpha}$ 的后验均方差，$\hat{\alpha}$ 的后验标准差为 [MSE($\hat{\alpha}$|x)]$^{1/2}$。

符号 $E^{\alpha|x}$ 表示通过条件分布 $\pi(\alpha|x)$ 获得的期望值，当 $\hat{\alpha}$ 为 α 的后验均值是 $\hat{\alpha}_E = E(\alpha|x)$ 时，则有：

$$\text{MSE}(\hat{\alpha}_E | x) = E^{\alpha|x}(\alpha - \hat{\alpha}_E)^2 = \text{Var}(\alpha | x) \quad (5-12)$$

上述表达式称为后验方差，其中 [Var(α|x)]$^{1/2}$ 是后验标准差。而后验平均方差与后验方差的关系如下：

$$\begin{aligned}\text{MSE}(\hat{\alpha}_E | x) &= E^{\alpha|x}(\alpha - \hat{\alpha})^2 \\ &= E^{\alpha|x}[(\alpha - \hat{\alpha}_E) + (\hat{\alpha}_E - \alpha)]^2 \\ &= \text{Var}(\alpha|x) + (\hat{\alpha}_E - \hat{\alpha})^2\end{aligned} \quad (5-13)$$

以上的推导说明当 $\hat{\alpha}$ 是后验均值 $\hat{\alpha}_E = E(\alpha|x)$ 时，后验均方差可以达到最小值，所以在实际应用中也经常用后验均值作为 α 的贝叶斯估计值。从这个定义我们还可以得出，后验方差或后验均方差只取决于样本 x，与 α 无关，所以在样本给定条件下，可以直接将他们拿过来应用。贝叶斯推断基本不涉及寻求抽样分布的问题，主要是因为贝叶斯推断不考虑没有出现过样本。

三、区间估计

（一）可信区间

当获得参数 α 的后验分布 $\pi(\alpha|x)$ 以后，接下来就可计算 α 落在某个区间 [x_1, x_2] 内的后验概率，如果概率是 $1-k$，也就是：

$$P(x_1 \leq \alpha \leq x_2 | x) = 1 - k \quad (5-14)$$

如果给定概率 $1-k$，在上式成立区间 [x_1, x_2] 使上式成立，这样获得的区间就是 α 的贝叶斯区间估计，该区间也成为可置信区间。这是在 α 为连续随机变量的情况下，如果 α 是离散形式的随机变量，对于给定的概率 $1-k$，满足上式的区间 [x_1, x_2] 的不一定存在，这是只有通过放大上式左端的概率，才能找到 a 与 b，使得：

$$P(x_1 \leq \alpha \leq x_2 | x) = > 1 - k \quad (5-15)$$

这样的区间也就是 α 的贝叶斯可信区间，它的一般定义如下。

定义 5：设参数 α 的后验分布为 $\pi(\alpha|x)$，对给定的样本 x 和概率 $1-\alpha$（$0 < \alpha < 1$），如果存在这样的一个统计量 $\hat{\alpha}_L = \hat{\alpha}_L(x)$ 与 $\hat{\alpha}_U = \hat{\alpha}_U(x)$ 使得：

$$P(\hat{\alpha}_L \leq \alpha \leq \hat{\alpha}_U | x) = 1 - \alpha \quad (5-16)$$

则 [$\hat{\alpha}_L$, $\hat{\alpha}_U$] 就被称作 α 的可信水平为 $1-k$ 的贝叶斯可置信区间，或者称它为 α 的 $1-k$ 可信区间。一般来说如果满足

$$P(\alpha \geq \hat{\alpha}_L | x) \geq 1 - \alpha \qquad (5-17)$$

则称 $\hat{\alpha}_L$ 是 α 的 $1-k$（单侧）可信区间下限。若满足 $P(\alpha \leq \hat{\alpha}_U | x) \geq 1 - \alpha$，则称 $\hat{\alpha}_U$ 为 $1-k$（单侧）可信区间上限。

（二）最大后验密度（HPD）可信区间

在给定的可信水平 $1-k$，从后验分布 $\pi(\alpha | x)$ 获得的可信区间可以有多个，常用的方法是首先将 α 平分，再用 $k/2$ 或者 $1-k/2$ 的分位数来计算获得 α 的等尾可信区间。

等尾可信区间在实际中常被应用，但却不是最理想的，最理想的可信区间应该是区间长度最短，这只要把具有最大后验密度的点都包含在区间内，而在区间外的点上的后验密度函数值不超过区间内的后验密度函数值，这样的区间称为最大后验密度（highest posterior density，HPD）可信区间[①]，一般定义如下。

定义 6：假设参数 α 的后验密度是 $\pi(\alpha | x)$，在给定的概率的情况下 $1-k(0<k<1)$，如果直线上存在这样一个子集 C，且满足以下两个条件：

(1) $p(C | x) = 1 - k$；

(2) 对任意 $\alpha_1 \in C$ 和 $\alpha_2 \notin C$，总是有 $\pi(\alpha_1 | x) \geq \pi(\alpha_2 | x)$，则称 C 为 α 的可信水平为 $1-k$ 的最大后验密度可信集，简称 $(1-k)$ HPD 可信集，如果 C 是一个区间，则 C 又被称为 $(1-k)$ HPD 的可置信区间。

这个定义只是针对后验密度函数的，主要是因为当 α 是离散随机变量的条件下，寻找 HPD 可信集比较困难。如果后验密度函数 $\pi(\alpha | x)$ 是单峰，找 HPD 可信区间不是一个困难的事情。然而当后验密度函数 $\pi(\alpha | x)$ 是多峰时，可能会得到几个互不连接的区间组成的 HPD 可信集。这时可以选择另一种方法：放弃 HPD 准则，采用相连接的等尾可信区间。后验密度函数出现多峰常常是因为先验信息与抽样信息不一致造成的，大多数共轭先验分布都是单峰的。所以最后导致后验分布也是单峰的，从而隐藏这种信息不一致的情形。当后验密度函数是单峰或者对称时，寻求 $(1-k)$ HPD 可信区间是相对容易的，它就是一个等尾的可信区间，而当后验密度函数虽为单峰但不对称时，寻找 HPD 可信区间就产生了难度，这种情况下可以通过计算机完成。

（三）假设检验

在贝叶斯分析中，在 H_0 和 H_1 之间做出决定的任务更直截了当，只不

[①] 师小琳，师义民，段俊杰. 屏蔽数据并联系统的可靠性分析 [J]. 西北大学学报（自然科学版），2018，48（2）：161 – 167.

过是计算后验概率 $\alpha_0 = P(\Theta_0 | x)$ 以及 $\alpha_1 = P(\Theta_0 | x)$，然后以此决定 H_0 和 H_1。假设检验一直是统计推断中一个重要问题，在经典统计中处理假设检验问题要分以下几个步骤。

（1）建立原假设 H_0 与备择假设 H_1：H_0：$k \in \Theta_0$，H_1：$k \in \Theta_1$，其中 Θ_0 与 Θ_1 表示参数空间 Θ 中两个不相交的非空子集。

（2）确定检验统计量 $T = T(x)$，让它在原假设 H_0 为真时的概率分布是已知的，这一步存在较大困难。

（3）在给定的显著性水平条件下 $k(0 < k < 1)$ 下，确定拒绝域 W。使其犯第 I 类错误（拒真错误）的概率小于等于 α。

（4）当样本观测值 x 落入拒绝域 W 时，则拒绝原假设 H_0，选择接受备择假设 H_1；否则就保留原假设。

（四）预测

对随机变量未来观察值进行统计推断的过程称为预测。

（1）如果参数 α 是未知的，设随机变量 $X \sim p(x|\alpha)$ 怎样对 X 的未来的观察值做出推断。

（2）如果参数 α 是未知的，x_i，$\cdots$，x_n 是来自对 $p(x|\alpha)$ 过去的观察值，怎样对 X 的未来的观察值做出推断。

（3）假设随机变量 q 具有密度函数 $g(q|\alpha)$，从密度函数 $p(x|\alpha)$ 获得数据 x_i，$\cdots$，x_n 后，如何对随机变量 q 的未来观测值做出推断，这里密度函数 p 和 g 含有相同的未知参数 α。

（五）似然原理

假设 $x = (x_i, \cdots, x_n)$ 是来自密度函数 $p(x|\alpha)$ 的一个样本，似然函数其实就是它们的乘积 $L(\alpha) = f(x|\alpha)$。也可以从另一个角度解释似然函数：在给定参数 α 的条件下，$f(x|\alpha)$ 是样本 x 的联合密度函数，已知样本 x 的观测值，$f(x|\alpha)$ 是未知参数 α 的函数，并称为似然函数，记为 $L(\alpha)$。

$L(\alpha)$ 称为似然函数的直观原因是，使 $f(x|\alpha)$ 大的 α 比使 $f(x|\alpha)$ 小的 α 更"像是" α 的真值。使 $L(\alpha)$ 在参数空间达到最大值的 $\hat{\alpha}$ 称为最大似然估计。假如两个似然函数成比例，比例因子又不取决于 α，它们的最大似然估计是一样的，主要是由于两个成比例的似然函数所包含 α 的信息是相同的，如果 α 使用相同的先验分布，那么基于 x 对 α 所做的后验推断也相同。

如果将上述认知进行概括，主要有如下两点：

（1）在观测值 x 已知的情况下，在对 α 做推断和决策时，所有与 α 有关的信息都被包含在似然函数 $f(x|\alpha)$ 里。

（2）如果两个似然函数是成比例的，并且这个比例和 α 没有关系，则它们关于 α 拥有一样的信息。

第三节 贝叶斯计算

一、MCMC 方法

蒙特卡罗方法（Monte Carlo Simulation）和马尔科夫链（Markov Chain）共同组成了 MCMC 方法[①]。现代统计涉及大量的模拟分析、数值积分、非线性方程迭代求解等问题，通常都需要借助 MCMC 方法完成计算，其理论框架的最早的描述可见（Metropolis，1953；Hastings，1970）[②]。

在贝叶斯分析中，一个统计模型大致可以分为两种，先验分布 $\pi(\alpha|x)$ 和样本分布 $P(x_1, \cdots, x_n|\alpha)$，其中 $x = (x_1, \cdots, x_n)$ 是容量 n 的样本，$\alpha = (\alpha_1, \cdots, \alpha_n)$ 是参数向量。根据贝叶斯定理，更新后的分布用后验分布可表示为：

$$\pi(\alpha|x) = \frac{\pi(\alpha)P(x|\alpha)}{\int_\Theta \pi(\alpha)P(x|\alpha)d\alpha} \propto \pi(\alpha)P(x|\alpha) \quad (5-18)$$

所以，我们可以得到在二次损失函数情况下获得参数 α 的贝叶斯估计为：

$$\hat{\alpha} = \frac{\int_\Theta \alpha\pi(\alpha)P(x|\alpha)d\alpha}{\int_\Theta \pi(\alpha)P(x|\alpha)d\alpha} \quad (5-19)$$

进一步我们可以得到更一般参数的函数 $g(\theta)$ 的贝叶斯估计表达式：

$$\widehat{g(\alpha)} = \frac{\int_\Theta g(\alpha)\pi(\alpha)P(x|\alpha)d\alpha}{\int_\Theta \pi(\alpha)p(x|\alpha)d\alpha} \quad (5-20)$$

同时也可以解决参数的区间估计或者假设检验的一系列问题。如果要得

[①] 冷娜. 基于贝叶斯和极大似然法的原油价格动态预测研究［D］. 云南财经大学，2020.
[②] Metropolis N., Rosenbluth A. W., Rosenbluth M. N., et al. Equation of State Calculations by Fast Computing Machines ［J］. The Journal of Chemical Physics, 1953（21）：1087；Hastings W. K. J. B. Monte Carlo Sampling Methods Using Markov Chains and Their Applications ［J］. Biometrika, 1970（57）：97-109.

到参数 α 或函数 g(α) 的估计，需要得到公式中的积分。但是在现实中得到贝叶斯估计或者后验分布的显性表达式是比较困难的，特别是维数较高时。

考虑如下的后验分布：

$$\widehat{g(\alpha)} = \int_\Theta g(\alpha)P(\alpha|x)d\alpha \quad (5-21)$$

即 $g(\alpha)$ 的后验均值 $\bar{g} = \frac{1}{n}\sum_{i=1}^{m}g(\alpha^{(i)})$，其中 $\alpha^{(1)}$，$\alpha^{(2)}$，$\cdots$，$\alpha^{(m)}$ 是来自后验分布 $\pi(\alpha|x)$ 的容量为 n 的样本。如果此样本是独立的，由大数定律原理可知样本均值 $\bar{g}$ 会依概率收敛到 $E[g(\alpha)|x]$。所以如果样本容量 n 是足够大的，估计就可以达到想要的精度。这就是贝叶斯方法中最常用的蒙特卡洛（Monte Carlo）估计方法。

在一些比较复杂的抽样问题中，通常如果从 $\pi(\alpha|x)$ 中抽取独立的样本比较困难，就可以结合马尔科夫链的性质从目标分布 $\pi(\alpha|x)$ 中随机抽取目标分布的样本，生成符合基本性质的马尔可夫链。

二、Gibbs 抽样

当目标分布是多维时，通常使用 Gibbs 抽样。在此以后验分布 $\pi(\theta|x)$ 的抽样为例加以表述，其中 $\alpha = (\alpha_i, \cdots, \alpha_p)$。在 Gibbs 抽样中，称：

$$\pi(\alpha_j|\alpha_{-j},x) = \frac{\pi(\alpha_j|\alpha_1,\cdots,\alpha_{j-1}\cdots,\alpha_p|x)}{\int \pi(\alpha_j|\alpha_1,\cdots,\alpha_{j-1}\cdots,\alpha_p|x)d\alpha_j} \quad (5-22)$$

为 α_j 的满条件后验分布（full conditional distribution），$j = 1, 2, \cdots, p$，其中 $\alpha_{-j} = (\alpha_1, \cdots, \alpha_{j-1}, \alpha_{j+1}, \cdots, \alpha_p)$。如果可以容易的抽样 α 的 p 个满足条件的分布，则可以从某个初始点出发，通过满条件分布的循环抽样产生马尔可夫链来实现 Gibbs 抽样。如果某个满条件分布的抽样存在困难，可以借助 MH 算法，可以提高抽样效率。

三、Metropolis–Hastings 算法

Metropolis–Hastings 算法（简称 MH 算法，或 MH 抽样法）是一类最为常用的 MCMC 方法，它最开始由尼古拉斯·梅特罗波利斯等在 1953 年提出（Metropolis, 1953）[1]，后来由哈斯汀（Hastings, 1970）[2] 进行了推广，它

---

[1] Metropolis N., Rosenbluth A. W., Rosenbluth M. N., et al. Equation of State Calculations by Fast Computing Machines [J]. The Journal of Chemical Physics, 1953 (21): 1087.

[2] Hastings W. K. Monte Carlo Sampling Methods Using Markov Chains and Their Applications [J]. Biometrika, 1970 (57): 97–109.

包括了 Gibbs 抽样，还包括 MH 抽样法，而 MH 抽样主要包括 Metropolis 抽样、独立性抽样、随机游动 Metropolis 抽样等。MCMC 方法的核心是构造合适的马尔可夫链，使它的平稳分布是待抽样的目标分布，在贝叶斯统计分析中这个目标分布就是后验分布 $\pi(\alpha|x)$。通过在给定状态 $\alpha^{(t)}$ 下产生下一个状态 $\alpha^{(t+1)}$ 的方法产生满足上述要求的马尔可夫链 $\{\alpha^{(t)}, t=0, 1, 2, \cdots\}$。MH 算法的大体框架如下：

(1) 构造合适的建议分布 $q(\cdot|\alpha^{(t)})$；

(2) 从 $q(\cdot|\alpha^{(t)})$ 产生候选点 $\acute{\alpha}$；

(3) 根据一定的接受概率形成的法则去决定是否接受 $\acute{\alpha}$。如果 $\acute{\alpha}$ 被接受，则令 $\alpha^{(t+1)} = \acute{\alpha}$，马尔可夫链从时刻 t+1 转换到状态 $\acute{\alpha}$；如果不接受 $\acute{\alpha}$ 则令 $\alpha^{(t+1)} = \alpha^{(t)}$。

建议分布是马尔可夫链的状态转移的一种规则。它的选择是 MH 算法的关键。我们需要一个好的建议分布，因为它会影响抽样的效率，它可以直接通过接受概率的大小来反映。接受概率需要注意几点：根据罗伯特和卡塞拉 2004 年的研究文献（Robert & Casella, 2004）[1]，接受概率并不是越大越好，因为这很可能会使收敛效率变慢；根据格尔曼等（Gelman et al., 1996）[2]的研究结果，当参数的维数是 1 时，接受概率略小于 0.5 是最优的；当参数的维数大于 5 时，接受概率应降低到 0.25 左右。

---

[1] Robert C, Casella G. Monte Carlo statistical methods [M]. Springer Science & Business Media, 2013.

[2] Gelman A., Roberts G. O., Gilks W. R. Efficient Metropolis Jumping Rules [J]. Bayesian statistics, 1996 (5): 42.

第六章

信息时间延迟性与市场稳定性

第一节 平均逃逸时间与稳定性

诸多的研究表明,金融市场作为一个复杂的系统,它自身必然受到投资者与诸如信息的随机性(Bonanno et al., 2007; Gammaitoni et al., 1998; Spagnolo et al., 2004)[①] 和时间延迟(Frank et al., 2005; Li et al., 2013)[②] 等特征的影响。各类宏微观经济信息在市场中扩散,同时冲击着政府机构、公司及个人投资者的决策,进一步影响着金融价格。金融物理研究发现,在非极端环境中,投资者受到内外信息的影响,投资者与市场发生逆同步时,股票表现为盘整行为;投资者与股市发生同步时,在极度贪婪或恐惧的心态下诱发的股票价格暴涨或暴跌的共振效应。当共振超过某一个阈值时候,会进一步引发金融危机。在金融危机的极端环境下,投资者极度恐慌而大量抛售股票,引起价格崩盘的逃逸现象。金融市场的不稳定会对国家政治安定、企业运行及人民的生活产生不利的影响。因此,我们需要对金融市场的稳定性开展深入研究。

---

① Bonanno G., Valenti D., Spagnolo B. Mean Escape Time in a System with Stochastic Volatility [J]. Physical Review E, 2007 (75): 016106; Gammaitoni L., Hänggi P., Jung P., et al. Stochastic Resonance [J]. Reviews of modern physics, 1998 (70): 223 – 287; Spagnolo B., Agudov N. V., Dubkov A. A. Noise Enhanced Stability [J]. Acta Physica Polonica, 2004 (35): 1419.

② Frank T. D., Patanarapeelert K., Tang I M. Delay – and Noise – Induced Transitions: A Case Study for a Hongler Model with Time Delay [J]. Physics Letters A, 2005 (339): 246 – 251; Li J. – C., Mei D. – C. The Influences of Delay Time on the Stability of a Market Model with Stochastic Volatility [J]. Physica A, 2013b (392): 763 – 772.

第六章　信息时间延迟性与市场稳定性

与此同时，平均逃逸时间是金融物理中较为常用于测度复杂系统稳定性的方法。例如，马斯奥利弗等（Masoliver *et al.*，2008，2009）推导给出了股票价格的平均逃逸时间和投资生存概率的精确表达式①；我们也在这些研究的基础上进一步讨论了股票市场中信息传播的延迟效应，也分析了信息延迟对股票逃逸时间的作用（Li & Mei，2013）②。逃逸时间的概念已然越来越多地被应用到多个交叉领域（Arodz & Bonchev，2015；Schuss *et al.*，2007；Zeng *et al.*，2015）③，用来研究系统的稳定性和讨论风险管理等。

平均逃逸时间，也称为平均首通时间、平均冲击时间和平均灭绝时间等，描述了一个粒子能在某一区域停留多久的时间，刻画了非线性系统中的渡越问题的统计特征。考虑一个粒子从初始位置 $x[x = q', x \in (a, b)]$ 开始④（见图6-1），加德纳（Gardiner）给出了逃出以 a 和 b 为边界的区域（a，b）的布朗粒子的平均逃逸时间的解析方程。

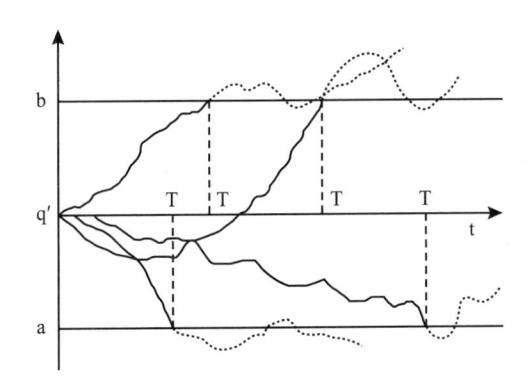

图6-1　布朗粒子穿过边界 a，b 的第一通过时间

---

① Masoliver J., Perelló J. Escape Problem under Stochastic Volatility: The Heston Model [J]. Physical Review E, 2008 (78): 056104; Masoliver J., Perelló J. First - Passage and Risk Evaluation under Stochastic Volatility [J]. Physical Review E, 2009 (80): 016108.

② Li J. - C., Mei D. - C. The Influences of Delay Time on the Stability of a Market Model with Stochastic Volatility [J]. Physica A, 2013 (392): 763 - 772.

③ Arodz T., Bonchev D. Identifying Influential Nodes in a Wound Healing - Related Network of Biological Processes Using Mean First - Passage Time [J]. New Journal of Physics, 2015 (17): 025002; Schuss Z., Singer A., Holcman D. The Narrow Escape Problem for Diffusion in Cellular Microdomains [J]. Proceedings of the National Academy of Sciences, 2007 (104): 16098 - 16103; Zeng C. H., Zhang C., Zeng J. K., *et al*. Noises - Induced Regime Shifts and - Enhanced Stability under a Model of Lake Approaching Eutrophication [J]. Ecological Complexity, 2015 (22): 102 - 108.

④ 谢崇伟，梅冬成. 关联随机力作用下双稳及单模激光系统统计性质研究 [D]. 云南大学，2005.

一、两端是吸收壁的情况

当 a 和 b 同时为吸收边界时，平均逃逸时间为[①]：

$$T(x) = \frac{\left(\int_a^x \frac{dy}{\exp(\psi(y))}\right) \int_x^b \frac{dy'}{\exp(\psi(y'))} \int_a^{y'} \frac{dz\exp(\psi(z))}{B(z)}}{\int_a^b \frac{dy}{\exp(\psi(y))}}$$

$$- \frac{\left(\int_x^b \frac{dy}{\exp(\psi(y))}\right) \int_a^x \frac{dy'}{\exp(\psi(y'))} \int_a^{y'} \frac{dz\exp(\psi(z))}{B(z)}}{\int_a^b \frac{dy}{\exp(\psi(y))}}$$

(6-1)

其中 $\psi(x)$ 为：

$$\psi(x) = \int_a^x dx' A(x')/B(x') \tag{6-2}$$

二、一端是吸收壁的情况

考虑一端为吸收壁，一端为反射壁的情况，则平均首通时间为[②]：

$$T(x) = \int_x^b \frac{dy}{\exp(\psi(y))} \int_a^y \frac{dz\exp(\psi(z))}{B(z)} \tag{6-3}$$

式 (6-3) 中 a 为反射壁，b 为吸收壁，a < b。或者：

$$T(x) = \int_a^x \frac{dy}{\exp(\psi(y))} \int_y^b \frac{dz\exp(\psi(z))}{B(z)} \tag{6-4}$$

式 (6-4) 中 a 为吸收，b 为反射壁，a < b。

第二节 稳定性与非线性的赫斯顿 (Heston) 模型

随机系统的运动主要取决于系统的确定性部分（漂移项）和随机力（扩散项）的相互作用。一般系统中确定的非线性部分，如重力场、磁场等，变化不是很大。因此，系统的随机变化驱动力往往来自于其所受到的随

[①] W. Gardiner. Handbook of Stochastic Methods [M]. Springer-Verlag, Berlin, 1983.
[②] E. Guardia and M. San Miguel. Escape time and state dependent fluctuations [J]. Phys. Lett. A, 1985, 109: 9-12.

机力（随机信息）。但是，如重力场、磁场等非线性部分，在一定的宏观尺度也会发生变化的。对于活跃的金融系统而言，金融市场的潜在结构会随着人员、组织章程等变化而发生变化。各国金融市场组织体系或结构可以看作是较为确定的潜在金融市场结构，而各类随机信息可看作随机力。学者们通过两个系统的类比，建立了诸多随机模型，来刻画股票价格的变化。但是对于潜在金融市场结构的定量测度和刻画研究不足。一般而言，研究者最容易观察到的是表面的样本数据，如粒子位移和资产价格。而对于隐含在观察样本后面的确定性的力场（非线性势函数）和潜在金融市场结构很难观察。统计物理给了我们方法可以通过模型计算得到非线性势函数。与此同时，在用随机游走代替几何布朗运动后，修正的赫斯顿模型可以表示布朗粒子在不稳定状态的有效势中运动，以模拟具有两种不同状态的系统，如正常时期和极端时期的金融市场的动态机制。因此修正的赫斯顿模型可以很好地刻画系统中随机因素和非线性结构对系统稳定性的影响。

修正的赫斯顿模型描述如下列耦合随机微分方程系统（Bonanno et al., 2006, 2007; Valenti et al., 2007; Bouchaud & Cont, 1998）[①] 所示：

$$dx(t) = -\left(\frac{\partial U}{\partial x} + \frac{v(t)}{2}\right) \cdot dt + \sqrt{v(t)} \cdot dZ(t)$$

$$dv(t) = a(b - v(t)) \cdot dt + c\sqrt{v(t)} \cdot dw_c(t)$$

$$w_c(t) = \lambda \cdot dZ(t) + \sqrt{1-\lambda^2} \cdot dw(t) \qquad (6-5)$$

其中 $x(t)$ 表示股票的对数价格，有效势函数 U 为 $U(x) = px^3 + qx^2$，$p = 2$，$q = 3$（见图6-2）。

$v(t)$ 表示股票价格的波动性，a 表示 $v(t)$ 的均值回归，b 表示长期方差，c 表示波动的波动，即波动的波动幅度（Cox & Tanaka, 1985）[②]，$Z(t)$ 和 $w(t)$ 表示两个不相关的维纳过程，λ 表示 $Z(t)$ 和 $w(t)$ 之间的互相关系数。从图6-1中，我们可以直接看到势函数 $U(x)$ 在 $x_s = 0$ 时有一个稳定状态，在 $x_u = -1.0$ 时有一个亚稳定状态。当 $x_1 = -1.5$ 时，$U(x_s)$ 也等

[①] Bonanno G., Valenti D., Spagnolo B. Role of Noise in a Market Model with Stochastic Volatility [J]. European Physical Journal B, 2006 (53): 405 – 409; Bonanno G., Valenti D., Spagnolo B. Mean Escape Time in a System with Stochastic Volatility [J]. Physical Review E, 2007 (75): 016106; Valenti D., Spagnolo B., Bonanno G. Hitting Time Distributions in Financial Markets [J]. Physica A, 2007 (382): 311 – 320; Bouchaud J. P., Cont R. A Langevin Approach to Stock Market Fluctuations and Crashes [J]. European Physical Journal B, 1998 (6): 543 – 550.

[②] Cox J. A., Tanaka N. Dual Ion – Exchange Method for the Controlled Addition of a Prescribed Ionic Species to a Solution [J]. Analytical Chemistry, 1985 (57): 385 – 387.

于 $U(x_u)$。从概率的观点来看，当起始位置 x_0 位于区间 $[x_1, x_u]$ 时，一旦粒子进入，布朗粒子从左侧区域逃离的概率比再一次进入右边区域概率高。从物理角度来看，可以很好地描述股票价格在极端的时间里从一个价格区域崩溃，或者说能很好地描述股票价格从牛市高点到熊市低点的时间。

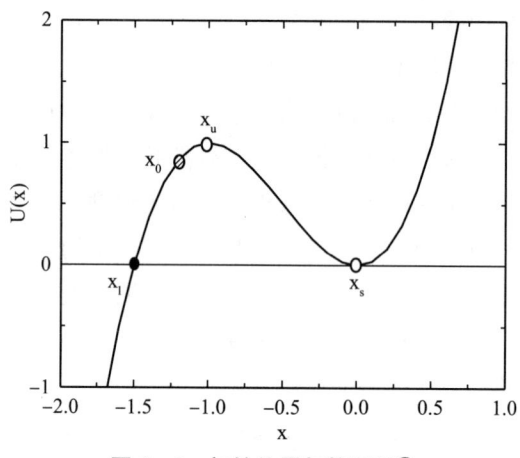

图 6-2　初始位置与势函数①

因此，股票市场泡沫或崩溃的时间是通过价格从不稳定区域（$[x_1, x_u]$）的初始位亚稳态 $x_0 = -1.25$ 到股价极低退市 $x = -6.0$ 的平均逃逸时间进行分析的，这与博纳诺等（Bonanno et al., 2006）② 结论相同。最终计算得到相对于的平均逃逸时间，进一步来测度金融市场稳定性。

第三节　信息延迟与稳定性

在实际系统中，包含时间延迟是自然的。在许多动力学系统中发现了时间延迟，例如双稳态系统（Dong et al., 2009；Li et al., 2012）③、布朗运

---

① 股票对数价格 $x(t)$ 的有效势函数 $U(x)$，从图中可以看出我们随机模拟的起始位置。
② Bonanno G., Valenti D., Spagnolo B. Role of Noise in a Market Model with Stochastic Volatility [J]. European Physical Journal B, 2006 (53): 405-409.
③ Mei D. C., Du L. C., Wang C. J. The effects of time delay on stochastic resonance in a bistable system with correlated noises [J]. Journal of Statistical Physics, 2009 (137): 625-638; Li P., Nie L. R., Shu C. Z., et al. Effect of Correlated Dichotomous Noises on Stochastic Resonance in a Linear System [J]. Journal of Statistical Physics, 2012 (146): 1184-1202.

动（Kostur et al., 2005；Wu & Zhu, 2006）[①]、生物系统（Chichigina et al., 2011；Nie & Mei, 2007a）[②]、耦合混沌映射（Hernandez – Garcia et al., 2002）[③] 等。从物理学的角度来看，时间延迟在自然界中是一个普遍存在的现象，因一切的物质、能量和信息等在系统中传递的时候总是要历经某些时间的。政府和公司所公告的经济新闻、指数和内参等信息，以及股票价格的变化信息在市场中各类金融集团、企业、投资者等买家和卖家之间传递的时候，因诸多的投资者居于不同的国家和地区，而且使用的信息接收工具的不同，及各个投资者对信息的处理能力也是多样的，在这样的环境下，信息在金融系统中传输时候必然存在着一定的时间延迟。

同时，作为不同国家的一部分和来自不同国家或地区的不同投资者，会产生许多金融市场。有时，企业新闻和政府政策的传递在新闻媒体中被延迟，在金融市场传播新闻的过程中，投资者需要花一些时间来调整自己的决策。换句话说，在金融市场中，由于交易者接收消息和做出反应的能力不同，可能会出现时间延迟。政府和各类企业刻意的控制信息的发出时间，也必然对时间延迟产生一定的调控作用。在诸多对金融市场的研究中，我们发现延迟时间的存在。例如，在高波动性的股票数量和消费类股的收盘价数据基础上，发现时间延迟且使用它来对股票价格做出预测（Saad et al., 1998）[④]；在交易决策者模型（Peng et al., 2005）[⑤]、延迟的奥恩斯坦－乌伦贝克（Ornstein – Uhlenbeck）金融物理进程（Frank & Frank, 2006）[⑥] 和基

[①] Kostur M., Hänggi P., Talkner P., et al. Anticipated Synchronization in Coupled Inertial Ratchets with Time – Delayed Feedback: A Numerical Study [J]. Physical review E, 2005 (72): 036210; Wu D., Zhu S. Brownian Motor with Time – Delayed Feedback [J]. Physical Review E, 2006 (73): 051107.

[②] Chichigina O. A., Dubkov A. A., Valenti D., et al. Stability in a System Subject to Noise with Regulated Periodicity [J]. Physical Review E, 2011 (84): 021134; Nie L. R., Mei D. C.. Noise and Time Delay: Suppressed Population Explosion of the Mutualism System [J]. Europhysics Letters (EPL), 2007 (79): 20005.

[③] Hernandez – Garcia E., Masoller C., Mirasso C R. Anticipating the Dynamics of Chaotic Maps [J]. Physics Letters A, 2002 (295): 39 – 43.

[④] Saad E. W., Prokhorov D. V., Wunsch D. C. Comparative Study of Stock Trend Prediction Using Time Delay, Recurrent and Probabilistic Neural Networks [J]. IEEE Transactions on Neural Networks, 1998 (9): 1456 – 1470.

[⑤] Peng H. T., Lee H. M., Ho J. M. Trading Decision Maker: stock trading decision by price series smoothing and tendency transition inference [C]. Ieee International Conference on E-technology, E-commerce and E-service, 2005: 359 – 362.

[⑥] Frank T. D., Frank T. D. Time – Dependent Solutions for Stochastic Systems with Delays: Perturbation Theory and Applications to Financial Physics [J]. Physics Letters A, 2006 (357): 275 – 283.

于神经网络和遗传算法检测时间模式的描述股票市场模型（Kim & Shin, 2007）[①]中也发现了时间延迟效应；在使用趋势波动分析及交叉关联分析中，也得到交叉关联指数和分频器展现了周期的和变化的时间延迟的不确定性（Hobson & Rogers, 1998）[②]。此外含时间延迟的演化的随机微分方程也广泛地被应用与分析金融市场的动力学行为（Hobson & Rogers, 1998; Grassia, 2000; Stoica, 2005; Kazmerchuk et al., 2007）[③]。因而，时间延迟在金融系统中的作用是难以忽视的，而对信息的时间延迟的研究也是需要的。

从物理意义上讲，用赫斯顿（Heston）模型的平均逃逸时间来描述股票价格的稳定性，表示股票价格保持在稳定价格区间的时间（Bonanno et al., 2006; Bonanno et al., 2007; Valenti et al., 2007）[④]，但这些研究并未考虑延迟时间的影响。我们通过对改进的赫斯顿模型的平均逃逸时间的数值模拟，研究时滞对股票价格稳定性的影响。我们考虑到时间延迟代表金融市场对来自外部特别是信息媒体的请求的响应时间。政府对新闻媒体进行限制，可以在一定程度上调节和控制延迟时间。同时，延迟时间会影响投资者的数量，并在单位时间内引起股价的剧烈变化，即股票价格的波动性（$\nu(t)$）受到延迟消息的影响。为了方便起见，在第二个微分方程的线性项中考虑延迟时间。然后，在方程（6-5）修正基础上，我们得到延迟赫斯顿模型的延迟随机微分方程如下：

$$dx(t) = -\left(\frac{\partial U}{\partial x} + \frac{\nu(t)}{2}\right) \cdot dt + \sqrt{\nu(t)} \cdot dZ(t)$$

$$d\nu(t) = a(b - \nu(t-\tau)) \cdot dt + c\sqrt{\nu(t)} \cdot dw_c(t)$$

$$d\eta_c(t) = \lambda \cdot d\xi(t) + \sqrt{1-\lambda^2} \cdot d\eta(t) \qquad (6-6)$$

[①] Kim H. J., Shin K. S. A Hybrid Approach Based on Neural Networks and Genetic Algorithms for Detecting Temporal Patterns in Stock Markets [J]. Applied Soft Computing, 2007 (7): 569–576.

[②] Hobson D. G., Rogers L. C. G. Complete Models with Stochastic Volatility [J]. Mathematical Finance, 1998 (8): 27–48.

[③] Grassia P. S. Delay, Feedback and Quenching in Financial Markets [J]. European Physical Journal B, 2000 (17): 347–362; Stoica G. A Stochastic Delay Financial Model [J]. Proceedings of the American Mathematical Society, 2005 (133): 1837–1841; Kazmerchuk Y., Anatoliy S., Wu J. H. The Pricing of Options for Securities Markets with Delayed Response [J]. Mathematics and Computers in Simulation, 2007 (75): 69–79.

[④] Bonanno G., Valenti D., Spagnolo B. Role of Noise in a Market Model with Stochastic Volatility [J]. European Physical Journal B, 2006 (53): 405–409; Bonanno G., Valenti D., Spagnolo B. Mean Escape Time in a System with Stochastic Volatility [J]. Physical Review E, 2007 (75): 016106; Valenti D., Spagnolo B., Bonanno G. Hitting Time Distributions in Financial Markets [J]. Physica A, 2007 (382): 311–320.

其中，τ 是延迟时间，$\xi(t)$ 和 $\eta(t)$ 是具有以下统计特性的不相关的维纳过程：

$$d\langle\xi(t)\rangle = d\eta(t) = 0$$
$$d\langle\xi(t)\xi(t')\rangle = d\langle\eta(t)\eta(t')\rangle = 0 \qquad (6-7)$$

其他参数与式（6-5）相同。参数 a 是 $\nu(t)$ 恢复为 b 的速率。平均方差 b 的增加会增加股票价格，参数 c 控制波动性的波动并增加价格回报的峰度（Heston，1993）[①]。

在延迟时间条件下，利用 Box-Muller 方法产生高斯分布的随机过程，对方程（6-6）和方程（6-7）中的噪声源进行了模拟。接下来，利用 forward Euler 算法（William，2002）[②] 通过数值模拟计算了平均逃逸时间（T_{met}）。时间步长取为 $\Delta t = 0.01$、初始位置 $x_0 = -1.25$ 和结束价格设置在 $x_0 = -6.0$ 处。最后，计算了超过 10^6 的模拟序列。通过这样的模拟可以计算出平均首通时间或平均逃逸时间，因此可以很好地测度金融系统稳定性。

---

① Heston S. L. A Closed-Form Solution for Options with Stochastic Volatility with Applications to Bond and Currency Options [J]. Review of Financial Studies, 1993 (6): 327-343.

② William H. Numerical recipes in C/C++ code CDROM [M]. Cambridge University Press, 2002.

第七章

金融危机环境中的价格稳定性

当投资者对于未来的经济预期更加悲观时，货币币值出现较大幅度贬值，经济总量大幅度的缩减，经济增长被抑制，随之而来企业大量倒闭，失业率提高，社会经济萧条，时而伴随社会动荡或国家政治层面的动荡，这样的经济现象被称为经济危机，在金融则表现为股市或债市暴跌，如图 7-1 所示。

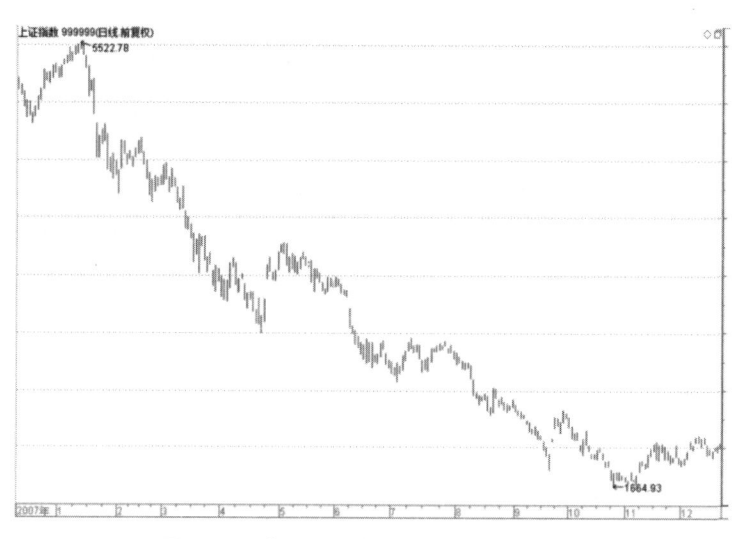

图 7-1　中国上证指数 2008 年的日 K 线

图 7-1 中所表现的股票价格下跌的这种特性和图 7-2 中所表现的一个布朗粒子在有效"非线性单稳势函数"U 中运动过程是非常类似的。关于股票价格自然对数 [x(t)] 的有效单稳势函数 (U) 呈现在图 7-2 中。其中布朗粒子的位置 x(t) 表征了股票价格自然对数，势函数 $U(x) = px^3 +$

qx^2,$p=2$ 和 $q=3$,$U(x)$ 有一个稳态($x_s=0$)和一个亚稳态($x_u=-1.0$)。在 $x_1=-1.5$ 时,$U(x_1)$ 也和 $U(x_s)$ 相等。从概率角度而言,一个粒子从初始位置 x_0($x_0\in[x_1,x_u]$)出发,比起右边区域而言,一个布朗粒子更加容易进入左边区域。图 7-2 中亚稳态分割的左右两个区域很好地描述了图 7-1 中的区域和价格在顶部横向涨落的区域。基于利用"非线性单稳态势函数"描述股票崩盘的理念,鲍查德和孔特(Bouchaud & Cont,1998b)[①] 在 1998 年从数学上近似得到一个描述股票涨落和崩盘的朗之万(Langevin)方程。其后"非线性单稳态势函数"常常被用来描述股票崩盘现象(Bonanno et al.,2007;Valenti et al.,2007;Bonanno et al.,2006;Bonanno & Spagnolo,2005;Masoliver & Perelló,2009,2008)[②],并且发现理论结果和实际金融市场数据得到的结果是非常吻合的。因而物理学上布朗粒子在单稳势的逃逸过程很好地描述了金融学中的股票崩盘的过程。

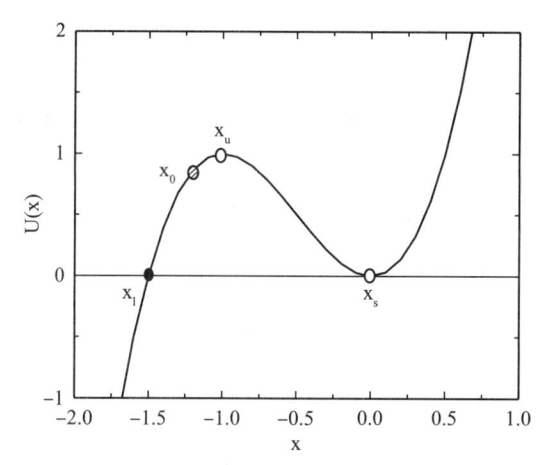

图 7-2 单稳态势函数与初始位置

[①] Bouchaud J. P., Cont R. A Langevin Approach to Stock Market Fluctuations and Crashes [J]. Science & Finance Working Paper Archive,1998b(6):543-550.

[②] Bonanno G.,Valenti D.,Spagnolo B. Mean Escape Time in a System with Stochastic Volatility [J]. Physical Review E,2007(75):016106;Valenti D.,Spagnolo B.,Bonanno G. Hitting Time Distributions in Financial Markets [J]. Physica A,2007(382):311-320;Bonanno G.,Valenti D.,Spagnolo B. Role of Noise in a Market Model with Stochastic Volatility [J]. European Physical Journal B,2006(53):405-409;Bonanno G.,Spagnolo B. Escape Times in Stock Markets [J]. Fluctuation and Noise Letters,2005(5):L325-L330;Masoliver J.,Perelló J. First-Passage and Risk Evaluation under Stochastic Volatility [J]. Physical Review E,2009(80):016108;Masoliver J.,Perelló J. Escape Problem under Stochastic Volatility:The Heston Model [J]. Physical Review E,2008(78):056104.

第一节 延迟对稳定性影响

一、动力学模型

基于第六章的讨论和前述分析，可以发现赫斯特方程组很好地描述了金融市场系统的演化过程。同时一个时间延迟也可以被看为一个动力学过程。在这样的观点下，金融市场从外界获得信息，特别从信息媒体获得，并且对信息产生反应的过程，可以认为是一个时间延迟。政府和企业的信息隐藏和管控也会对这个延迟时间产生作用。而且时间延迟会极大地影响投资者的数量，对每个交易周期的股票价格波动产生巨大作用，也就是说，时间延迟必然影响着股票价格波动 $v(t)$，对股票价格的暴涨和暴跌产生影响。为了计算的便利，在下列的讨论中我们只考虑时间延迟对价格波动项的影响。为了研究信息延迟在金融危机下对金融市场稳定性的作用，我们以赫斯特模型描述股票价格的动力学行为作为基础，再利用"非线性单稳态势函数"刻画股票价格崩盘的行为和引入时间延迟来描述信息在市场流动的延迟作用之后，我们建立了新的动力学模型（Li & Mei, 2013）[①]：

$$dx(t) = -\left(\frac{\partial U}{\partial x} + \frac{v(t)}{2}\right)dt + \sqrt{v(t)}d\xi(t)$$

$$dv(t) = a(b - v(t-\tau))dt + c\sqrt{v(t)}d\eta(t) \qquad (7-1)$$

方程（7-1）中 τ 是信息的延迟时间，这也就是第六章中的延迟赫斯特模型。

二、平均逃逸时间与价格稳定性

布朗粒子的逃逸模型能很好地描述股票价格崩盘的过程。粒子的逃逸时间越大，则在金融危机下政府、企业和投资者可以利用时间越长，则可以反映出股票市场也就越加稳定。基于这样的考虑，和博南诺、斯帕尼奥洛和瓦伦蒂等人的研究文献（Bonanno et al., 2007; Valenti et al., 2007; Bonanno

---

[①] Li J. -C., Mei D. -C. The Influences of Delay Time on the Stability of a Market Model with Stochastic Volatility [J]. Physica A, 2013 (392): 763-772.

et al.,2006；Bonanno & Spagnolo,2005）[1]中的选择一样，我们利用平均逃逸时间（也就是逃逸现象中的平均首通时间）来分析市场的稳定性。我们基于方程组（7-1），采用时间步长 Δt = 0.01 作为一个交易周期（可以是一天，一小时，由所选的数据交易周期而定），初始自然对数价格为 x_0 = -1.25 和吸收边界为 x = -6.0，使用向前欧拉算法（Fortran *et al.*, 1992）[2]来模拟平均逃逸时间。

与此同时，由方程（7-1），参量 a 表征的是波动 $\nu(t)$ 恢复到 b 的速率；而长期方程 b 的增量加强股票价格的波动；而且参量 c 表征了波动的振幅和增加价格收益的峰态（Heston，1993）。因此，a、b 或 c 增大，则股票价格波动变强；反之，a、b 或 c 减小，则价格波动变弱。价格波动的增大，会使得股票风险增加，进而理性的投资者减少买入。故而股票价格波动的增大会促使股票价格需求弹性的减弱，而我们从诸多的文献中也发现波动增强减弱需求弹性的案例，如汽油价格波动的增大会同时减弱顾客的短期和长期需求弹性（Lin & Prince，2013）[3]；在基于实际期权近似的不可逆投资模型中，价格涨落的增大会导致投资者减少投资（也就是不确定性的增大会减弱投资需求）（Bernanke，1983；Pindyck，1986；Mcdonald & Siegel，1986；Bertola & Caballero，1991；Jr & Prescott，1994）[4]；新兴市场的高波动会抑制跨国公司的盈利能力和减弱新兴行业的就业岗位，也就是高波动会减弱外资投资需求（Aizenman，2002）[5]。基于以上的原因，我们认为高波动抑制

---

[1] Bonanno G., Valenti D., Spagnolo B. Mean Escape Time in a System with Stochastic Volatility [J]. Physical Review E, 2007 (75): 016106; Valenti D., Spagnolo B., Bonanno G. Hitting Time Distributions in Financial Markets [J]. Physica A, 2007 (382): 311-320; Bonanno G., Valenti D., Spagnolo B. Role of Noise in a Market Model with Stochastic Volatility [J]. European Physical Journal B, 2006 (53): 405-409; Bonanno G., Spagnolo B. Escape Times in Stock Markets [J]. Fluctuation and Noise Letters, 2005 (5): L325-L330.

[2] Fortran I., Press W. H., Teukolsky S. A., *et al.* Numerical Recipes in FORTRAN (2nd ed): the art of scientific computing [M]. Cambridge University Press, 1992.

[3] Lin C. Y. C., Prince L. Gasoline Price Volatility and the Elasticity of Demand for Gasoline [J]. Energy Economics, 2013 (38): 111-117.

[4] Bernanke B. S. Irreversibility, Uncertainty, and Cyclical Investment [J]. Quarterly Journal of Economics, 1983 (98): 85-106; Pindyck R. S. Irreversible Investment, Capacity Choice, and the Value of the Firm [J]. American Economic Review, 1986 (78): 969-85; Mcdonald R., Siegel D. The Value of Waiting to Invest [J]. Quarterly Journal of Economics, 1986 (101): 707-727; Bertola G., Caballero R. J. Irreversibility and Aggregate Investment [J]. Review of Economic Studies, 1991 (61): 223-246; Jr R. E. L., Prescott E. C. Investment under Uncertainty [M]. Princeton University Press, 1994.

[5] Aizenman J. Volatility, Employment and the Patterns of Fdi in Emerging Markets [J]. Journal of Development Economics, 2002 (72): 585-601.

股票价格需求弹性，也就是 a、b 或 c 的增量减弱需求弹性。

图 7-3~图 7-5 呈现了平均逃逸时间 T_{met} 基于不同的股票价格需求弹性的函数关系。其中，参数设置为无关联 $\lambda=0$、初始位置 $x_0=-1.25$、吸收边界 $x=-6.0$、$p=2$ 和 $q=3$。

$T_{met}-\tau$ 的曲线随不同 a 的强度变化的结果表示在图 7-3 中。图 7-3（a）和（b）表明，在较小的 a（如 $a=0.1$）下，延迟的变化对 T_{met} 的作用是微弱的；在较大的 a（如 $a=5$，$a=10$ 或 $a=20$）下，$T_{met}-\tau$ 曲线关于一个最坏的延迟时间 τ_L 呈现一个最小值结构（也就是 τ_L 最大地减弱股票价格稳定性），而且曲线的最小值随着 a 的增大而减小。在 $\tau<\tau_L$ 时，增大的 τ

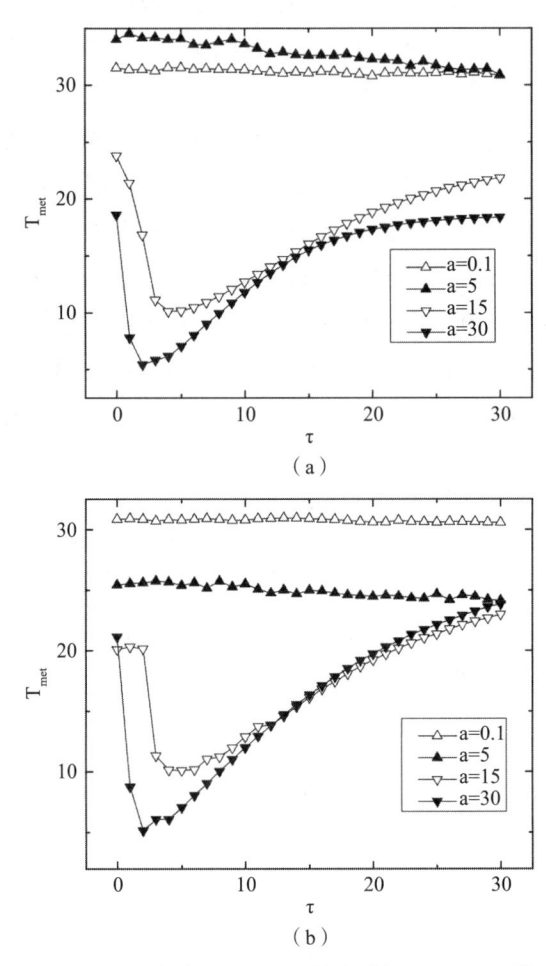

(a)

(b)

图 7-3 平均逃逸时间（T_{met}）作为时间延迟（τ）的函数

注：图中参数设置为（a）中 $c=0.01$，$\lambda=0$，$b=0.01$，$a=0.1$，$a=5$，$a=15$；（b）中 $\lambda=0$，$c=1$，$b=0.01$，$a=0.1$，$a=5$，$a=15$ 和 $a=30$。

减弱 T_{met}。但是，在 $\tau > \tau_L$ 时，增大的 τ 加强 T_{met}。换句话说，当股票价格需求弹性较大时（如 a = 0.1），政府和企业对信息的延迟释放对股票价格稳定性的影响是微弱的；当需求弹性较弱时（如 a = 20），存在一个最坏的延迟时间最长地减弱市场股票价格稳定性。

在不同参量值 b 下，T_{met} 作为 τ 的函数关系表示在图 7-4（a）和（b）中。在较大的 b（如 b = 10）下，T_{met}-τ 曲线呈现出近似于一条直线的状态，也就是，延迟时间微弱地改变 T_{met}。当 a = 5 时，在图 7-4（a）中对较小的 b（如 b = 0.01，b = 0.5 或 b = 2），T_{met}-τ 呈现一个单峰结构，T_{met}-τ 曲线关于最佳的延迟时间 τ_H 的最大值随着 b 增大先增加后减小。即当 $\tau < \tau_H$ 时，τ 的增量增强 T_{met}，但 $\tau > \tau_H$ 时，τ 的增量减弱 T_{met}。与此相反地，当 a = 30 时，在图 7-4（b）中对较小的 b（如 b = 0.01，b = 0.5 或 b = 2），存在一个最坏的延迟时间 τ_L 最大地消弱 T_{met}，随着 b 的增大，T_{met}-τ 曲线的最小值增加。在 $\tau < \tau_L$ 时，τ 的增量减弱 T_{met}；而 $\tau > \tau_L$ 时，τ 的增量增强 T_{met}。我们还发现和博南诺等人的研究成果（Bonanno et al., 2006）[①]一样，存在一个最佳的 b 最大地增强 T_{met}。从经济学角度理解，在强的价格需求弹性（即 a = 5），存在一个最佳的延迟时间 τ_H 最大地增强价格稳定性；在弱的价格需求弹性（即 a = 30）下，存在一个最坏的延迟时间 τ_L 最大地减弱股票价格稳定性。延迟时间在强弱两种需求弹性下对价格稳定性表现出相反的作用（即 a = 5，a = 30）。

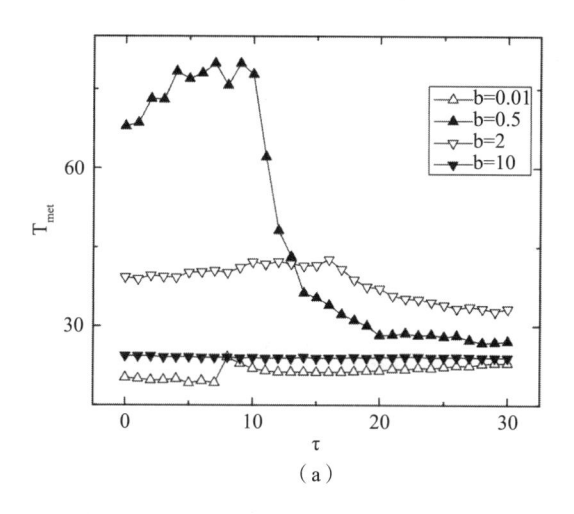

(a)

---

① Bonanno G., Valenti D., Spagnolo B. Role of Noise in a Market Model with Stochastic Volatility [J]. European Physical Journal B, 2006 (53): 405-409.

(b)

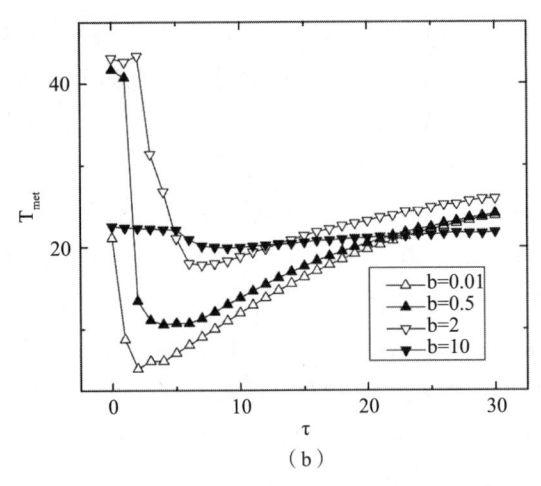

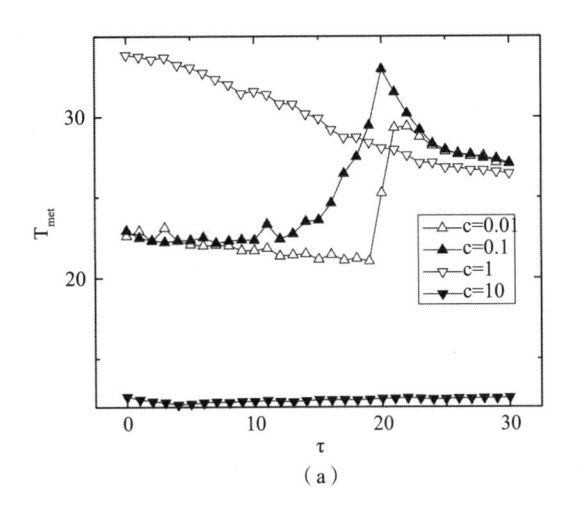

图 7-4　不同 b 下平均逃逸时间（T_{met}）关于延迟时间（τ）的函数

注：图中参数为 $\lambda=0$，$c=0.01$，$b=0.01$，$b=0.5$，$b=2$ 和 $b=10$，（a）中为 $a=5$；（b）中为 $a=30$。

与前面类似地，$T_{met}-\tau$ 曲线随着不同 c 变化的关系呈现在图 7-5（a）和（b）中。图 7-5（a）和（b）都表明，对于较大的 c（如 $c=10$），延迟时间 τ 对 T_{met} 的作用是微弱的。图 7-5（a）显示在 $a=2$ 和 $c=0.01$ 下，$T_{met}-\tau$ 曲线单调递减；对于较小的 c（如 $c=0.1$，$c=1$），存在一个最佳的延迟时间 τ_H 最大地增强 T_{met}，而且这个最大值随着 c 的增大而减小。与此相反，当 $a=20$ 时，就较小的 c（如 $c=0.01$，$c=0.1$ 或 $c=1$）在图 7-5（b）存在一个最坏的延迟时间 τ_L 关于最小的 T_{met}，而且这个最小值随着 c 的增大而增大。因而可知随着价格需求弹性的减弱，T_{met} 在减小。

(a)

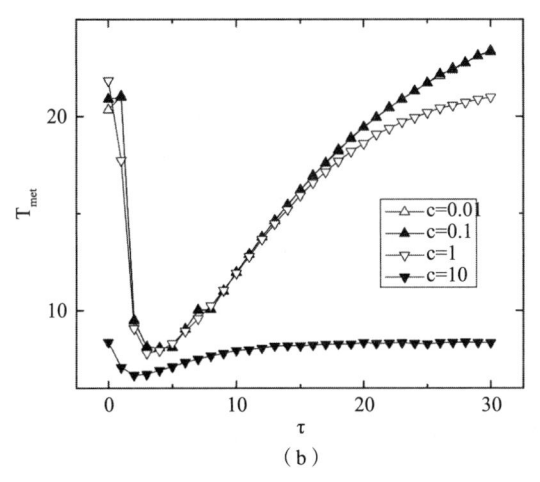

(b)

图7-5 不同c平均逃逸时间(T_{met})关于延迟时间(τ)的函数

注：图中参数为$\lambda=0$，$b=0.01$，$c=0.01$，$c=0.1$，$c=1$和$c=10$，(a)中为$a=2$；(b)中为$a=2$。

在不同的弹性需求下，逃逸时间T_{met}关于延迟时间τ和λ的函数关系，表示在图7-6中。图7-6（a）表明：当$a=5$，$b=0.5$和$c=1$（也就是，强价格需求弹性）时，存在一个最佳的延迟时间τ_H使得曲线$T_{met}-\tau$表现出一个单峰结构，随着关联强度λ的增加，顶点下降且移动到大的延迟时间区域。反之，图7-6（b）表明：在$a=20$，$b=0.5$和$c=10$（也就是弱价格需求弹性），存在一个最坏的延迟时间τ_L使得$T_{met}-\tau$曲线有一个最小值，而且随着关联强度λ的增加，最小值增大。在$\tau<\tau_H$（或$\tau<\tau_L$）下，τ和

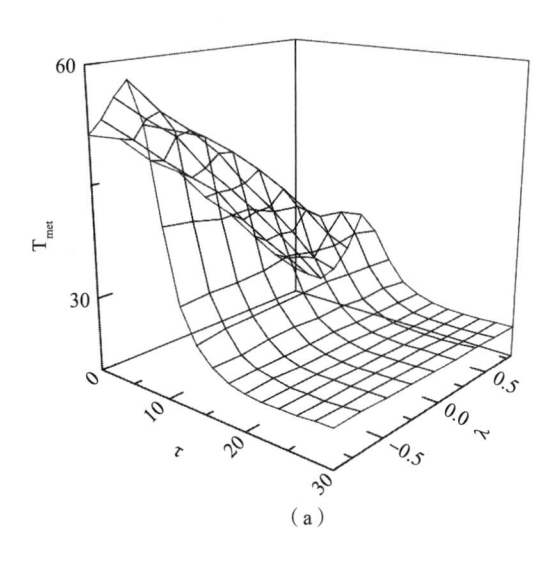

(a)

(b)

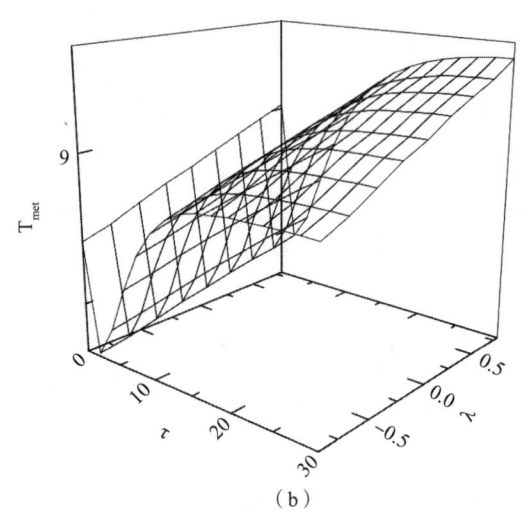

图7-6 平均逃逸时间（T_{met}）作为延迟时间（τ）和关联强度（λ）的函数

注：(a) 中取参数 a = 5，b = 0.5，c = 1；(b) 中取 a = 20，b = 0.5，c = 10。

λ 对 T_{met} 表现出相反的作用，而在 $\tau > \tau_H$（或 $\tau > \tau_L$）下，则表现出相同的作用。从经济角度理解，在强价格需求弹性下，关联强度 λ 的增大减弱股票价格稳定性，在弱价格需求弹性下增强稳定性，而且延迟时间对逃逸时间的影响和前面的图7-3、图7-4和图7-5一样。

三、模型验证

为了检验我们的模型的正确性，我们进一步探讨价格收益的特征，其中我们选择常用的股票价格收益（Δx）方法用来计算（Gopikrishnan et al.，1998；Lillo & Mantegna，2000）[1]

$$\Delta x = x_i - x_{i-1} \qquad (7-2)$$

其中 x_i 是在第 i 个时间点的自然对数的价格（i = 1，2，3，…）。我们同样选择开始的位置为 $x_0 = -1.25$ 和吸收边界 $x = -6.0$。通过数值计算，得到股票价格收益的时间序列，再得到它的相关特征，以便和博南诺等人研究文献（Bonanno et al.，2007；Bonanno et al.，2006）[2] 中的性质来

---

[1] Gopikrishnan P.，Meyer M.，Amaral L. a. N.，et al. Inverse Cubic Law for the Distribution of Stock Price Variations [J]. European Physical Journal B，1998（3）：139 – 140；Lillo F.，Mantegna R. N. Variety and Volatility in Financial Markets [J]. Physical Review E，2000（62）：6126 – 34.

[2] Bonanno G.，Valenti D.，Spagnolo B. Mean Escape Time in a System with Stochastic Volatility [J]. Physical Review E，2007（75）：016106；Bonanno G.，Valenti D.，Spagnolo B. Role of Noise in a Market Model with Stochastic Volatility [J]. European Physical Journal B，2006（53）：405 – 409.

比较。

首先，方程组所描述的股票价格收益的概率密度函数（PDF）是诸多研究者（Gopikrishnan et al., 1998；Lillo & Mantegna, 2000；Mantegna & Stanley, 2000；Cont, 2010；Kiselev et al., 2000）[①] 较为感兴趣的一个量，具体见图 7-7。我们在图 7-7 给出股票价格收益的 PDF 作为以股票价格收益 Δx 和信息延迟时间 τ 的函数的关系图。在 $\tau=0$ 时，价格收益的 PDF 函数特征和博南诺等（Bonanno et al., 2006）[②] 中的一样，且随着 τ 的变化，股票价格收益的 PDF 函数图像变化时微弱的。为了定量地得到密度函数的宽度、不对称性等特征与博南诺等人给出的统计特征之间的吻合度，我们计算了图 7-7 中价格收益的均值 $\langle \Delta x \rangle$、方差 $\delta_{\Delta x}$、偏态 κ_3 和峰态 κ_4 随不同延迟时间的变化特征，见表 7-1。在 $\tau=0$ 时，图 7-7 中的 $\langle \Delta x \rangle$、$\delta_{\Delta x}$、κ_3 和 κ_4 与博南诺等人研究（Bonanno et al., 2006）的结果之间的平均误差是远小于2%的，因而方程（7-1）给出的模型是合理的。同时由表 7-1 可发现存在延迟下的结果和 $\tau=0$ 的结果也是较为吻合的，而且可知无论是否存在延迟时间，这四个统计量都清楚地呈现了与实际数据研究（Mantegna & Stanley, 2000；Bouchaud & Potters, 2000）[③] 相同的，与高斯分布不同的分布函数的不对称性和较窄的有较大的最大值的尖峰自然的特征。随着延迟时间的增大，我们还可发现 $\langle \Delta x \rangle$ 和 κ_4 先增大再减小，反之 $\delta_{\Delta x}$ 和 κ_3 先减小后增大。然而从长期作用来看，这个参数环境下的延迟时间对股票价格收益的影响是微弱的。

[①] Gopikrishnan P., Meyer M., Amaral L. a. N., et al. Inverse Cubic Law for the Distribution of Stock Price Variations [J]. European Physical Journal B, 1998 (3): 139-140; Lillo F., Mantegna R. N. Variety and Volatility in Financial Markets [J]. Physical Review E, 2000 (62): 6126-34; Mantegna R. N., Stanley H. E. An Introduction to Econophysics: Correlations and Complexity in Finance [M]. Cambridge university press Cambridge, 2000; Cont R. Empirical Properties of Asset Returns: Stylized Facts and Statistical Issues [J]. Quantitative Finance, 2010 (1): 223-236; Kiselev S. A., Phillips A., Gabitov I. Long Scale Evolution of a Nonlinear Stochastic Dynamic System for Modeling Market Price Bubbles [J]. Physics Letters A, 2000 (272): 130-142.

[②] Bonanno G., Valenti D., Spagnolo B. Role of Noise in a Market Model with Stochastic Volatility [J]. European Physical Journal B, 2006 (53): 405-409.

[③] Mantegna R. N., Stanley H. E. An Introduction to Econophysics: Correlations and Complexity in Finance [M]. Cambridge university press Cambridge, 2000; Bouchaud J.-P., Potters M. Theory of Financial Risks [M]. Cambridge University Press Cambridge, 2000.

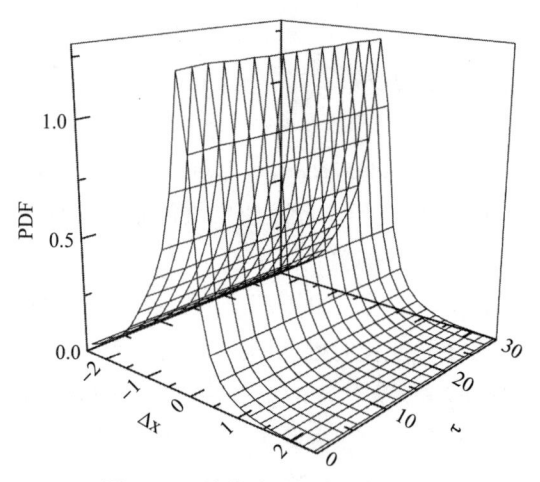

图 7 – 7　价格收益概率密度分布

注：股票价格收益的概率密度函数随股票价格收益（Δx）和延迟时间（τ）变化的函数关系。$a = 2$，$b = 0.01$，$c = 26$ 和 $\lambda = -0.3$。

表 7 – 1　　　　　　　　　　收益的统计特征

延迟时间 τ	均值 $\langle \Delta x \rangle$	方差 $\delta_{\Delta x}$	偏态 κ_3	峰态 κ_4
0	-0.4363	0.9039	-1.9716	9.4033
2	-0.4354	0.903	-1.9845	9.4841
5	-0.4355	0.9031	-1.9832	9.4625
10	-0.4366	0.9045	-1.9696	9.3763

注：表格为图 7 – 7 中不同延迟时间 τ 的均值 $\langle \Delta x \rangle$、方差 $\delta_{\Delta x}$、偏态 κ_3 和峰态 κ_4。

其次，在图 7 – 8 中，我们计算了方程给出的模型的收益的关联函数。很明显，在较小的关联时间下，收益的自关联函数随关联时间的增大而急剧减小，但是在较大的关联时间下，关联函数变化时微弱的。这些结果是与博南诺等人 2007 年研究文献（Bonanno et al., 2007）[1] 的图 8、斯帕尼奥洛和瓦伦蒂 2008 年文献（Spagnolo & Valenti, 2008）[2] 的图 8 及孔特 2010 年研究文献（Cont, 2010）[3] 中的结果非常吻合。与此同时，我们发现随着延迟

---

[1] Bonanno G., Valenti D., Spagnolo B. Mean Escape Time in a System with Stochastic Volatility [J]. Physical Review E, 2007 (75)：016106.

[2] Spagnolo B., Valenti D. Volatility Effects on the Escape Time in Financial Market Models [J]. International Journal of Bifurcation and Chaos, 2008 (18)：2775 – 2786.

[3] Cont R. Empirical Properties of Asset Returns：Stylized Facts and Statistical Issues [J]. Quantitative Finance, 2010 (1)：223 – 236.

时间 τ 的增大，关联函数曲线下降，也就是说，延迟时间 τ 减弱自然对数收益的关联性。此外，在较大的延迟时间 τ 下，图 7-8 的理论结果与博南诺、斯帕尼奥洛和瓦伦蒂等人研究文献（Bonanno et al., 2007; Spagnolo & Valenti, 2008）[①] 的实际数据的行为表现出很好的吻合。

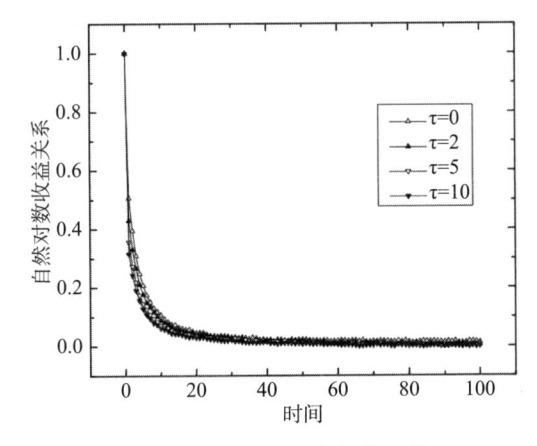

图 7-8 对数收益自相关函数

注：关于修正的赫斯特模型在不同时间延迟（τ）下，对数收益（log return correlation）对于时间（time）的关联函数。波动初始位置 $v_0 = 8.65 \times 10^{-5}$, $a = 2.0$, $b = 0.01$, $c = 0.75$ 和 $\lambda = 0.0$。

最后，我们来验证我们的模型给出的日价格收益的逃逸时间的概率密度函数与博南诺等人的研究文献（Bonanno et al., 2006）[②] 中图 6 的结果吻合性。我们截取了博南诺等人的文献（Bonanno et al., 2006）中图 6 作为图 7-9（a），而且模拟了方程给出的模型，得到图 7-9（b）。为了模拟 1987~1998 年（3030 交易日）的 12 年周期的 1071 支 NYSE 股票（Bonanno et al., 2004; Bonanno et al., 2003; Micciche et al., 2002）[③]，

---

① Bonanno G., Valenti D., Spagnolo B. Mean Escape Time in a System with Stochastic Volatility [J]. Physical Review E, 2007 (75): 016106; Spagnolo B., Valenti D. Volatility Effects on the Escape Time in Financial Market Models [J]. International Journal of Bifurcation and Chaos, 2008 (18): 2775 – 2786.

② Bonanno G., Valenti D., Spagnolo B. Role of Noise in a Market Model with Stochastic Volatility [J]. European Physical Journal B, 2006 (53): 405 – 409.

③ Bonanno G., Caldarelli G., Lillo F., et al. Networks of Equities in Financial Markets [J]. European Physical Journal B, 2004 (38): 363 – 371; Bonanno G., Caldarelli G., Lillo F., et al. Topology of Correlation – Based Minimal Spanning Trees in Real and Model Markets [J]. Physical Review E, 2003 (68): 046130; Micciche S., Bonanno G., Lillo F., et al. Volatility in Financial Markets: Stochastic Models and Empirical Results [J]. Physica A, 2002 (314): 756 – 761.

计算了1071条轨道。基于第n条路径的标准差δ_n，我们选取了两个阈值$(\Delta x_i)_n = -0.1\delta_n$和$(\Delta x_f)_n = -1.0\delta_n$。很明显，图7-9（b）中$\tau=0$的曲线和图7-9（a）是相当吻合的。从图7-9（b）中，我们还发现随着延迟时间增大，小逃逸时间区域的曲线下降，而大逃逸区域的曲线波动增大。特别是当逃逸时间临近25天时，$\tau=2$的曲线远远高于其他曲线。总之，从上述结果中，我们看出本节提议的模型和实际的金融结果是吻合的。图7-9（a）是被截取的博南诺等人文献（Bonanno et al.，2006）[①]中的图6。图7-9（b）给出的模型是在不同延迟时间τ下的模拟结果，其中$a=20$，$b=0.01$，$c=2.4$和$\lambda=-0.9$。

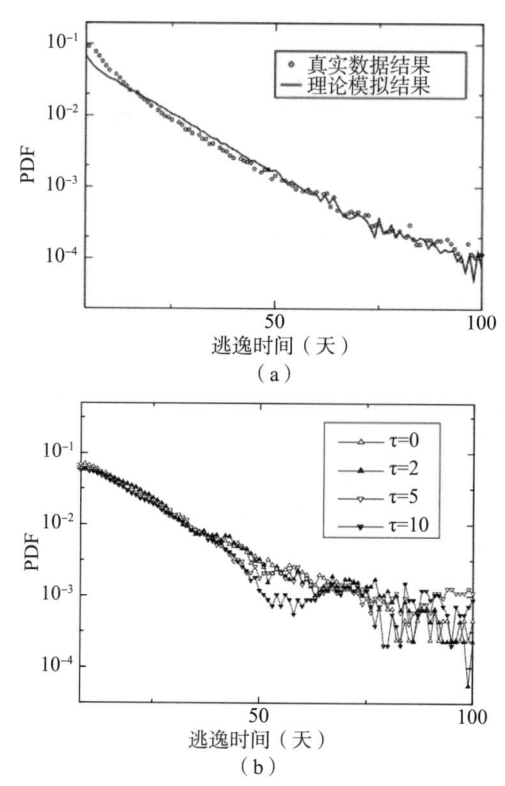

图7-9 逃逸时间（escape time）的概率密度函数（PDF）

注：（a）从提议的模型得到的模拟数据集（theoretical results）和真实市场数据集（real data）的逃逸时间（escape time）的概率密度函数（PDF）；（b）是给出的模型在不同延迟时间（τ）下，逃逸时间（escape time）的概率密度函数（PDF）的模拟结果，其中$a=20$，$b=0.01$，$c=2.4$和$\lambda=-0.9$。

---

① Bonanno G., Valenti D., Spagnolo B. Role of Noise in a Market Model with Stochastic Volatility [J]. European Physical Journal B, 2006 (53): 405-409.

总之，我们利用修正的赫斯特模型、三次的非线性的势函数和关联噪声等，建立了延迟的模型来分析研究了延迟时间对市场模型稳定性的作用，从中得到了：(1) 存在一个最佳的延迟时间 τ_o，在强的股票价格弹性需求的情况下，最大地增强股票价格的稳定性，反之，在弱的股票价格的弹性需求情况下，最大地减弱股票价格稳定性；(2) 交叉关联强度和延迟时间，在延迟时间小于 τ_o 时，表现出相同的作用，而在延迟时间大于 τ_o 时，表现出相反的作用。与此同时，我们还与前述博南诺、斯帕尼奥洛和瓦伦蒂等人的文献（见图 7-8 和图 7-9）比较了价格收益的 PDF、收益逃逸时间的 PDF 和收益的关联函数，且发现它们是吻合的。

第二节 延迟与风险收益稳定性

信息在市场中传递的时候必然存在着一定的时间延迟。与此类似，投资者在进行股票投资时，也必然会有着投资延迟。我们把来自不同地区和国家的投资者的投资进程，近似为三个阶段：首先，投资者接收来自政府政策、企业新闻和财经指数等信息；其次，投资者基于自己的投资理念，来分析信息的影响，评估股票的风险和收益；最后，投资者决策并完成股票买入或者卖出的价格、数量和时机等。因而，投资过程不可能瞬间完成，因投资者的接收和处理信息的能力的不同，必然存在一定延迟时间。此外，投资者也可以自己调节自己的投资时机，同时投资者也可以选择不同的买入价位。投资时机和买入价格的不同，必然会影响着投资者的投资风险和收益，而这便是接下来本节的分析重点。

一、动力学模型

投资者的时间延迟，必然会对股票价格和价格波动产生影响，与方程 (7-1) 类似，且为了分析的便利，我们只考虑了波动项的时间延迟效应。我们建立了描述投资延迟的随机微分方程（Li & Mei, 2013）[①]：

$$dx(t) = -\left(Px^2 + Qx + \frac{v(t)}{2}\right)dt + \sqrt{v(t)}d\xi(t)$$

$$dv(t) = a[b - v(t-\tau)]dt + c\sqrt{v(t)}d\eta(t) \qquad (7-3)$$

---

① Li J. C., Mei D. C. The Risks and Returns of Stock Investment in a Financial Market [J]. Physics Letters A, 2013 (377): 663-670.

而 τ 是投资延迟时间，P=6 和 Q=6，其余的参量和方程（7-1）一样。

由前面叙述的内容可以知道，股票价格波动的增大会抑制价格的需求弹性。同时基于科克斯等人的文献（Cox et al., 1985）[①]，我们知道，当 $2ab \geq c^2$ 时，因波动涨落振幅较小，所以波动偏向于环绕 b 漂移，而难以到达原点或者较大的值；当 $2ab < c^2$ 时，因为较大的波动涨落振幅和波动 $v(t)$ 的非负性，波动容易变得较大值。因此，基于以上的叙述，为了定量地描述价格需求弹性，我们以波动参量为基础定义了一个新的比率 R：

$$R = \frac{2ab}{c^2} \qquad (7-4)$$

在 $R \geq 1$ 的区域，波动易逼近于 b，且其值难以比 b 大出许多；相反地，在 $R<1$ 区域，长时间后波动会变得很大。因而，可以知道，从长期来看 $R \geq 1$ 区域波动相对于 $R<1$ 区域要弱得多。所以我们把 $R \geq 1$ 区域定义为强价格弹性区域，而 $R<1$ 区域是弱价格弹性区域。最终本部分的下列分析中，采用两种参数条件（$a=5$, $b=0.5$, $c=1$ 和 $a=20$, $b=2$, $c=10$），用来表示强的（$R=5$）和弱的（$R=0.8$）两种价格需求弹性。

二、投资风险和收益

为了追逐利润，投资者更多地关心着自己股票投资的风险和收益，而这些又与股价交易的价格点位和交易的时间有关。由前面叙述，可知股票崩盘过程和布朗粒子在单稳态势函数中运动过程类似，股票跌到特定位置（如止损位置等），所需要的时间越长，则给予投资者作出决策和离开市场的时间将会越长，相对而言股票投资的风险也就越小。因而，在本节中我们利用从初始位置 x_0 到吸收边界 $x=-6.0$ 间的平均逃逸时间（MET）来描述股票价格的风险。其中初始位置 x_0 可用来表示股票交易成交的点位。而投资的延迟时间在一定范围内能被投资者所调控，故而，利用时间延迟 τ 来描述投资的时机。基于和上一节中相同的算法，从图 7-10 和图 7-11 中，我们得到不同需求弹性下的平均逃逸时间。

图 7-10 中表示了无关联时候的平均逃逸时间 MET 关于延迟时间 τ 和初始价位 x_0 的函数图像。图 7-10（a）表明：随着初始价位 x_0 的增大，逃逸时间 MET 在增大；而且在强的需求弹性 [$a=5$, $b=0.1$ 和 $c=1$（$R=5$）] 下，存在一个最佳的投资延迟时间 τ_0 使得平均逃逸时间 MET 最大；这

[①] Cox J. C., Ingersoll J. E., Ross S. A. A Theory of the Term Structure of Interest-Rates [J]. Econometrica, 1985 (53): 385-407.

个最大值会随着初始价位 x_0 的增大而增大。图 7-10（b）显示：和（a）中一样，x_0 的增大会加强 MET；在较弱需求弹性 [a=20，b=2 和 c=10（R=0.8）] 下，存在一个最坏的投资延迟时间 τ_w 使得平均逃逸时间 MET 最小，且最小值也随着初始价位 x_0 的增大而增大。从经济角度，在强的需求弹性时，存在一个最佳的投资延迟时间 τ_o 最大地减弱投资风险；反之在弱的需求弹性下，存在一个最坏的投资延迟时间 τ_w 最大地增强投资风险。与此同时，随着投资价位趋近与相对安全的价格支撑或者阻力位置（也就是 x_0 趋近与亚稳态 $x_u = -1.0$），投资风险会减小。

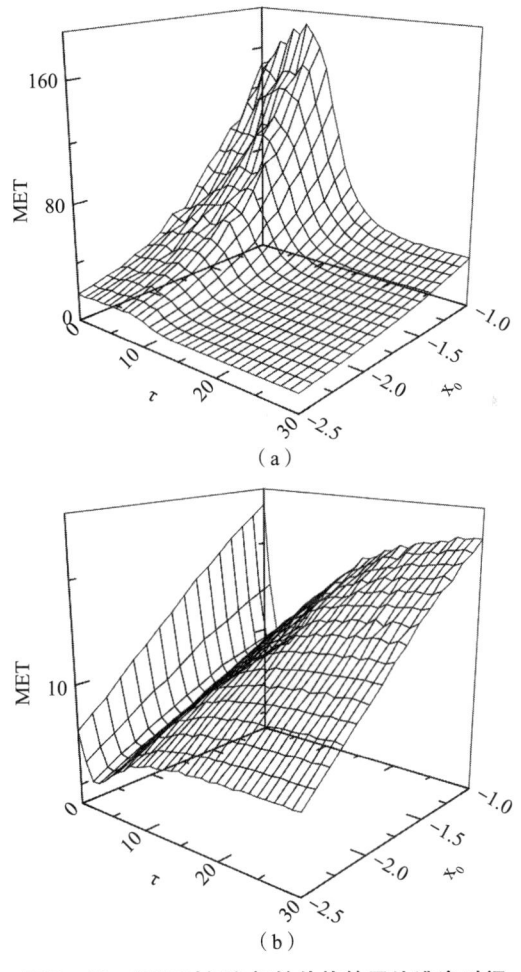

图 7-10　延迟时间和初始价格的平均逃逸时间

注：平均逃逸时间（MET）作为延迟时间（τ）和初始价格（x_0）的函数。（a）中 $\lambda=0$，$a=5$，$b=0.5$，$c=1$；（b）中 $\lambda=0$，$a=20$，$b=2$，$c=10$。

以交叉关联强度 λ 和初始投资价位 x_0 为自变量,平均逃逸时间 MET 为函数的关系显示在图 7–11 中。图 7–11(a)指明了,在强的需求弹性下,平均逃逸时间 MET 随着 x_0 的增大而单调增加,但是随着 λ 的增大而单调递减。图 7–11(b)显示了,在弱的需求弹性下,平均逃逸时间 MET 随着 x_0 或者 λ 的增大而单调增加。换句话说,在强的需求弹性时,λ 和 x_0 对风险表现出相反的作用,而在弱的需求弹性时,则表现出相同的作用。从经济角度可知,股票价格和其波动的关联性的增大,在强的需求弹性时会增强投资风险,而在弱的需求弹性时会减弱投资风险。投资价位 x_0 的作用则在图 7–10 中已经描述。

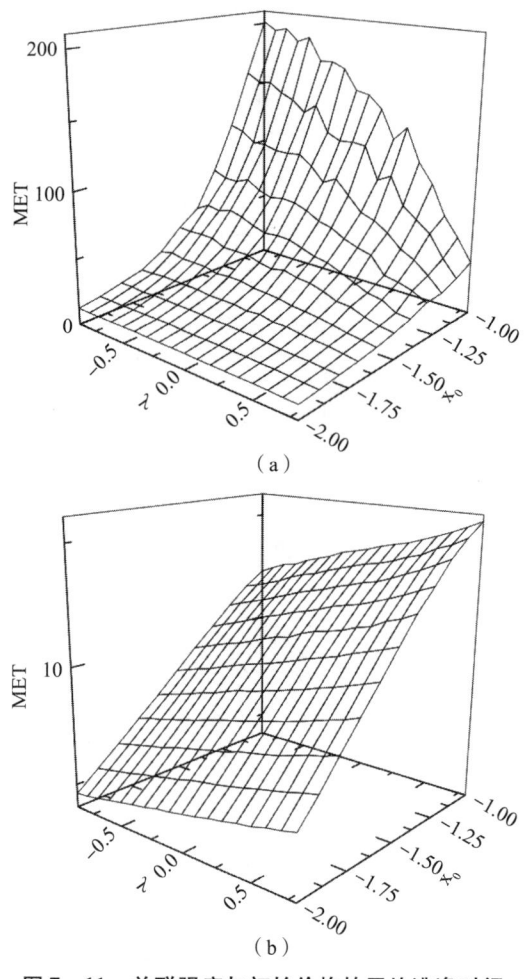

图 7–11 关联强度与初始价格的平均逃逸时间

注:平均逃逸时间(MET)作为交叉关联强度(λ)和初始投资价位(x_0)的函数。(a) a = 5, b = 0.5, c = 1;(b) a = 20, b = 2, c = 10。

第七章 金融危机环境中的价格稳定性

为了研究股票投资的收益,我们基于方程(7-2)计算了股票价格收益概率密度函数 PDF_{spr} 和其相关统计特征,以此来分析投资价格 x_0 和投资延迟时间 τ 对股票收益的影响。

价格收益 Δx 和初始投资价格 x_0 为自变量的概率密度函数 PDF_{spr},表示在图 7-12 中。无论在强的[见图 7-12 (a)]或者弱的[见图 7-12 (b)]需求弹性下,我们发现与博南诺、戈皮克里希南、里奥和曼特格纳等人文献(Bonanno et al.,2007;Bonanno et al.,2006;Gopikrishnan et al.,1998;Lillo & Mantegna,2000)[①] 相似的尖峰和厚尾分布,而且投资价格 x_0 的增大加强 PDF_{spr} 的峰值,也就是说,x_0 的增量增强投资股票价格收益的稳定性。与此同时,随着 x_0 的增大,PDF_{spr} 的顶点往正的价格收益 Δx 移动。因此可知,投资价格趋近于亚稳态,则增大投资价格收益和价格收益的稳定性。

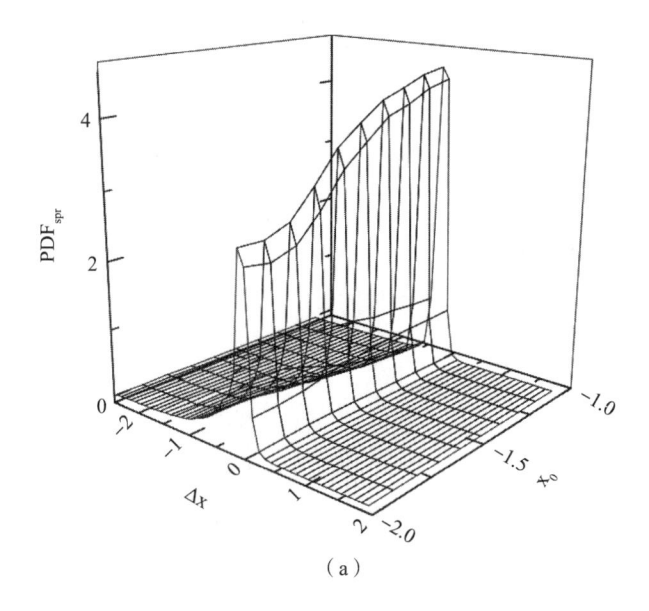

(a)

[①] Bonanno G., Valenti D., Spagnolo B. Mean Escape Time in a System with Stochastic Volatility [J]. Physical Review E, 2007 (75): 016106; Bonanno G., Valenti D., Spagnolo B. Role of Noise in a Market Model with Stochastic Volatility [J]. European Physical Journal B, 2006 (53): 405-409; Gopikrishnan P., Meyer M., Amaral L. a. N., et al. Inverse Cubic Law for the Distribution of Stock Price Variations [J]. European Physical Journal B, 1998 (3): 139-140; Lillo F., Mantegna R. N. Variety and Volatility in Financial Markets [J]. Physical Review E, 2000 (62): 6126-6134.

(b)

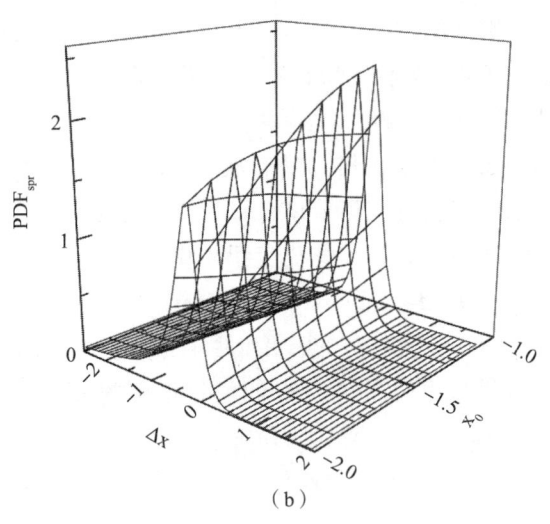

图 7-12 概率密度函数（PDF_{spr}）

注：概率密度函数（PDF_{spr}）关于价格收益（Δx）和初始投资价格（x_0）的函数。(a) 在 $\lambda = -0.3$, $\tau = 2$, $a = 5$, $b = 0.5$ 和 $c = 1$；(b) 在 $\lambda = -0.3$, $\tau = 2$, $a = 20$, $b = 2$ 和 $c = 10$。

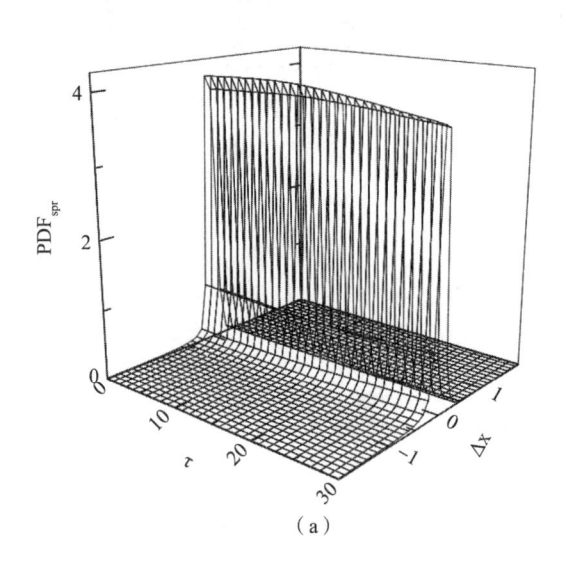

图 7-13 中表示了不同弹性下，以价格收益 Δx 和投资延迟时间 τ 为自变量的概率密度函数 PDF_{spr} 的图形。图 7-13（a）和（b）中都呈现了与图 7-12 一样的尖峰和不对称的厚尾分布特征。因从视觉上很难分辨出 PDF_{spr} 随延迟时间 τ 的变化，故而，我们计算了图 7-13（a）和（b）的价格收益的均值 $\langle \Delta x \rangle$、方差 $\delta_{\Delta x}$、偏态 κ_3 和峰态 κ_4，分别呈现在图 7-14 和图 7-15 中。

(a)

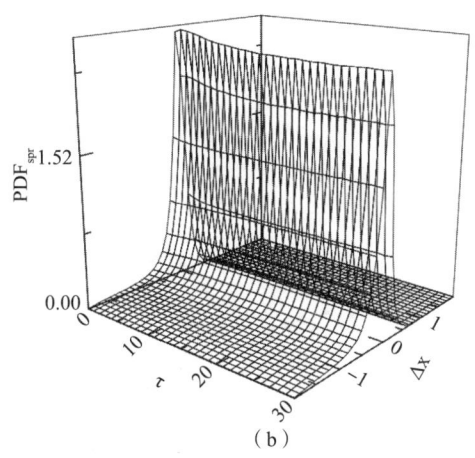

图 7-13 概率密度函数（PDF_{spr}）作为价格收益（Δx）
和投资延迟时间（τ）的函数

注：(a) 在 $\lambda=-0.3$，$x_0=-1.25$，$a=5$，$b=0.5$ 和 $c=1$；(b) 在 $\lambda=-0.3$，$x_0=-1.25$，$a=20$，$b=2$ 和 $c=10$。

在强的需求弹性下，投资延迟时间对图 7-13（a）中的价格收益均值 $\langle\Delta x\rangle$、方差 $\delta_{\Delta x}$、偏态 κ_3 和峰态 κ_4 等影响分别呈现在图 7-14（a）、(b)、(c) 和 (d) 中。图中的关系显示随着投资延迟时间得增大，$\langle\Delta x\rangle$ 和 κ_4 先增加后减小，反之，$\delta_{\Delta x}$ 和 κ_3 先减小后增加，也就是说，有一个最佳的投资延迟时间 τ_o（$\tau_o\approx 8$）对应着图 7-14（a）中最强的 $\langle\Delta x\rangle$、图 7-14（d）中最强的 κ_4、图 7-14（b）中最弱的 $\delta_{\Delta x}$ 和图 7-14（c）中最弱的 κ_3。从一个统计的角度理解，方差越小，则系统稳定性越强。换句话说，在强的需求弹性下，因为有最佳的 τ_o 使得价格收益方差 $\delta_{\Delta x}$ 最小，也就是，存在一个最佳的投资机会，对应着最大的平均价格收益 $\langle\Delta x\rangle$，价格收益概率密度函数的最大尖峰特征。

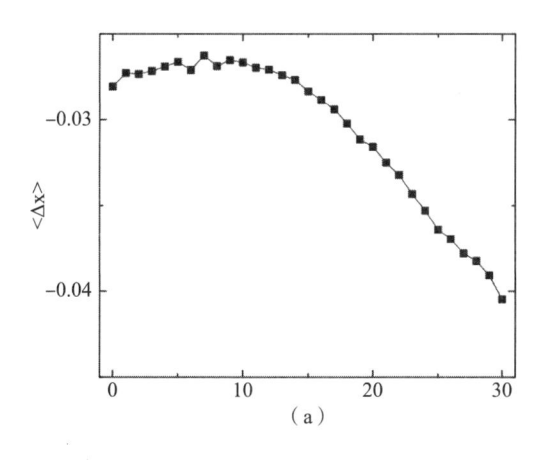

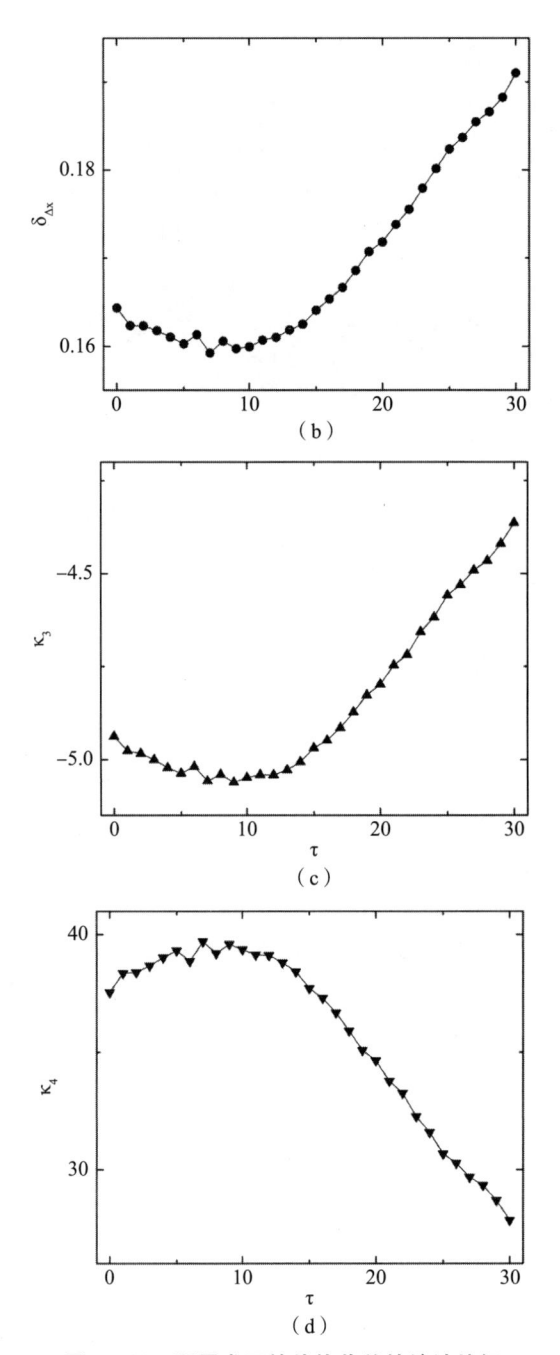

图 7–14　强需求下的价格收益的统计特征

注：(a)，(b)，(c) 和 (d) 中分别对应着图 7-13 (a) 的价格收益均值 $\langle \Delta x \rangle$、方差 ($\delta_{\Delta x}$)、偏态 (κ_3) 和峰态 (κ_4)。

在弱的需求弹性下，投资延迟时间对图 7-13（b）中的价格收益均值 $\langle \Delta x \rangle$、方差 $\delta_{\Delta x}$、偏态 κ_3 和峰态 κ_4 等影响分别呈现在图 7-15（a）、（b）、（c）和（d）中。很明显，随着投资延迟时间 τ 的增大，$\langle \Delta x \rangle$ 和 κ_4 先减小后增加，反之，$\delta_{\Delta x}$ 和 κ_3 先增加后减小，也就是说，存在一个最坏的投资延迟时间 τ_w（$\tau_w \approx 20$）对应着图 7-15（a）中最弱的 $\langle \Delta x \rangle$、图 7-15（d）中最弱的 κ_4、图 7-15（b）中最强的 $\delta_{\Delta x}$ 和图 7-15（c）中最强的 κ_3。换句话说，在弱的需求弹性下，因为有最坏的 τ_w 使得价格收益方差 $\delta_{\Delta x}$ 最大，也即是，存在一个最坏的投资机会，最大地减小平均价格收益 $\langle \Delta x \rangle$ 和价格收益概率密度函数的尖峰特征。

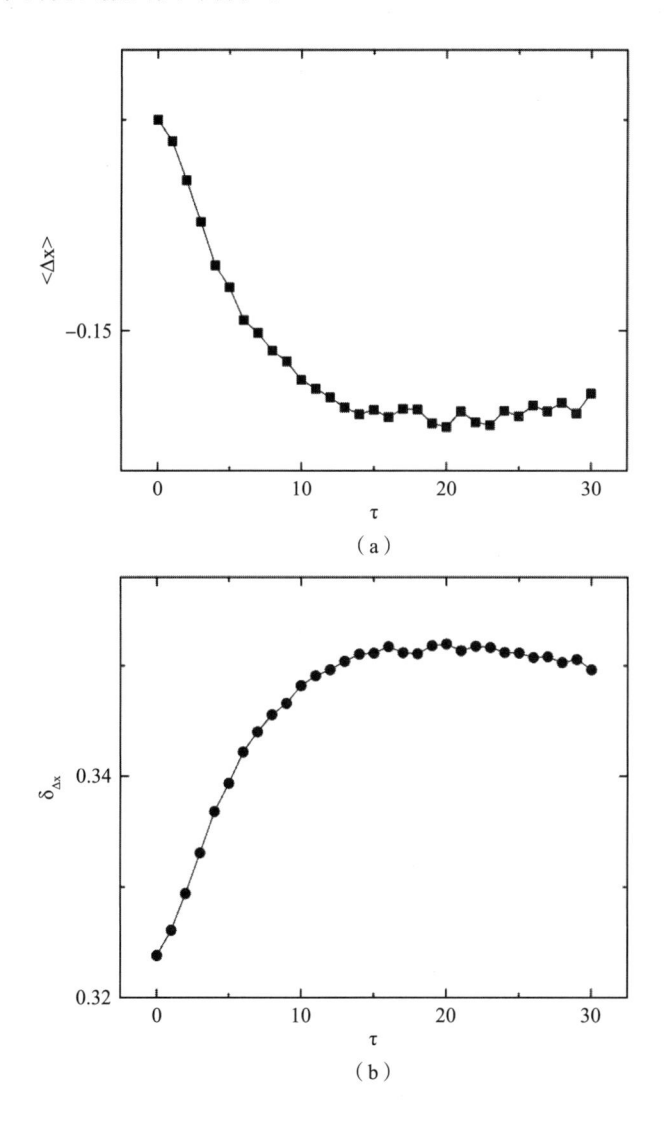

（a）

（b）

(c)

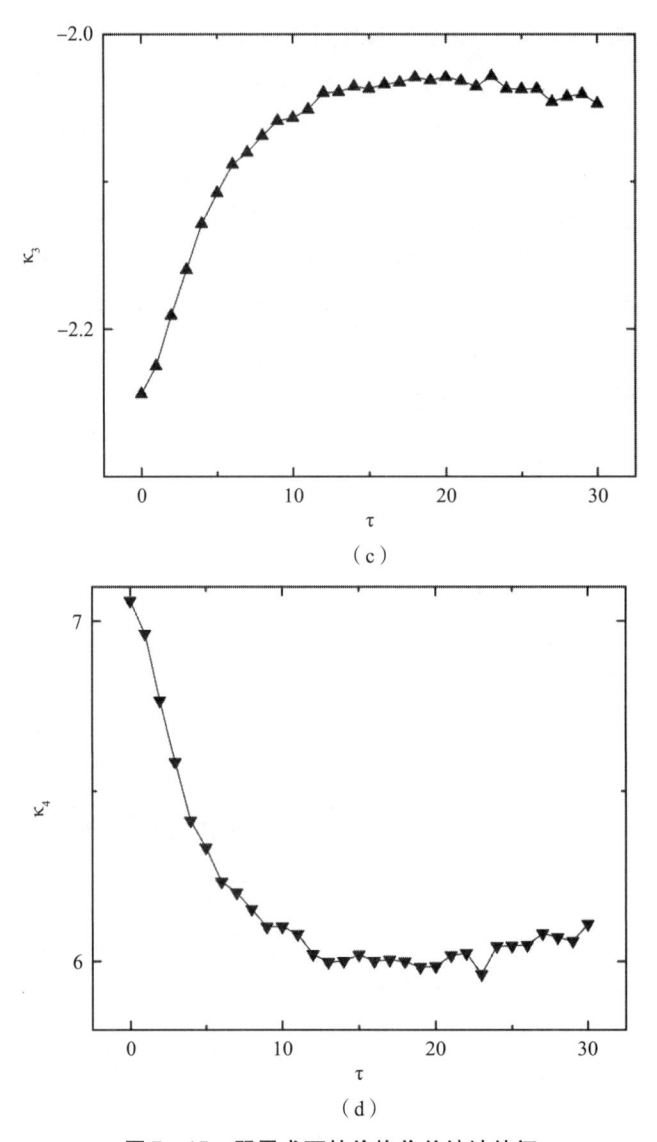

(d)

图 7 – 15 弱需求下的价格收益统计特征

注：(a), (b), (c) 和 (d) 中分别对应着图 7 – 13 (b) 的价格收益均值 $\langle \Delta x \rangle$、方差 ($\delta_{\Delta x}$)、偏态 (κ_3) 和峰态 (κ_4)。

总之，从图 7 – 14 和图 7 – 15 中，我们可以清楚地理解投资延迟时间对投资收益的影响。在图 7 – 14 (a) 中，延迟时间 τ 的增量对投资价格收益及收益的稳定性是先增强后减弱，而在图 7 – 14 (b) 中在是相反的，也就是说，在强和弱的需求弹性下，投资延迟对投资价格收益及收益的稳定性上表现出完全相反的作用。

三、模型验证

为了检验拟提议模型［方程（7-3）］的合理性和有效性，我们进一步与实际数据和前人研究结果开展比较分析。我们同样选择方程（7-2）的统计性质来与前人研究文献作出比较，来验证模型的合理性。我们选择与博南诺2007年的研究（Bonanno et al., 2007）[①]的图6相同的参量值（a=0.1，b=4.5和c=2）。同时可发现，这组参量值的R=0.225，也就是说，系统的条件处于弱价格需求弹性，而这正好与实际市场环境也相互符合：当股票市场处于崩盘的时候，股票需求在锐减，且波动相对较大。我们接下来在图7-16、图7-17和图7-18的研究中分别呈现了与博南诺等人研究文献比较的收益的概率密度函数PDF_{spr}、波动的概率密度函数和股票价格收益的关联函数。

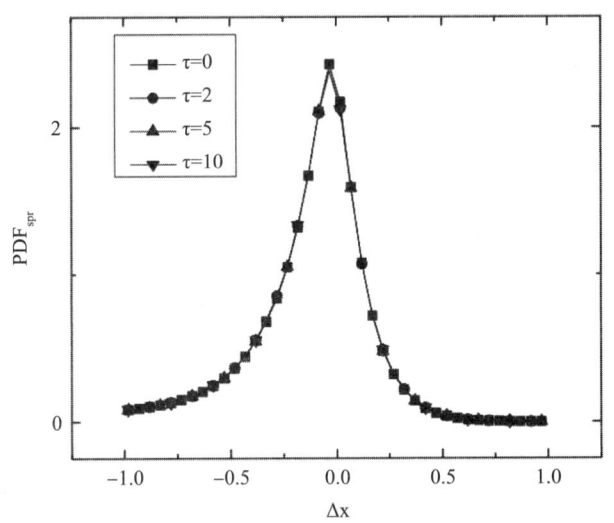

图7-16 收益的概率密度函数（PDF_{spr}）在不同的延迟时间（τ）下随自变量价格收益（Δx）变化的函数关系

注：其中 $\lambda=0.0$，$x_0=-1.25$，$a=0.1$，$b=4.5$ 和 $c=2$。

在取了与博南诺（Bonanno）2006年的研究（Bonanno et al., 2006）[②]

[①] Bonanno G., Valenti D., Spagnolo B. Mean Escape Time in a System with Stochastic Volatility [J]. Physical Review E, 2007 (75): 016106.

[②] Bonanno G., Valenti D., Spagnolo B. Role of Noise in a Market Model with Stochastic Volatility [J]. European Physical Journal B, 2006 (53): 405-409.

中图 6 相同的参量值后,我们在图 7－16 中画出了不同延迟时间 τ 的 PDF_{spr} － Δx 曲线。与博南诺(Bonanno)2007 年的研究(Bonanno et al.,2007)中图 6 和其他真实的市场数据结果(Mantegna & Stanley,2000;Bouchaud & Potters,1997)① 相同的,图 7－16 中清楚地呈现了分布函数的不对称和尖峰自然特征。分布函数的不对称特征主要由于图 7－2 中所描述的"非线性单稳势函数"所引起。

为了定量地描述图 7－16 的特性,和上一节一样,在表 7－2 中计算出不同延迟时间的价格收益的均值 $\langle \Delta x \rangle$、方差 $\delta_{\Delta x}$、偏态 κ_3 和峰态 κ_4。同样可发现 $\langle \Delta x \rangle$、$\delta_{\Delta x}$、κ_3 和 κ_4 的值与博南诺(Bonanno)2007 年的研究(Bonanno et al.,2007)②的结果是非常吻合的。

表 7－2　　　　图 7－16 中不同延迟时间 τ 的均值 $\langle \Delta x \rangle$、
方差 $\delta_{\Delta x}$、偏态 κ_3 和峰态 κ_4

延迟时间(τ)	均值$\langle \Delta x \rangle$	方差 $\delta_{\Delta x}$	偏态 κ_3	峰态 κ_4
0	－0.1623	0.3483	－1.977	5.461
2	－0.1626	0.3483	－1.973	5.441
5	－0.1628	0.3486	－1.975	5.448
10	－0.1625	0.3483	－1.975	5.449
30	－0.1629	0.3485	－1.97	5.422

图 7－17 中的不同延迟时间的波动概率密度函数与博南诺(Bonanno)2007 年的研究(Bonanno et al.,2007)③ 中图 7 相互比较后,我们发现延迟时间对波动的概率密度函数的影响是非常微弱的,且无论是否有延迟,图 7－17 的结果和博南诺(Bonanno)2007 年的研究(Bonanno et al.,2007)中的是非常吻合的。与此同时,在图 7－18 中不同延迟的对数价格收益与博南诺等人 2007 年研究文献(Bonanno et al.,2007)的图 8 的结果比较之后,在小延迟或者是较小的关联时间区域,两个图形的结果是非常吻合的。此外,图 7－18 还显示延迟时间 τ 的增大会减弱长关联时间区域的关联函数的涨落,但是对短关联时间区域影响是微弱的。综上所述,前文中的模型

---

① Mantegna R. N., Stanley H. E. An Introduction to Econophysics: Correlations and Complexity in Finance [M]. Cambridge university press Cambridge, 2000; Bouchaud J. P., Potters M. Théorie Des Risques Financiers [J]. DMW - Deutsche Medizinische Wochenschrift, 1997 (75): 1109 - 1113.

②③ Bonanno G., Valenti D., Spagnolo B. Mean Escape Time in a System with Stochastic Volatility [J]. Physical Review E, 2007 (75): 016106.

[方程 (7-3)] 是和实际的金融市场相互吻合的。

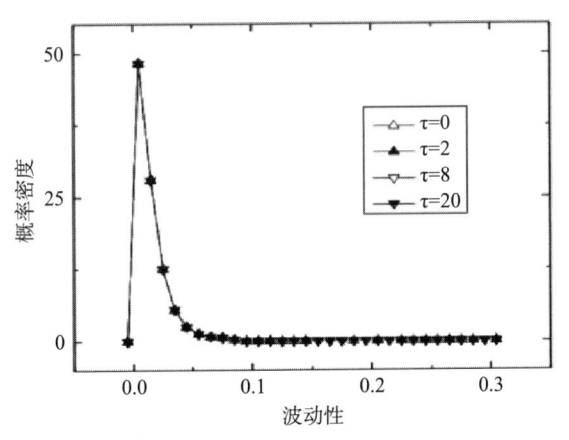

图 7-17 波动的概率密度函数

注：此图是波动 (volatility) 的概率密度函数 (probability density function)。$\lambda = 0.0$，$x_0 = -1.25$，初始波动 $v_0 = 8.62 \times 10^{-5}$，$a = 0.1$，$b = 4.5$，$c = 2$。和博南诺 (Bonanno) 2006 年的欧洲物理快报 B 的研究中图 7 一样。

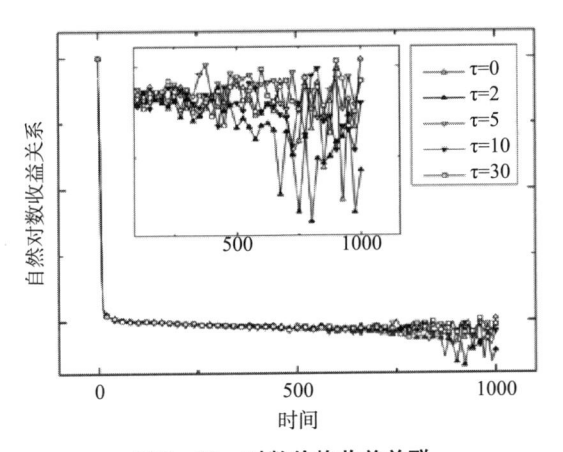

图 7-18 对数价格收益关联

注：此图是对数价格收益关联 (Log return correlation) 基于时间 (time) 的函数。$\lambda = 0.0$，$x_0 = -0.75$，$v_0 = 8.62 \times 10^{-5}$，$a = 0.1$，$b = 4.5$，$c = 2$，插图是较长时间区域的关联函数。

总之，通过对修正的赫斯特模型和延迟时间描述的股票动力学的平均逃逸时间和收益的概率密度函数的模拟计算之后，我们讨论股票投资的分析和收益。在利用延迟时间描述投资时间和初始位置刻画买入价格之后，我们发现：(1) 存在一个最佳的延迟时间（投资时间），在强的股票价格需求的条件下，对应着最小的投资风险、最大的平均价格收益和最强的价格收益稳定性，而在弱的股票价格需求的条件下的结果是相反的；（2）初始位置（买入价格）的增大会减弱投资风险、增强平均价格收益和价格收益稳定性。此外，我们还与博南诺等人的研究文献比较了 PDF、波动的 PDF 和收益的关联函数，而且它们是非常吻合的。

第三节　周期信息与稳定性

实际的金融环境中必然会包含着许多外部的周期信息，如周期每日信息、每周信息、周期经济指数和会议信息等。在如公司的资本决策结构分析（Agarwal & O'hara, 2007）[1]、具有高风险厌恶的长线投资者（Huang & Liu, 2007）[2]、波兰华沙证券交易所的研究（Dobija & Klimczak, 2010）[3] 和对股票价格随机共振的分析（Li & Mei, 2013）[4] 等诸多研究金融市场的文献中也能发现外在周期信息的作用。因而，把外在周期信息抽象出来研究其在金融危机时对市场稳定性的作用是必要的。

一、动力学模型

受外在周期信息驱动的实际金融系统的动力学行为可以表示为以下的耦合的随机微分方程（Li & Mei, 2013）：

$$dx(t) = -\frac{v(t)}{2}dt + A\sqrt{v(t)}\sin(\Omega t)dt + \sqrt{v(t)}d\xi(t)$$

$$dv(t) = a(b - v(t))dt + c\sqrt{v(t)}d\eta(t) \quad (7-5)$$

其中 A 是外部周期信息的振幅，Ω 是外部周期信息的频率，其余参量与赫斯特模型是一样的。利用前面叙述的"非线性单稳态势函数"描述股票崩盘后，基于方程（7-5），我们建立了外部周期信息驱动的股票崩盘模型

---

[1] Agarwal P., O'hara M. Information Risk and Capital Structure [J]. Social Science Electronic Publishing, Available at SSRN 2007: 939663.

[2] Huang L., Liu H. Rational Inattention and Portfolio Selection [J]. Journal of Finance, 2007 (62): 1999–2040.

[3] Dobija D., Klimczak K. M. Development of Accounting in Poland: Market Efficiency and the Value Relevance of Reported Earnings [J]. International Journal of Accounting, 2010 (45): 356–374.

[4] Li J. C., Mei D. C. Reverse Resonance in Stock Prices of Financial System with Periodic Information [J]. Physical Review E, 2013 (88): 012811.

(Li & Mei, 2014)[①]:

$$dx(t) = -\left(\frac{\partial U}{\partial x} + \frac{v(t)}{2}\right)dt + A\sqrt{v(t)}\sin(\Omega t)dt + \sqrt{v(t)}d\xi(t)$$

$$dv(t) = a(b - v(t))dt + c\sqrt{v(t)}d\eta(t) \qquad (7-6)$$

二、价格稳定性

为了讨论外部周期信息对股票价格稳定性的作用,我们采用与前两节相同的平均逃逸时间(MET)和相同的算法及起止价位。同时,为了强调外部周期信息的作用,在本节的下列讨论中,我们暂且忽略了价格和价格波动的关联(即 $\lambda = 0$)。

外部周期信息对 MET-a 函数关系,呈现在图7-19 中。图7-19 (a) 显示:对于小的振幅 A,逃逸时间 MET 随着 a 的变化时改变是微弱的,其结果与博南诺等人的研究(Bonanno et al., 2007)[②] 中图5 一样呈一条直线状;随着 A 的增大,MET-a 曲线呈现一个峰值结构,且峰值增大,也就是说,A 的增大使得价格稳定性增强,且诱导一个最佳的 a 最大地增强价格稳定性。图7-19 (b) 表明 Ω 对价格稳定性的作用是微弱的。

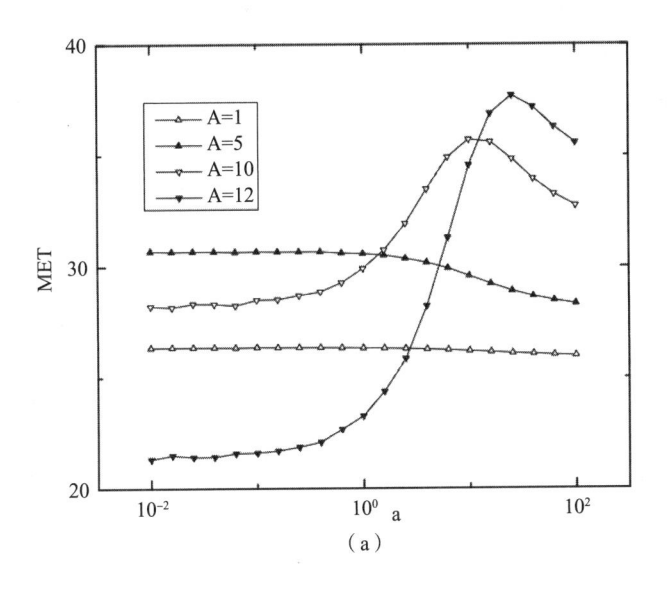

(a)

---

① Li J. C., Mei D. C. The Roles of Extrinsic Periodic Information on the Stability of Stock Price [J]. European Physical Journal B, 2014 (87): 1-6.
② Bonanno G., Valenti D., Spagnolo B. Mean Escape Time in a System with Stochastic Volatility [J]. Physical Review E, 2007 (75): 016106.

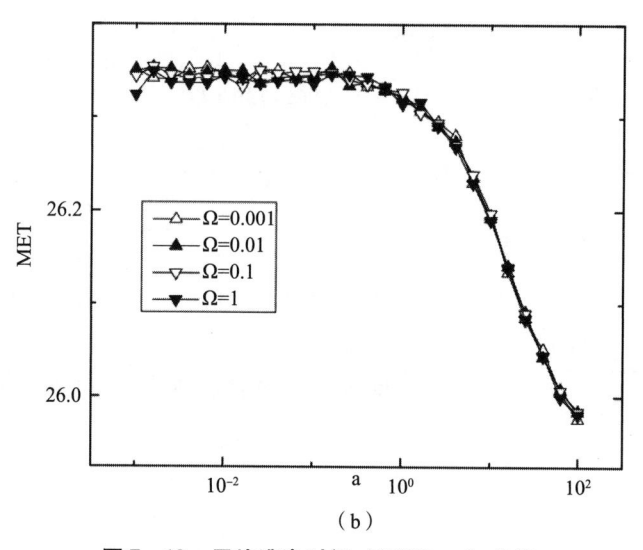

图 7-19 平均逃逸时间（MET-a）曲线

注：a=0.01，b=0.01，c=0.01，（a）中取 Ω=0.05，（b）中 A=1。

为了讨论外部周期信息对 MET-b 曲线的作用，我们把结果呈现在图 7-20 中。图 7-20 中 MET-b 曲线呈现了一个单峰结构，且无论在（a）或（b）中，随着 A 或 Ω 的增大，曲线顶点先上升后下降。换句话说，（a）中存在一个临界值 A(A≈20) 或者（b）中的 Ω(Ω≈0.1) 能最大地增强股票价格的稳定性。在图 7-20（a）中 A<20 或者图 7-20（b）中 Ω<0.1，A 或 Ω 的增大增强股票价格稳定性；反之，A>20 或者 Ω>0.1，A 或 Ω 的增大减弱股票价格稳定性。

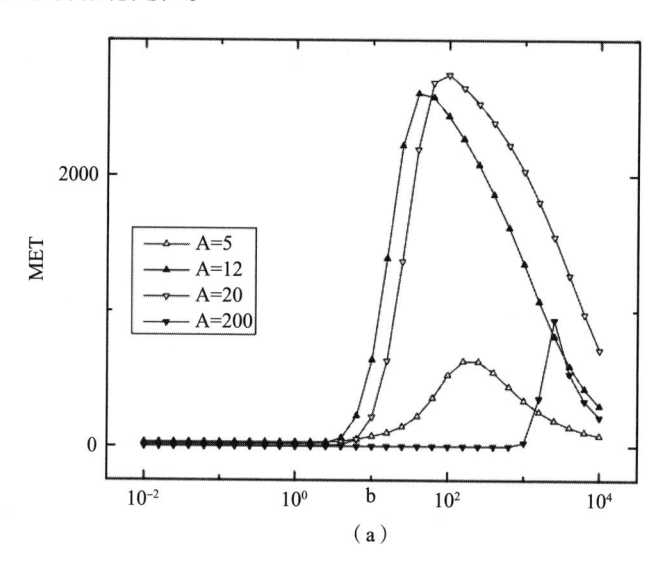

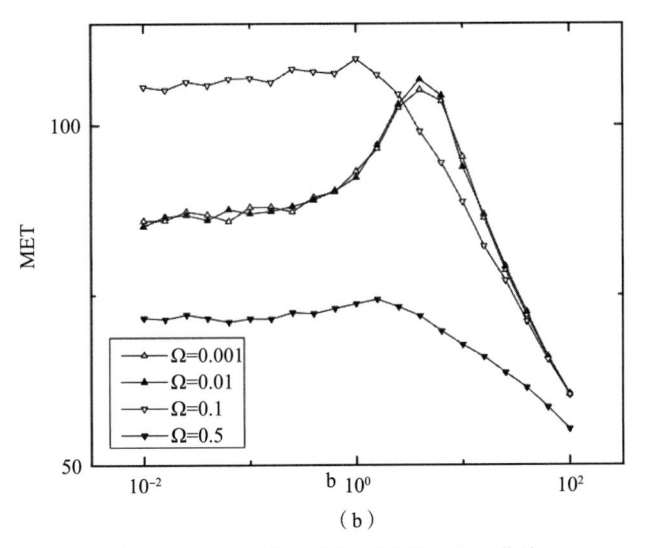

图 7-20 平均逃逸时间（MET-b）曲线

注：$a=0.01$，$c=0.01$，（a）中取 $\Omega=0.05$，（b）中 $A=1$。

同样地，就外部周期信息对 MET-c 函数的作用呈现在图 7-21 中。图 7-21 中同样呈现了一个单峰结构，且（a）或（b）中的最大值随着 A 或 Ω 的增大，先增强后减弱。在 MET-c 曲线变化中，同样可以观察到对于这最强的价格稳定性的临界值 $A(A\approx 20)$ 或者 $\Omega(\Omega\approx 0.1)$。在临界值的两侧，A 或 Ω 的增大与图 7-22 一样表现出相反的特征。

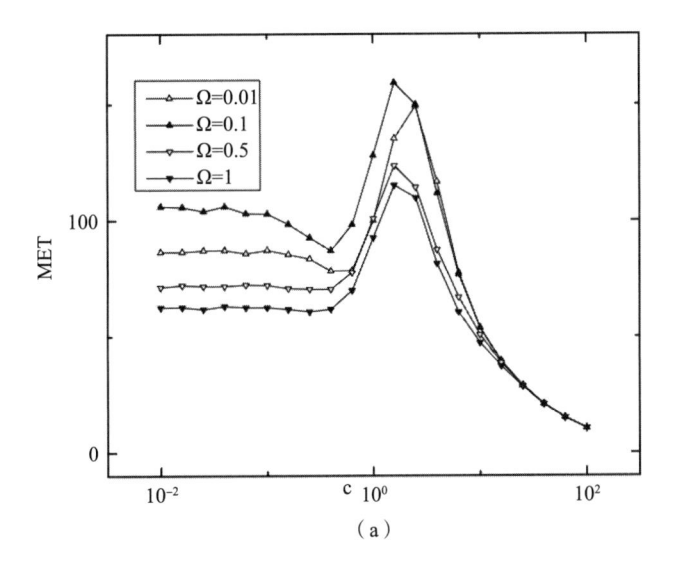

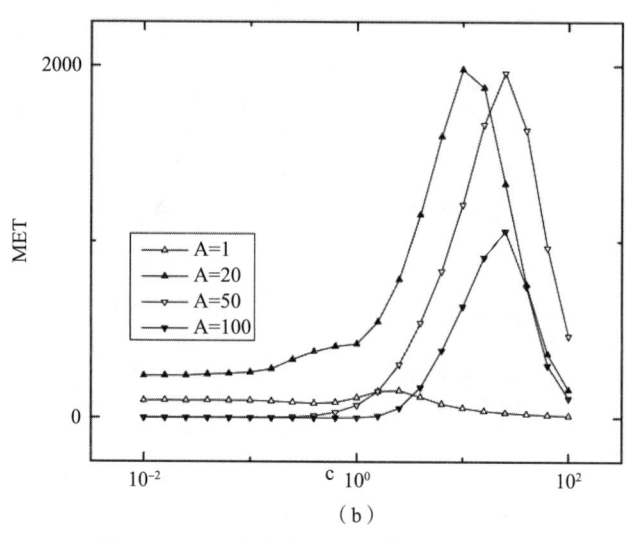

图 7-21 平均逃逸时间 (MET-c) 曲线

注：a=0.01，b=0.01，(a) 中取 $\Omega=0.05$，(b) 中 A=1。

同样地，就外部周期信息对 MET-c 函数的作用呈现在图 7-21 中。图 7-21 中同样呈现了一个单峰结构，且（a）或（b）中的最大值随着 A 或 Ω 的增大，先增强后减弱。在 MET-c 曲线变化中，同样可以观察到对于这最强的价格稳定性的临界值 $A(A\approx 20)$ 或者 $\Omega(\Omega\approx 0.1)$。在临界值的两侧，A 或 Ω 的增大与图 7-22 一样表现出相反的特征。

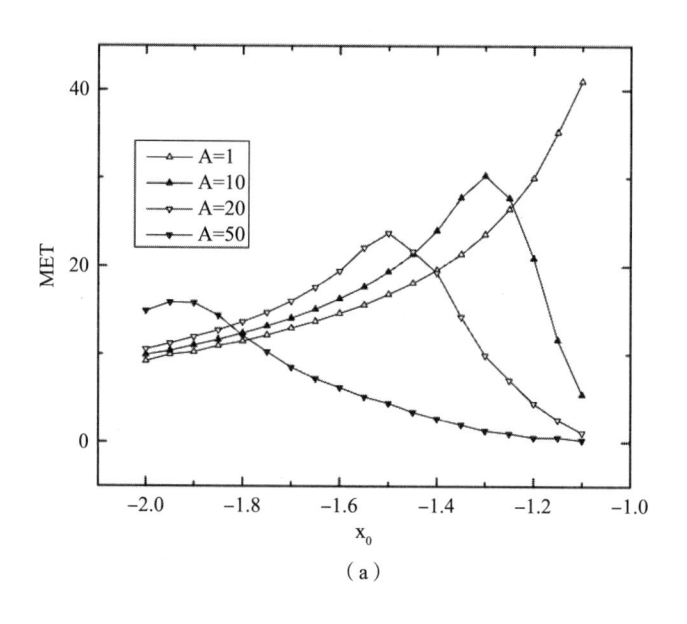

(a)

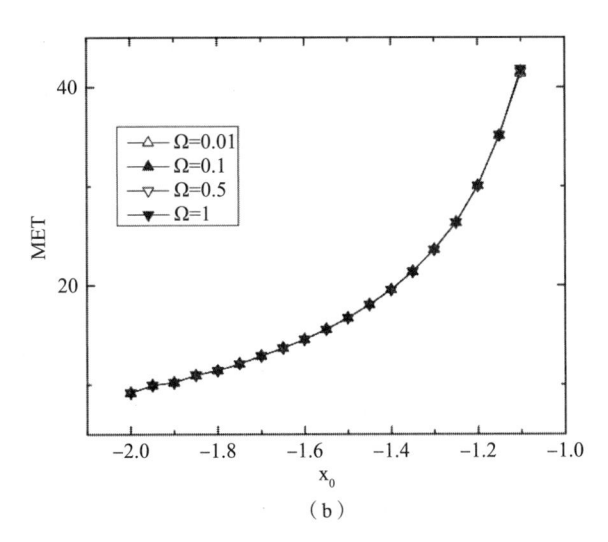

图 7-22 初始位置的平均逃逸时间

注：平均逃逸时间（MET）关于初始位置（initial position（x_0））曲线。a = 0.01，b = 0.01 和（a）中取 Ω = 0.05，（b）中 A = 1。

外部周期信息对函数 MET - 初始位置 x_0 的作用，呈现在图 7-22 中。图 7-22 显示，与李和梅（Li & Mei，2013）[1] 研究文献的结果一样，随着初始交易价格 x_0 趋近于亚稳态 x_u = -1.0 时，逃逸时间 MET 增大。与此同时，在图 7-22（a）随着 A 的增大，MET - x_0 曲线呈现一个单峰结构，且峰值在下降；但是，在图 7-22（b）中，Ω 的变化不会改变曲线行为。

三、模型验证

与前面的叙述和博南诺、斯帕尼奥洛、瓦伦蒂等人的研究文献（Bonanno et al.，2007；Valenti et al.，2007；Bonanno et al.，2006；Li & Mei，2013a；Spagnolo & Valenti，2008；Li & Mei，2013b）[2] 的方法

---

[1] Li J. C., Mei D. C. The Risks and Returns of Stock Investment in a Financial Market [J]. Physics Letters A, 2013 (377)：663 - 670.

[2] Bonanno G., Valenti D., Spagnolo B. Mean Escape Time in a System with Stochastic Volatility [J]. Physical Review E, 2007 (75)：016106；Valenti D., Spagnolo B., Bonanno G. Hitting Time Distributions in Financial Markets [J]. Physica A, 2007 (382)：311 - 320；Bonanno G., Valenti D., Spagnolo B. Role of Noise in a Market Model with Stochastic Volatility [J]. European Physical Journal B, 2006 (53)：405 - 409；Li J. - C., Mei D. - C. The Influences of Delay Time on the Stability of a Market Model with Stochastic Volatility [J]. Physica A, 2013a (392)：763 - 772；Spagnolo B., Valenti D. Volatility Effects on the Escape Time in Financial Market Models [J]. International Journal of Bifurcation and Chaos, 2008 (18)：2775 - 2786；Li J. C., Mei D. C. The Risks and Returns of Stock Investment in a Financial Market [J]. Physics Letters A, 2013b (377)：663 - 670.

类似，为了验证方程（7-6）中你提议模型的合理性，我们计算了股票价格收益的概率密度函数（PDF）、波动的概率密度函数、收益的关联函数和收益的逃逸时间的概率密度函数，分别刻画在图7-23～图7-25中。

不同的周期信息振幅 A 或者频率的 Ω 价格收益 Δx 的概率密度函数被画在图7-23（a）和（b）中。可观察到与前面的研究结果以及博南诺、戈皮克里希南、里奥和曼特格纳等人的文献（Bonanno et al., 2007; Bonanno et al., 2006; Gopikrishnan et al., 1998; Lillo & Mantegna, 2000）[①] 中相同的尖峰和厚尾的分布。图7-23（a）表明，随着 A 增大，PDF-Δx 曲线的顶点先上升后下降，而且厚尾分布往正的 Δx 移动。相反地，图7-23（b）显示，随着 Ω 的增大，PDF-Δx 曲线的顶点变化不大，而厚尾则向着负的 Δx 移动。

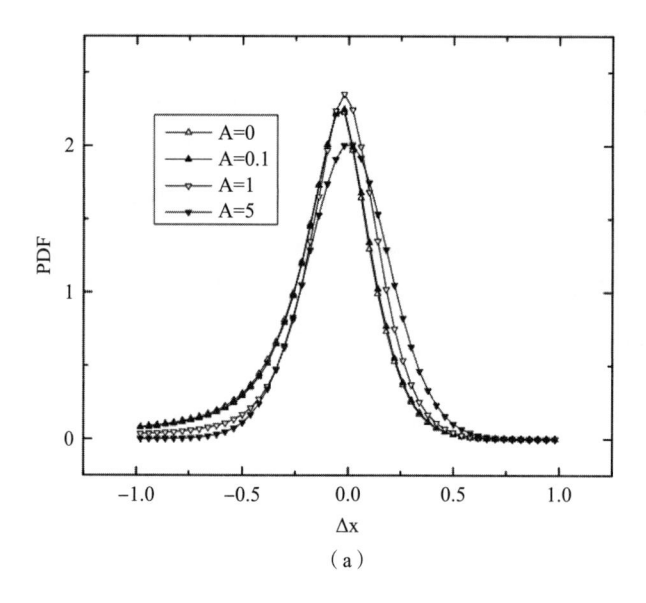

(a)

---

① Bonanno G., Valenti D., Spagnolo B. Mean Escape Time in a System with Stochastic Volatility [J]. Physical Review E, 2007 (75): 016106; Bonanno G., Valenti D., Spagnolo B. Role of Noise in a Market Model with Stochastic Volatility [J]. European Physical Journal B, 2006 (53): 405 – 409; Gopikrishnan P., Meyer M., Amaral L. a. N., et al. Inverse Cubic Law for the Distribution of Stock Price Variations [J]. European Physical Journal B, 1998 (3): 139 – 140; Lillo F., Mantegna R. N. Variety and Volatility in Financial Markets [J]. Physical Review E, 2000 (62): 6126 – 6134.

第七章　金融危机环境中的价格稳定性

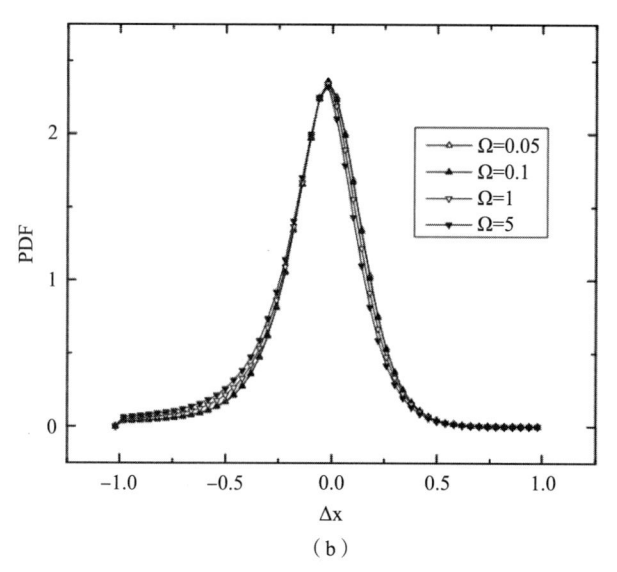

(b)

图 7-23　股票价格收益的概率密度函数

注：股票价格受益（Δx）的概率密度函数（PDF-Δx）曲线。$a=0.1$，$b=4.5$，$c=0.2$，（a）中取 Ω 为 0.05，（b）中 $A=1$。

在比较了图 7-24 描述的不同周期信息振幅 A 或频率 Ω 下的波动的概率密度函数，与博南诺 2007 年的研究文献（Bonanno et al., 2007）[①] 的图 7 的结果的吻合后，我们发现，在图 7-24（a）中，随着 A 的增大，波动的 PDF 的顶点在下降，但是在图 7-24（b）中，随着频率 Ω 的变化，波动的 PDF 的变化时微弱的。可知图 7-24 的结果和博南诺 2007 年的研究文献（Bonanno et al., 2007）[②] 的图 7 的结果在较小的 A 下，吻合得更好。接下来，为了与博南诺 2007 年的研究文献（Bonanno et al., 2007）中图 8 和博南诺 2006 年的研究文献（Bonanno et al., 2006）中图 6 比较，收益的关联函数和收益逃逸时间的 PDF 分别作在图 7-25 和图 7-26 中。很明显，无论 A 或 Ω 如何变化，图 7-25 和图 7-26 显示了与博南诺 2006 年和 2007 年的研究文献（Bonanno et al., 2007；Bonanno et al., 2006）相似的结果，且两个结果是较好地吻合的。

[①]　Bonanno G., Valenti D., Spagnolo B. Mean Escape Time in a System with Stochastic Volatility [J]. Physical Review E, 2007 (75): 016106.

[②]　Bonanno G., Valenti D., Spagnolo B. Role of Noise in a Market Model with Stochastic Volatility [J]. European Physical Journal B, 2006 (53): 405-409.

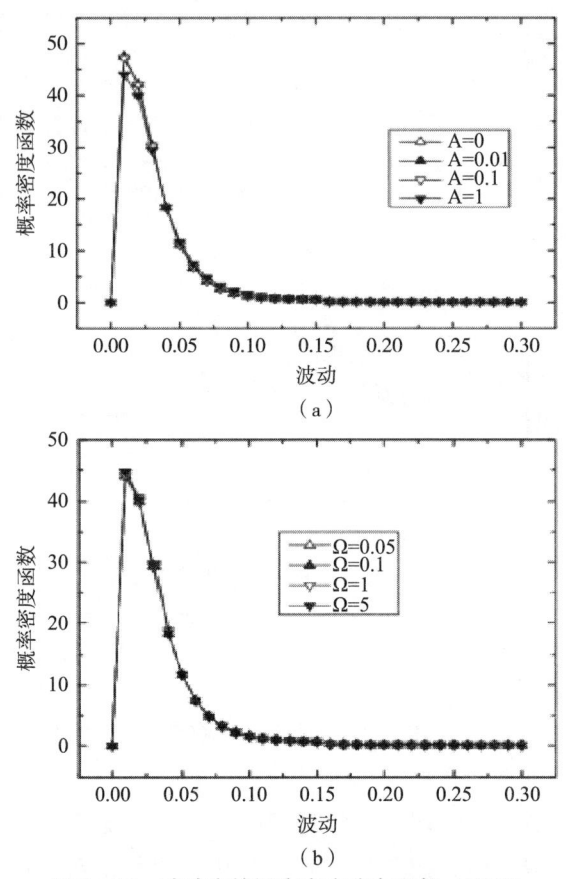

图 7-24　波动率的概率密度分布函数（PDF）

注：波动率（volatility）的概率密度分布函数（PDF）。与博南诺2006年的研究文献《随机波动模型中噪声的作用》中图7相同的参数 $a=0.1$，$b=4.5$，$c=0.2$，（a）中取 $\Omega=0.05$，（b）中 $A=1$。

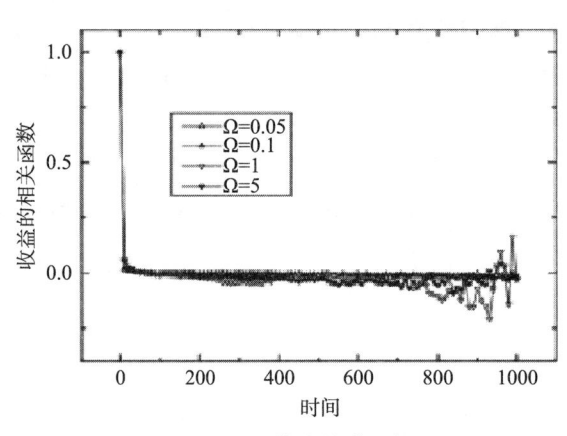

图 7-25　收益关联函数

注：随时间（time）的收益关联函数（correlation function of the return）。初始位置 $x_0=-0.75$，初始波动 $v_0=8.62\times10^{-5}$，$a=0.1$，$b=4.5$，$c=2$，（a）中取 $\Omega=0.05$，（b）中 $A=1$。

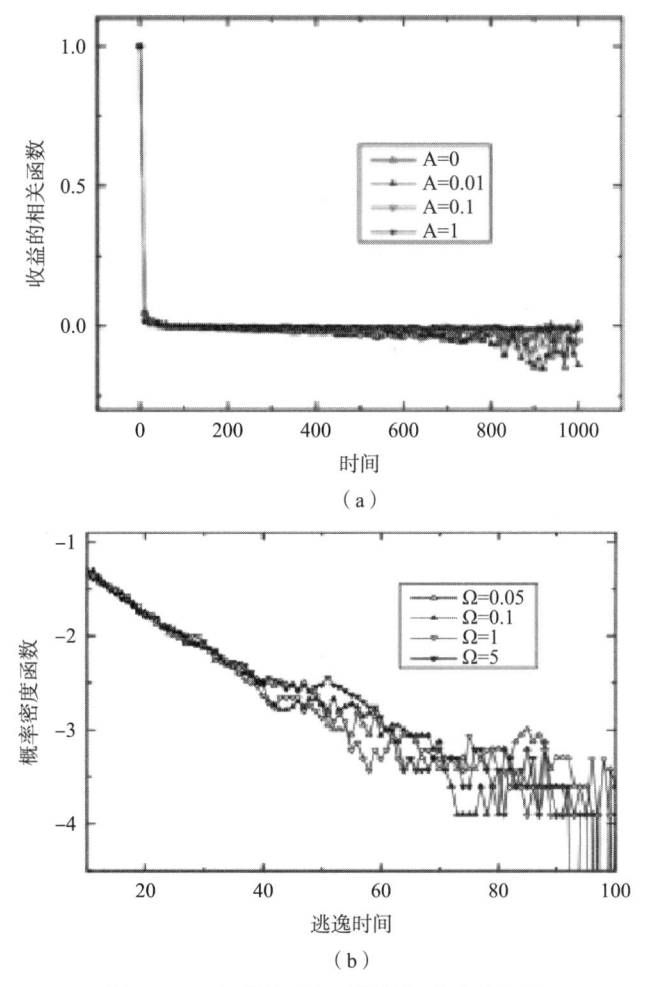

图 7-26 收益的逃逸时间的概率密度函数

注：收益的逃逸时间的概率密度函数（PDF of the escape time）。$\lambda=-0.9$，$a=20$，$b=0.01$，$c=2.4$，（a）中取 $\Omega=0.05$，（b）中 $A=1$。

总之，我们利用赫斯特模型，建立了外部周期信息驱动的股票价格崩盘动力学模型，在股票价格崩盘的情况下，分析了外部周期信息对股票价格稳定性的影响。在对平均逃逸时间（MET）模拟之后，发现：（1）外部周期信息振幅的变化，会诱导以波动的平均恢复或者初始位置为自变量的 MET 函数出现最值特征，并且增强这个极值；（2）外部周期信息的振幅或者频率都存在一个临界值最大地增强股票价格稳定性。此外，与前文中其他学者的研究文献的比较之中，可知我们的模型得到的统计特征和实际金融市场得到的结果是吻合的。

第八章

金融系统中的随机共振

图 8-1 (a) 是我们在股市中任意选取的一只股票的某个时间段的日交易图。从图中我们发现股票价格有两种基本的形态,一个是横向运动,一个是价格暴涨或者暴跌。而这两种运动形态,则可以由图 8-1 (b) 的两种同步来解释[1]。当价格运动与投资者的预期相反的时候,价格运动和投资者代表的随机运动处于逆同步,相互作用的结果使得价格处于横向运动,来巩固价格,积蓄能量;反之,当价格运动与投资者的预期相同的时候,价格运动和投资者随机投资行为处于同步状态,此时价格处于暴涨或者暴跌运动。而且这两种价格运动是周期性出现的。基于这样的思考,我们认为股票价格中必然含有周期性质、随机共振和逆共振现象。因此本章中,我们接下来分析股票价格的随机共振现象。

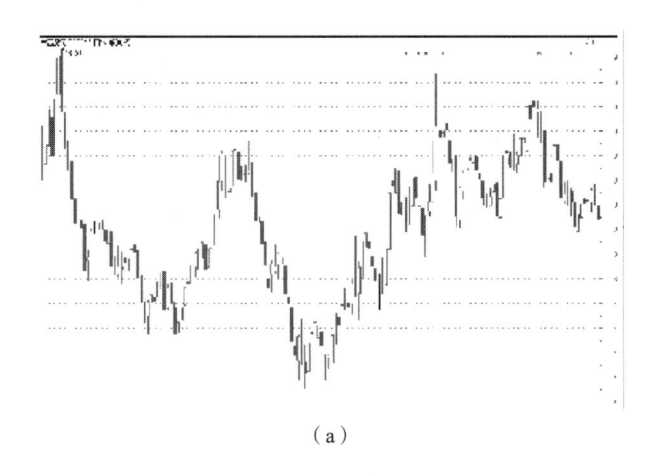

(a)

---

[1] Kim, Chil Min, et al. Anti-synchronization of chaotic oscillators [J]. Physics Letters A 320. 1 (2003): 39-46.

（b）

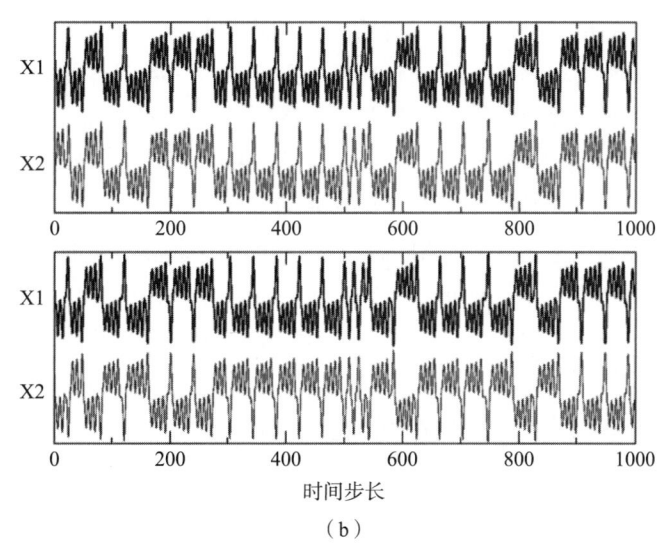

图 8-1 取自股票 300046 的 2013 年的日 K 线图
（a）和同步和逆同步特征（b）

第一节 股票市场共振

每一个金融市场都是金融系统的一个组成部分，而且市场周围充斥着的诸多经济集团和行政组织，会产生各种各样的外部周期信息来影响或者试图影响投资者。随之而来的股票价格也必然受到外部周期信息的作用，而且由前面的叙述可知，外部周期信息对金融系统的驱动作用是不可忽视的。与此同时，金融系统也将会受到金融市场内在的经济周期驱动，每一只股票也会受到股票所对应的实体公司的经济周期的内部周期信息的驱动，而且这种影响往往是难以忽略的。经济周期所对应的内部周期信息可分为四个阶段：

（1）繁荣，也就是国民经济总量和生产产品的数量上升、物价上涨，和伴随着的低利率等特征；

（2）危机，股票交易崩盘、大量实体经济破产等；

（3）萧条，也就是需求严重不足、生产相对严重过剩、销售量下降、价格低落、高利率等；

（4）复苏，也就是物价、收入和股市等得到巩固和恢复。

大到一个国家小到一个公司，它们的发展都会受到自身的和整体的经济周期的冲击和影响。所以，内部经济周期的作用是不可忽视的，也是被广泛讨论的，如，在对经济中的房地产市场（Barras，1994）[1]、国家高速公路基础建设费用（Ho，2008）[2]、世界交易网络（Li et al.，2003）[3]、时间连续变化的经济学模型（Mitchell & Ackland，2009）[4]、收入分布（Moura & Ribeiro，2009）[5] 和涨落耗散理论（Iyetomi et al.，2011）[6] 等问题的研究中，可发现内部周期信息的作用是难以忽视的。因而，外部和内部周期信息对金融市场的作用是值得被分析的。

一、动力学模型

赫斯特模型中第一个方程中的随机项 $d\xi(t)$ 可以被认为是外部环境对股票价格的干涉作用项。因而当外部周期信息的作用不可忽视的时候，$d\xi(t)$ 项必然也会受到外部周期信息的作用。如果仅考虑价格受到外部信息的作用，则随机项 $d\xi(t)$ 项中可以被认为含有周期作用，而被近似地分为两个部分：外部（乘性）周期信息 $A\sin(\Omega t) dt$ 和 Wiener 过程 $d\xi'(t)$，也就是，$d\xi(t) = A\sin(\Omega t) dt + d\xi'(t)$，其中 A 是外部周期信息的振幅，而 Ω 是频率。同样考虑到内部（加性）周期信息的作用，则可知经济周期必然会周期性地影响和驱动着增长率 μ 的变化。因而，μ 也可以理解为由内部周期信息 $A_e\cos(\Omega_e t + \phi_e)$ 和经济增长率 μ_e 的合力，也就是，$\mu = \mu_e + A_e\cos(\Omega_e t + \phi_e)$，其中 A_e 是内部周期信息的振幅，Ω_e 是频率，ϕ_e 则为外部和内部周期信息间的相位差。因此，赫斯特模型可变为（Li & Mei，2013）[7]：

$$dx(t) = \left[\mu_e + A_e\cos(\Omega_e t + \phi_e) - \frac{v(t)}{2}\right]dt + \sqrt{v(t)}A\sin(\Omega t)dt + \sqrt{v(t)}d\xi'(t)$$

---

[1] Barras R. Property and the Economic Cycle：Building Cycles Revisited [J]. Journal of Property Research，1994（11）：183 – 197.

[2] Ho T. K. State Highway Capital Expenditure and the Economic Cycle [J]. International Journal of Public Administration，2008（31）：101 – 116.

[3] Li X.，Jin Y. Y.，Chen G. R. Complexity and Synchronization of the World Trade Web [J]. Physica A，2003（328）：287 – 296.

[4] Mitchell L.，Ackland G. J. Boom and Bust in Continuous Time Evolving Economic Model [J]. European Physical Journal B，2009（70）：567 – 573.

[5] Moura N. J.，Ribeiro M. B. Evidence for the Gompertz curve in the income distribution of Brazil 1978 – 2005 [J]. European Physical Journal B，2009，67（1）：101 – 120.

[6] Iyetomi H.，Nakayama Y.，Aoyama H.，et al. Fluctuation – Dissipation Theory of Input – Output Interindustrial Relations [J]. Physical Review E，2011（83）：016103.

[7] Li J. C.，Mei D. C. Reverse Resonance in Stock Prices of Financial System with Periodic Information [J]. Physical Review E，2013（88）：012811.

$$dv(t) = a(b - v(t))dt + c\sqrt{v(t)}d\eta(t) \qquad (8-1)$$

而 ξ′(t) 和 η(t) 是关联的 Wiener 进程，且有如下的统计特征：

$$\langle d\xi'(t) \rangle = \langle d\eta(t) \rangle = 0$$

$$\langle d\xi'(t)d\xi'(t') \rangle = \langle d\eta(t)d\eta(t') \rangle = \delta(t-t')dt$$

$$\langle d\xi'(t)d\eta(t') \rangle = \langle d\eta(t)d\xi'(t') \rangle = \lambda\delta(t-t')dt \qquad (8-2)$$

其中 λ 是 ξ′(t) 和 η(t) 的交叉关联系数，其余参量和赫斯特模型一样。另 x(t) 取代 r(t) + μ_e t，则方程（8-1）变化为：

$$dx(t) = \left[A_e \cos(\Omega_e t + \phi_e) - \frac{v(t)}{2} \right]dt + \sqrt{v(t)}A\sin(\Omega t)dt + \sqrt{v(t)}d\xi'(t)$$

$$dv(t) = a(b-v(t))dt + c\sqrt{v(t)}d\eta(t) \qquad (8-3)$$

二、信号增益

为了定量地描述随机共振现象，诸多学者采用了信噪比、信号功率谱增益（SPA）和驻留时间分布等理论计算随机共振的强弱。在本书中我们更多地关注于市场中的涨落对股票价格放大和削弱的研究，因为我们研究的动力学方程一般都没有解析，只能利用数值模拟方法计算，因而，为了研究金融系统 [方程（8-3）] 中的随机共振现象，我们采用信号功率谱增益 [方程（8-4）] 来描述金融系统的随机共振现象。

$$\eta = 4A^{-2} | \langle e^{i\Omega t}X(t) \rangle | \qquad (8-4)$$

其中 X(t) 通过随机轨道 x(t) 的系统平均得到。利用 forward Euler 算法，我们先得到 x(t) 的随机轨道。在对 X(t) 做快速傅里叶变化后，得到输出的谱函数的第一个峰值后在由方程（8-4）计算得到信号功率谱增益的值 η。

在利用方程（8-4）和方程（8-3）后，计算模拟得到信号功率谱增益的值 η。而在下列图像的数值模拟中，考虑到相对稳定的金融系统（Bonanno et al., 2007; Bonanno et al., 2006）[①]，我们选择参量 a = 2，b = 0.05，c = 1；在由后面的比较可以知道，模型在小的信息作用下，与丹尼尔、德莱古列斯库、雅科文科、约瑟夫和席尔瓦等人研究文献（Silva & Yakovenko, 2003; Drăgulescu & Yakovenko, 2002; Daniel et al., 2005; Joseph

---

① Bonanno G., Valenti D., Spagnolo B. Mean Escape Time in a System with Stochastic Volatility [J]. Physical Review E, 2007 (75): 016106; Bonanno G., Valenti D., Spagnolo B. Role of Noise in a Market Model with Stochastic Volatility [J]. European Physical Journal B, 2006 (53): 405-409.

et al.，2003）[①]（见图 8 - 10）的结果较为吻合，我们选择 A = 0.05，Ω = 0.05，A_e = 0.05，$Ω_e$ = 0.05。在对 SPA 数值模拟之后，我们分别讨论了外部和内部周期信息驱动的金融系统的随机共振行为。

（一）外部周期信息

当仅仅考虑外部周期信息的作用（A_e = 0.0）时，方程（8 - 3）变为：

$$dx(t) = -\frac{v(t)}{2}dt + A\sqrt{v(t)}\sin(\Omega t)dt + \sqrt{v(t)}d\xi'(t)$$

$$dv(t) = a(b - v(t))dt + c\sqrt{v(t)}d\eta(t) \quad (8-5)$$

之后利用方程（8 - 4）和方程（8 - 5），计算得到 SPA 的值 η 表示在下列的图形中。

不同关联强度 λ 的信号功率增益 SPAη 关于平均恢复 a、长期方差 b 和波动涨落的振幅 c 的函数图像分别画在图 8 - 2（a）、（b）和（c）中。图 8 - 2（a）显示，在非正的 λ 时，SPA 随着 a 的增大而减小，但是，当正的 λ 时，η - a 曲线显示出一个最小值的结构，这也就是逆共振现象（Jing - Hui & Han，2007；Li，2010；Du & Mei，2011）[②]。图 8 - 2（b）表明，当 λ 为非正的时候，SPA 随着 b 的增大而增大，但是，在正的 λ 时，η - b 曲线也表现出一个最小值的特征。同时，图 8 - 2（a）[或（b）]中的最小值，随着 λ 的增加而增加，且往较小的 a（或较大的 b）移动。图 8 - 2（c）指明了，在 λ 为非正的时候，随着 c 的增大，SPA 光滑地增大，但是，在正的 λ 时，η - c 曲线先展现了一个最小值的结构，后分裂为两个最小值（也就是，双逆共振现象），而且两个最小值随着 λ 的增大，在彼此远离对方。从前面的描述中，可知，SPA 作为 a、b 和 c 的函数时，表现出逆共振现象。其中特别是，随着 λ

[①] Silva A. C., Yakovenko V. M. Comparison between the Probability Distribution of Returns in the Heston Model and Empirical Data for Stock Indexes [J]. Physica A, 2003 (324): 303 - 310; Drăgulescu A. A., Yakovenko V. M. Probability Distribution of Returns in the Heston Model with Stochastic Volatility [J]. Quantitative Finance, 2002 (2): 443 - 453; Daniel G., Joseph N. L., Bree D. S. Stochastic Volatility and the Goodness-of - Fit of the Heston Model [J]. Quantitative Finance, 2005 (5): 199 - 211; Joseph N. L., Daniel G., Bree D. S. Goodness-of - Fit of the Heston Model [J]. Computing in Economics and Finance, 2003: 199 - 211.

[②] Jing - Hui L., Han Y. X. Resonance, Multi - Resonance, and Reverse - Resonance Induced by Multiplicative Dichotomous Noise [J]. Communications in Theoretical Physics, 2007 (48): 605 - 609; Li J. H. Stochastic Resonance, Reverse - Resonance, and Resonant Activation Induced by a Multi - State Noise [J]. Physica A, 2010 (389): 7 - 18; Du L. C., Mei D. C. Stochastic Resonance, Reverse - Resonance and Stochastic Multi - Resonance in an Underdamped Quartic Double - Well Potential with Noise and Delay [J]. Physica A, 2011 (390): 3262 - 3266.

的增大，SPA 作为 c 的函数时，表现出双逆共振现象。这也就是说，存在在最佳的 a、b 和 c 使得外部周期信息在市场中传递的时候对金融市场输出的作用最小。

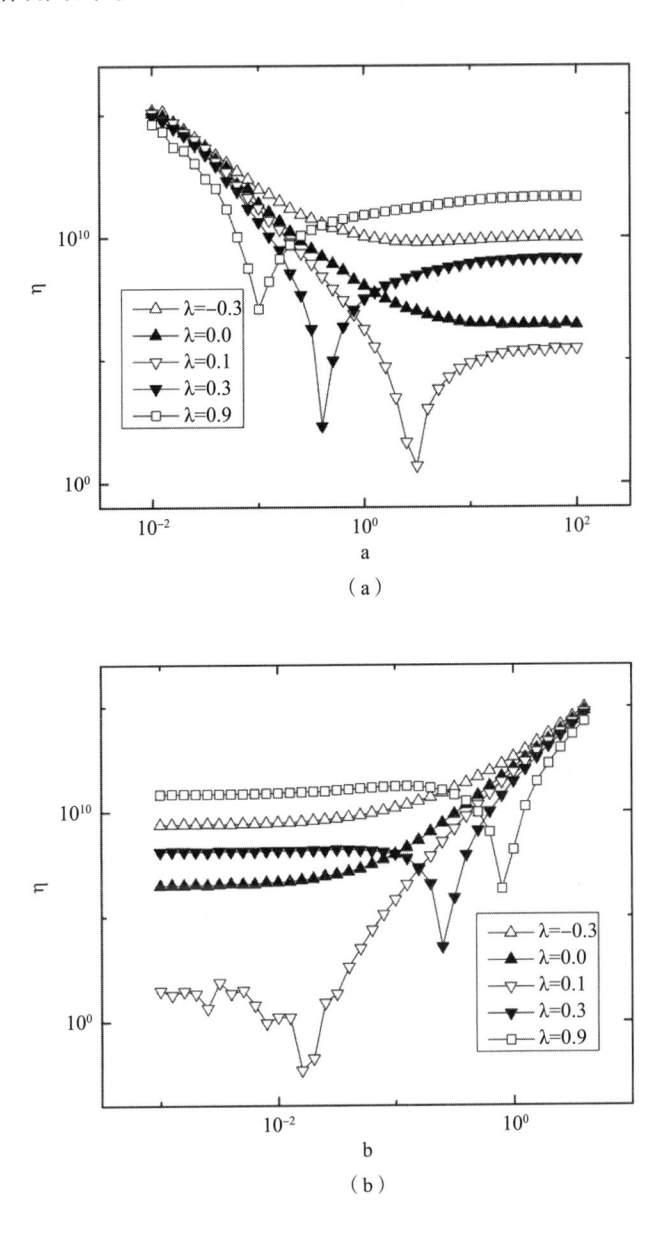

(a)

(b)

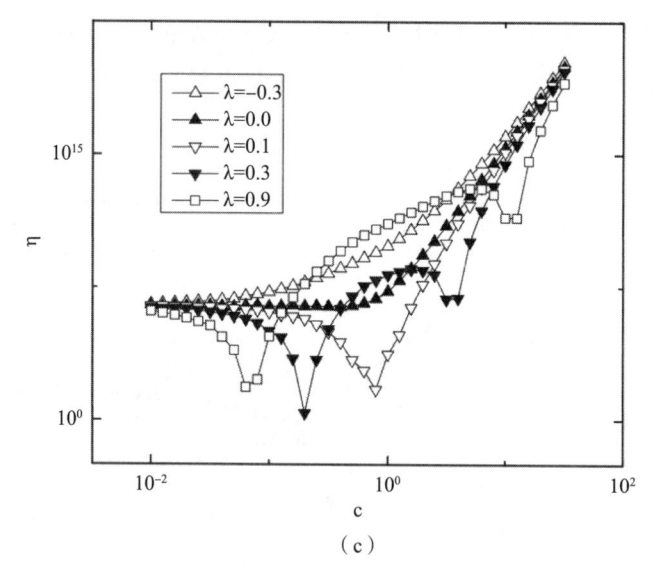

(c)

图 8-2 信号功率谱增益（η）的函数

从经济学角度可知，增加的平均恢复速率 a 会减少外部周期信息对股票价格的作用时间。b 和 c 的增加会提高股票价格的波动，高波动的股票也就是意味着容易被投资者放大外部周期信息的作用。因而，图 8-2 中的单调行为时和实际的金融市场运行相吻合的。从物理学角度可知，噪声可表现为两种作用（Li & Han, 2007; Li, 2010; Du & Mei, 2011）[①]：加强布朗粒子的运动和减弱布朗粒子的活性。由上文叙述可以知道，当输入信息的频率和系统的固有频率临近的时候，系统的固有运动的时间序列和噪声的时间序列正好表现出同步或者逆同步的时候，随之而来的随机共振或者逆共振也将被分别诱导。相似地，投资者的行为可以在金融市场中理解为噪声的作用，故而也有着两种作用：投资者放大信息（极度贪婪或恐惧心理）和投资者缩小信息的作用（相对理性的认知）。随着 a，b，c 的变化，金融市场中的股票的固有频率趋近于外部周期信息的频率（$\Omega = 0.05$），这时，"好的"和"坏的"信息和股票价格的下跌和上涨同步，则前面图 8-2 中的逆共振现

---

① Jing-Hui Li, Han Y. X. Resonance, Multi-Resonance, and Reverse-Resonance Induced by Multiplicative Dichotomous Noise [J]. 理论物理, 2007 (48): 605-609; Li J. H. Stochastic Resonance, Reverse-Resonance, and Resonant Activation Induced by a Multi-State Noise [J]. Physica A, 2010 (389): 7-18; Du L. C., Mei D. C. Stochastic Resonance, Reverse-Resonance and Stochastic Multi-Resonance in an Underdamped Quartic Double-Well Potential with Noise and Delay [J]. Physica A, 2011 (390): 3262-3266.

象就被诱导。其中的股票价格的固有频率可以由德莱古列斯库和雅科文科的研究文献（Drăgulescu & Yakovenko, 2002）①中方程（20）得到。所以图 8-2 中的逆共振行为，可理解为是由金融系统中的随机时间标度和外部周期信息的确定性时间标度间的逆同步所引起的。特别是图 8-2（c）中的双逆共振表现在波动较高和较低的区域。除了逆同步引发的原因外，还因为，投资者所追求的风险和收益的一些特定的股票特征而诱发的，如，低波动区域的相对风险而言收益更低的股票和高波动区域的高风险及低收益的股票等，对投资者的吸引将相对较弱。与此同时，博南诺等人 2006 年文献（Bonanno et al., 2006）②的图 4（b）显示了 λ 的增大会对应着股票价格波动的减小。当股票的固有频率和外部周期信息频率（$\Omega = 0.05$）锁定时，λ 的增加必将对应着 a 的减少和 b 或 c 的变大，才能使得频率值不变，因此图 8-2 中逆共振的最低点的移动是合理的。

为了分析外部周期信息对 SPA 的作用，不同的关联强度（λ）下，（a）中为信号功率增益值频率（SPAη - Ω）曲线，（b）中为信号功率增益值振幅曲线（SPAη - A）的结果表示在图 8-3 中。在负的 λ 情况下，随着 Ω [图 8-3（a）] 和 A [图 8-3（b）] 的增大，η 单调递减。随着 λ 变大，在（a）和（b）的 SPA 都展现了一个最小值。从经济学上理解，Ω 的增大会减小"好的"和"坏的"信息对投资者的单次作用时间，自然而然，投资者对信息的放大活动也会减弱，这和图 8-3（a）中单调递减的行为时吻合的。而图 8-3（a）中表现的逆共振现象，则源自变化的 Ω 趋近于系统的固有特征的时候的逆同步。对于信息驱动频率的共振现象，也发现于一些物理系统中（Du & Mei, 2011; Long et al., 2012）③。A 的变大，则暗示着，信息作用的范围也将会变广，也即是说，投资者的信息不对称性的降低，这必然使得投资者对信息放大的作用减弱，这样的行为正好和图 8-3（b）中单调递减的行为时吻合的。当信息频率 Ω 固定在某些值的时候，信息强度的增强会作用于投资者，最终使得股票价格的波动发生变化，也即

---

① Drăgulescu A. A., Yakovenko V. M. Probability Distribution of Returns in the Heston Model with Stochastic Volatility [J]. Quantitative Finance, 2002（2）：443 - 453.

② Bonanno G., Valenti D., Spagnolo B. Role of Noise in a Market Model with Stochastic Volatility [J]. European Physical Journal B, 2006（53）：405 - 409.

③ Du L. C., Mei D. C. Stochastic Resonance, Reverse - Resonance and Stochastic Multi - Resonance in an Underdamped Quartic Double - Well Potential with Noise and Delay [J]. Physica A, 2011（390）：3262 - 3266; Long F., Guo W., Mei D. C. Stochastic Resonance Induced by Bounded Noise and Periodic Signal in an Asymmetric Bistable System [J]. Physica A, 2012（391）：5305 - 5310.

是，原来股票价格的固有频率被改变，因而图 8-3（b）中表现的非单调行为是合乎实际的。相似的行为也可以在杜、梅、荣格和哈吉（Du & Mei, 2011；Jung & Hanggi, 1991）[①] 等文献中发现。

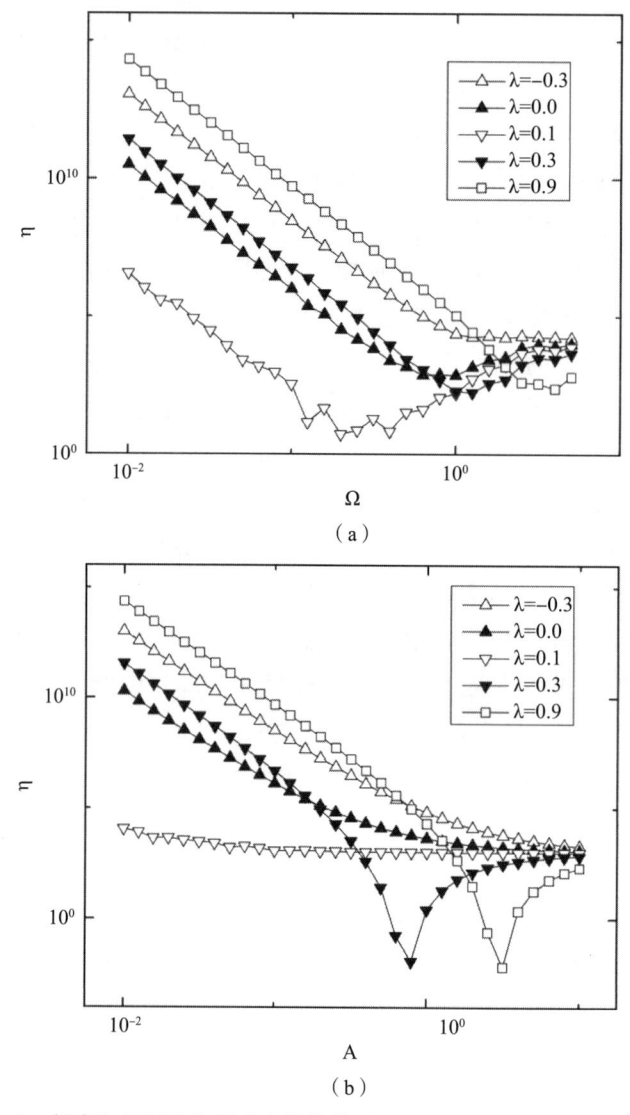

图 8-3 频率和振幅的信号功率增益值（SPAη-Ω 和 SPAη-A）曲线

---

① Du L. C., Mei D. C. Stochastic Resonance, Reverse-Resonance and Stochastic Multi-Resonance in an Underdamped Quartic Double-Well Potential with Noise and Delay [J]. Physica A, 2011 (390)：3262-3266；Jung P., Hanggi P. Amplification of Small Signals Via Stochastic Resonance [J]. Physical Review A, 1991 (44)：8032-8042.

为了分析外部周期信息对 SPA 的作用，其结果表示在图 8-3 中。在负的 λ 情况下，随着 Ω ［图 8-3（a）］和 A ［图 8-3（b）］的增大，η 单调递减。随着 λ 变大，在（a）和（b）的 SPA 都展现了一个最小值。从经济学上理解，Ω 的增大会减小"好的"和"坏的"信息对投资者的单次作用时间，自然而然，投资者对信息的放大活动也会减弱，这和图 8-3（a）中单调递减的行为时吻合的。而图 8-3（a）中表现的逆共振现象，则源自变化的 Ω 趋近于系统的固有特征的时候的逆同步。对于信息驱动频率的共振现象，也发现于一些物理系统中（Du & Mei, 2011; Long et al., 2012）[①]。A 的变大，则暗示着，信息作用的范围也将会变广，也即是说，投资者的信息不对称性的降低，这必然使得投资者对信息放大的作用减弱，这样的行为正好和图 8-3（b）中单调递减的行为时吻合的。当信息频率 Ω 固定在某些值的时候，信息强度的增强会作用于投资者，最终使得股票价格的波动发生变化，也即是，原来股票价格的固有频率被改变，因而图 8-3（b）中表现的非单调行为是合乎实际的。相似的行为也可以在杜、梅、荣格和哈吉等文献（Du & Mei, 2011; Jung & Hanggi, 1991）[②] 中发现。

为了理解 λ 对随机共振的详细作用，我们把其结果画在图 8-4 和图 8-5 中。图 8-4 中呈现了信号功率谱增益的值（SPAη）作为关联强度（λ）的函数，图 8-4（a）取了不同的 a；图 8-4（b）取了不同的 b；图 8-4（c）取了不同的 c。图 8-5 中呈现了信号功率谱增益的值（SPAη）作为关联强度（λ）的函数，图 8-5（a）取了不同的 Ω；图 8-5（b）取了不同的振幅 A。而且还可观察到两组图中 η-λ 曲线都呈现了一个最小值，即是，逆共振现象。在图 8-4（a）中，随着 a 变大，η-λ 曲线的最小值移动到较小的 λ 区域，且其值先减小后增加。在图 8-4（b）中，随着 b 变大，最小值也是先减小后增大，且移动到较大的 λ 区域。而在图 8-4（c）中，随着 c 变大，最小值在变大，且先移动到较小的 λ 区域，后移动到较大的 λ 区域。同样可发现，随着 Ω ［图 8-5（a）］或者 A ［图 8-5（b）］增

[①] Du L. C., Mei D. C. Stochastic Resonance, Reverse-Resonance and Stochastic Multi-Resonance in an Underdamped Quartic Double-Well Potential with Noise and Delay [J]. Physica A, 2011 (390): 3262-3266; Long F., Guo W., Mei D. C. Stochastic Resonance Induced by Bounded Noise and Periodic Signal in an Asymmetric Bistable System [J]. Physica A, 2012 (391): 5305-5310.

[②] Du L. C., Mei D. C. Stochastic Resonance, Reverse-Resonance and Stochastic Multi-Resonance in an Underdamped Quartic Double-Well Potential with Noise and Delay [J]. Physica A, 2011 (390): 3262-3266; Jung P., Hanggi P. Amplification of Small Signals Via Stochastic Resonance [J]. Physical Review A, 1991 (44): 8032-8042.

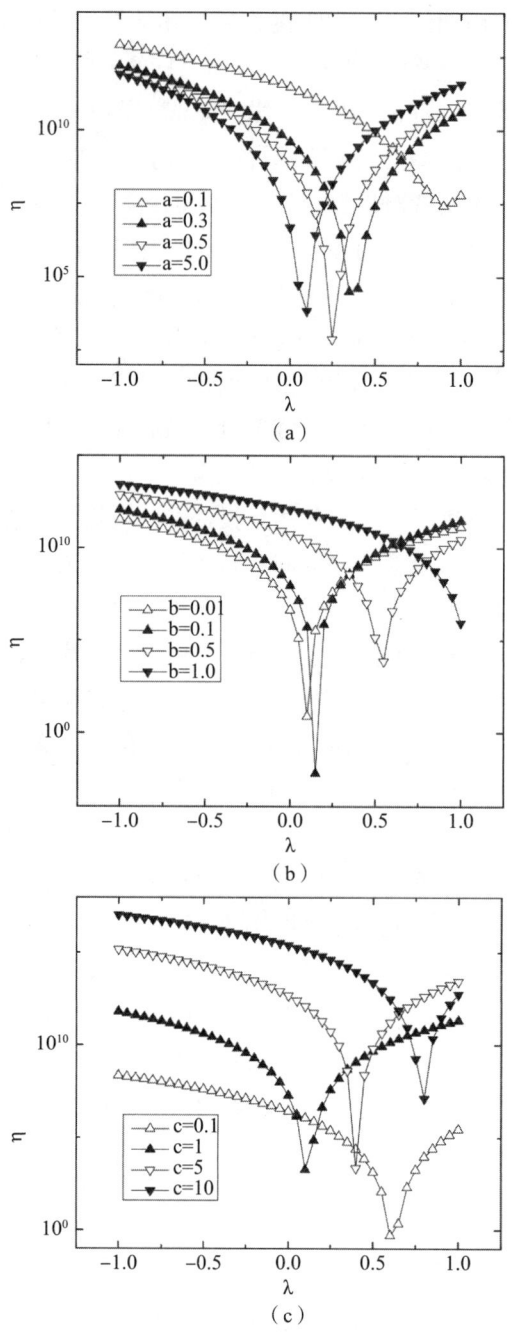

图 8-4 关联强度（λ）的信号功率谱增益（SPAη）

大，最小值先减小后增大。由前面的叙述可知，增加的 λ 对应着低的价格波动，最终诱导 SPA 的单调递减行为。而逆共振的出现，可以从图 8-2 的分析中找到原因。此外，在图 8-2～图 8-5 中可发现，正的关联容易造成逆共振，同时在图 8-4 和图 8-5 中可知，逆共振也易发生在正的关联区域。这是因为，除了逆同步的原因外，正的关联与低的价格波动（Bonanno et al.，2006）[①] 和正的益偏态（Heston，1993；Mantegna & Stanley，1996；Liu et al.，1999；Raberto et al.，1999）[②] 相关。而对于低波动和正的价格收益相关的低风险高收益的股票，信息对理性投资者的作用会相对减弱。最后，因为同步时信息的频率（$\Omega=0.05$）和股票价格的固有频率相互锁定，故而逆共振的最低点的会随着参数的变化而移动。

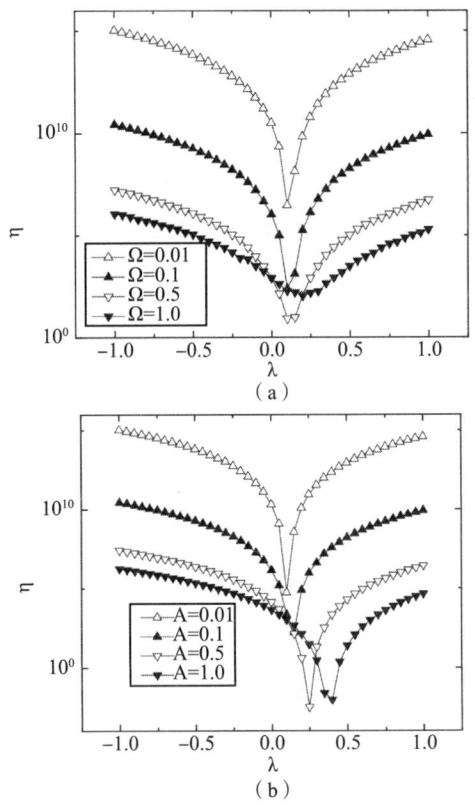

图 8-5　不同周期信息下关联强度（λ）的信号功率谱增益（SPAη）

[①] Bonanno G., Valenti D., Spagnolo B. Role of Noise in a Market Model with Stochastic Volatility [J]. European Physical Journal B, 2006 (53): 405-409.

[②] Heston S. L. A Closed-Form Solution for Options with Stochastic Volatility with Applications to Bond and Currency Options [J]. Review of Financial Studies, 1993 (6): 327-343; Mantegna R. N., Stanley H. E. Turbulence and Financial Markets [J]. Nature, 1996 (383): 587-588; Liu Y., Gopikrishnan P., Cizeau P., et al. Statistical Properties of the Volatility of Price Fluctuations [J]. Physical Review E, 1999 (60): 1390-400; Raberto M., Scalas E., Cuniberti G., et al. Volatility in the Italian Stock Market: An Empirical Study [J]. Physica A, 1999 (269): 148-155.

(二) 内部周期信息

仅考虑内部周期信息的作用（A = 0.0）时，方程（8-3）变为：

$$dx(t) = \left[A_e\cos(\Omega_e t) - \frac{\nu(t)}{2}\right]dt + \sqrt{\nu(t)}d\xi(t)$$

$$d\nu(t) = a(b - \nu(t))dt + c\sqrt{\nu(t)}d\eta(t) \qquad (8-6)$$

之后利用方程（8-4）和方程（8-6），计算得到 SPA 的值 η 表示在下列的图形中。

为了和图 8-2 比较，价格波动对随机共振现象的作用，在内部周期信息驱动下，不同的关联强度（λ）的信号功率谱增益（η）的函数结果刻画在图 8-6 中。我们也能发现：当 $\lambda \leq 0$ 时，分别在图 8-6（a）、图 8-6（b）和图 8-6（c）中，单调递减的 SPA 对应着 a 的减少、b 和 c 的增加。而当 $\lambda > 0$ 时，一个逆共振现象呈现在图 8-6（a）和（b）中，而双逆共振现象呈现在图 8-6（c）中。由图 8-2 和图 8-6 可知，无论外部还是内部周期信息驱动下，波动参量对随机共振现象的作用表现出相同的特征。与此同时，从图 8-2 中可以相似地理解图 8-6 的单调和非单调的行为。特别是逆共振现象也是源自股票价格的固有频率和其所对应的实体公司的内部经济周期信息临近时候诱发的逆同步，换句话说，股票的上涨和下跌与本身所对公司的衰退和繁荣相互对应的这样的逆同步。

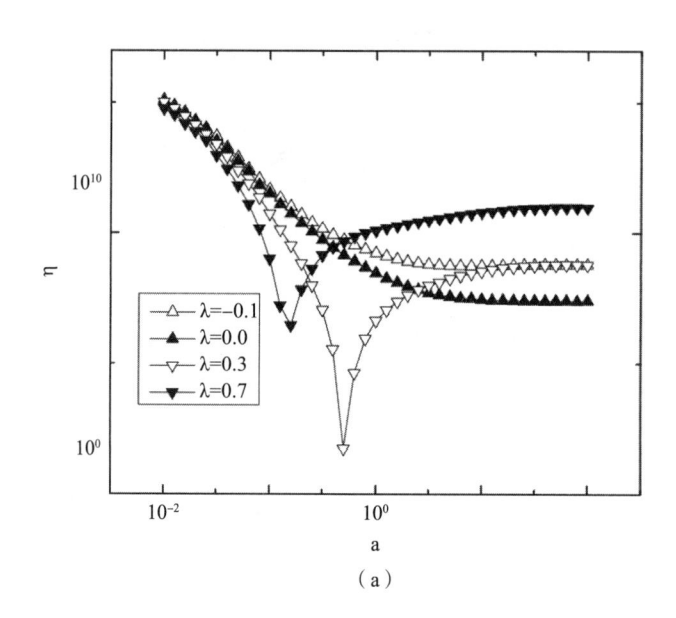

(a)

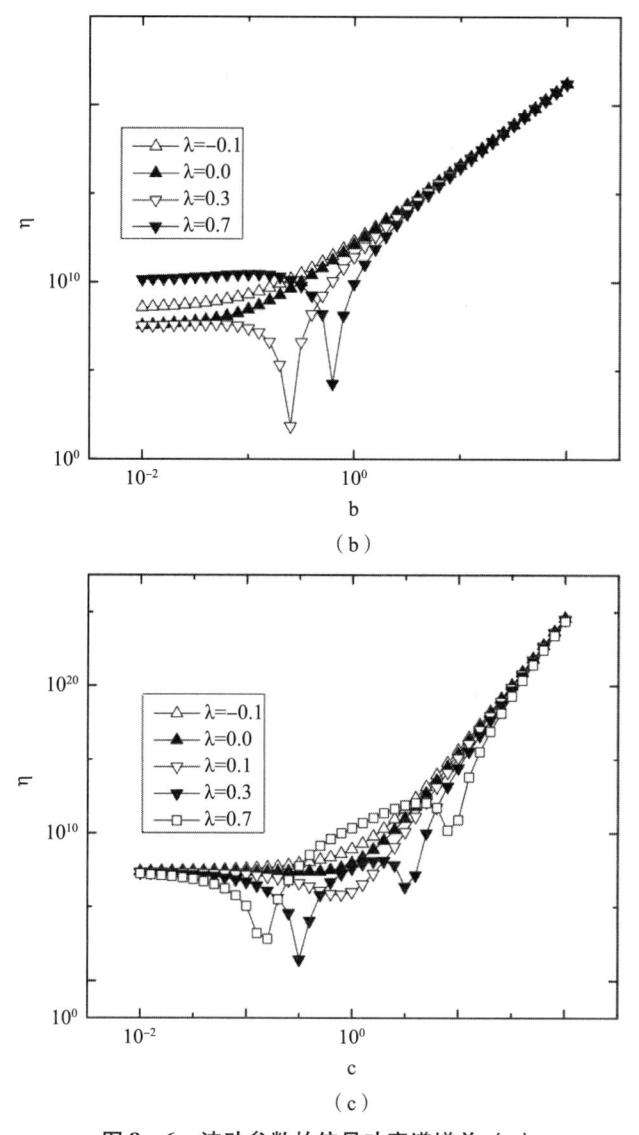

图 8-6 波动参数的信号功率谱增益（η）

接下来为了与图 8-3 比较，我们呈现了内部周期信息对随机共振现象的作用。不同的关联强度（λ）下，（a）中为信号功率增益的值与频率（SPAη-Ω_e）曲线，（b）中为号功率增益的值与振幅（SPAη-A_e）曲线，结果呈现在图 8-7 中，在以 A_e 或 Ω_e 为自变量的 SPA 函数中也发现逆共振现象。很明显，图中的单调和非单调的行为时和图 8-3 一样的，而关于这些行为的原因，同样可以在前面叙述中发现详细的说明。

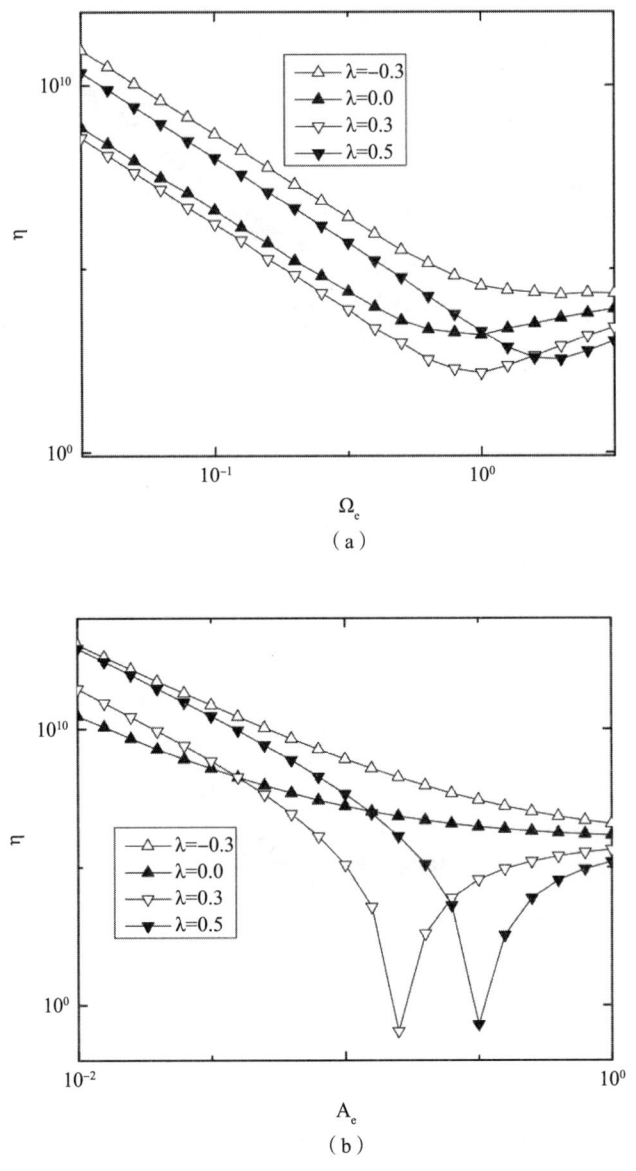

图 8-7 频率和振幅的信号功率增益（SPAη - Ω_e 和 SPAη - A_e）曲线

为了理解 λ 在内部周期信息驱动时对随机共振的作用，我们把结果表示在图 8-8 ~ 图 8-9 中。图 8-8 中呈现了信号功率增益普增益的值（SPAη）作为关联强度（λ）的函数，（a）取了不同的 a；（b）取了不同的 b；（c）取了不同的 c。图 8-9 中呈现了信号功率增益普增益的值（SPAη）作为关联强度（λ）的函数，（a）取了不同的 Ω_e；（b）取了不同的 A_e。与

图 8-4~图 8-7 比较，可以在图 8-8、图 8-9 中发现 η-λ 曲线同样呈现一个逆共振现象。而关于图中的单调行为、逆向共振现象和最小值的移动等原因，前面已经详细叙述和讨论。

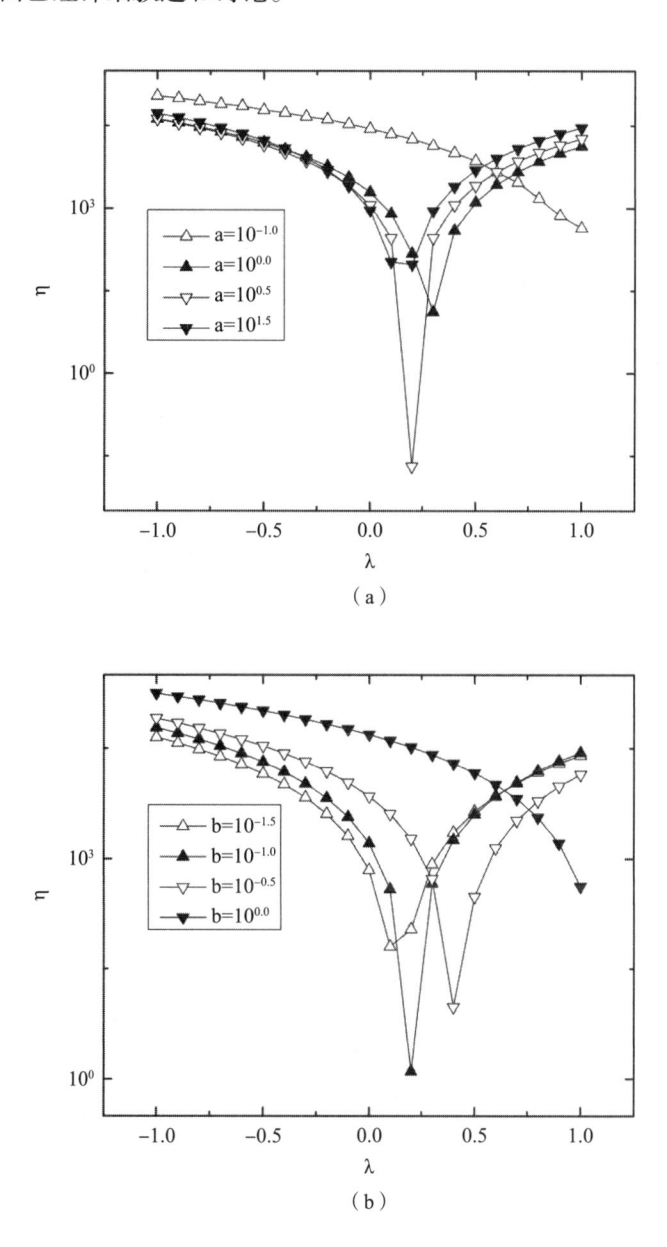

(a)

(b)

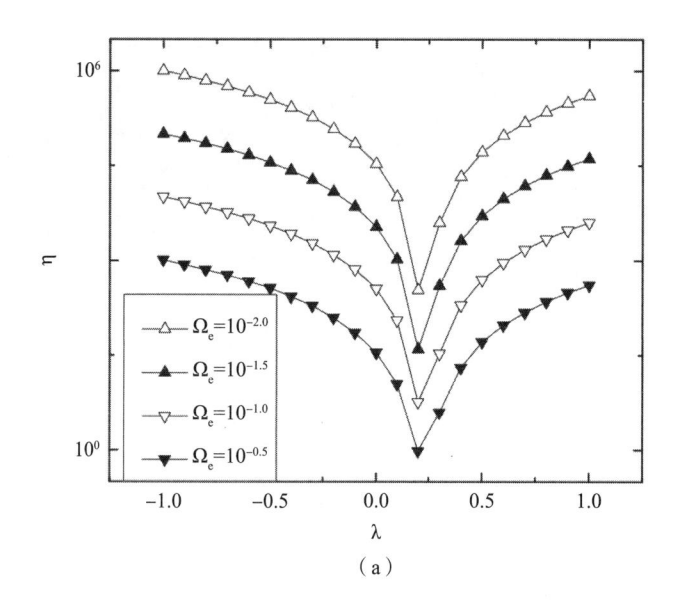

(c)

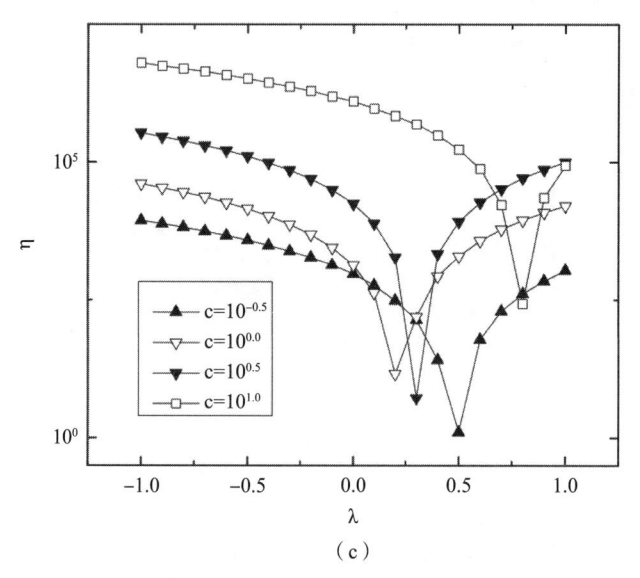

图 8-8 关联强度（λ）的信号功率增益普增益的值（SPAη）

(a)

(b)

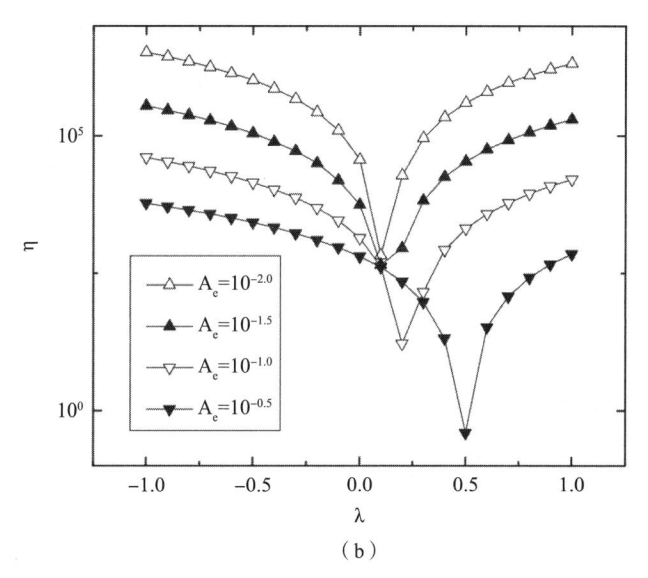

图 8-9 内部周期信息下信号关联强度（λ）的功率增益普增益的值（SPAη）

三、模型验证

接下来为了验证前面叙述模型 [方程 (8-3)] 的合理性，我们采用前面类似的方法，计算出方程 (8-2) 和方程 (8-3) 随机模拟得到的价格收益 Δx 的概率密度函数 PDF。我们参考席尔瓦等人研究文献（Silva $et\ al.$, 2004）[1] 中的参量，用时间步长 $\Delta t = 0.01$ 作为一个交易的周期，用来描述一个交易日，而且，因德莱古列斯库和雅科文科 2002 年研究文献（Drăgulescu & Yakovenko, 2002）[2] 中对 1982~2001 年 Dow-Jones 数据处理中得到一年大约有 252.5 个交易日，最终取得 $\lambda = 0.0$，$a = 24/2.525$，$b = 0.02/2.525$，$c = 0.94/2.525$。随后数值模拟得到收益的 PDF 结果画在图 8-10~图 8-12 中。

多个交易时间下，不同周期信息影响的收益的概率密度函数被呈现在图 8-10 中。图 8-10 中呈现了不同交易时间的价格收益 Δx 的概率密度函数 (PDF) (PDF-Δx) 曲线，其中图 (a) 为 $A = 0$ 和 $A_e = 0$；图 (b) 为 $A = 0.05$，$\Omega = 0.05$ 和 $A_e = 0$；图 (c) 为 $A_e = 0.05$，$\Omega_e = 0.05$ 和 $A = 0$。当没有周期信息（$A = 0$ 和 $A_e = 0$）的时候，图 8-10

---

[1] Silva A. C., Prange R. E., Yakovenko V. M. Exponential Distribution of Financial Returns at Mesoscopic Time Lags: A New Stylized Fact [J]. Physica A, 2004 (344): 227-235.

[2] Drăgulescu A. A., Yakovenko V. M. Probability Distribution of Returns in the Heston Model with Stochastic Volatility [J]. Quantitative Finance, 2002 (2): 443-453.

(a) 所刻画的结果与 2002 年德莱古列斯库和雅科文科及 2003 年席尔瓦和雅科文科研究文献（Silva & Yakovenko，2003；Drăgulescu & Yakovenko，2002）①中的图 2 和丹尼尔等人及约瑟夫等人文献（Daniel et al.，2005；Joseph et al.，2003）②中的图 1 是一样的。图 8-10（b）或（c）呈现了小的外部和内部周期信息作用下的 PDF，可发现和图 8-10（a）是吻合的，且难以从视觉上区分三个图的差异。故为了定量的比较图 8-10（a）和图 8-10（b）[或图 8-10（c）]的差异，在表 8-1 中，我们取了 2005 年丹尼尔等人及 2003 年约瑟夫等人研究（Daniel et al.，2005；Joseph et al.，2003）中 1982~2001 年道琼斯（Dow-Jones）数据的峰态和计算得出图 8-10（a）[（b）或（c）]在不同交易时间下的峰态，并比较了两类方法的峰态结果。

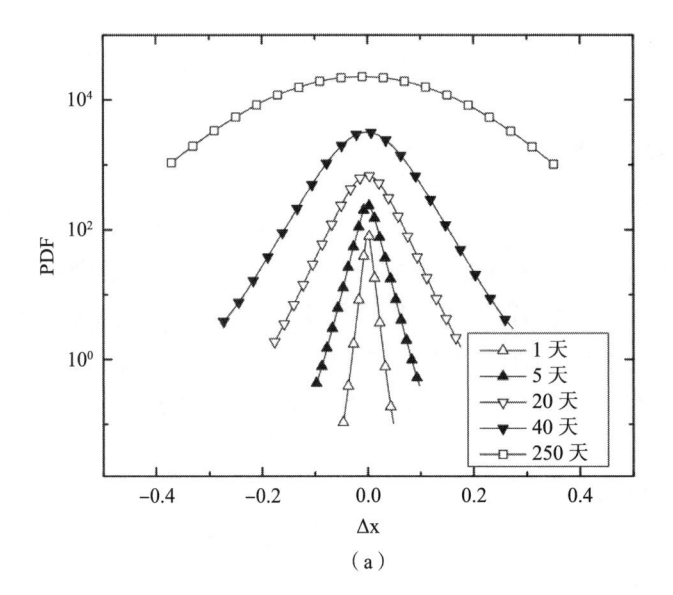

(a)

---

① Silva A. C., Yakovenko V. M. Comparison between the Probability Distribution of Returns in the Heston Model and Empirical Data for Stock Indexes [J]. Physica A，2003（324）：303-310；Drăgulescu A. A., Yakovenko V. M. Probability Distribution of Returns in the Heston Model with Stochastic Volatility [J]. Quantitative Finance，2002（2）：443-453.

② Daniel G., Joseph N. L., Bree D. S. Stochastic Volatility and the Goodness-of-Fit of the Heston Model [J]. Quatitative Finance，2005（5）：199-211；Joseph N. L., Daniel G., Bree D. S. Goodness-of-Fit of the Heston Model [J]. Computing in Economics and Finance，2003：199-211.

(b)

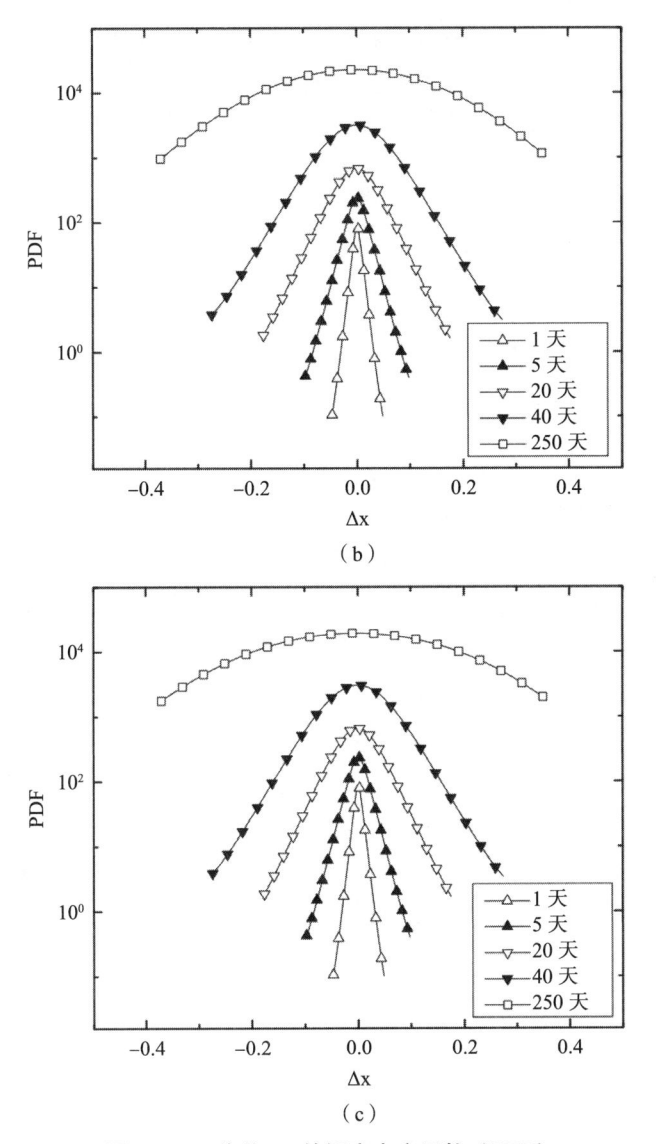

(c)

图 8-10 收益 Δx 的概率密度函数（PDF）

注：不同交易时间的价格收益 Δx 的概率密度函数（PDF）曲线。其中（a）为 $A=0$，$A_e=0$；（b）为 $A=0.05$，$A_e=0$；（c）为 $A_e=0.05$，$\Omega_e=0.05$，$A=0$。

从表 8-1 中，可以看出我们的模型［方程（8-3）］和实际的金融市场的动力学特征是吻合的。接下来，为了讨论外部和内部周期信息对 PDF 的作用，我们分别把结果呈现在图 8-11 和图 8-12 中。

表8-1　不同交易时间下道琼斯数据的峰态（kurtosis）与你提议模型比较结果

交易日	道琼斯	图8-10（a）	图8-10（b）	图8-10（c）
1	69.26	69.28	69.278	69.072
5	19.68	19.73	19.728	19.459
20	7.8	7.85	7.844	7.429
40	6.02	6.052	6.045	5.431
250	-0.33	-0.318	-0.32	-0.578

注：Daniel G., Joseph N. L., Bree D. S. Stochastic Volatility and the Goodness-of-Fit of the Heston Model [J]. Quantitative Finance, 2005 (5): 199-211, Joseph N. L., Daniel G., Bree D. S. Goodness-of-Fit of the Heston Model [J]. Computing in Economics and Finance, 2003: 199-211.

仅考虑内部周期信息（i.e., $A_e = 0.0$）的作用的 PDF 图像呈现在图 8-11 中。图 8-12 中图（a）为 $\Omega = 0.05$ 和 5 交易日（周期）；图（b）为 $\Omega = 0.05$ 和 250 交易日（周期）；图（c）为 $A = 0.1$ 和 5 交易日（周期）；图（d）为 $A = 0.1$ 和 250 交易日（周期）。图 8-11（a）和（b）中分别表明了短期和长期交易的 A 对 PDF 的作用。我们发现：短期交易时，A 的增大对 PDF 的作用是微弱的 [也即是图 8-11（a）中 5 交易日（周期）]；但是，在长期交易时，增大的 A 明显地减小 PDF 函数的最大值 [也即是图 8-11（b）中 250 交易日（周期）]。同样，为了讨论 Ω 对 PDF 在

(a)

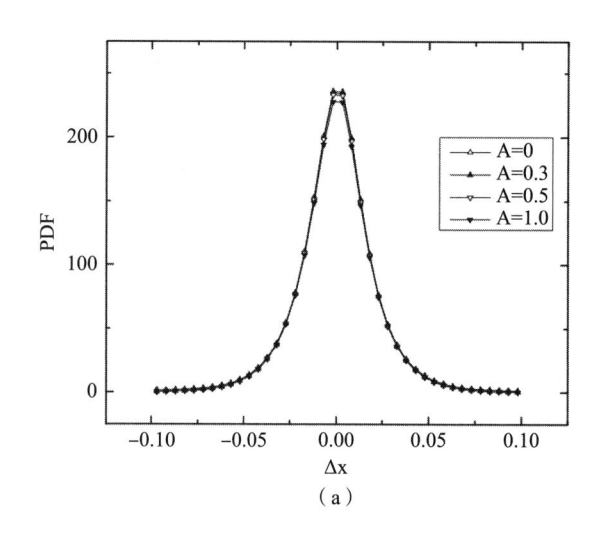

(b)

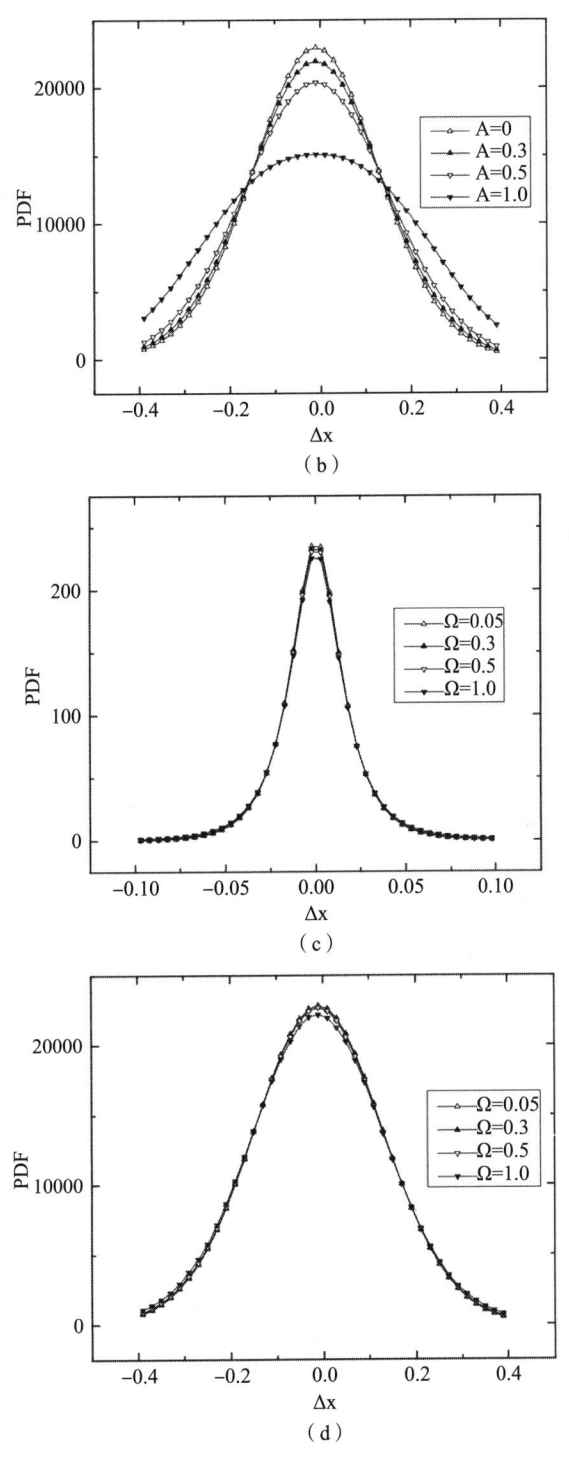

(c)

(d)

图 8-11 内部信息作用的收益的概率密度函数（PDF）

短期和长期交易的作用，我们把结果画在图 8-11（c）和（d）中。我们可发现：无论是短期（图 8-11（c））还是长期交易（图 8-11（d）），外部周期信息频率的增大减弱 PDF 的峰值；而且长期交易下个变化明显比短期交易的大。换句话说，外部周期信息的强度和频率的增大，对短期交易下的收益稳定性的作用是不明显的，但是明显减弱长期交易收益稳定性（和前面叙述一样，从统计学上稳定性可以由概率密度函数的峰值描述）。从经济学上理解，交易时间越长，则长期投资者受到外部周期信息的影响时间也越长。外部周期信息的强度和频率的增大，会促使诸多投资者在长期交易中对未来预期的不确定性的增强。不确定性的增大会减弱投资收益的稳定性。

仅仅考虑外部周期信息（即 $A=0.0$）对 PDF 的作用的结果画在图 8-12 中。

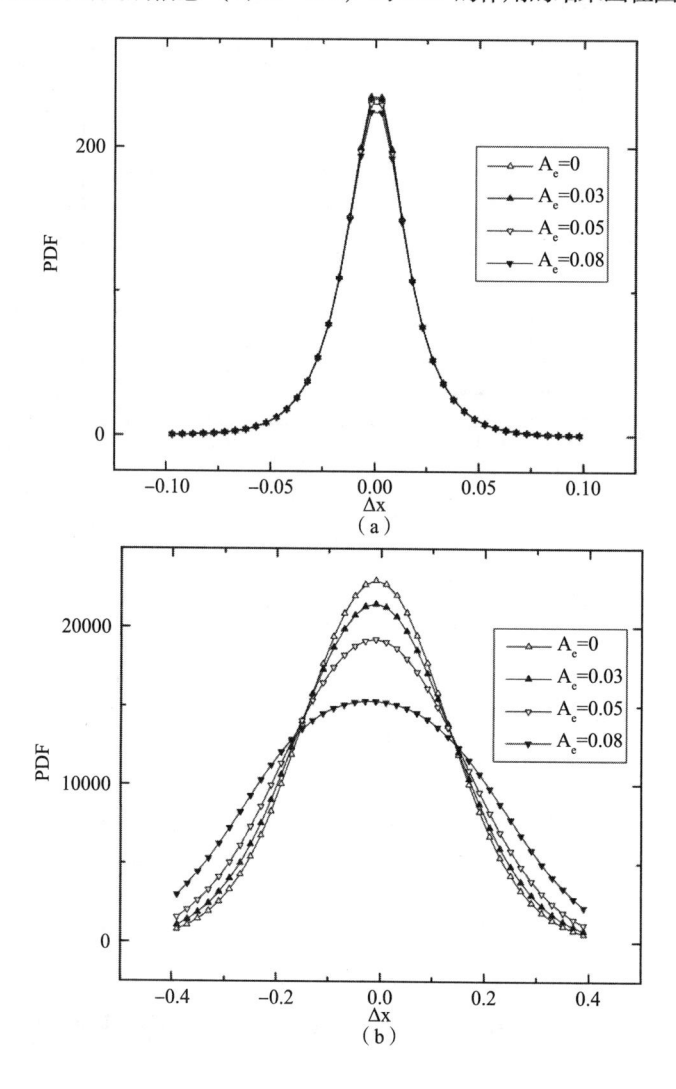

(a)

(b)

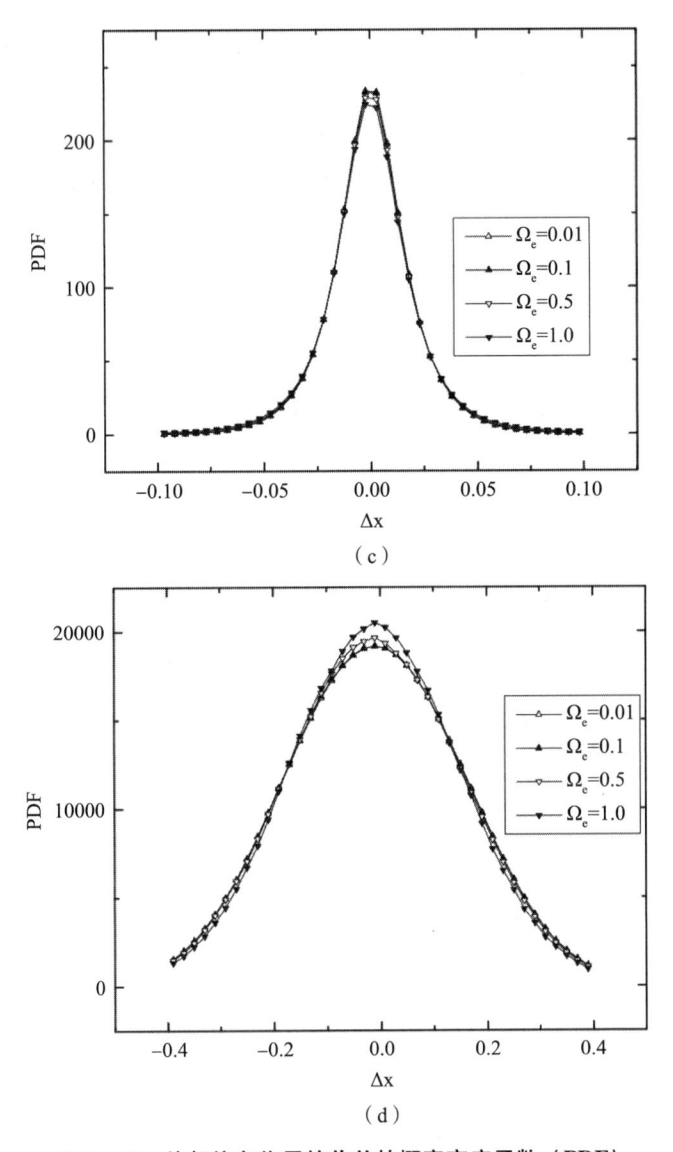

图 8-12 外部信息作用的收益的概率密度函数（PDF）

图 8-12 中图（a）为 $\Omega_e = 0.05$ 和 5 交易日（周期）；图（b）为 $\Omega_e = 0.05$ 和 250 交易日（周期）；图（c）为 $A_e = 0.1$ 和 5 交易日（周期）；图（d）为 $A_e = 0.1$ 和 250 交易日（周期）。为了讨论短期和长期交易下 A_e 对 PDF 的作用，我们把结果分别呈现在图 8-12（a）和（b）中，而且还发现：A_e 的变化在短期交易［如 5 交易日（周期）］时候，对 PDF 的作用是微弱的；但是在长期交易［如 250 交易日（周期）］时，A_e 的增量明显地使得

PDF 的顶点在下降。与此同时，Ω_e 对 PDF 的作用，在短期和长期交易下的结果也呈现在图 8-12（c）和（d）中。我们可发现：短期交易时，Ω_e 的增量减弱 PDF 的峰值；但是，在长期交易时，Ω_e 的增强加强 PDF 的峰值。明显地，从金融角度理解，同样交易时间越长，长期投资者被内部周期信息的影响也就越久。越强的经济周期振幅也对应着较大的长期收益的绝对值，最终也将使得 0 收益的概率下降，也即是，大盈大亏比比皆是。此外，经济周期信息的频率越大，则长期投资者也将容易历经多个经济周期，这样也易造就高概率的 0 收益。

此外，除了长期投资下的内部周期信息频率增大会增强收益稳定性外，其余外部和内部周期信息的强度和频率的增大都将会减弱收益的稳定性。此外，和 2002 年德莱古列斯库和雅科文科的研究及 2003 年席尔瓦和雅科文科的研究文献（Silva & Yakovenko，2003；Drăgulescu & Yakovenko，2002）[①] 的结果一样，随着交易周期的增大，无论是否被周期信息所驱动，实际数据和理论计算的结果的差异会增大。而在较小的周期信息作用和短期交易下，模型［方程（8-3）］的结果和实际数据是非常吻合的。

总之，我们研究了赫斯特模型描述的金融系统的股票价格的随机共振。我们引入了外部和内部周期信息到赫斯特模型的随机微分方程组的价格方程中，建立了周期性作用下股票价格动力学模型，同时模拟计算得到信号功率增益（SPA）。我们发现，在以系统和外部驱动参量为自变量的 SPA 函数中，无论外部还是内部信息驱动都会呈现出逆向共振现象。此外，我们还在上面两种情况的以波动涨落振幅为自变量的 SPA 函数图像中，随着关联噪声强度的增加观察到双共振现象。

第二节　延迟与共振

一、动力学模型

时间延迟在实际的系统中是自然存在的现象，且其作用在诸多时候是难

[①] Silva A. C., Yakovenko V. M. Comparison between the Probability Distribution of Returns in the Heston Model and Empirical Data for Stock Indexes [J]. Physica A, 2003 (324): 303 - 310; Drăgulescu A. A., Yakovenko V. M. Probability Distribution of Returns in the Heston Model with Stochastic Volatility [J]. Quantitative Finance, 2002 (2): 443 - 453.

以忽略的。因而时间延迟对金融系统中的随机共振的作用也是值得分析的。实际金融市场被内部和外部的周期信息驱动的股票价格动力学性质,可以通过方程(8-3)描述(Li & Mei, 2013c)①。当信息在市场中传递的时候,我们考虑和第六章第一、第二节中一样的延迟效应之后,在2014年的研究(Li et al., 2014)② 中,把方程(8-3)转化为:

$$dx(t) = \left[A_e \cos(\Omega_e t + \phi_e) - \frac{v(t)}{2} \right] dt + \sqrt{v(t)} A \sin(\Omega t) dt + \sqrt{v(t)} d\xi'(t)$$

$$dv(t) = a[b - v(t-\tau)] dt + c\sqrt{v(t)} d\eta(t) \qquad (8-7)$$

二、信号增益与延迟

基于前面第七章第一节和第二节和第八章第一节中的描述,我可以认为方程(8-7)给出的模型是和实际金融市场吻合的。我们采用方程(8-4)所刻画的信号功率增益 SPA,来分析我们的模型中延迟时间对随机共振现象的作用。接下来,我们选择参量 $a=5$ 和 $c=1$,并且对 SPA 进行数值模拟之后,分别讨论了内部和外部周期信息驱动下的延迟对随机共振现象的影响。

(一) 外部周期信息

当仅仅考虑外部周期信息的作用($A_e = 0.0$)时,我们把结果画在图 8-13 和图 8-14 中。图 8-13 为在 $b=0.5$ 时,外部信息驱动的不同延迟时间(τ)下的信号功率谱增益的值(SPAη)关于关联强度(λ)的函数。图 8-14 在 $\lambda = 0.5$ 时,外部信息驱动的不同延迟时间(τ)下的 SPAη 关于 b 的函数。

为了分析延迟时间对随机共振的作用,首先不同延迟下的 SPAη 作为 λ 的函数的结果呈现在图 8-13 中。我们发现,η-λ 曲线表现出一个最小值的结构,也就是,逆共振现象(Jing-Hui & Han, 2007; Li, 2010; Du & Mei, 2011)③。与此同时,随着 τ 在变大,曲线的最小值先减小后增加,也

---

① Li J. C., Mei D. C. Reverse Resonance in Stock Prices of Financial System with Periodic Information [J]. Physical Review E, 2013c (88): 012811.

② Li J. C., Li C., Mei D. C. Effects of Time Delay on Stochastic Resonance of the Stock Prices in Financial System [J]. Physics Lettes A, 2014 (378): 1997-2000.

③ Jing-Hui L. I., Han Y. X. Resonance, Multi-Resonance, and Reverse-Resonance Induced by Multiplicative Dichotomous Noise [J]. 理论物理, 2007 (48): 605-609; Li J. H. Stochastic Resonance, Reverse-Resonance, and Resonant Activation Induced by a Multi-State Noise [J]. Physica A, 2010 (389): 7-18; Du L. C., Mei D. C. Stochastic Resonance, Reverse-Resonance and Stochastic Multi-Resonance in an Underdamped Quartic Double-Well Potential with Noise and Delay [J]. Physica A, 2011 (390): 3262-3266.

就是说，存在着一个最佳的临界时间 τ（τ_c 约等于 4），最大地增加 $\eta - \lambda$ 曲线的逆共振行为。当 $\tau < \tau_c$ 时，延迟时间的增加可以加强逆共振现象，反之，当 $\tau > \tau_c$ 时，延迟增量减弱逆共振现象。方程（8-7）中的延迟时间的位置，暗示了时间延迟会促使股票价格波动的变化，因此股票的固有频率会随着延迟时间而改变，最终诱导股票和信息的逆同步现象。因而延迟时间的变化会形成临界效应。

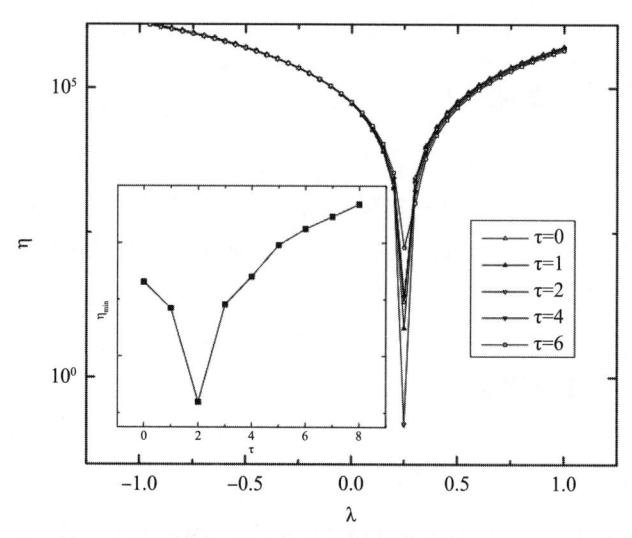

图 8-13　关联强度（λ）的信号功率谱增益（SPAη）函数

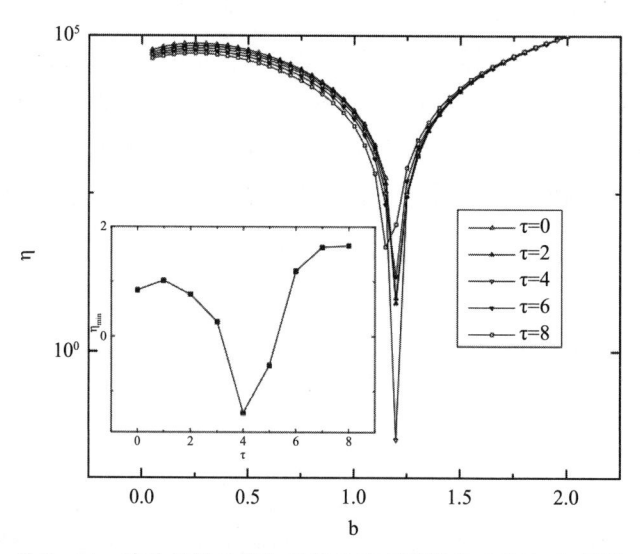

图 8-14　波动长期均值 b 的信号功率谱增益（SPAη）函数

在图 8-16 中，我们刻画了延迟时间对 $\eta-b$ 曲线的作用。我们也可发现，存在一个最佳的临界时间 τ (τ_c 约等于 4)，使得逆共振行为最强。而且随着 τ 的增大，逆共振行为在 $\tau<\tau_c$ 时变强，而在 $\tau>\tau_c$ 情况下变弱。

（二）内部周期信息

仅考虑内部周期信息的作用（$A=0.0$）时，在对 SPA 数值模拟之后，其结果表现在图 8-15 和图 8-16 中。图 8-15 为在 $b=0.5$ 时，内部信息

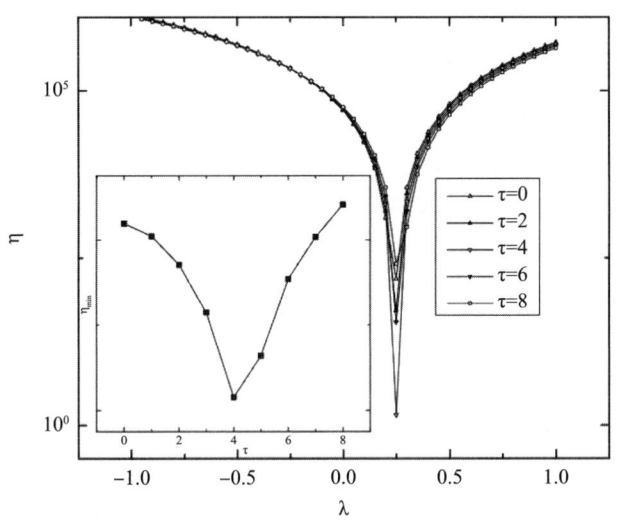

图 8-15 内部信息驱动下关联强度（λ）的信号功率增益谱（η）函数

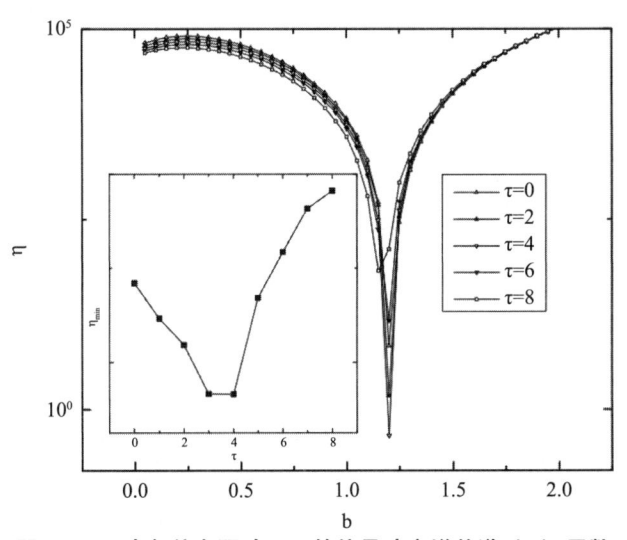

图 8-16 内部信息驱动下 b 的信号功率增益谱（η）函数

驱动的不同延迟时间（τ）下的信号功率增益谱的值（SPAη）关于关联强度（λ）的函数。图 8-16 在 λ=0.5 时，内部信息驱动的不同延迟时间（τ）下的信号功率增益谱的值（SPAη）关于 b 的函数。

为了与图 8-13 比较，我们把结果画在图 8-15 中，而且还可发现，η-λ 曲线同样呈现一个最小值的结构；而且随着 τ 的增大，η-λ 曲线的最小值先减小后增大。换句话说，存在一个最佳的临界时间 τ($τ_c$ 约等于 2) 在 η-λ 曲线中对应着最大的逆共振行为。此外，在 τ<$τ_c$ 的情况下，变大的延迟时间 τ 增强逆共振现象；反之，在 τ>$τ_c$ 情况下，则减弱逆共振现象。由此可知，无论是外部还是内部周期信息驱动的情况，延迟时间对 η-λ 曲线表现出相同的作用。

与图 8-14 比较后，从图 8-16 中，我们可观察到逆共振现象，而且逆共振现象会最大地被临界延迟时间 τ($τ_c$ 约等于 4) 增大。当 τ 小于临界值 $τ_c$ 时候，增大的延迟时间 τ 会加强逆共振，反之，当 τ 大于临界值 $τ_c$ 时候，延迟时间变大会减弱逆共振。同样可知，延迟时间对 η-b 曲线表现出相同的作用。

总之，我们研究了延迟时间对赫斯特模型描述的金融系统的股票价格的随机共振影响。我们建立了时间延迟的周期信息驱动的股票价格动力学模型，同时模拟计算得到信号功率增益（SPA）。我们发现，在以波动的长期方差和噪声关联系数为自变量的 SPA 函数中，无论外部还是内部信息驱动的情况下，延迟时间都会呈现出临界现象，也即是，存在一个最佳的延迟时间并且最大地增强逆共振现象。

第九章

时间延迟抑制羊群效应

第一节 研究背景

对于羊群行为的研究,最早可以追溯到 20 世纪 90 年代初沙尔夫斯泰因和斯坦(Scharfstein & Stein,1990)[1]、施莱费尔和萨默斯(Shleifer & Summers,1990)[2]、班纳吉(Banerjee,1992)[3]、和韦尔奇(Welch,1992)[4]等系列开创性论文。之后,羊群行为作为金融问题的一个重要的研究热点,也是研究复杂金融问题的一个有效切入点。如在信息传递与羊群效应(Eguiluz & Zimmermann,2000)[5]、18 个国家日常数据的羊群行为(Chiang & Zheng,2010)[6]、当日团购网站交易中的从众行为(Liu & Sutanto,2012)[7] 和羊群行为新的估计方法(Cipriani & Guarino,2014)[8] 等研究中,

---

[1] Scharfstein D. S., Stein J. C. Herd Behavior and Investment [J]. American Economic Review, 1990 (80): 465 – 479.

[2] Shleifer A., Summers L. H. The Noise Trader Approach to Finance [J]. Journal of Economic Perspectives, 1990 (4): 19 – 33.

[3] Banerjee A. V. A Simple – Model of Herd Behavior [M]. Oxford University Press, 1992.

[4] Welch I. Sequential Sales, Learning, and Cascades [J]. Journal of Finance, 1992 (47): 695 – 732.

[5] Eguiluz V. M., Zimmermann M. G. Transmission of Information and Herd Behavior: An Application to Financial Markets [J]. Physical Review Letters, 2000 (85): 5659 – 5662.

[6] Chiang T. C., Zheng D. Z. An Empirical Analysis of Herd Behavior in Global Stock Markets [J]. Journal of Banking & Finance, 2010 (34): 1911 – 1921.

[7] Liu Y., Sutanto J. Buyers' Purchasing Time and Herd Behavior on Deal – of – the – Day Group – Buying Websites [J]. Electronic Markets, 2012 (22): 83 – 93.

[8] Cipriani M., Guarino A. Estimating a Structural Model of Herd Behavior in Financial Markets [J]. American Economic Review, 2014 (104): 224 – 251.

我们都可以发现羊群效应现象和它能很好地解析复杂的金融行为特征。特别是盖尔和孔特（Cont & Bouchaud，2000）[1] 都认为羊群行为是造成价格过度波动和金融体系危机的重要原因。当然，近年来，许多物理学家也已经开始关注羊群行为的动力学，例如，黄吉平（Huang，2015）[2] 提出了实验经济物理学，并实验探讨了羊群行为。这些都说明了羊群行为一方面表现出一些复杂的物理问题，另一方面也能很好地通过物理方法探讨羊群效应。

与此同时，在真实的系统中，时间延迟及其效应广泛地被发现和讨论。诸如在双稳态系统（Mei et al.，2009）[3]、布朗马达（Kostur et al.，2005）[4]、电子声子系统（Piryatinski et al.，2004）[5]、生物系统（Chichigina et al.，2011）[6]、耦合混沌映射（Masoller & Zanette，2001）[7]、一个离散神经元模型（Wang et al.，2014a；Wang et al.，2014b）[8]、湖泊的营养化模型（Zeng et al.，2015）[9]、一个时滞湖富营养化的生态系统（Zeng et al.，2017）[10]、随机单基因调控系统（Wang，2013；Wang et al.，2012）[11]，随机

---

[1] Cont R., Bouchaud J. P. Herd Behavior and Aggregate Fluctuations in Financial Markets [J]. Macroeconomic Dynamics, 2000 (4): 170–196.

[2] Huang J. P. Experimental Econophysics: Complexity, Self - Organization, and Emergent Properties [J]. Physics Reports – Review Section of Physics Letters, 2015 (564): 1–55.

[3] Mei D. C., Du L. C., Wang C. J. The Effects of Time Delay on Stochastic Resonance in a Bistable System with Correlated Noises [J]. Journal of Statistical Physics, 2009 (137): 625–638.

[4] Kostur M., Hänggi P., Talkner P., et al. Anticipated Synchronization in Coupled Inertial Ratchets with Time - Delayed Feedback: A Numerical Study [J]. Physical review E, 2005 (72): 036210.

[5] Piryatinski A., Tretiak S., Fenimore P. W., et al. Three - Pulse Photon - Echo Spectroscopy as a Probe of the Photoexcited Electronic State Manifold in Coupled Electron - Phonon Systems [J]. Physical Review B, 2004 (70): 161404.

[6] Chichigina O. A., Dubkov A. A., Valenti D., et al. Stability in a System Subject to Noise with Regulated Periodicity [J]. Physical Review E, 2011 (84): 021134.

[7] Masoller C., Zanette D. H. Anticipated Synchronization in Coupled Chaotic Maps with Delays [J]. Physica A, 2001 (300): 359–366.

[8] Wang C. J., Yang K. L., Qu S. Q. Vibrational Resonance in a Discrete Neuronal Model with Time Delay [J]. International Journal of Modern Physics B, 2014a (28): 1450103; Wang C. J., Yang K. L., Qu S. X. Stochastic Resonance in a Discrete Neuron with Time Delay and Two Different Modulation Signals [J]. Physica Scripta, 2014b (89): 105001.

[9] Zeng C. H., Zhang C., Zeng J. K., et al. Noises - Induced Regime Shifts and - Enhanced Stability under a Model of Lake Approaching Eutrophication [J]. Ecological Complexity, 2015 (22): 102–108.

[10] Zeng C. H., Xie Q. S., Wang T. H., et al. Stochastic Ecological Kinetics of Regime Shifts in a Time - Delayed Lake Eutrophication Ecosystem [J]. Ecosphere, 2017 (8): e01805.

[11] Wang C. J. Delays Induce Different Switch in a Stochastic Single Genetic Regulation System with a Positive Autoregulatory Feedback Loop [J]. International Journal of Modern Physics B, 2013 (27): 1350085, Wang C., Yi M., Yang K., et al. Time Delay Induced Transition of Gene Switch and Stochastic Resonance in a Genetic Transcriptional Regulatory Model [J]. BMC Syst Biol, 2012 (6 Suppl 1): S9.

昆虫暴发动态系统（Zeng et al.，2016）① 和觅食群体系统（Dong et al.，2018）② 中，都可以观察到时间延迟和它的时滞效应。在非线性系统中，交叉关联噪声和时间延迟常常被考虑，并能很好刻画系统行为特性。此外，时间延迟在金融系统中也是一个常态。诸如时滞影响市场的稳定性（Li & Mei，2013）③、股票投资的风险和收益受时滞的影响（Li & Mei，2013）④、股票走势预测具有滞后性（Saad et al.，1998）⑤、金融市场的延迟布朗运动模型（Grassia，2000）⑥、延迟交易的决策者（Peng et al.，2005）⑦、金融物理学中延时过程（Frank，2006）⑧、一个连续时滞资产价格模型（Xu et al.，2015）⑨、金融延迟系统的混沌效应（Bhalekar & Daftardar‐Gejji，2016）⑩ 和一个新的时滞金融超混沌系统（Zhang et al.，2017）⑪ 等研究中，都可以发现金融系统中的时间延迟效应，同时通过时间延迟更加能很好地对金融系统建模和管理。因此，时间延迟对羊群效应的影响、调控的可能性和调控方法值得我们进一步深入探讨。

近年来，由于计算技术和贝叶斯推理统计的应用，贝叶斯方法引起了人

---

① Zeng J. K.，Zeng C. H.，Xie Q. S.，et al. Different Delays‐Induced Regime Shifts in a Stochastic Insect Outbreak Dynamics [J]. Physica A，2016（462）：1273‐1285.

② Dong X. H.，Zeng C. H.，Yang F. Z.，et al. Non‐Gaussian Noise‐Weakened Stability in a Foraging Colony System with Time Delay [J]. Physica A，2018（492）：851‐870.

③ Li J.‐C.，Mei D.‐C. The Influences of Delay Time on the Stability of a Market Model with Stochastic Volatility [J]. Physica A，2013（392）：763‐772.

④ Li J. C.，Mei D. C. The Risks and Returns of Stock Investment in a Financial Market [J]. Physics Letters A，2013（377）：663‐670.

⑤ Saad E. W.，Prokhorov D. V.，Wunsch D. C. Comparative Study of Stock Trend Prediction Using Time Delay，Recurrent and Probabilistic Neural Networks [J]. IEEE Transactions on Neural Networks，1998（9）：1456‐1470.

⑥ Grassia P. S. Delay，Feedback and Quenching in Financial Markets [J]. European Physical Journal B，2000（17）：347‐362.

⑦ Peng H. T.，Lee H. M.，Ho J. M. Trading Decision Maker：stock trading decision by price series smoothing and tendency transition inference [C]. ieee international conference on e‐technology，e‐commerce and e‐service，2005：359‐362.

⑧ Frank T. D. Time‐Dependent Solutions for Stochastic Systems with Delays：Perturbation Theory and Applications to Financial Physics [J]. Physics Letters A，2006（357）：275‐283.

⑨ Xu X. X.，Liu J.，Guo L. X.，et al. Oscillatory Dynamics in a Continuous‐Time Delay Asset Price Model with Dynamical Fundamental Price [J]. Computational Economics，2015（45）：517‐529.

⑩ Bhalekar S.，Daftardar‐Gejji V. Chaos in Fractional Order Financial Delay System [J]. Computers & Mathematics with Applications，2016：S0898122116301250

⑪ Zhang L. L.，Cai G. L.，Fang X. L. Stability for a Novel Time‐Delay Financial Hyperchaotic System by Adaptive Periodically Intermittent Linear Control [J]. Journal of Applied Analysis and Computation，2017（7）：79‐91.

们的广泛关注,并被广泛应用于经济学中分析各种金融问题的研究。诸如雅基耶(Jacquier, 2002)等人对随机波动模型的估计(Jacquier et al., 2002)[1]、洛佩斯和蔡瑞胸(Lopes & Tsay, 2011)对金融系统的粒子滤波与贝叶斯推断研究(Lopes & Tsay, 2011)[2]、加伦特(Gallant, 2016)[3] 对概率空间的反射的探讨都认为贝叶斯估计是解决金融领域研究难点的一种有效方法。同时,对于理论模型而言,本书中基于赫斯顿(Heston, 1993)[4] 模型的延迟赫斯顿模型被用来刻画金融系统价格和波动的理论路径。这是因为,通过金融物理的研究(Mantegna & Stanley, 2000; Arthur et al., 1997)[5],我们可以发现赫斯顿模型能很好地刻画金融系统中价格动力学行为特征。如在德莱古列斯库和雅科文科(Drăgulescu & Yakovenko, 2002)[6] 对价格收益随时间变化分布的研究、席尔瓦和雅科文科(Silva & Yakovenko, 2003)[7] 讨论的纳斯达克、标准普尔500指数和道琼斯指数的收益率概率分布,以及席尔瓦等(Silva et al., 2004)[8] 的股票收益在观上的概率分布时间滞后、布莱诺等(Bonanno et al., 2006)[9] 研究的金融市场平均逃逸行为、金融市场冲击时间分布(Valenti et al., 2007)[10]、生存概率的精确表

---

[1] Jacquier E., Polson N. G., Rossi P. E. Bayesian Analysis of Stochastic Volatility Models (Reprinted) [J]. Journal of Business & Economic Statistics, 2002 (20): 69 – 87.

[2] Lopes H. F., Tsay R. S. Particle Filters and Bayesian Inference in Financial Econometrics [J]. Journal of Forecasting, 2011 (30): 168 – 209.

[3] Gallant A. R. Reflections on the Probability Space Induced by Moment Conditions with Implications for Bayesian Inference [J]. Journal of Financial Econometrics, 2016 (14): 229 – 247.

[4] Heston S. L. A Closed – Form Solution for Options with Stochastic Volatility with Applications to Bond and Currency Options [J]. Review of Financial Studies, 1993 (6): 327 – 343.

[5] Mantegna R. N., Stanley H. E. An Introduction to Econophysics: Correlations and Complexity in Finance [M]. Cambridge university press Cambridge, 2000; Arthur W. B., Durlauf S. N., Lane D. A. The Economy as an Evolving Complex System Ii [M]. Addison – Wesley Reading, MA, 1997.

[6] Drăgulescu A. A., Yakovenko V. M. Probability Distribution of Returns in the Heston Model with Stochastic Volatility [J]. Quantitative Finance, 2002 (2): 443 – 453.

[7] Silva A. C., Yakovenko V. M. Comparison between the Probability Distribution of Returns in the Heston Model and Empirical Data for Stock Indexes [J]. Physica A, 2003 (324): 303 – 310.

[8] Silva A. C., Prange R. E., Yakovenko V. M. Exponential Distribution of Financial Returns at Mesoscopic Time Lags: A New Stylized Fact [J]. Physica A, 2004 (344): 227 – 235.

[9] Bonanno G., Valenti D., Spagnolo B. Role of Noise in a Market Model with Stochastic Volatility [J]. European Physical Journal B, 2006 (53): 405 – 409.

[10] Valenti D., Spagnolo B., Bonanno G. Hitting Time Distributions in Financial Markets [J]. Physica A, 2007 (382): 311 – 320.

达式（Masoliver & Perelló，2009；2008）[①] 和金融价格时间延迟模型（Li & Mei，2013a；Li & Mei，2013b）[②] 等金融物理研究中，Heston 模型及其衍生模型都表现出要实际数据的较高吻合度，能很好地刻画复杂的金融系统的动力学行为特性。同时也可以发现平均停留时间和逃逸时间是分析系统动态过程的常用方法，并得到了广泛的讨论（Han et al.，2014；Xie et al.，2018；Zeng & Wang，2012）[③]。因此在本书中，我们利用时滞赫斯顿模型描述了具有时滞的股票价格动态，采用贝叶斯方法对参数进行估计。然后，从理论和实证两方面讨论了金融市场中具有时滞的羊群行为。

第二节 延迟赫斯顿模型

为了讨论金融市场中的羊群行为，我们采用赫斯顿模型来描述股票价格的动态行为，该模型可以通过赫斯特1993年研究文献（Heston，1993）[④] 定义的以下耦合的 Ito 随机微分方程来描述：

$$\begin{cases} dr(t) = \left(\mu - \dfrac{v(t)}{2}\right)dt + \sqrt{v(t)}d\xi(t) \\ dv(t) = a(b - v(t))dt + c\sqrt{v(t)}d\eta(t) \end{cases} \quad (9-1)$$

其中，$r(t) = S(t)/S(0)$，$v(t)$ 表示股票价格的波动，μ 是宏观经济尺度上的漂移参数，a 是波动性 $v(t)$ 的均值回归，b 是 $v(t)$ 的长期方差，c 经常被称为波动的波动，也就是说，它是波动性涨落的幅度。$v(t)$ 过程的确定

[①] Masoliver J., Perelló J. First-Passage and Risk Evaluation under Stochastic Volatility [J]. Physical Review E, 2009 (80): 016108; Masoliver J., Perelló J. Escape Problem under Stochastic Volatility: The Heston Model [J]. Physical Review E, 2008 (78): 056104.

[②] Li J.-C., Mei D.-C. The Influences of Delay Time on the Stability of a Market Model with Stochastic Volatility [J]. Physica A, 2013a (392): 763-772; Li J.C., Mei D.C. The Risks and Returns of Stock Investment in a Financial Market [J]. Physics Letters A, 2013b (377): 663-670.

[③] Han Q.L., Yang T., Zeng C.H., et al. Impact of Time Delays on Stochastic Resonance in an Ecological System Describing Vegetation [J]. Physica A, 2014 (408): 96-105; Xie Q.S., Wang T.H., Zeng C.H., et al. Predicting Fluctuations-Caused Regime Shifts in a Time Delayed Dynamics of an Invading Species [J]. Physica A, 2018 (493): 69-83; Zeng C.H., Wang H. Noise and Large Time Delay: Accelerated Catastrophic Regime Shifts in Ecosystems [J]. Ecological Modelling, 2012 (233): 52-58.

[④] Heston S.L. A Closed-Form Solution for Options with Stochastic Volatility with Applications to Bond and Currency Options [J]. Review of Financial Studies, 1993 (6): 327-343.

性解具有指数瞬变现象，特征时间为 a^{-1}，之后趋于其渐近值 b（Cox et al.，1985）[①]。$\xi(t)$ 和 $\eta(t)$ 是相关的 Wiener 过程，具有以下统计特性：

$$\langle d\xi'(t) \rangle = \langle d\eta(t) \rangle = 0$$

$$\langle d\xi'(t)d\xi'(t') \rangle = \langle d\eta(t)d\eta(t') \rangle = \delta(t-t')dt$$

$$\langle d\xi'(t)d\eta(t') \rangle = \langle d\eta(t)d\xi'(t') \rangle = \rho\delta(t-t')dt \quad (9-2)$$

其中，ρ 表示 $\xi(t)$ 和 $\eta(t)$ 之间的互相关系数，δ 是 Diracδ-函数。

为了讨论金融市场中信息时滞的羊群行为，我们采用延迟赫斯顿模型来描述股票价格的动态。基于德莱古列斯库和雅科文科的研究文献的方法（Drăgulescu & Yakovenko, 2002）[②]，设 $x(t) = r(t) + \mu t$，$x(t)$ 是对数收益项。考虑到信息的延迟时间对股价波动（$v(t)$）的影响，时滞的股价动力学模型可以变为：

$$\begin{cases} dx(t) = -\dfrac{v(t)}{2}dt + \sqrt{v(t)}d\xi(t) \\ dv(t) = a(b - v(t-\tau))dt + c\sqrt{v(t)}d\eta(t) \end{cases} \quad (9-3)$$

其中，τ 是延迟时间。

第三节 延迟赫斯顿模型的贝叶斯估计

为了讨论贝叶斯估计，将随机模型离散化并重写为以下形式：

$$x(t+\Delta t) = x(t) - \frac{v(t)}{2}\Delta t + \sqrt{v(t)\Delta t}\,\dot{\xi}(t)$$

$$v(t+\Delta t) = v(t) + a(b - v(t-\tau))\Delta t + c\sqrt{v(t)\Delta t}\,\dot{\eta}(t)$$

$$\dot{\xi}(t) = \rho\dot{\eta}(t) + \sqrt{1-\rho^2}\,\dot{\omega}(t) \quad (9-4)$$

其中，$\dot{\xi}(t) = \xi(t+\Delta t) - \xi(t)$、$\dot{\eta}(t) = \eta(t+\Delta t) - \eta(t)$ 和 $\dot{\omega}(t) = \omega(t+\Delta t) - \omega(t)$。$\dot{\xi}(t)$ 和 $\dot{\omega}(t)$ 是不相关的维纳过程。对于上述方程的仿真，设 $\Delta t = 0.01$ 为单位。由于所收集的数据是每天的股票价格，一个单位就是一个交易日。那么模型就可以变化为

$$x_{i+1} = x_i - \frac{v_i}{2}h + \sqrt{v_i * h}\,\dot{\xi}_i$$

[①] Cox J. C., Ingersoll J. E., Ross S. A. A Theory of the Term Structure of Interest-Rates [J]. Econometrica, 1985 (53): 385-407.

[②] Drăgulescu A. A., Yakovenko V. M. Probability Distribution of Returns in the Heston Model with Stochastic Volatility [J]. Quantitative Finance, 2002 (2): 443-453.

$$v_{i+1} = v_i + a(b - v_{i\tau})h + c\sqrt{v_i * h}\dot{\eta}_i$$
$$\dot{\xi}_i = \rho\dot{\eta}_i + \sqrt{1-\rho^2}\dot{\omega}_i \quad (9-5)$$

其中 $i = 0, 1, 2, \cdots, n$，n 数据的长度和 $i\tau = i - \text{int}(\tau/h)$。

$$x_{i+1} = x_i - \frac{v_i}{2}h + \frac{\rho[(v_{i+1} - v_i) - a(b - v_{i\tau})h]}{c} + \sqrt{1-\rho^2}\sqrt{v_i * h}\dot{\omega}_i$$
$$v_{i+1} = v_i + a(b - v_{i\tau})h + c\sqrt{v_i * h}\dot{\eta}_i \quad (9-6)$$

该随机波动模型可以考虑为一个分层模型。设未知参数向量 $\theta = (a, b, c, \rho)$，该分层模型可以通过以下条件分布确定：条件分布 $p(x_{i+1} | x_i, v_i)$、条件分布 $p(v_{i+1} | v_i, \theta)$ 和先验分布 $p(\theta)$。根据模型的定义，$\dot{\xi}_i \sim N(0, 1)$ 和 $\dot{\omega}_i \sim N(0, 1)$，且它们是无关联的。$(\dot{\xi}_i, \dot{\eta}_i) \sim N(0, \sigma)$，$\sigma = \begin{pmatrix} 1 & \rho \\ \rho & 1 \end{pmatrix}$。

条件分布 $p(x_{i+1} | x_i, v_i)$ 可以通过如下的方式得到：

$$p(x_{i+1} | x_i, v_i) = \frac{1}{\sqrt{2\pi(1-\rho^2)v_i h}}$$
$$\exp\left\{-\frac{\left(x_{i+1} - x_i + \frac{v_i h}{2} + \frac{\rho[(v_{i+1} - v_i) - a(b - v_{i\tau})h]}{c}\right)^2}{2(1-\rho^2)v_i h}\right\} \quad (9-7)$$

和

$$p(v_{i+1} | v_i, \theta) = \frac{1}{\sqrt{2\pi c^2 v_i h}}\exp\left\{-\frac{(v_{i+1} - v_i - a(b - v_{i\tau})h)^2}{2c^2 v_i h}\right\} \quad (9-8)$$

然而，$p(v_{i+1} | v_i, \theta)$ 非常难于计算的。在真实的世界中，股票价格收益的波动性是常常不可见的。而利用数据的波动性进行参数估计是不可避免的。因此在本书中，对于隐含的波动率 $v = (v_1, \cdots, v_n)$，我们采用非参数估计的方法，结合已实现波动估计得到。交易日 t 中的 $v_{i,k}$ 可以通过以下的方程来描述（Andersen & Teräsvirta, 2009; Mcaleer & Medeiros, 2008; Corsi, 2004; Andersen et al., 2001）[1]

$$v_{i,k} = \sum_{j=(i-1)k}^{ik} (\ln S_j - \ln S_{j-1})^2 \quad (9-9)$$

---

[1] Andersen T G, Teräsvirta T. Realized volatility [M]//Handbook of financial time series. Springer, Berlin, Heidelberg, 2009: 555-575; Mcaleer M., Medeiros M. C. Realized Volatility: A Review [J]. Econometric Reviews, 2008 (27): 10-45; Corsi F. A Simple Approximate Long-Memory Model of Realized Volatility [J]. Journal of Financial Econometrics, 2004 (7): 174-196; Andersen T. G., Tim B., Diebold F. X., et al. Modeling and Forecasting Realized Volatility [J]. Econometrica, 2001 (71): 579-625.

其中，S_j 样本的价格数据，$j = 1, 2\cdots, k$，$i = 1, 2\cdots, n$。k 为 1 个交易日的日内收益率，时间积分步长为 $\Delta t = 0.01/k$。设 $x = (x_1, \cdots, x_n)$ and $v = (v_1, \cdots, v_n)$，则似然函数为

$$L(\theta) = \prod_{i=1}^{n} p(x_{i+1} | x_i, v_i) p(v_i | v_{i-1}, \theta) \qquad (9-10)$$

这种似然函数比较困难，不能作为高维积分得到。这里，我们考虑贝叶斯方法来获得未知参数的估计。在选择先验分布时，我们对多个先验分布进行了检验，选取了 MCMC 计算中收敛速度最快、效率最高的贝叶斯方法的先验分布。此外，根据参数的定义，选择先验分布 $p(\theta) = p(\tau, a, b, c, \rho) = p(\tau)p(b)p(a|c)p(c)p(\rho)$ 为如下形式：

$$c \sim \text{Gamma}(\alpha_c, \beta_c)$$
$$a | c \sim \text{Gamma}(\alpha_a/c, \beta_a)$$
$$\tau \sim \text{Gamma}(\alpha_\tau, \beta_\tau)$$
$$b \sim \text{LN}(\mu_b, \sigma_b^2)$$
$$\rho \sim U(-1, 1) \qquad (9-11)$$

其中，LN 表示对数正态分布，U 表示均匀分布。α_τ、β_τ、μ_b、σ_b^2、α_a、β_a、α_c 和 β_c 是预先设置的超参数。未知参数的贝叶斯估计结果可以由后验分布 $p(\theta|x)$ 得到，其中

$$p(\theta|x) \propto p(x|\theta)p(\theta)$$
$$= p(\theta) \prod_{i=1}^{n} p(x_i | x_{i-1}, v_i) p(v_i | v_{i-1}, \theta) \qquad (9-12)$$

通过前面的方程，得到联合后验函数。后验均值可以作为潜在变量和未知参数的贝叶斯估计。但是，后验均值不能直接由方程（9-4）作为复杂的积分得到，而是应用 R 语言（RStudio）基于贝叶斯估计 MCMC 算法得到的。

一、贝叶斯估计算法测试

为了例证我们前面提出的方法的正确性和有效性，我们测试前面提出的延迟赫斯特模型的贝叶斯估计。我们先设定一组 θ 作为真实值，即 $\theta = (\tau, a, b, c, \rho) = (5, 3, 0.2, 1, 0)$ 和 $\Delta t = 0.01/48$。鉴于中国 A 股市场一个交易日包含 4 小时，48 个 5 分钟，结合给的真实参数组，从第二部分提议模型相关方程组随机模拟得到 96000 个样本点构成的时间序列数据。最后，我们从 96000 个 5 分钟样本中抽样得到 2000 个样

本，作为数据集。

鉴于前面给出的贝叶斯估计算法的后验均值不能直接计算，我们采用 MCMC 方法从相应的后验分布中随机抽取参数样本。后验均值由算法收敛后采集的随机样本的均值估计得到。这个过程可以由 R 语言来执行。当不同初始值的参数轨迹图混合良好时，该算法是收敛的。在本例中，对每个初值不同的参数运行三条路径或链来检查收敛性。参数 τ、a、b、c 和 ρ 的采样过程的路径图呈现在图 9-1 中。图 9-1 为 τ、a、b、c 和 ρ 的贝叶斯参数随步长（iteration）演化估计路径图。从图中可以看出，对于所有参数，经过 1000 次迭代后，三条路径都收敛得非常好。因此，本节贝叶斯参数估计是用 Gibbs 采样，取 1000 次迭代后路径数据计算得到的，结果如表 9-1 所示。我们可以发现估计值覆盖了真实值，即对延迟 Heston 模型的贝叶斯估计方法是合理和有效的。

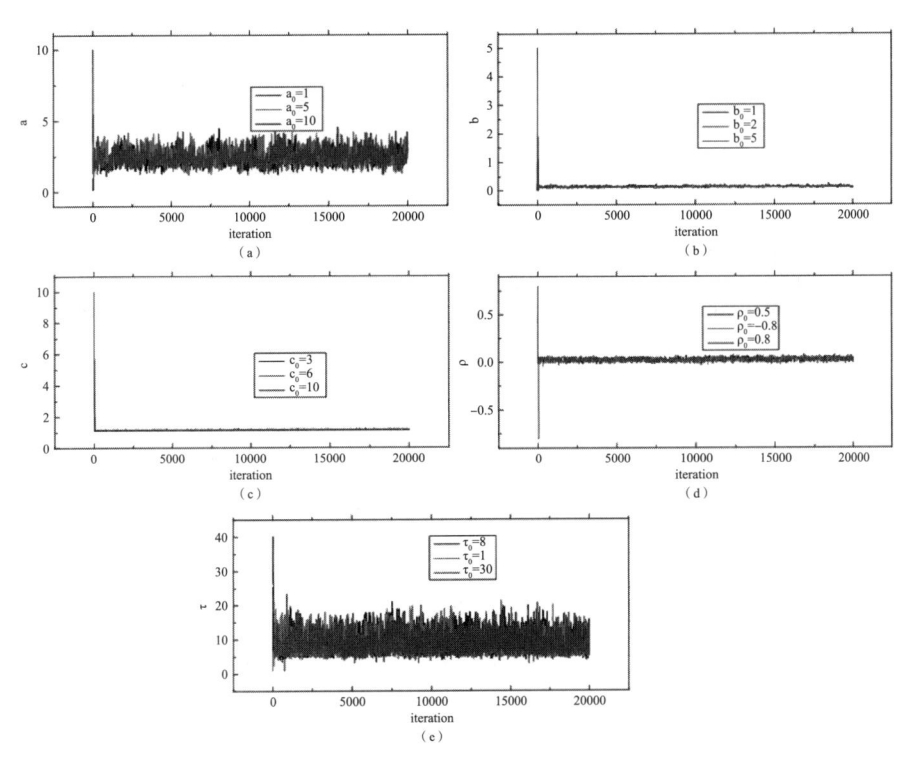

图 9-1　贝叶斯参数估计路径图迭代（iteration）收敛图

表 9－1　　　　　　　测试参数组的贝叶斯估计结果

项目	a	b	c	ρ	τ
真值	3	0.2	1	0	10
均值	2.448	0.1254	1.149	0.02209	9.2323
标准差	0.4814	0.0252	0.0185	0.0187	2.7981
95%的置信区间	(1.611, 3.47)	(0.0842, 0.1824)	(1.114, 1.184)	(-0.0114, 0.0554)	(5.33, 15.58)

二、沪深 300 数据集的贝叶斯参数估计

与上一部分的方法一样，本部分中提议模型结合真实数据集的参数通过贝叶斯方法得到。对于真实数据，本书选取了 2015 年 5 月 18 日～2016 年 5 月 26 日的沪深 300 日收盘价格数据。这个数据是 496 个交易日的 5 分钟高频数据，23808 个样本被收集。对于这个真实数据集，延迟赫斯特模型的 τ、a、b、c 和 ρ 的贝叶斯估计被计算。几个参数的路径图呈现在图 9－2 中。

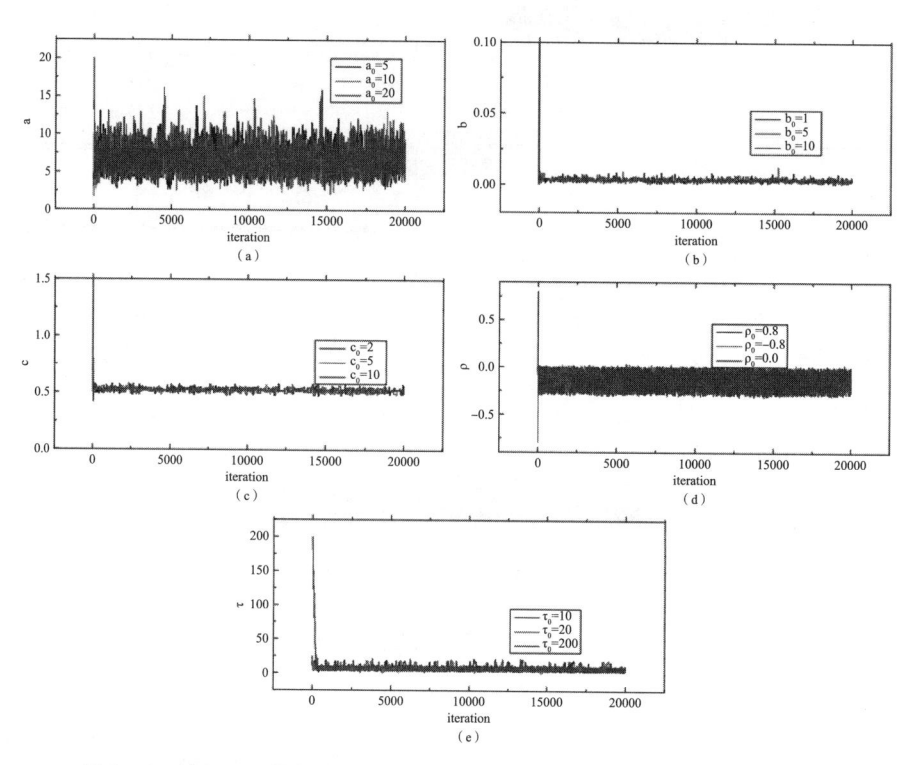

图 9－2　沪深 300 数据的贝叶斯参数估计路径图迭代（iteration）收敛图

图 9-2 为沪深 300 数据下模型参数 τ、a、b、c 和 ρ 的贝叶斯估计随步长 (iteration) 演化路径图。从图中可以看出，对于所有参数，经过 500 次迭代后，三条路径都收敛得非常好。因此，本书中的贝叶斯参数估计是用 Gibbs 采样，取 500 次迭代后路径数据计算得到的，结果如表 9-2 所示。

表 9-2　　　　　　　沪深 300 数据的贝叶斯估计参数结果

项目	a	b	c	ρ	τ
估计均值	6.647	0.00345	0.5235	-0.1432	7.395
标准差	1.5162	0.00111	0.01755	0.08562	2.762
95 的置信区间	(4.024, 9.859)	(0.00161, 0.00594)	(0.4915, 0.5581)	(-0.283, -0.002)	(3.568, 16.340)

第四节　股票收益的统计性质

在本节中，为了检验我们在第二节中方法的合理性，我们利用方程的模拟结果，研究了股票价格收益（Δx）的统计特性。引用戈皮克里希南（Gopikrishnan et al., 1998）[①] 中的方法，股票价格日收益率可以定义为：

$$\Delta x_i = x_i - x_{i-1} \tag{9-13}$$

其中，x_i 第 i 个时间点的对数价格，i = 1，2，3，…。

为了将 Δx_i 的概率密度函数（PDF）的基于前面分析的理论值和真实值进行比较，我们采用第三节中对参数进行贝叶斯估计的结果。本书采用 Box-Muller 方法从高斯分布中生成随机过程，通过第二节中噪声方程组对噪声源进行仿真，其中时间积分步骤 $\Delta t = 0.01$（作为一个交易日）。根据路径方程和噪声方差对超过 10^5 个路径进行数值模拟，得到 Δx_i 的 PDF 值，该方程通过线条表示在图 9-3 中。图 9-3 为从提议的模型得到的理论数据集 (theoretical results) 和真实市场数据集 (real data) 的价格收益（return）的概率密度函数（PDF）。为了说明这一点，使用前面的 CSI300 数据集通过收益公式计算返回的 PDF，该结果通过方形符号在图 9-3 中给出。对图 9-3 的检验表明，我们提出的方法可以很好地拟合实际情况，并且具有典型的尖

[①] Gopikrishnan P., Meyer M., Amaral L. a. N., et al. Inverse Cubic Law for the Distribution of Stock Price Variations [J]. European Physical Journal B, 1998 (3): 139-140.

峰和厚尾性质。因此第三节中的方法适合于如下部分讨论。

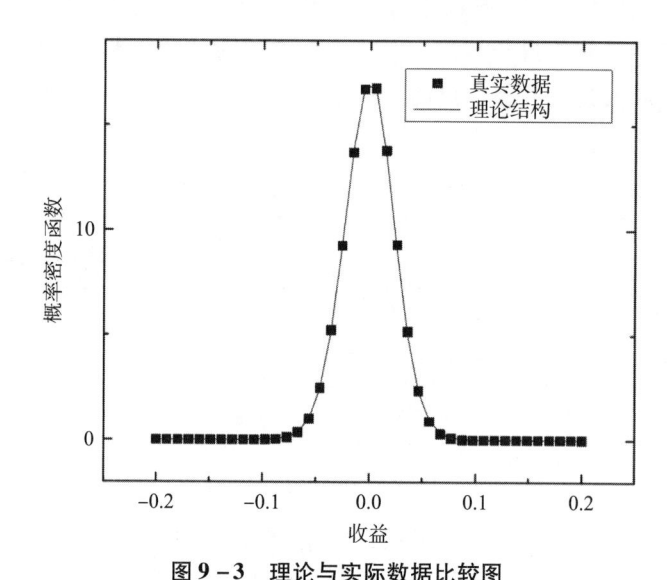

图 9 – 3　理论与实际数据比较图

注：理论数据集（theoretical results），真实市场数据集（real data），价格收益（return）的概率密度函数（PDF）。

第五节　正收益的平均驻留时间

在第二节的路径公式中，通过简化 μ 的作用被消除。同样在有效市场中，正回报的平均停留时间 T_+ 应该近似等于负回报的平均停留时间 T_-。因此，正收益和负收益的平均停留时间的偏差与羊群行为有关。为了通过路径方程研究市场系统中的羊群行为，我们基于平均停留时间，使用正收益和负收益的平均停留时间之间的绝对偏差 ΔT 来描述羊群行为，如下式所示：

$$\Delta T = |T_+ - T_-| \quad (9-14)$$

绝对偏差 ΔT 的增加表明羊群行为的增加。

为了研究延迟时间和相互关系对羊群行为的影响，在图 9 – 4 中绘制了不同的 τ 时绝对偏差 ΔT 作为关联强度 ρ 的函数关系图。查看图 9 – 4，可以看到 ΔT 先是增加，然后随着 ρ 的增加而减少，即，有一个最优的 $\rho(\rho = 0)$ 匹配最小羊群行为。此外，ΔT 会随绝对 $|\rho|$ 或者 τ 的增加而增加，即，绝对 $|\rho|$ 或延迟时间 τ 的增加与羊群行为的增加有关。

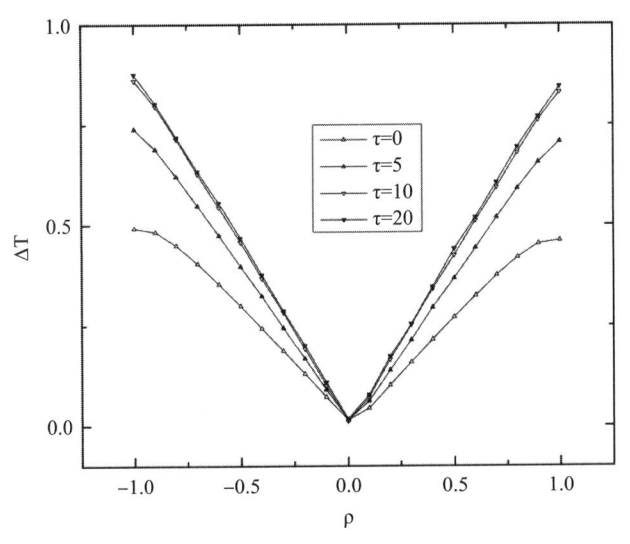

图 9-4 不同延迟时间 τ 下绝对偏差（ΔT）关于 ρ

为了研究延迟时间和波动性对羊群行为的影响，将绝对偏差 ΔT 与平均回归 a、长期方差 b 和波动幅度 c 在不同 τ 值下的关系图分别绘制在图 9-5 (a)、(b) 和 (c) 中。查看图 9-5 (a) [或 (b)] 可以发现，正收益的平均驻留时间随着 a [或 b] 的增加而单调地增加，ΔT 先增加后减少，即，在最优的 a [或 b] 匹配最小羊群行为时，有一个最小的 ΔT。同时，在图 9-5 (a) 和 (b) 中，最小值随着 τ 的增大而增大，即，与图 9-4 相同，

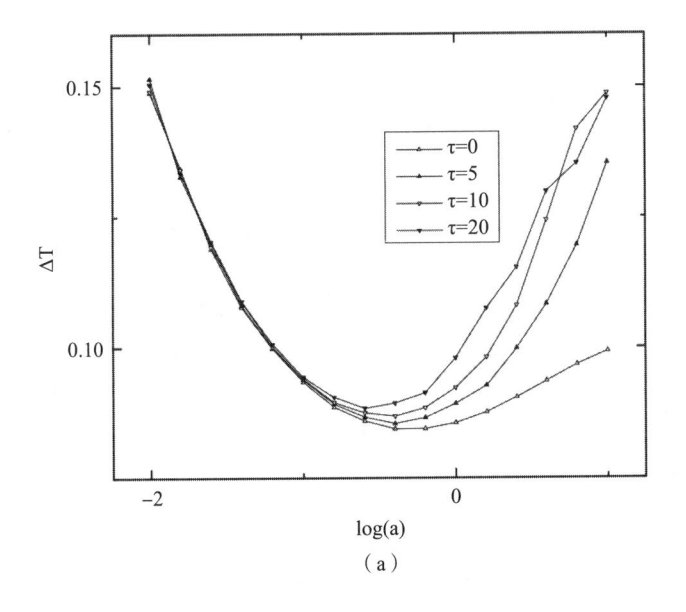

(a)

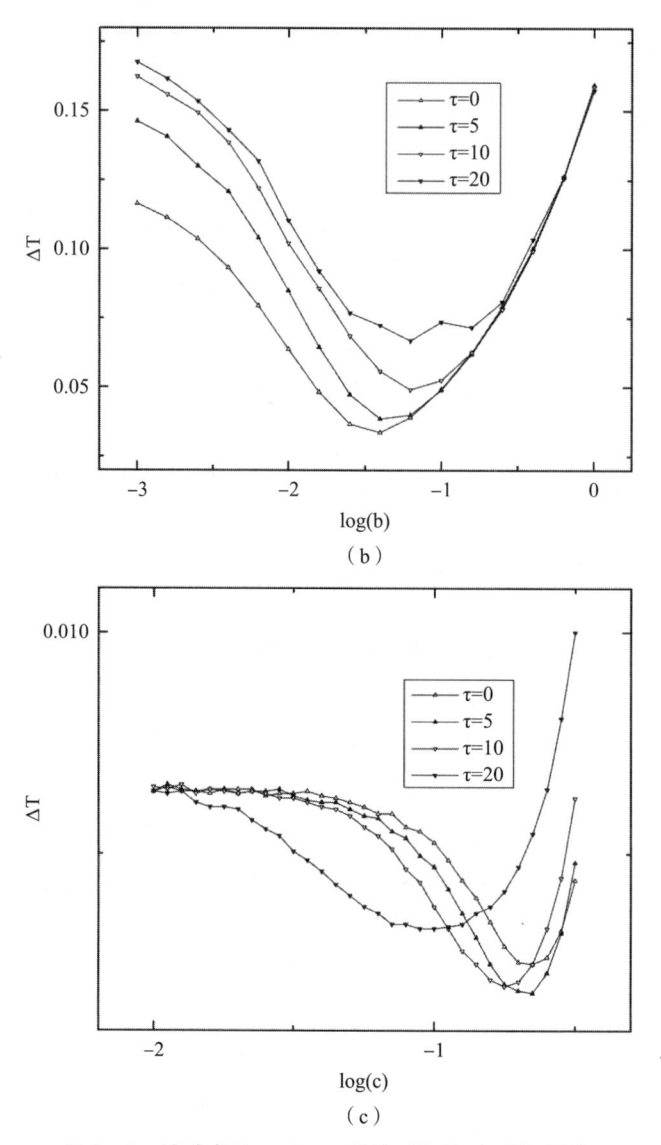

图 9-5　波动参数 a，b，c 的绝对偏差（ΔT）函数

延迟时间 τ 的增加与 ΔT 相对于 a 或 b 的羊群行为的增加有关。对图 9-5（c）的检查还表明，在最优的 c 匹配最小羊群行为时，有一个 ΔT 的最小值。但是在图 9-5（c）中，随着 τ 的增加，最小值先减小，然后增大，即，在 ΔT 与 c 的行为中存在一个最优 τ 匹配的最小羊群行为。换句话说，时滞抑制了羊群行为。

为了进一步讨论该模型的统计特征，基于表 9-2 的沪深 300 数据集的贝叶斯估计参数，本书模拟计算正的和负的收益驻留时间的概率密度函数，收益的相关函数和绝对收益的相关函数。分别绘制了正的和负的收益驻留时间的概率密度函数图形，结果呈现在图9-6（a）和（b）中。图9-6（a）和（b）中分别为正的和负的收益驻留时间（residence times of positive/negative returns）的概率密度函数。显然，图9-6中的特征与钟博士等人2018年研究结果（Zhong et al.，2018）[①] 中的图6相同，且时间延迟对正、负收益停留时间的PDF影响较弱。同时，收益和绝对收益的自相关函数分别如图9-7（a）和（b）所示。同样图9-7中的特性与德莱古列斯库和雅科文科的研究文献中的特性相同的。图9-7为收益（a）和绝对收益（b）基于时间（time）的自相关函数。

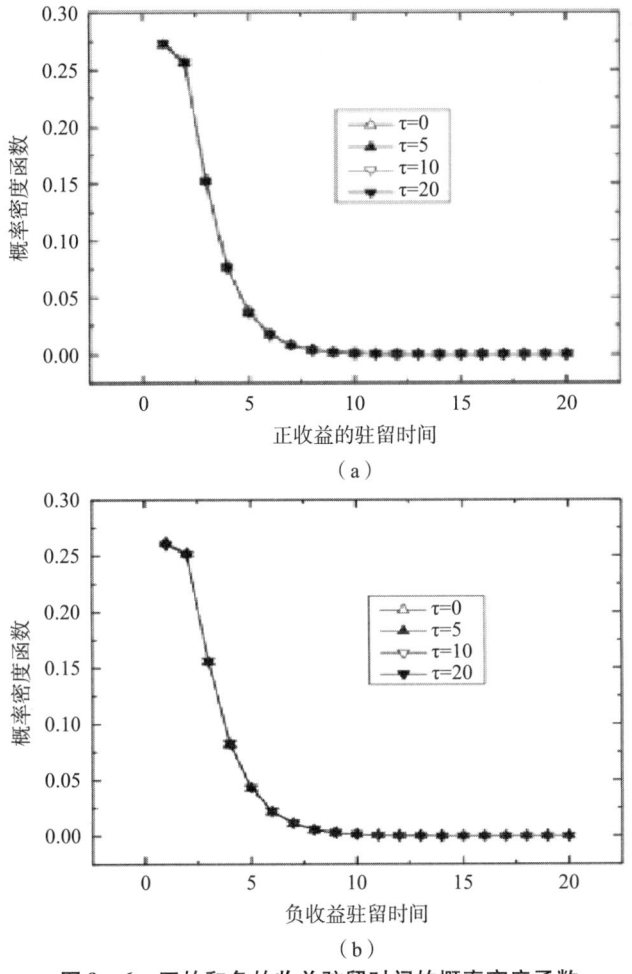

图9-6 正的和负的收益驻留时间的概率密度函数

[①] Zhong G. Y., Li J. C., Jiang G. J., et al. The Time Delay Restraining the Herd Behavior with Bayesian Approach [J]. Physica A, 2018 (507)：335-346.

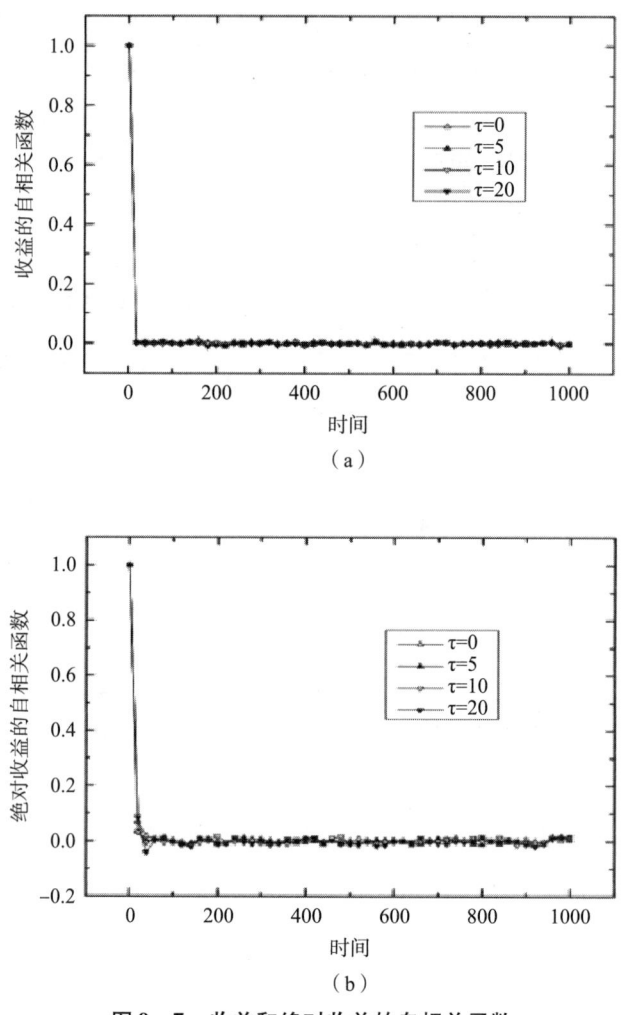

图 9-7 收益和绝对收益的自相关函数

最后，为了进一步分析平均停留时间作为波动的函数的行为，基于表 9-2 的沪深 300 数据集的贝叶斯估计参数，正的（T_+）和负收益（T_-）的平均驻留时间关于长期波动方差 b 的函数分别呈现在图 9-8（a）和（b）中。图 9-8 为正的（a）和负收益（b）的平均驻留时间关于长期波动方差 b 的函数。T_+ 关于 b 的行为是与钟博士等人 2018 年研究文献（Zhong et al., 2018）中的结果一致的。T_+ 对 b，T_- 对 b 具有相反的特征。

第九章 时间延迟抑制羊群效应

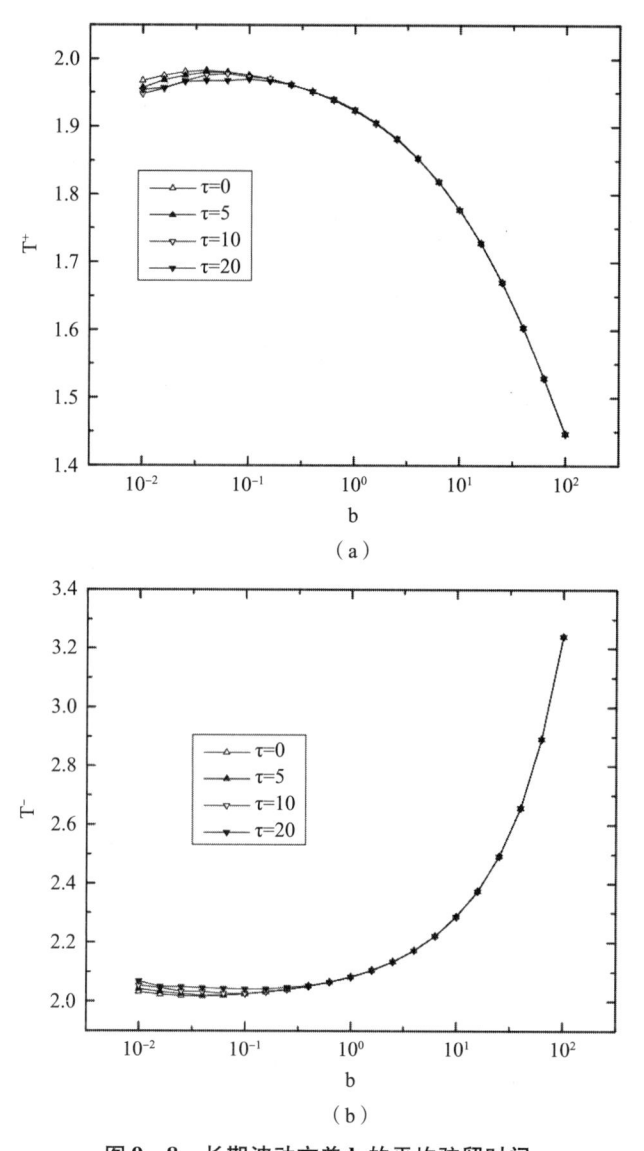

(a)

(b)

图 9-8 长期波动方差 b 的平均驻留时间

总之，我们利用延迟赫斯特模型研究了金融系统中具有信息延迟的股票价格羊群行为。首先，提出了延迟赫斯特模型的贝叶斯方法，并通过算例说明了该模型的真值与估计值之间的良好拟合关系。其次，提出了沪深300数据集的贝叶斯估计方法。此外，我们还比较了延迟赫斯特模型和沪深300模型的模拟数据的价格收益的概率密度函数，表明两者具有较好的吻合性。根据日收益时间尺度，定义了正收益和负收益平均停留时间之间的绝对偏差

ΔT 来测度羊群行为。从绝对偏差的模拟结果中，我们发现：(1) 存在最优的 ρ、a、b 和 c 匹配最小的羊群行为；(2) 当绝对偏差被视为平均回归 a、长期方差 b 或股价与波动的两个维纳过程之间的关联强度 ρ 的函数时，延迟时间 τ 导致羊群行为增加；(3) 当绝对偏差被视为波动幅度 c 的函数时，观察到最优 τ 匹配的最小羊群行为。

第十章

投资组合稳定性

第一节 组合动力学模型

在实际的金融交易中,理性的投资者为了追逐高的收益和低的风险,总是试图去选择一个恰当的投资组合。自从默顿(Merton,1970)[1] 利用几何布朗运动模型的随机最佳控制近似方法去研究最佳的投资组合后,克拉姆科夫与沙彻梅尔(Kramkov & Schachermayer,2003;1999)[2]、布沙尔和泽哈尔(Bouchard et al.,2004)[3] 在不完整的半鞅市场、科塔里(Kothari,2001)[4] 在会计学领域、艾利特(Elliott,2001) 对不看重风险的定价研究(Elliott & Siu,2010)[5]、格拉夫(Graf et al.,2012)[6] 等对财务规划问题等中都对投资组合做了广泛地分析。因此,投资者组合的动力学行为值得进一步探讨

---

[1] Merton R. C. Optimum Consumption and Portfolio Rules in a Continuous – Time Model [J]. Journal of Economic Theory,1970 (3):373 – 413.

[2] Kramkov D.,Schachermayer W. Necessary and Sufficient Conditions in the Problem of Optimal Investment in Incomplete Markets [J]. Annals of Applied Probability,2003 (13):1504 – 1516;Kramkov D.,Schachermayer W. The Asymptotic Elasticity of Utility Functions and Optimal Investment in Incomplete Markets [J]. Annals of Applied Probability,1999 (9):904 – 950.

[3] Bouchard B.,Touzi N.,Zeghal A. Dual Formulation of the Utility Maximization Problem:The Case of Nonsmooth Utility [J]. Annals of Appliet Probability,2004 (14):678 – 717.

[4] Kothari S. P. Capital Markets Research in Accounting [J]. Journal of Accounting & Economics,2001 (31):105 – 231.

[5] Elliott R. J.,Siu T. K. Risk – Based Indifference Pricing under a Stochastic Volatility Model [J]. Communstochanal,2010:51 – 73.

[6] Graf S.,Kling A.,Ruß J. Financial Planning and Risk – Return Profiles [J]. European Actuarial Journal,2012 (2):77 – 104.

和应用。在此,我们将会利用赫斯特模型来分析股票的投资组合。

一、投资组合模型

在 2014 年的研究(Li & Mei, 2014)[①] 中,我们认为,在实际的金融市场投资中,证券投资组合资产可认为由投资者持有的 n 只股票的价格和数量所构成。因而我们定义证券投资组合资产 S(t) 为:

$$S(t) = \sum_{i=1}^{n} n_i(t) S_i(t) \quad (10-1)$$

在投资时间 t 时刻,$S_i(t)$ 是第 i 只股票的价格,$n_i(t)$ 是第 i 只股票的数量(i = 1, 2, 3, …, n),故而投资组合相对于一开始 t = 0 时买入的证券投资组合资产增长率 C(t) 为:

$$C(t) = \frac{S(t)}{S(0)} = \frac{\sum_{i=1}^{n} n_i(t) S_i(t)}{S(0)} \quad (10-2)$$

和

$$r_i = \frac{n_i(0) S_i(0)}{S(0)} \quad (10-3)$$

而 r_i 表示的是 t = 0 时第 i 只股票占总资产的比率。从方程(10-2)和方程(10-3)中,我们可知道 t = 0 时 $C(0) = \sum_{i=1}^{n} r_i = 1$。如果假设后面没有股票买入 $\left(即 \frac{dn_i(t)}{dt} = 0\right)$,对数的股票价格为 $x_i(t) = \ln S_i(t)$,利用 Heston 模型来描述每一只股票的价格,则方程(10-2)可转换为:

$$C(t) = \sum_{i=1}^{n} r_i \exp(x_i(t) - x_i(0))$$

$$dx_i(t) = \left(\mu_i - \frac{\nu_i(t)}{2}\right) dt + \sqrt{\nu_i(t)} dW_i(t)$$

$$d\nu_i(t) = a_i(b_i - \nu_i(t)) dt + c_i \sqrt{\nu_i(t)} dZ_i(t) \quad (10-4)$$

此处 i 表示为第 i 只股票,μ_i 为增长率,$\nu(t)_i$ 为第 i 只股票的价格波动,a_i 为 $\nu(t)_i$ 恢复到 b_i 的平均速率,b_i 是波动的长期方差,c_i 是波动的波动,

---

[①] Li J. C., Mei D. C. The Returns and Risks of Investment Portfolio in a Financial Market [J]. Physica A, 2014 (406): 67-72.

也就是波动的振幅（Cox et al., 1985）[①]，$dW_i(t)$ 和 $dZ_i(t)$ 为交叉关联的 Wiener 进程和有着如下的统计特征：

$$\langle dW_i(t) \rangle = \langle dZ_i(t) \rangle = 0$$

$$\langle dW_i(t)dW_j(t') \rangle = \langle dZ_i(t)dZ_j(t') \rangle = \delta_{i,j}\delta(t-t')dt$$

$$\langle dW_i(t)dZ_j(t') \rangle = \rho_{i,j}\delta(t-t')dt$$

$$\langle dZ_i(t')d_jW(t) \rangle = \lambda_{i,j}\delta(t-t')dt \qquad (10-5)$$

其中 $\rho_{i,j}$ 为 $dW_i(t)$ 和 $dZ_j(t)$ 的交叉关联系数，$\lambda_{i,j}$ 为 $dZ_i(t)$ 和 $dW_j(t)$ 的交叉关联系数。

二、两只股票的案例

为了便利地对前文中的模型［方程（10-1）］进行验证和分析，我们在接下来的讨论中仅仅考虑两个无关联的股票构成的投资组合的收益和风险。在利用德莱古列斯库和雅科文科 2002 年的研究和我们 2013 年的研究（Li & Mei, 2013；Drăgulescu & Yakovenko, 2002）[②] 中方法之后，μ_1 和 μ_2 可简化，而后方程（10-1）可化为：

$$C(t) = r_1\exp(x_1(t)-x_1(0)) + (1-r_1)\exp(x_2(t)-x_2(0))$$

$$dx_1(t) = -\frac{\nu_1(t)}{2}dt + \sqrt{\nu_1(t)}dW_1(t)$$

$$d\nu_1(t) = a_1(b_1-\nu_1(t))dt + c_1\sqrt{\nu_1(t)}dZ_1(t)$$

$$dx_2(t) = -\frac{\nu_2(t)}{2}dt + \sqrt{\nu_2(t)}dW_2(t)$$

$$d_2\nu(t) = a_2(b_2-\nu_2(t))dt + c_2\sqrt{\nu_2(t)}dZ_2(t) \qquad (10-6)$$

因考虑 $dW_i(t)$ 和 $dZ_i(t)$（$i=1,2$）无关联，所以其统计特征为：

$$\langle dW_i(t) \rangle = \langle dZ_i(t) \rangle = 0$$

$$\langle dW_i(t)dW_j(t') \rangle = \langle dZ_i(t)dZ_j(t') \rangle = \delta_{i,j}\delta(t-t')dt$$

$$\langle dW_i(t)dZ_i(t') \rangle = \langle dZ_i(t')dW_i(t') \rangle = 0 \qquad (10-7)$$

当 $i \neq j$ 时，$\delta_{i,j}=0$；当 $i=j$ 时，$\delta_{i,j}=1$。

[①] Cox J. C., Ingersoll J. E., Ross S. A. A Theory of the Term Structure of Interest-Rates [J]. Econometrica, 1985 (53): 385-407.

[②] Li J. C., Mei D. C. Reverse Resonance in Stock Prices of Financial System with Periodic Information [J]. Physical Review E, 2013 (88): 012811; Drăgulescu A. A., Yakovenko V. M. Probability Distribution of Returns in the Heston Model with Stochastic Volatility [J]. Quantitative Finance, 2002 (2): 443-453.

随后与前面的股票价格收益类似，我们定义证券投资组合收益：

$$\Delta C = \frac{C(t+\Delta t) - C(t)}{C(t)} = \frac{C_{i+1} - C_i}{C_i} \quad (10-8)$$

其中 C_i 是第 i 个时间点相对于开始时的比率（i = 0，1，2，3，…）。

很明显，当考虑投资者仅仅购买一只股票（i.e.，$r_1 = 1.0$ 或 $r_2 = 1.0$）的情况下，投资组合收益 ΔC ［即为方程（10-5）］也就回归的股票价格收益，方程（10-1）也恢复到赫斯特的结构。对此而言，博南诺、马索利韦尔、佩雷洛、雷默、曼克、席尔瓦和雅科文科等研究者均探讨了赫斯特模型的实证分析，也都发现模型的统计特征和金融市场数据的结果是较为吻合的（Bonanno et al.，2007；Valenti et al.，2007；Bonanno et al.，2006；Masoliver & Perelló，2009；2008；Li & Mei，2013b；Li & Mei，2013a；Silva & Yakovenko，2003；Silva et al.，2004；Remer & Mahnke，2004；Vicente et al.，2006）[①]。

在只考虑两只股票构成的投资组合时，对方程（10-4）的模拟计算得到的证券投资组合收益的概率密度函数和通过对金融市场的数据处理得到的结果呈现在图10-1中。图10-1为基于理论计算（theoretical results）和实际数据（real data）处理得到的投资组合收益 ΔC 的概率密度函数（PDF）的比较图。我们发现理论计算和实际数据结果是非常吻合的，而且还可以观察到尖峰形态的特征。

[①] Bonanno G., Valenti D., Spagnolo B. Mean Escape Time in a System with Stochastic Volatility [J]. Physical Review E, 2007 (75): 016106; Valenti D., Spagnolo B., Bonanno G. Hitting Time Distributions in Financial Markets [J]. Physica A, 2007 (382): 311-320; Bonanno G., Valenti D., Spagnolo B. Role of Noise in a Market Model with Stochastic Volatility [J]. European Physical Journal B, 2006 (53): 405-409; Masoliver J., Perelló J. First-Passage and Risk Evaluation under Stochastic Volatility [J]. Physical Review E, 2009 (80): 016108; Masoliver J., Perelló J. Escape Problem under Stochastic Volatility: The Heston Model [J]. Physical Review E, 2008 (78): 056104; Li J.-C., Mei D.-C. The Influences of Delay Time on the Stability of a Market Model with Stochastic Volatility [J]. Physica A, 2013b (392): 763-772; Li J.C., Mei D.C. The Risks and Returns of Stock Investment in a Financial Market [J]. Physics Letters A, 2013a (377): 663-670; Silva A.C., Yakovenko V.M. Comparison between the Probability Distribution of Returns in the Heston Model and Empirical Data for Stock Indexes [J]. Physica A, 2003 (324): 303-310; Silva A.C., Prange R.E., Yakovenko V.M. Exponential Distribution of Financial Returns at Mesoscopic Time Lags: A New Stylized Fact [J]. Physica A, 2004 (344): 227-235; Remer R., Mahnke R. Application of Heston Model and Its Solution to German Dax Data [J]. Physica A, 236-239; Vicente R., De Toledo C.M., Leite V.B.P., et al. Underlying Dynamics of Typical Fluctuations of an Emerging Market Price Index: The Heston Model from Minutes to Months [J]. Physica A, 2006 (361): 272-288.

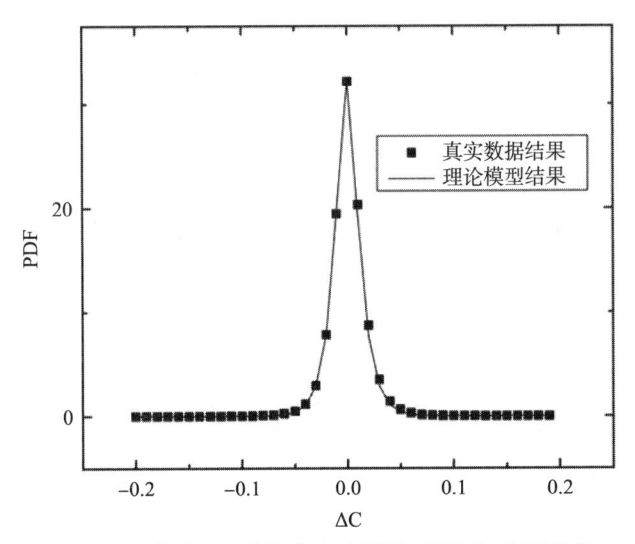

图 10-1 收益 ΔC 的概率密度函数（PDF）实证比较

就图 10-1 中的理论模拟而言，和前面的处理一样，我们利用博克斯－穆勒（Box-Muller）算法得到方程（10-4）中的高斯正态分布的随机噪声源，再取时间步长 $\Delta t = 0.01$（作为一个交易日）使用向前欧拉（Euler）算法对方程（10-3）和方程（10-5）作出模拟。此外，参量的取值为 $a_i = 100.0$、$b_i = 0.01$、$c_i = 2.5 (i = 1, 2)$ 和 $r_1 = 0.5$。就实际数据的处理，我们采用的是 30 只股票数据，时间从 1970 年 1 月 2 日 ~ 2013 年 6 月 3 日，数据源为 Dow Jones（DJI）工业平均指数的数据[①]利用前述提议的资产投资组合的模型，我们任意选择其中两只股票构建我们的投资组合，并且基于方程（10-5）计算出证券投资组合收益的概率密度函数。

为了分析投资组合的离散度对资产收益的影响，我们计算了证券投资组合收益的方差 $\delta_{\Delta C}$ 关于第一只股票初始率 r_1 的变化结果呈现在图 10-2 中。图 10-2 为基于理论计算（theoretical results）和实际数据（real data）处理得到证券投资组合收益的方差（$\delta_{\Delta C}$）关于第一只股票占总资产的比率（r_1）的函数。我们发现，无论是实际数据还是理论结果都显示，当 $r_1 \rightarrow 0.5$，收益方差 $\delta_{\Delta C}$ 单调递减，也即是说，存在一个最佳的 $r_1 (r_1 = 0.5)$ 对应着最大的证券投资组合收益的稳定性。很明显，图 10-2 中的理论分析的结果和实际数据时很吻合的。

---

① 真实数据来自雅虎财经网站，http://finance.yahoo.com/。

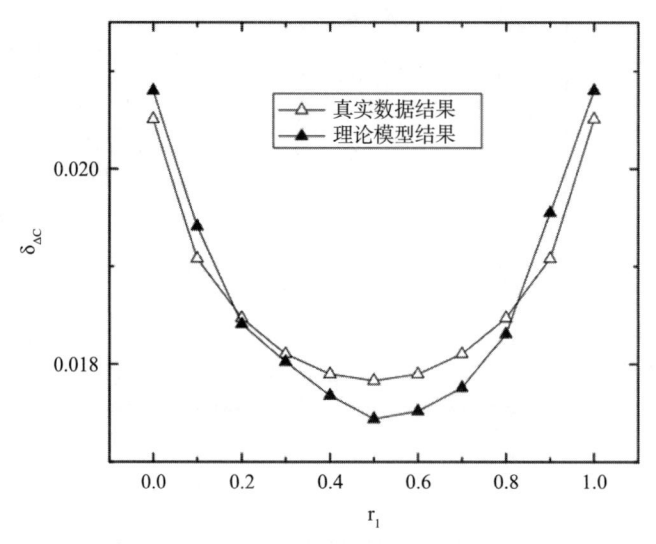

图 10-2 投资组合收益的方差（$\delta_{\Delta C}$）实证比较

为了理解投资组合的离散度对风险的影响，我们利用投资组合的亏损率 $P_{\Delta C<\Delta C_0}$ 来分析风险。这儿的亏损率 $P_{\Delta C<\Delta C_0}$，描述的是价格收益小于风险边界 ΔC_0 的比率。风险边界主要为每个投资者自己对风险的接收能力，在国外也就为保证金的比率。因投资周期为一天，故而，在此处我们采用 $\Delta C_0 = -0.02$，也就是日亏损为 2%，且计算得到 $P_{\Delta C<-0.02}$ 在图 10-3 中。

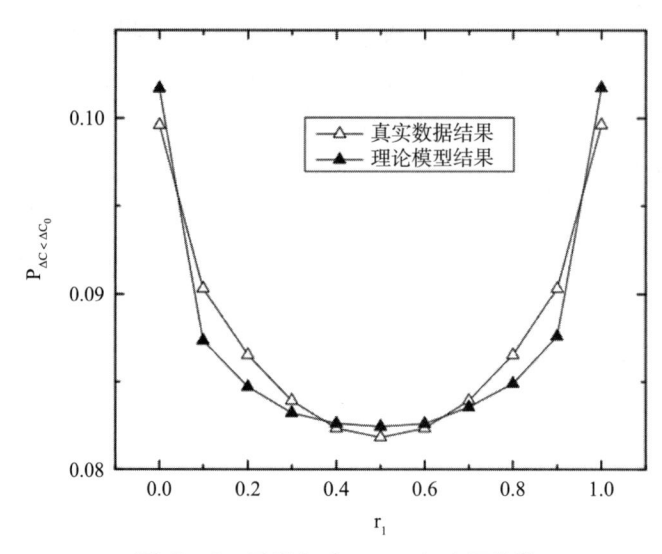

图 10-3 亏损率（$P_{\Delta C<\Delta C_0}$）实证比较

图 10-3 为基于理论计算（theoretical results）和实际数据（real data）处理得到亏损率（$P_{\Delta C<\Delta C_0}$）为股票 1 占总资产的比率（r_1）的函数比较。我们可发现随着 $r_1 \to 0.5$，$P_{\Delta C<-0.02}$ 单调递减，也即是，存在最佳的离散度 r_1（$r_1=0.5$）对应着最小的投资组合的亏损率。从经济学的角度可知，投资组合的离散度（即，$r_1 \to 0.5$）会减弱投资组合的风险 $\delta_{\Delta C}$，也就是有最大的离散度使得风险最小。同样地，图 10-2 中的理论结果和实际数据的处理是非常吻合的。

在图 10-1~图 10-3 的分析中，我们仅仅考虑了交易时间为一天的案例，也就是短线交易，因此接下来我们讨论投资周期对投资组合收益和风险的影响。首先为了理解投资周期对投资组合的收益的作用，投资组合收益的方差作为交易时间（trading days）的函数被画在图 10-4 中。图 10-4 为基于理论计算（theoretical results）和实际数据（real data）处理得到证券投资组合收益的方差（$\delta_{\Delta C}$）关于交易时间（trading days）的函数。无论是理论分析还是实际数据都显示，随着交易时间的增大，$\delta_{\Delta C}$ 单调增加。换句话说，投资组合投资时间的增大会减弱组合资产收益的稳定性。

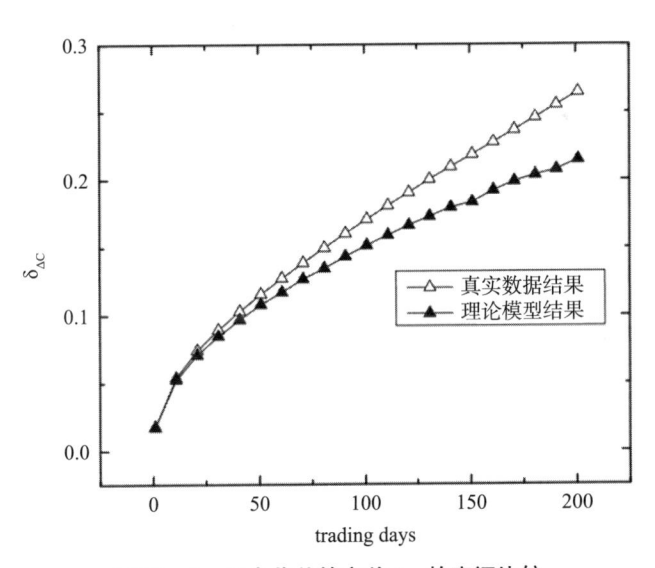

图 10-4 组合收益的方差 $\delta_{\Delta C}$ 的实证比较

最后，为了分析投资周期对投资组合风险的作用，亏损率 $P_{\Delta C<\Delta C_0}$ 作为交易时间的函数表示在图 10-5 中。图 10-5 为基于理论计算（theoretical results）和实际数据（real data）处理得到亏损率（$P_{\Delta C<\Delta C_0}$）关于交易时间

(trading days)的函数。实际数据和理论结果都表明,随着交易时间的增大,亏损率 $P_{\Delta C < \Delta C_0}$ 先增大后减小,也就是,存在一个最坏的投资周期[大约45个交易日(trading days)]使得投资的亏损率最大。换句话说,一个最恶劣的投资周期使得投资风险最大。从图10-4和图10-5中,我们可以观察到,交易周期越小,理论分析和实际数据越吻合。随着交易周期增大,理论分析和实际数据的差异行为越大,这与德莱古列斯库、雅科文科、席尔瓦和我们的文献(Li & Mei, 2013;Silva & Yakovenko, 2003;Drăgulescu & Yakovenko, 2002)[①] 中是一样的。

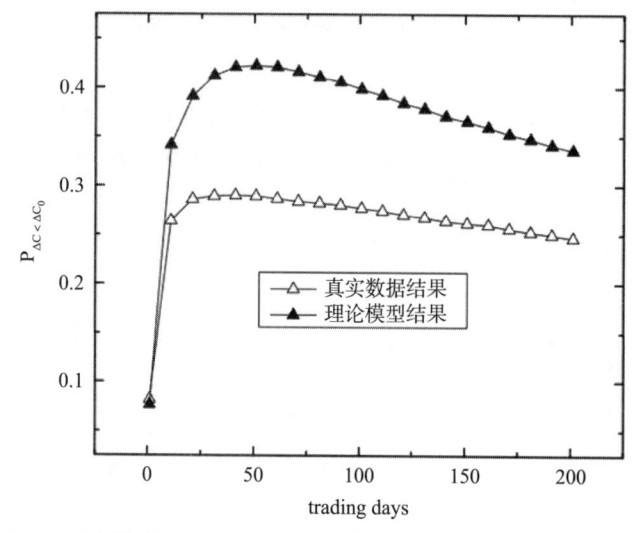

图10-5 交易时间(trading days)下亏损率($P_{\Delta C < \Delta C_0}$)实证比较

总之,我们基于赫斯特模型构建了投资组合的理论模型,并且分析了投资组合的收益和风险。我们发现:(1)模型的资产收益的概率密度函数、方差和亏损率等统计特征的理论结果和实际数据分析是吻合的;(2)最大的组合离散度会使得资产收益的稳定性最强和风险最小;(3)投资周期的变大会减弱资产收益稳定性,且存在最坏的投资周期使得投资风险最大。

[①] Li J. C., Mei D. C. Reverse Resonance in Stock Prices of Financial System with Periodic Information [J]. Physical Review E, 2013 (88): 012811; Silva A. C., Yakovenko V. M. Comparison between the Probability Distribution of Returns in the Heston Model and Empirical Data for Stock Indexes [J]. Physica A, 2003 (324): 303-310; Drăgulescu A. A., Yakovenko V. M. Probability Distribution of Returns in the Heston Model with Stochastic Volatility [J]. Quantitative Finance, 2002 (2): 443-453.

第二节　金融危机的组合模型

对一个适当的投资组合的研究在实际金融市场交易活动中被广泛地讨论。如莫顿的随机最优控制方法几何布朗运动模型的投资优化（Merton，1970）[1]、克拉姆科夫和沙彻迈尔的一个不完整的半鞅市场中的最优投资研究（Kramkov & Schachermayer, 2003; 1999）[2]、梁等人用目标规划的方法对投资组合收益的多种预测（Leung et al., 2001）[3]、科塔里的再生能源的最佳投资组合的研究（Kothari, 2001）[4]和李和梅的投资风险收益的金融物理研究（Li & Mei, 2014）[5]等，这些研究成果中都能发现最优投资组合的分析。自1994～1998年在44个国家之间的日国际交易组合进出流动的研究（Froot et al., 1998）[6]、亚洲和太平洋地区22个主要银行的投资组合分析（Huang et al., 2012）[7]、一个长期波动率指数投资组合讨论（Szado, 2009）[8]等这些研究中还讨论了金融危机情况下的最优组合问题，然而在以上的研究中都缺乏股票价格动力学模型的应用和分析。因而可以进一步考虑股票价格动力学在投资组合中的作用。

在本小节接下来的内容中，我们采用了博南诺、斯帕尼奥洛和瓦伦蒂等（Bonanno et al., 2007; Valenti et al., 2007; Bonanno et al., 2006;

---

[1] Merton R. C. Optimum Consumption and Portfolio Rules in a Continuous–Time Model [J]. Journal of Economic Theory, 1970 (3): 373–413.

[2] Kramkov D., Schachermayer W. Necessary and Sufficient Conditions in the Problem of Optimal Investment in Incomplete Markets [J]. Annals of Applied Probability, 2003 (13): 1504–1516; Kramkov D., Schachermayer W. The Asymptotic Elasticity of Utility Functions and Optimal Investment in Incomplete Markets [J]. Annals of Applied Probability, 1999 (9): 904–950.

[3] Leung M. T., Daouk H., Chen A. S. Using Investment Portfolio Return to Combine Forecasts: A Multiobjective Approach [J]. European Journal of Operational Research, 2001 (134): 84–102.

[4] Kothari S. P. Capital Markets Research in Accounting [J]. Journal of Accounting & Economics, 2001 (31): 105–231.

[5] Li J. C., Mei D. C. The Returns and Risks of Investment Portfolio in a Financial Market [J]. Physica A, 2014 (406): 67–72.

[6] Froot K. A., O'connell P. G. J., Seasholes M. S. The Portfolio Flows of International Investors [J]. Journal of Financial Economics, 1998 (59): 151–193.

[7] Huang X., Zhou H., Zhu H. B. Assessing the Systemic Risk of a Heterogeneous Portfolio of Banks During the Recent Financial Crisis [J]. Journal of Financial Stability, 2012 (8): 193–205.

[8] Szado E. Vix Futures and Options-a Case Study of Portfolio Diversification During the 2008 Financial Crisis [J]. Journal of Alternative Investments, 2009 (2): 12.

Spagnolo & Valenti，2008)[①] 提出来的包含一个有效势函数的修正赫斯特模型来描述投资组合和股票市场崩盘现象。而后通过两个股票构成的投资组合在股票市场崩盘过程中的动力学过程的案例来介绍投资组合动力学模型。采用李和梅提出组合收益概率密度分布函数来描述组合收益（Li & Mei，2013，2014）[②]。与物理中粒子逃逸现象类比，采用博南诺、斯帕尼奥洛和瓦伦蒂等人提出的股票价格从牛市高点到熊市低点的逃逸时间来描述投资者的风险（Bonanno et al.，2007；Valenti et al.，2007；Bonanno et al.，2006；Spagnolo & Valenti，2008）。

一、股票崩盘中投资组合的动力学模型

为了便利地研究股票崩盘情况下投资组合的作用，基于博南诺、斯帕尼奥洛和瓦伦蒂等人的研究，采用了包含两种不同动力学区域的一个有效"非线性单稳态势函数"，两种动力学区域分别描述了股票市场常态和金融危机的极端状态（Bonanno et al.，2007；Valenti et al.，2007；Bonanno et al.，2006；Spagnolo & Valenti，2008）[③]，可详见图10-6。图10-6为股票对数价格［$x(t)$］的有效势函数［$U(x)$］，从图中可以看出我们随机模拟的起始位置。而后研究了两种不相关的股票构成的投资组合风险和收益（Li & Mei，2014）[④] 的特殊案例。投资组合资产比率$C(t)$的动力学过程可由一下方程组描述：

$$C(t) = r_1 \exp(x_1(t) - x_1(0)) + (1 - r_1)\exp(x_2(t) - x_2(0))$$

[①] Bonanno G., Valenti D., Spagnolo B. Mean Escape Time in a System with Stochastic Volatility [J]. Physical Review E, 2007 (75): 016106; Valenti D., Spagnolo B., Bonanno G. Hitting Time Distributions in Financial Markets [J]. Physica A, 2007 (382): 311–320; Bonanno G., Valenti D., Spagnolo B. Role of Noise in a Market Model with Stochastic Volatility [J]. European Physical Journal B, 2006 (53): 405–409; Spagnolo B., Valenti D. Volatility Effects on the Escape Time in Financial Market Models [J]. International Journal of Bifurcation and Chaos, 2008 (18): 2775–2786.

[②] Li J. C., Mei D. C. The Risks and Returns of Stock Investment in a Financial Market [J]. Physics Letters A, 2013 (377): 663–670; Li J. C., Mei D. C. The Returns and Risks of Investment Portfolio in a Financial Market [J]. Physica A, 2014 (406): 67–72.

[③] Bonanno G., Valenti D., Spagnolo B. Mean Escape Time in a System with Stochastic Volatility [J]. Physical Review E, 2007 (75): 016106; Valenti D., Spagnolo B., Bonanno G. Hitting Time Distributions in Financial Markets [J]. Physica A, 2007 (382): 311–320; Bonanno G., Valenti D., Spagnolo B. Role of Noise in a Market Model with Stochastic Volatility [J]. European Physical Journal B, 2006 (53): 405–409; Spagnolo B., Valenti D. Volatility Effects on the Escape Time in Financial Market Models [J]. International Journal of Bifurcation and Chaos, 2008 (18): 2775–2786.

[④] Li J. C., Mei D. C. The Returns and Risks of Investment Portfolio in a Financial Market [J]. Physica A, 2014 (406): 67–72.

$$dx_1(t) = -\left(\frac{\partial U(x_1)}{\partial x_1} + \frac{\nu_1(t)}{2}\right)dt + \sqrt{\nu_1(t)}dW_1(t)$$

$$d\nu_1(t) = a_1(b_1 - \nu_1(t))dt + c_1\sqrt{\nu_1(t)}dZ_1(t)$$

$$dx_2(t) = -\left(\frac{\partial U(x_2)}{\partial x_2} + \frac{\nu_2(t)}{2}\right)dt + \sqrt{\nu_2(t)}dW_2(t)$$

$$d_2\nu(t) = a_2(b_2 - \nu_2(t))dt + c_2\sqrt{\nu_2(t)}dZ_2(t) \quad (10-9)$$

其中，r_1 是第一只股票在总资产中的权重比率，$x_i(t)$ 为第 i 支的对数价格（i=1，2），$\nu_i(t)$ 股票价格的波动，b_i 描述股票价格波动长期期望值，c_i 常常被称为波动的波动（volatility of volatility），也即是股票波动涨落的振幅。初始值为 $x_1(0) = -1.25$，$x_2(0) = -1.25$。有效势函数 U 为 $U(x) = px^3 + qx^2$，其中 p=2 和 q=3（见图 10-6）。为了研究的简便，考虑 $dW_i(t)$ 和 $dZ_i(t)$ 为不相关的 Wiener 过程，而且有着如下的统计性质：

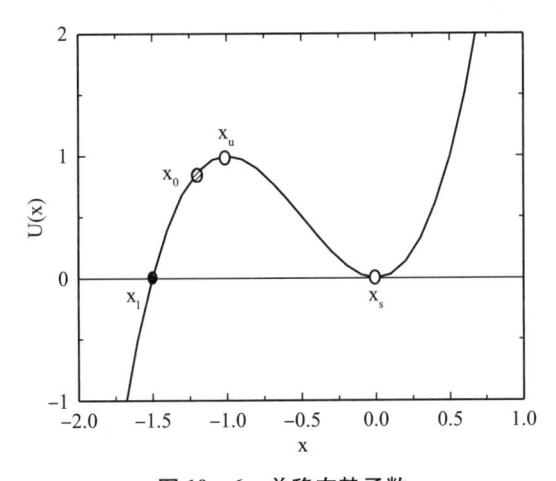

$$\langle dW_i(t)\rangle = \langle dZ_i(t)\rangle = 0$$

$$\langle dW_i(t)dW_j(t')\rangle = \langle dZ_i(t)dZ_j(t')\rangle = \delta_{i,j}\delta(t-t')dt$$

$$\langle dW_i(t)dZ_i(t')\rangle = \langle dZ_i(t')dW_i(t')\rangle = 0 \quad (10-10)$$

图 10-6 单稳态势函数

对于有效势函数 U(x) 而言，可以直接从图 10-6 中看出 U(x) 包含了一个稳态 $x_s = 0$ 和一个不稳定态 $x_u = -1.0$。当 $x_1 = -1.5$，$U(x_1) = U(x_s)$。从概率角度看，当初始位置在左边不稳定区域 $x_0 \in [x_1, x_u]$，一个布朗粒子从左边逃逸下去的概率必然比再一次进入右边区域的概率高。这个行为和股票价格如果处于熊市崩盘的金融危机中，则股价会继续下跌概率必然比股价上涨或者处于长期盘整的概率高。所以左边区域很好地描述股价崩盘的极端过程，右边区域很好地描述股价处于盘整的常态情况。具体过程详见博南诺2006年的研究（Bonanno et al., 2006）。因此理论上股票组合从初始位置在亚稳态区域 $C(0) = 100\%$ [i. e., $x_1(0) = -1.25$ 和 $x_2(0) = -1.25$] 出发，到股价极低接近退市的价位 C_a 为止的时间，可以很好地描述股票价格从牛市高点到熊市低点的时间。结束价位 C_a 也可以理解为止损位置。考虑融资融券的情况采用保证金 $C \leq 10\%$。很明显逃逸时间越长，投资者越有充足的时间离开市场，越加安全，也就是，时间越长，投资者风险越小。可以用它来描述股票逃逸的风险和股价稳定性。粒子在不同区域的逃逸行为及物理意义具体可以参考斯帕尼奥洛和他的学生们的研究文献（Agudov & Spagnolo, 2001；Fiasconaro & Spagnolo, 2009）[①]。

二、投资组合的收益

对于投资组合的收益，采用戈皮克里希南、里奥和曼特格纳等人的研究（Gopikrishnan et al., 1998；Lillo & Mantegna, 2000）[②] 中收益概率密度函数（PDF）来描述。研究了投资组合收益（ΔC）的 PDF，而组合收益可以由以下的方程得到（Li & Mei, 2014）[③]：

$$\Delta C = \frac{C(t + \Delta t) - C(t)}{C(t)} = \frac{C_{i+1} - C_i}{C_i} \quad (10-11)$$

其中，C_i 第 i 时间点投资组合的资产比值（相对于初始资产）（i = 0, 1, 2, 3, …）。此外，从我们以前的研究（Li & Mei, 2014）中，可以发现模型的理论结果和实际的道琼斯（DJI）数据构成的组合吻合得很好。

对于投资组合收益 PDF 的数值模拟，由前述你提议模型的方程，采用了 Box – Muller 算法得到高斯分布的随机噪声过程。时间步长取为 $\Delta t = 0.01$，初始资产为百分之百 $C(0) = 100\%$，可理解为 1 元投资。止损结束交易价位为 C_a。计算了超过 10^6 的模拟序列。基于博南诺 2006 年研究文献

[①] Agudov N. V., Spagnolo B. Noise – Enhanced Stability of Periodically Driven Metastable States [J]. Physical Review E, 2001（64）：035102；Fiasconaro A., Spagnolo B. Stability Measures in Metastable States with Gaussian Colored Noise [J]. Physical Review E, 2009（80）：041110.

[②] Gopikrishnan P., Meyer M., Amaral L. a. N., et al. Inverse Cubic Law for the Distribution of Stock Price Variations [J]. European Physical Journal B, 1998（3）：139 – 140；Lillo F., Mantegna R. N. Variety and Volatility in Financial Markets [J]. Physical Review E, 2000（62）：6126 – 6134.

[③] Li J. C., Mei D. C. The Returns and Risks of Investment Portfolio in a Financial Market [J]. Physica A, 2014（406）：67 – 72.

(Bonanno et al., 2006)[①] 的图 3 中过程，采用参数为 $a_i=2.0$，$b_i=0.01$ 和 $c_i=1.0$（$i=1, 2$）。

关于组合收益 ΔC 和第一支权重 r_1 的 PDF 呈现在图 10-7 中。图 10-7 为关于组合收益（ΔC）和第一支权重（r_1）的概率密度函数（PDF）。止损位置为 $C_a=10\%$。可以发现 PDF 关于 ΔC 呈现出单峰的密度分布函数特征，随着第一只股票权重 r_1 的上升，PDF 关于 ΔC 的峰值先增加后减小。换句话说，存在一个最佳的权重最大地增强投资组合收益的稳定性。收益稳定性可以由概率密度函数峰值的大小描述。和噪声增强稳定性的效应（Agudov & Spagnolo, 2001）[②] 相同，最大的投资分散度（i.e., $r_1 \to 0.5$）可以最强地增强组合资产稳定性。从中得出和马科维兹组合理论相同的结论。

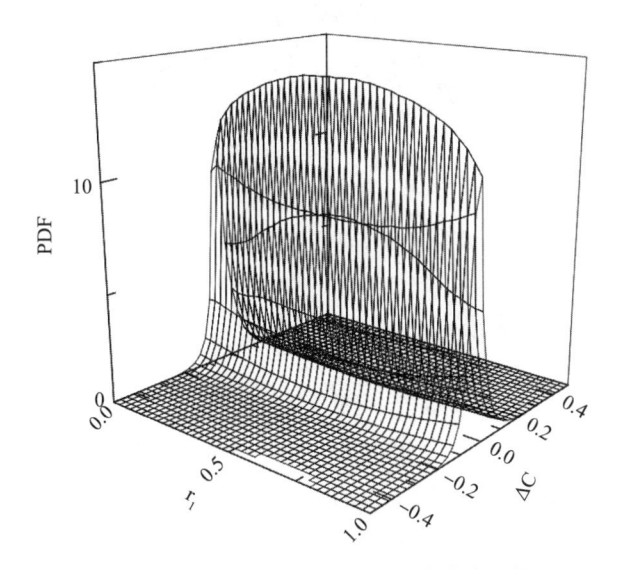

图 10-7 组合收益和权重的概率密度函数

关于组合收益 ΔC 和止损位置 C_a 的 PDF 函数关系也呈现在图 10-8。图 10-8 为关于组合收益（ΔC）和止损位置（C_a）的概率密度函数（PDF），其中权重 $r_1=0.5$。明显，和图 10-7 一样资产组合收益 PDF 表现出单峰特征，这和实际情况定性上市吻合的。结束交易的止损位置变大，即

[①] Bonanno G., Valenti D., Spagnolo B. Role of Noise in a Market Model with Stochastic Volatility [J]. European Physical Journal B, 2006 (53): 405-409.
[②] Agudov N. V., Spagnolo B. Noise-Enhanced Stability of Periodically Driven Metastable States [J]. Physical Review E, 2001 (64): 035102.

组合卖点变大，会先增强 PDF 关于 ΔC 的峰值后减弱这个峰值，也即是说存在一个最佳的卖点能最大地增强投资组合收益的稳定性。同时从模型中也定量得出最佳的止损位置（约 $C_a = 6\%$）。

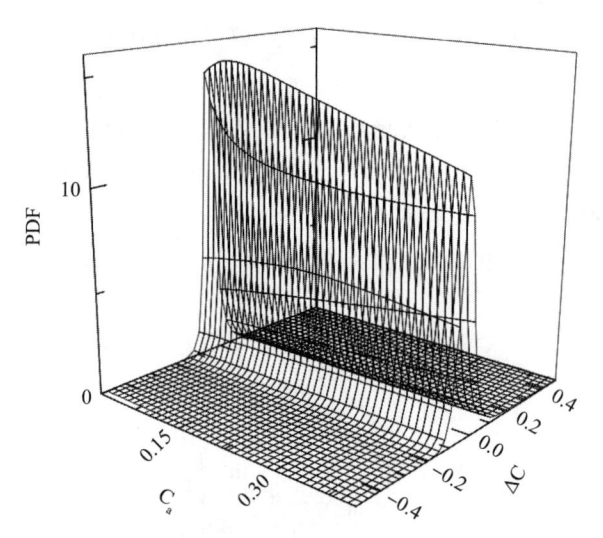

图 10-8　组合收益（ΔC）和止损位置（C_a）的概率密度函数

三、投资组合的风险

对于投资组合的风险而言，用从亚稳态初始位置 $C(0) = 100\%$ 开始到止损卖出点 C_a 的平均逃逸时间（MET）来描述风险。随着 MET 的增加，投资者有更多的时间逃离市场（Li & Mei, 2014)[①]，也就是 MET 的增加和投资组合的风险相关。

平均逃逸时间（MET）关于第一只股票权重 r_1 的函数在不同的止损位置 C_a 的关系呈现在图 10-9。图 10-9 为平均逃逸时间（MET）关于第一只股票权重（r_1）的函数在不同的止损位置（C_a）的关系呈现在图中；图（a）中选取的区域为 $r_1 \in [0, 1]$，图（b）中选取的区域为 $r_1 \in [0, 0.5]$。在图 10-9（a）中可以观察到 MET 关于 r_1 函数中有两个极小值，随着止损位置 C_a 的增强 MET 减小。由于组合中两个股票选择了相同的参数，因而 MET 关于 r_1 的函数关于 $r_1 = 0.5$ 是对称的。为了详细研究，得到 MET 关于

---

① Li J. C., Mei D. C. The Returns and Risks of Investment Portfolio in a Financial Market [J]. Physica A, 2014 (406): 67-72.

$r_1(r_1 \in [0, 0.5])$ 的行为表现在图 10-9（b）。很明显，从金融的角度，存在一个最坏的组合分散度（约 $r = 0.08$）使得组合的风险最大。止损位的上升会增强投资组合逃逸的风险。

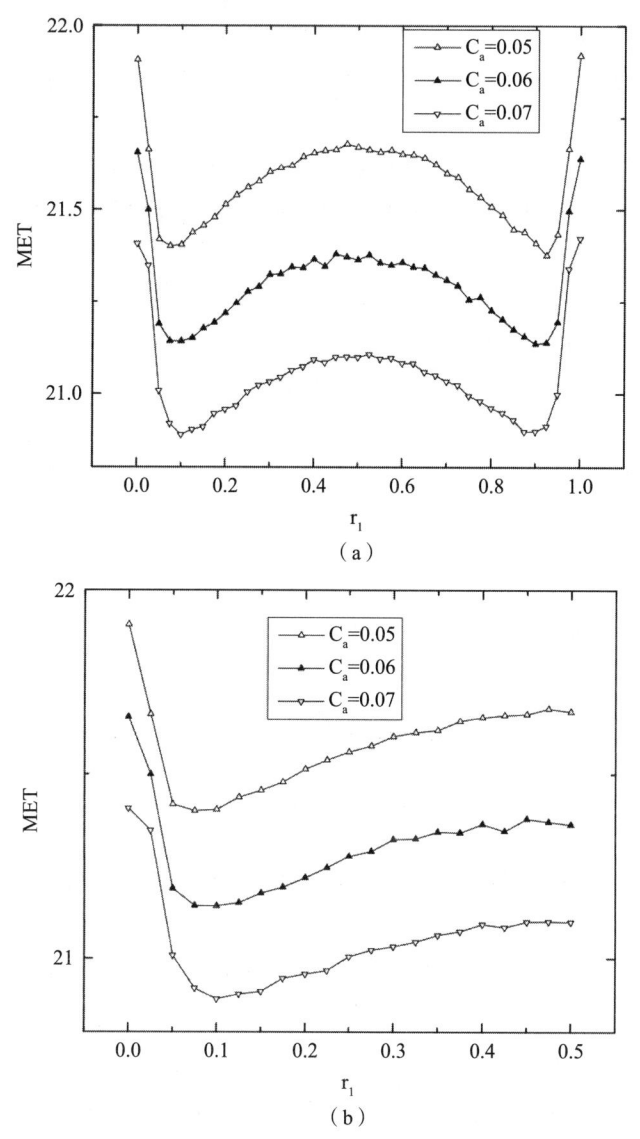

图 10-9　股票权重的平均逃逸时间（MET）

四、实证比较

在这一部分，我们实证地比较了模型的模拟结果和实际数据的结果。为了研究第三部分中结果与实际数据的吻合度,数值模拟模型得到资产组合收益的概率密度函数 PDF,同时得到实际金融市场数据的 PDF,这些结果呈现在图 10-10 中。图 10-10 是在第一只股票权重为 $r_1 = 0.5$ 时,组合资产收益(ΔC)的概率密度函数(PDF)基于理论计算(theoretical results)和实际数据①(real data)的比较。对于实际数据而言,我们从雅虎财经中选取了道琼斯工业指数(DJI)的 30 只成分股的修正收盘价。时间段为 2009 年 10 月 30 日 ~ 2013 年 6 月 3 日。用我们 2014 年研究文献(Li & Mei,2014)②的方法,计算出实际数据组合收益的概率密度函数,用方块表现在图 10-10 中。从图中可以看出理论和实际结果吻合得很好,同样表现出尖峰和厚尾的特征。

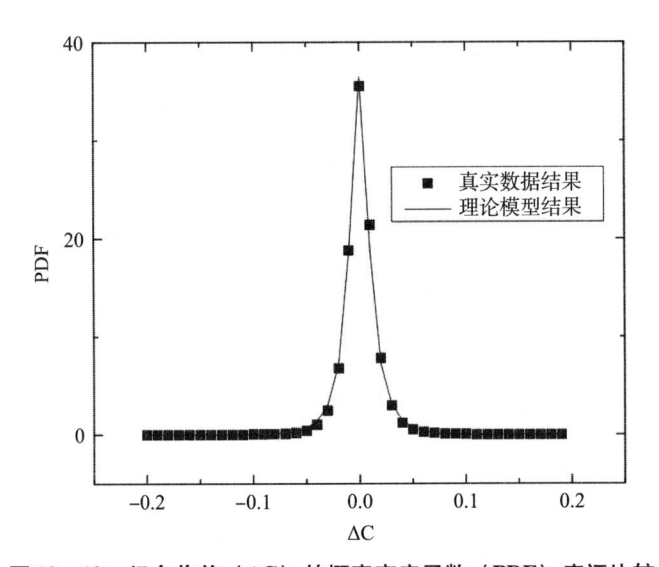

图 10-10 组合收益(ΔC)的概率密度函数(PDF)实证比较

为了比较图 10-9 中的结果与实际数据的吻合度,计算了实际数据的 MET 关于 r_1 呈现在图 10-11 中。图 10-11 把从真实金融市场数据中得到平均逃逸时间(MET)关于第一只股票权重(r_1)的函数在不同的止损位置(C_a)的关系呈现在图中。对于实际数据,我们从雅虎财经中选取了道琼斯工业指数(DJI)的 30 只成分股的修正收盘价。时间段为 1990 年 5 月

---

① 真实数据来自雅虎财经网站,http://finance.yahoo.com/。

② Li J. C., Mei D. C. The Returns and Risks of Investment Portfolio in a Financial Market [J]. Physica A,2014(406):67-72.

1 日到 2013 年 6 月 3 日。选取 30 日高点和低点构成区域,从最近的 30 日高点的收盘价出发。为了简便只选择两只股票的组合,和我们 2014 年研究文献 (Li & Mei, 2014)① 中一样。两个股票的初始价格为 $p_1(0)$ 和 $p_2(0)$,初始权重为 r_1 和 $1-r_1$。而后实际数据组合资产可以表示为 $C^{data}(0) = r_1 p_1(0) + (1-r_1)p_2(0)$ 在初始位置。采用融资融券的方式,交易杠杆为 $1:\alpha$(此处 $\alpha=5$)。当在 $\frac{C^{data}(t)}{C^{data}(0)} < C_a$ 结束。这样可以得到一个实际数据的逃逸时间。反复对所取的数据计算后得到平均结果。从 DJI 真实金融市场数据中得到平均逃逸时间(MET)关于第一只股票权重 r_1 的函数在不同的止损位置 C_a 的关系呈现在图 10 – 11 中。可以观察到 MET 关于 r_1 的行为中有一个最小值。这个最小值会随着 C_a 的增强而减小。这个行为特征和图 10 – 9 (b) 中是一样的,吻合得较好。

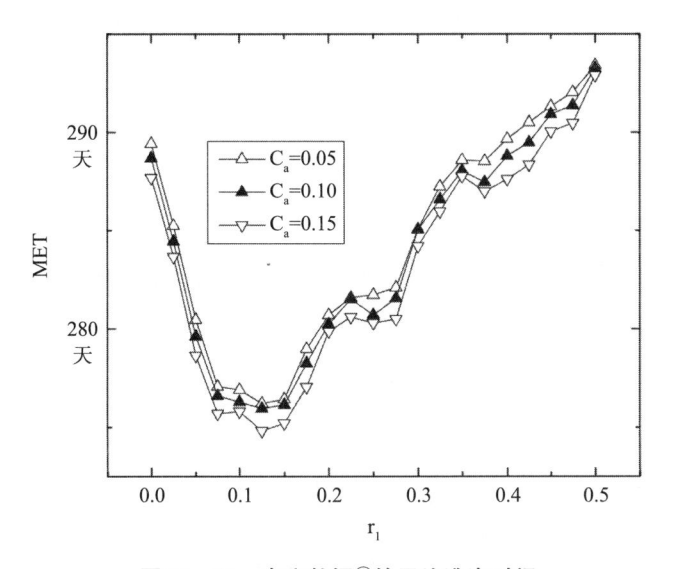

图 10 – 11 真实数据②的平均逃逸时间

为了进一步比较图 10 – 9 (b) 和图 10 – 11,对图 10 – 11 在 $C_a = 0.05$ 的 MET 进行归一化处理,也就是把图 10 – 9 (b) 中一个 MET 当作 13.2 交易日。最后理论计算和实际数据的结果表现在图 10 – 12 中。图 10 – 12 基于

---

① Li J. C., Mei D. C. The Returns and Risks of in Vestment Portfolio in a Financial Market [J]. Physica A, 2014 (406): 67 – 72.

② 真实数据来自雅虎财经网站,http://finance.yahoo.com/。

理论计算（theoretical results）和实际数据（real data）。在 $C_a = 0.05$ 时平均逃逸时间（MET）关于第一只股票权重（r_1）可以发现理论结果和实际结果是吻合的很好的，它们之间只有着大约 0.5 的偏差。

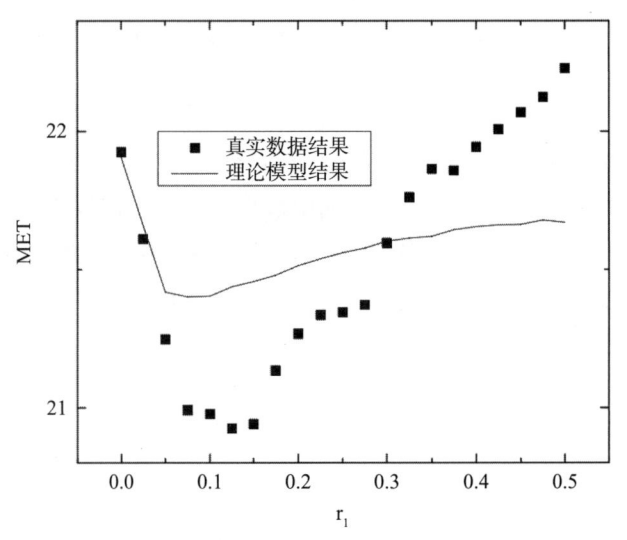

图 10-12　平均逃逸时间（MET）实证比较

第三节　马科维兹组合与逃逸时间

在实际的金融市场，理性的投资者期望能找到较低风险较高收益的投资组合来进行投资。马科维兹（Markowitz, 1952; Markowitz, 2000）[1] 在 1952 年提出了均值方差模型，采用收益的平均值描述收益，方差衡量风险，而后能计算得到最佳的投资组合。均值方差理论为现代组合选择分析理论（Feldstein, 1969）[2] 建立了的理论基础。在现代，组合理论取得了长足的进步。黄晓霞（2011）引入风险曲线提出了均值风险模型（Huang, 2011）[3];

---

[1] Markowitz H. Porfolio Selection [J]. Theory & Practice of Investment Management Asset Allocation Valuation Portfolio Construction & Strategies Second Edition, 1952 (7): 77 – 91; Markowitz H. M. Todd G. P. Mean – Variance Analysis in Portfolio Choice and Capital Markets [M]. John wiley & Sons, 2000.

[2] Feldstein M. S. Mean – Variance Analysis in the Theory of Liquidity Preference and Portfolio Selection [J]. Review of Economic Studies, 1969 (36): 5 – 12.

[3] Huang X. X. Mean – Risk Model for Uncertain Portfolio Selection [J]. Fuzzy Optimization and Decision Making, 2011 (10): 71 – 89.

苏利曼和张云（Suliman & Zhang，2013）①基于一个标准的二次规划的在重构基础上为有限资产马科维兹组合模型提出一个完备的新方法；凯伦和曲蓉（Lwin & Qu，2013）②基于人口的增量学习和微分进化算法的投资组合选择问题提出和研究了一个新的混合算法集成；有学者（Neumann et al.，2016）③讨论了交通数据与马科维茨的投资组合的融合；有学者（Sen et al.，2016）④分析了高维度对马科维茨投资组合的有效边界的影响。由上面的例证中可以发现马科维兹最佳组合理论在资产配置和投资组合的最佳组合选择中是一个有效的和有价值的工具。然而，以上的研究中对马科维兹组合在股市崩盘中的随机动力学过程的研究是较少的。因此马科维兹组合在股市崩盘中的随机动力学过程需要更进一步的研究。

与此同时，诸多自然系统稳定性的研究也被学者广泛地从理论和实证上进行了分析（Spagnolo et al.，2004；Mantegna & Spagnolo，1996）⑤。基于平均逃逸时间的方式也观察到噪声增强稳定性的现象（Spagnolo et al.，2004；Mantegna & Spagnolo，1996）。即使在金融系统中，博南诺和瓦伦蒂等人也发现平均逃逸时间能很好地描述了噪声增强稳定性现象（Bonanno et al.，2007；Valenti et al.，2007；Bonanno et al.，2006）⑥。因此在本节中，通过数值模拟一个修正的赫斯特模型，研究了在股市崩盘状态下马科维兹投资组合的稳定性。金融系统的稳定性由股价处于稳定区域到崩盘的金融危机区域的时间来描述（Bonanno et al.，2007；Valenti et al.，2007；Bonanno et al.，

---

① Suliman A., Zhang Y. A New Method for Mean – Variance Portfolio Optimization with Cardinality Constraints [J]. Annals of Operations Research, 2013 (205): 213 – 234.

② Lwin K., Qu R. A Hybrid Algorithm for Constrained Portfolio Selection Problems [J]. Applied Intelligence, 2013 (39): 251 – 266.

③ Neumann T., Ebendt R., Kuhns G. From Finance to Its: Traffic Data Fusion Based on Markowitz′ Portfolio Theory [J]. Journal of Advanced Transportation, 2016 (50): 145 – 164.

④ Sen R., Gupta P., Dey D. High Dimensionality Effects on the Efficient Frontier: A Tri – Nation Study [J]. Journal of Data Analysis and Information Processing, 2016 (4): 13.

⑤ Spagnolo B., Agudov N. V., Dubkov A. A. Noise Enhanced Stability [J]. Acta Physica Polonica, 2004 (35): 1419; Mantegna R. N., Spagnolo B. Noise Enhanced Stability in an Unstable System [J]. Physical Review Letters, 1996 (76): 563 – 566.

⑥ Bonanno G., Valenti D., Spagnolo B. Mean Escape Time in a System with Stochastic Volatility [J]. Physical Review E, 2007 (75): 016106; Valenti D., Spagnolo B., Bonanno G. Hitting Time Distributions in Financial Markets [J]. Physica A, 2007 (382): 311 – 320; Bonanno G., Valenti D., Spagnolo B. Role of Noise in a Market Model with Stochastic Volatility [J]. European Physical Journal B, 2006 (53): 405 – 409.

2006)。本节内容已经于 2016 年发表在金融物理 SCI 期刊（Li et al., 2016）[①] 中。

一、投资组合与马科维兹组合优化理论

为了重点研究资产组合的风险，接下来的研究中不考虑无风险资产的存在状态。投资组合 C(t) 的动力学可以表达为（Li & Mei, 2014）[②]：

$$C(t) = \sum_{i=1}^{n} w_i \exp(x_i(t) - x_i(0))$$

$$dx_i(t) = \left(\mu_i - \frac{v_i(t)}{2}\right)dt + \sqrt{v_i(t)}dW_i(t)$$

$$dv_i(t) = a_i(b_i - v_i(t))dt + c_i\sqrt{v_i(t)}dZ_i(t) \quad (10-12)$$

其中，下标 i 指的是第 i 只股票（i = 1, ⋯, n），w_i 是第 i 只股票的在整个资产组合中的初始权重，$x_i(t)$ 为第 i 只股票的对数价格（i = 1, 2），μ_i 为增长率，$v(t)_i$ 为第 i 只股票的波动，a_i 为 $v(t)_i$ 的平均回复速度，b_i 为长期方差，c_i 是 volatility of volatility，也就是波动涨落的振幅（Cox et al., 1985）[③]，$dW_i(t)$ 和 $dZ_i(t)$ 关联的 Wiener 进程，且有着如下的统计特征

$$\langle dW_i(t) \rangle = \langle dZ_i(t) \rangle = 0$$

$$\langle dW_i(t)dW_j(t') \rangle = \langle dZ_i(t)dZ_j(t') \rangle = \delta_{i,j}\delta(t-t')dt$$

$$\langle dW_i(t)dZ_j(t') \rangle = \langle dZ_j(t')d_iW(t) \rangle = \lambda_{i,j}\delta(t-t')dt \quad (10-13)$$

其中，$\lambda_{i,j}$ 为 $dW_i(t)$ 和 $dZ_j(t)$ 关联强度。

在实际的交易过程中，积极的投资者会基于对风险和收益的认知积极地调整个股权重，以期望更高的收益较低的风险。为了调整上面两组方程构成的模型组合组合（P）的权重，本节采用马科维兹最优投资组合理论（Markowitz, 1952; Markowitz, 2000）[④]：

$$\min \frac{1}{2}W'\Omega W$$

[①] Li Y. X., Qian Z. W., Li J. C., et al. The Stability of Portfolio Investment in Stock Crashes [J]. Modern Physics Letters B, 2016 (30): 1650288.

[②] Li J. C., Mei D. C. The Returns and Risks of Investment Portfolio in a Financial Market [J]. Physica A, 2014 (406): 67 - 72.

[③] Cox J. C., Ingersoll J. E., Ross S. A. A Theory of the Term Structure of Interest - Rates [J]. Econometrica, 1985 (53): 385 - 407.

[④] Markowitz H. Porfolio Selection [J]. Theory & Practice of Investment Management Asset Allocation Valuation Portfolio Construction & Strategies Second Edition, 1952 (7): 77 - 91; Markowitz H. M. Todd G. P. Mean - Variance Analysis in Portfolio Choice and Capital Markets [M]. John wiley & Sons, 2000.

s. t.
$$W'e = E(R_P)$$
$$W'1 = 1 \tag{10-14}$$

其中 W 为组合权重向量，$W' = (w_1, w_2, \cdots, w_n)$ 是权重向量的转置矩阵 W，$\Omega = \text{Cov}(R)$，$R' = (R_1, R_2, \cdots, R_n)$ 是收益向量的转置矩阵，$e = E(R)$ 期望收益向量，1 为一个单位向量，R_P 是投资组合 $C(t)$ 的收益（i. e.，Markowitz portfolio return），

$$R_P = \frac{C(t+\Delta t) - C(t)}{C(t)}$$
$$= \frac{C_{i+1} - C_i}{C_i} \tag{10-15}$$

此处 C_i 是第 i 个时间点资产组合的比重（$i = 0, 1, 2, 3, \cdots$）。从似然函数理论，可以得到组合最佳权重 W_P：

$$W_P = g + E(R_P)h \tag{10-16}$$

其中：

$$g = \frac{B}{D}\Omega^{-1}1 - \frac{A}{D}\Omega^{-1}e, \quad h = \frac{C}{D}\Omega^{-1}e - \frac{A}{D}\Omega^{-1}1 \tag{10-17}$$

此外，

$$A = e'\Omega^{-1}1$$
$$B = e'\Omega^{-1}e$$
$$C = 1'\Omega^{-1}1$$
$$D = BC - A^2 \tag{10-18}$$

二、股市崩盘中的投资组合

为了研究股市崩盘中的投资组合，基于博南诺和瓦伦蒂等人的研究，我们采用了包含两种不同动力学区域的一个有效"非线性单稳态势函数"，两种动力学区域分别描述了股票市场常态和金融危机的极端状态（Bonanno et al., 2007; Valenti et al., 2007; Bonanno et al., 2006）[1]。基于同一个市场中系统风险因子，假设每一只股票在股市崩盘中有相同的趋势，第三节第

---

[1] Bonanno G., Valenti D., Spagnolo B. Mean Escape Time in a System with Stochastic Volatility [J]. Physical Review E, 2007 (75): 016106; Valenti D., Spagnolo B., Bonanno G. Hitting Time Distributions in Financial Markets [J]. Physica A, 2007 (382): 311-320; Bonanno G., Valenti D., Spagnolo B. Role of Noise in a Market Model with Stochastic Volatility [J]. European Physical Journal B, 2006 (53): 405-409.

一部分中第一个方程组变为：

$$C(t) = \sum_{i=1}^{n} w_i \exp(x_i(t) - x_i(0))$$

$$dx_i(t) = -\left(\frac{\partial U}{\partial x_i} + \frac{v_i(t)}{2}\right)dt + \sqrt{v_i(t)}dW_i(t)$$

$$dv_i(t) = a_i(b_i - v_i(t))dt + c_i\sqrt{v_i(t)}dZ_i(t) \quad (10-19)$$

其中有效势函数 U 为 $U(x_i) = px_i^3 + qx_i^2$，参数 $p=2$ 和 $q=3$（见图10-13）。图10-13为股票对数价格 $x(t)$ 的有效势函数 $[U(x)]$，从图中可以看出我们随机模拟的起始位置。

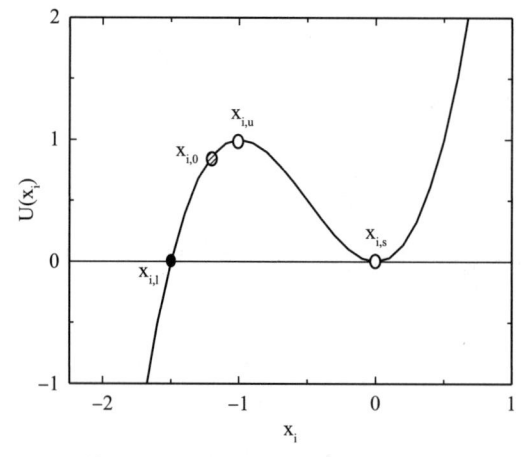

图10-13 第 i 只股票有效单稳态势函数和模拟的起始位置

从图10-13中，可以直接发现有效势函数 $U(x_i)$ 有一个稳态 $x_{i,s}=0$ 和一个亚稳态 $x_{i,u}=-1.0$。当 $x_{i,l}$ 为 -1.5，$U(x_{i,l})=U(x_{i,s})$。从概率角度看，当初始位置在左边不稳定区域 $x_0 \in [x_l, x_u]$，一个布朗粒子从左边逃逸下去的概率必然比再一次进入右边区域的概率高。这个行为和股票价格如果处于熊市崩盘的金融危机中，则股价会继续下跌概率必然比股价上涨或者处于长期盘整的概率高。所以左边区域很好地描述股价崩盘的极端过程，右边区域很好地描述股价处于盘整的常态情况。具体过程详见博南诺等人2006年论文中的方法（Bonanno et al., 2006）。粒子在不同区域的逃逸行为及物理意义具体可以参考阿格里戈夫和斯帕尼奥洛2001年的研究文献（Agudov & Spagnolo, 2001）[1]。

---

[1] Agudov N. V., Spagnolo B. Noise-Enhanced Stability of Periodically Driven Metastable States [J]. Physical Review E, 2001 (64): 035102.

对于马科维兹投资组合，基于本节内容给出的理论模型方程和我们 2015 年研究文献（Li et al., 2015）[①] 中的函数，计算马科维兹组合收益（ΔC）的概率密度函数（PDF）的模拟结果。呈现在图 10 – 14 中的线条。真实数据的结果呈现在图 10 – 14 中。图 10 – 14 为基于理论计算（theoretical results）和实际数据（real data）的实证比较，理论结果为马科维兹组合收益（ΔC）的概率密度函数（PDF）理论结果。马科维兹组合股票数量 Np = 3，计算窗口为 60 个交易日。模拟式（10 – 19）中方程的噪声源，采用的是 Box – Muller 算法模拟高斯分布的随机噪声，时间步长为 $\Delta t = 0.01$（作为一个交易日）。计算了超过 10^6 的模拟序列。参数为 $a_i = 0.858324$，$b_i = 0.0538647$，$c_i = 0.549836$（i = 1，2，…）和 $\lambda_i = 0.241069$。为了计算方便，设置 $\lambda_{i,j} = 0$，$i \neq j$ 和 $\lambda_i = \lambda_{i,j}$，i = j，同时在下文中用 a、b、c 和 λ 取代 a_i、b_i、c_i 和 λ_i。对于真实数据而言，采用了 2009 年金融危机的数据，从雅虎财经中选取了道琼斯工业指数（DJI）的 30 只成分股的复权收盘价[②]。时间段为 2008 年 1 月 2 日 ~ 2010 年 5 月 28 日。可以发现理论和实际结果是吻合的很好的，也能观察到尖峰厚尾的特征。

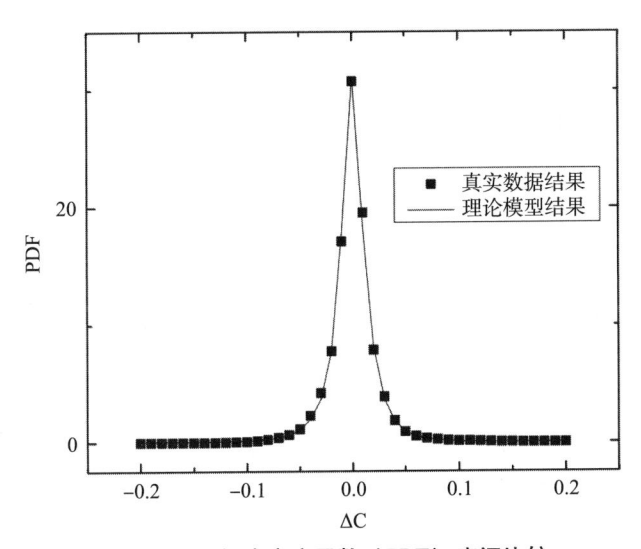

图 10 – 14 概率密度函数（PDF）实证比较

[①] Li J. C., Long C., Chen X. D. The Returns and Risks of Investment Portfolio in Stock Market Crashes [J]. Physica A, 2015 (427): 282 – 288.

[②] 真实数据来自雅虎财经网站，http://finance.yahoo.com/。

三、平均逃逸时间

对于投资组合的风险而言，计算了从 $C(0) = 100\%$ 到止损结束 C_a 的逃逸时间来描述。随着平均逃逸时间（MET）的增加，投资者有充足的时间离开市场（Li et al., 2015）[①]，也就是高的 MET 和低的组合投资风险成比例。马科维兹组合对 MET 关于 b 和 c 的作用分别呈现在图 10 - 15（a）和（b）中。图 10 - 15 为不同的股票数量组合（Np）下，平均逃逸时间（MET）关于 b 或 c 的函数，其他参数和图 10 - 14 一样。图 10 - 15（a）和（b）都显示了 MET 关于 b 和 c 表现出一个峰值特征。还能观察到马科维兹组合股票数量 Np 的上升会先增强 MET 关于 b 和 c 的最大值后再减弱它。换句话说，在图 10 - 15（a）和（b）中 MET 关于 b 和 c 的形态中，存在一个最佳的临界值 Np 能最大地增强投资组合稳定性。当 Np < 5，Np 的上升加强系统稳定性，反之在 Np > 5，Np 的上升减弱系统稳定性。

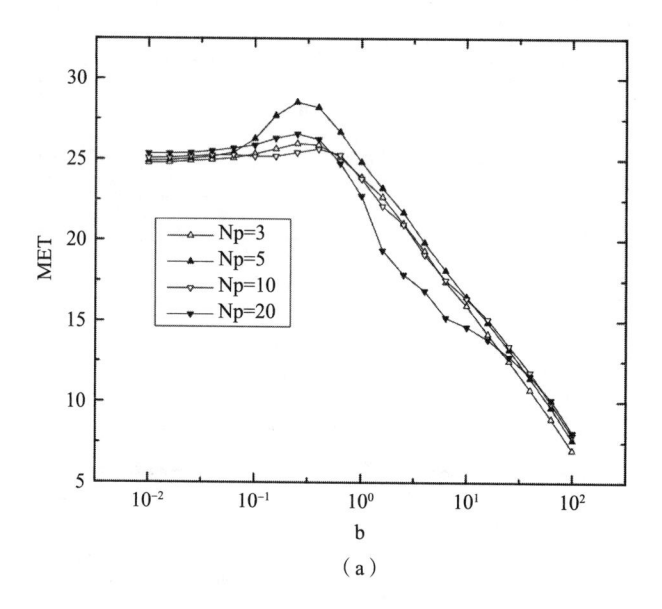

(a)

---

① Li J. C., Long C., Chen X. D. The Returns and Risks of Investment Portfolio in Stock Market Crashes [J]. Physica A, 2015 (427): 282 - 288.

(b)

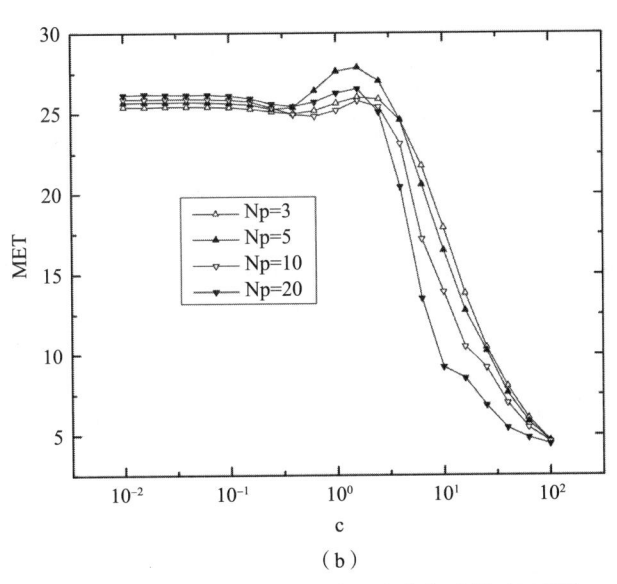

图 10-15 波动参数 b 和 c 的平均逃逸时间（MET）

图 10-16 为不同的股票数量组合（Np）下，平均逃逸时间（MET）关于 a 或关于关联强度 λ 的函数，其他参数和图 10-14 一样。在图 10-16 中，呈现了马科维兹组合对 MET 关于 a 和 λ 的作用。可以发现，随着 a 或者 λ 的增强，MET 单调上涨。在 MET 关于 a 和 λ 的函数中，还发现 Np 的上升单调加强 MET，也就是说，Np 在 MET 关于 a 和 MET 关于 λ 中起着相同的作用。

(a)

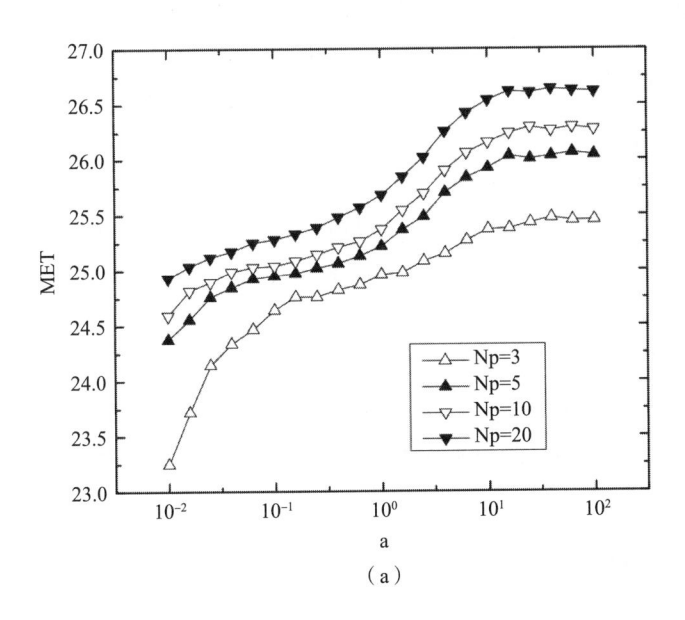

(b)

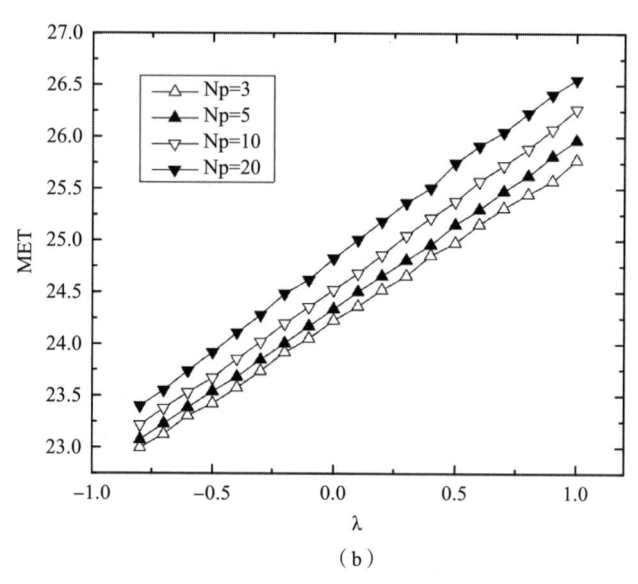

图10-16 波动参数a和λ的平均逃逸时间（MET）

图10-17为不同的股票数量组合（Np）下，平均逃逸时间（MET）关于初始位置 x_0 或止损位置 C_a 的函数，其他参数和图10-14一样。图10-17分别在（a）和（b）显示了马科维兹组合对MET关于初始位置 x_0（买点）和结束位置卖点 C_a 的作用。对于图10-17中在较小的Np下单调行为而言，与我们2013年研究文献（Li & Mei, 2013）[①] 中结果一致，提升买点 x_0 接近支持阻力位 $x_u = -1.0$ 会使得MET增大。图10-17（a）中MET关于 x_0 函数中，提升Np会诱导非单调的行为，存在一个最大的MET，会随着Np增大而减小。相反地，在图10-17（b）MET关于吸收阈值（止损位置）C_a 的函数中，Np增大会加强MET，且不会改变函数单调性，也就是，MET随着卖点 C_a 上升而单调下降。

为了检验图10-15中临界现象与真实数据的拟合优度，基于实证的市场数据和理论计算的MET的结果呈现在图10-18中。图10-18为平均逃逸时间（mean escape time）关于股票数量（Np）的函数及实证比较。真实数据选取和图10-14中一样，采用融资融券杠杆为1:20的交易。Np只股票选出来，采用本部分理论模型的方程的方法和60个交易日作为数据方差收益计算期，后构造马科维兹组合。当组合资产小于5%的时候，一个逃逸

---

① Li J.-C., Mei D.-C. The Influences of Delay Time on the Stability of a Market Model with Stochastic Volatility [J]. Physica A, 2013（392）：763-772.

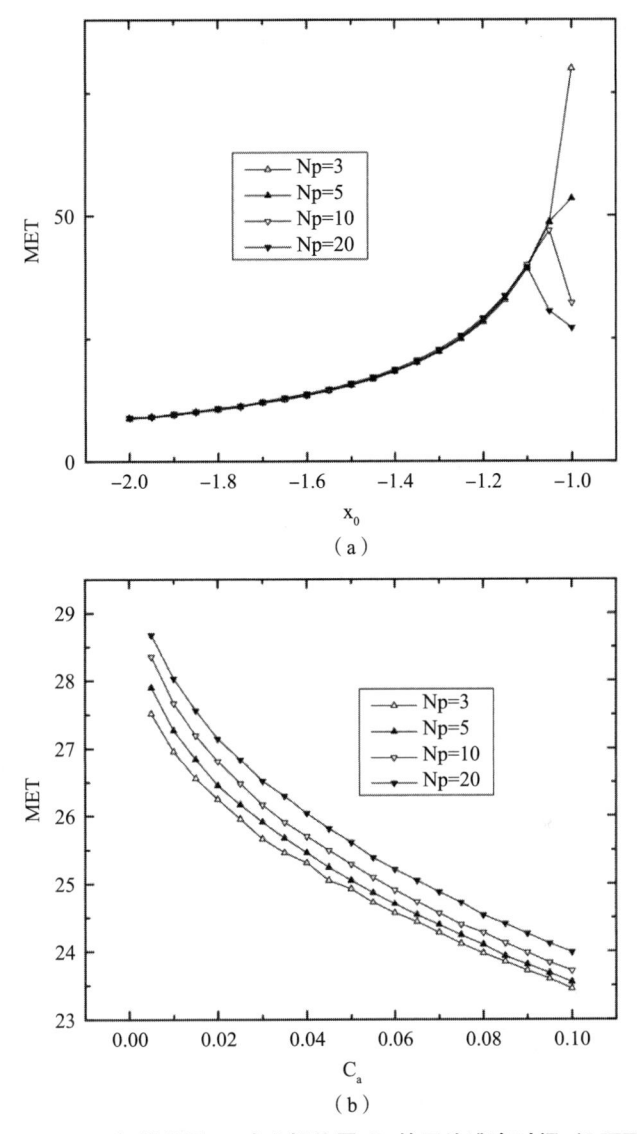

图 10-17 初始位置 x_0 或止损位置 C_a 的平均逃逸时间（MET）

时间被得到，而后反复计算得到平均值。最终真实市场数据的平均逃逸时间呈现在图 10-18 中。理论结果采用和图 10-15 中相同的方法，选取参数值为 $a = 5.767$，$b = 0.0362$，$c_i = 0.938$，$\lambda = 0.979$，$C_a = 0.05$ 和 $x_0 = -1.12$。从图 10-18 中可以发现理论结果和实证结果在统计特征方面吻合得很好。当然理论结果和实际结果在大小上有着一定的差异，但是这更多的是由于数据处理中归一化因子的差异引发的。图 10-18 中非单调的行为主要源自股市中个股的价格、波动、市值和基本面的差异。特别由于股票波动性的不同，在股市崩盘中一些股票波动性下跌得慢，如大盘股，一些股票波动大，下跌得快如小盘股。马科维兹组合中股票数量的变化会得到一个最佳波动性，使得下跌时间最长，表现出噪声增强稳定性的特征，就与博南诺和瓦伦蒂等人研究文献（Bonanno et al., 2007；Valenti et al., 2007；Bonanno et al., 2006）[①]中结果一样。

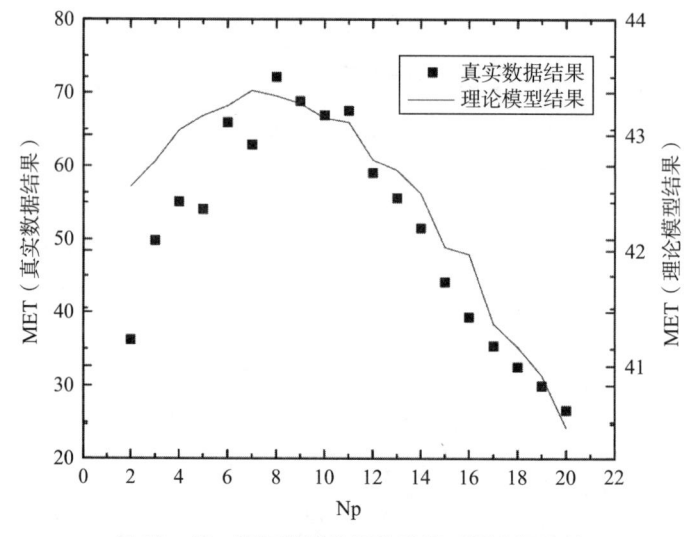

图 10-18 股票数量的平均逃逸时间实证比较

为了进一步检验图 10-17 (b) 中的结果与实际数据的吻合度，MET 关于 C_a 函数关于实际数据和理论结果的比较呈现在图 10-19 中。图 10-19 为基于理论计算（theoretical results）和实际数据（real data）的实证比较，其中平均逃逸时间（MET）关于止损位置（C_a）的函数，参数为 $x_0 = -1.12$，Np = 10，其他参数和图 10-14 一样。同样可以观察到理论和实证结果吻合得很好。对于真实数据的计算，采用和图 10-18 相同的方法，保证金杠杆为 1∶28。模拟结果采用和图 10-17 (b) 相同的方式。很明显图 10-19 中单调的行为是因为卖点的下降。减小卖点，相当于下降止损位置。提升买点，则

---

① Bonanno G., Valenti D., Spagnolo B. Mean Escape Time in a System with Stochastic Volatility [J]. Physical Review E, 2007 (75): 016106; Valenti D., Spagnolo B., Bonanno G. Hitting Time Distributions in Financial Markets [J]. Physica A, 2007 (382): 311-320; Bonanno G., Valenti D., Spagnolo B. Role of Noise in a Market Model with Stochastic Volatility [J]. European Physical Journal B, 2006 (53): 405-409.

提高止损位。高的止损，会使得组合在股市崩盘的早期就已经离场，此时 MET 当然较小。因此图 10-19 中这个随着卖点上升单调递减的行为是和实际吻合的。此外，与 2002 年德莱古列斯库和雅科文科的研究及 2003 年席尔瓦和雅科文科的研究文献（Silva & Yakovenko, 2003；Drăgulescu & Yakovenko, 2002）[1] 中的结果是相似的，实际数据和理论结果在图 10-18 和图 10-19 中表现出偏差，更多的是因为数据的不足和归一化因子的差异引发的。

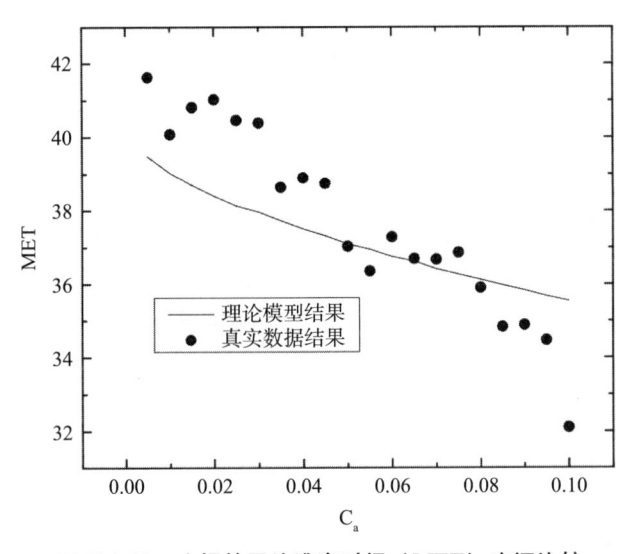

图 10-19　止损的平均逃逸时间（MET）实证比较

总之，本部分在赫斯顿模型的基础上，利用马科维茨投资组合优化理论建立了一个投资组合模型，研究了马科维茨投资组合对金融市场中投资组合稳定性的影响。通过对模型方程的数值模拟，计算了收益的 PDF 值和 MET 值。将理论模拟结果与道琼斯数据的概率密度函数、方差和损失率进行比较，发现两者具有较好的一致性。马科维茨投资组合中股票数量的增加首先增强了 MET 对波动的长期方差或振幅的非单调性行为，然后削弱了它。随着 Np 的增加，引入了 MET 对初始位置 x_0 的非单调性行为。Np 的增加增强了组合投资的稳定性。

---

[1] Silva A. C., Yakovenko V. M. Comparison between the Probability Distribution of Returns in the Heston Model and Empirical Data for Stock Indexes [J]. Physica A, 2003 (324): 303-310; Drăgulescu A. A., Yakovenko V. M. Probability Distribution of Returns in the Heston Model with Stochastic Volatility [J]. Quantitative Finance, 2002 (2): 443-453.

第十一章

巨灾保险概述

目前,巨灾保险已成为管理学和经济学等社会学科领域日趋重要的研究课题,建立一个相对完善的巨灾保险制度有着非常重要的社会意义。我国在世界上是自然灾害最严重的少数几个国家之一,在经历了1998年洪灾、2008年雪灾、2008年汶川地震、2010年舟曲泥石流等重大自然灾害后,国家在应对灾害方面投入大量的人力、物力、财力,于是社会各界开始关注国际上常见的并且有效的巨灾风险管理工具——巨灾保险,并认识到推动中国巨灾保险制度的研究和发展完善对社会发展的重要意义。我国在"十三五"规划中明确提出构建发展新的巨灾风险管理体系,加快建立和完善巨灾保险制度。国务院在2017年1月份发布了《国家综合防灾减灾规划(2016—2020年)》,再次强调加快建设巨灾保险制度,通过市场引导保险公司积极参与巨灾风险管理,推动社会力量积极参与防灾减灾救灾政策,并于2018年3月根据第十三届全国人民代表大会第一次会议批准的国务院机构改革方案设立中华人民共和国应急管理部[①]。

社会各界对巨灾保险制度的研究有助于推动我国巨灾保险制度的建立和完善。巨灾保险涉及管理学和经济学等多种社会科学学科研究,不仅包括供给需求、市场福利等经济学分析,也涉及公司管理与财务会计等管理学科理论,更需要借鉴日本、美国、欧洲等相关国家和地区的巨灾保险体系,积极发挥国家的信用作用,从法律法规的顶层设计上构架我国的巨灾保险制度,对巨灾保险的历史深入研究也有助于巨灾保险制度。当然,巨灾保险相对于理论分析而言更加注重应用,所以我国对于巨灾保险体系的建设更注重保险

---

① 许闲. 中国巨灾保险研究:内容特征与理论视角[J]. 财经理论与实践,2018,39(6):36—43.

产品的创新、精算统计方法的运用等。

虽然我国是灾害频发的国家，但是对于巨灾风险的研究起步较晚。在2008年之前仅有零散的几篇研究，在经历了举国悲痛的汶川地震之后，我国逐渐对巨灾风险的研究重视起来，2008年就有48篇关于巨灾保险的文献，达到了巨灾风险研究的高峰时段，这一年涌现出大量的关于巨灾保险的研究，主要是因为汶川地震带来的巨大损失：69227人遇难和17923人失踪，并有374643人受伤[①]。自此以后，我国在灾害数据统计与信息发布方面逐步改善，对灾害的重视和数据可得性推动了巨灾保险领域研究的发展。截止到2019年3月20日，中国知网收录的主题为巨灾保险的文献共有2074条目，这些丰富的学术研究极大地推动了我国巨灾保险的发展。

第一节 风险、巨灾风险和农业巨灾

一、风险的定义及来源

我们经常会说投资有风险，需要谨慎对待，那么什么是风险呢？下面我们就来简单地介绍一下风险问题。简而言之，风险是指我们的生产目标和劳动成果之间的不确定性。这种不确定性实际上包括了两个含义，第一种含义强调了风险表现为收益不确定性，其中任何一个风险信息都有可能导致收益的变化，第二种含义就是指风险的成本或者说代价的不确定性。如果说风险表现的是第二种含义，那么风险大概率产生的结果就是损失，也不太可能获得相应的利润，其实这就是我们所说的广义风险，当然金融风险应该也属于此类。刚才说了广义风险，那么现在我们来说一下什么称为狭义风险，其实就是说风险只会出现损失的可能性，不会出现收益。风险和回报密切相关，风险厌恶者更喜欢风险相对较低的投资，同时获取的收益也比较低。

简要而言，风险就是指不幸事件发生的概率。一切事物的发生都有两个方面，当然也都有一定的风险，这是我们从财务角度上来说的。但是如果从保险的角度来说的话，风险就是损失的不确定性，这种不确定性还包括发生的不确定性、发生时间的不确定性和结果的不确定性。随着时代的发展，风险这个词也被赋予了越来越多的含义，如在哲学、经济学、社会学、统计学

---

① 中国新闻网，2008 - 09 - 25，https://china.huanqiu.com/article/9CaKrnJkZEo。

甚至文化艺术领域。风险一词与人的生活息息相关,与人的决定和行为密切相关。

二、巨灾风险

1. 巨灾风险的定义

因为风险有很多种,如果说要比较每一种风险的话,那是一个非常庞大的工作量。例如在银行中,每一天的汇率都在变化,如果一个企业没有对其外汇风险进行套期保值,并且按照每日收盘汇率牌价进行重估,那么每天都会发生相应的损失或者盈利,因为股票市场每天都在波动,因此股价也在相应的变化,那么每次的交易也会发生相应的亏损或者盈利。但是这仅仅是风险的一部分,相对来说,这是损失比较小的,而有的风险产生的损失就比较大。另外,风险也是有相应的频率的,有的频率比较高,有的比较低。例如我们所说的自然灾害——龙卷风,龙卷风对于农田的危害很大,会损坏农民的农作物,如果说没有预期这样的情况发生,那么将会造成巨大的经济损失,这种类型的自然灾害或者说人为事件,通常被称为巨灾。灾难性风险,都属于低频率、高严重程度风险。虽然这种灾难不经常发生,但它们可能造成巨大的经济损失。

通过前面我们所描述的事件,可以看出所谓的巨灾风险就是指低频率或者相关的人为事件,如果巨灾风险当中所说的自然灾害或者人为事件导致的灾难突然爆发,会使我们国家以及人民的利益遭受巨大的损失。狭义的巨灾风险说的是什么呢?巨灾风险表明,由于自然灾害,相关人员的财产或人员伤亡惨重,这里的自然灾害就是我们日常所说的地震、洪水、海啸等,随着时代的变迁以及科学技术的进步,我们所说的巨灾风险已经不仅仅局限于自然灾害了,还有可能涉及更多的巨大人为灾害(王和、吴成丕,2013)[①]。

2. 巨灾的界定

任何事情的发生都有其相关的原因,那么巨灾发生的原因有哪些呢?事实上,灾难的原因可分为自然灾害和人为灾难。顾名思义,自然灾害是由自然因素造成的对社会经济发展造成巨大破坏,造成重大经济损失,或涉及人员伤亡的自然灾害,包括地震、热带风暴和洪水等自然灾害。人为巨灾其实说的就是由于人类活动造成的或者受人类活动影响而产生的灾难性事件,包括恐怖袭击、技术失败和工业污染等。本书所涉及的巨灾就指的是自然

---

① 王和,吴成丕. 国际巨灾保险制度比较研究[M]. 北京:中国金融出版社,2013.

巨灾。

瑞士再保险公司（Swiss Re）设定了 2016 年西格玛（Sigma）巨灾事件标准（见表 11-1）。当灾害事件导致的经济损失或者人员伤亡达到表 11-1 的标准的时候，就可以认为该事件是巨灾。

表 11-1　　　　　　　　　2016 年 Sigma 巨灾事件标准

保险损失（索赔额）	船运灾难	1900 万美元
	航空灾难	3980 万美元
	其他损失	4950 万美元
经济损失总额		9900 万美元
伤亡人数	死亡或失踪	20 人
	受伤	50 人
	无家可归	2000 人

资料来源：瑞士再保险公司研究院。

根据西格玛标准，2016 年总共发生了 327 起巨灾事件，相较 2015 年的 356 起减少了 29 起。其中，自然巨灾 191 起（2015 年为 199 起），人为巨灾 136 起（2015 年为 157 起）。2016 年自然灾害共造成约 7000 人死亡或失踪，造成全球经济损失约 1660 亿美元（丁冬，2018）[①]。

3. 巨灾风险的特点

每个风险都有自己的特点，当然巨灾风险也有特点，只不过跟一般风险比起来还是有一定的特殊性。它的特殊性表现在：频率低。一般的火灾、车祸等多次发生，而地震、火山爆发、洪水则很少发生。发生一次巨灾，导致的经济损失将是巨大的，普通灾害发生的频率比较高，但是造成的损失可能没有非常严重，巨灾的发生频率较低，一旦发生就会造成巨大的经济损失。并且巨灾还会形成长期影响。

我们可以总结出巨灾风险的以下特点：客观性、发生频率低、损失巨大、区域性强、不确定性高、对可保条件的满意度不完全。

（1）客观性：这意味着风险客观存在，并且不会偏离人的意志。例如，我们所说的具有某种可预测性的战争不属于灾难类别。

（2）低发生率：意味着风险不会经常发生，也不一定像我们预想的那

---

① 丁冬. 巨灾风险证券定价 [D]. 广州：广东外语外贸大学，2018.

样发生。例如地震，震级越大，地震次数越少。在量化巨灾风险的过程中，无法得到类似用于评估经常发生的风险的工具和该事件的丰富历史。

（3）损失巨大：巨灾的发生一般都将会导致经济损失或者人员伤亡，这是巨灾最明显的特征之一。随着人口不断地增加，相关地区的脆弱性也在不断地增强，地壳运动活跃，地震这种巨灾时常发生，只要发生巨灾，那么必定会导致损失，会严重影响人们的生活水平。

（4）区域性较强：巨灾还有一个比较重要的特点就是区域性较强，灾难的发生往往聚集在一个特定的区域，这将对该区域造成非常大的破坏。

（5）不确定性程度高：巨灾的发生没有确定性，它是难以预见的，具有偶然性和突然性，无论是哪一种巨灾风险，不管是自然的还是人为的，都是难以预测的。

（6）不完全满足可保条件：一般来说某个地区都会有相应的保险，但是保险也会有一定的要求，如要求风险发生机制清晰、期望可以预订等，同时还需要足够的数据来计算所需要赔付多少。但是由于巨灾前面所说的特点，从保险方面的角度来说，巨灾跟传统风险的区别太大，风险难以有效分散，这场灾难同时造成了许多风险单位的大量损失，即风险积累巨大。

4. 巨灾的分类

（1）按巨灾发生的原因分类。我们可将巨灾进行简单的分类。根据灾难的原因，灾难可分为自然巨灾风险和人为灾难风险。自然灾害是由自然因素引起的，其影响比较大，一般影响某一地区的经济和大量人口。损失的程度不仅取决于灾难造成的损害程度，还取决于该地区的人口密度、建筑规模和标准，以及预防该地区灾害的能力。自然灾害通常包括地震、冰雹、飓风、洪水、暴风雪、干旱等。人为灾难是指人类行为造成的灾难性事件。人为灾难的具体形式包括恐怖袭击和空难，如 2001 年美国的"9·11"事件等，这些是人为灾难最典型的例子（查玲玲，2016）[1]。

（2）按巨灾发生的频率分类。我们还可以按照灾难发生的频率进一步把巨灾分类，把其分为非重复的、无规律的、有规律的和季节性的灾害。

①非重复性巨灾：根据字面意思就是在一个区域只发生一次的灾害。实例包括大坝坍塌（将永远改变水道、漫滩，以及在大坝上方和下方的排洪机制）、山体斜坡发生的巨大泥石流（永久改变地形及发生同样事件的可能性），或是恐怖爆炸（永久毁掉某一地区的地标性建筑），但是我们要注意

---

[1] 查玲玲. 我国巨灾保险发展研究［D］. 乌鲁木齐：新疆财经大学，2016.

的是，非重复性巨灾也会再次发生，但是会在不同的区域和不同的场景下，发生的时间和地点也是没有办法预测的。

②无规律性巨灾：指灾害的出现没有任何规律，也没有任何规则性，它跟非重复性巨灾相比有很大区别，就是可能在一个地区或者场所反复发生，虽然时间和地点都不清楚。无规律性巨灾的实例包括由地震引起的海啸，或一个大型股票市场崩盘。

③有规律性巨灾：字面意思就是可以有规律可循，并且灾难是累计起来的，虽然累计的模式是有规律的，但是跟所有灾难一样，发生的时间和地点都无法知道。有规律的巨灾包括在已知断裂线上发生的地震或活火山的喷发。

④季节性巨灾：这种灾害有可能在特定时期和某个地区经常发生。虽然这个季节性巨灾可以大概估计发生的时间周期，但是很难精准确定其发生的时间点和空间位置，实例包括飓风、亚热带气旋、洪水和干旱等，所有这些都可能在特定季节发生于某些特别的地区。

⑤具有重复性特点的巨灾，如有规律或季节性事件，可以用统计分布来描述，从而对严重程度进行更好的估计，非重复性和无规律性巨灾对于量化分析来说更难，也更具有挑战。

5. 巨灾的影响范围

巨灾风险是每个国家都需要担心的问题，无论是发达国家还是发展中国家，都要面对巨灾风险，不光要预测还要找到解决措施。如果巨灾发生，那么当社会遭受经济损失的时候，我们生活的规律必将会被打破，因此需要进入紧急状态。从财务角度来看，任何灾害都将会导致人民的利益遭受损害，比较严重的，将会导致一个地区的经济倒退几十年，所以我们应该做的是，在现有技术条件下，加快发展，加强保护措施，减少损失或者人亡伤员。

巨灾导致的经济损失其实也要取决于损失的规模，包括直接损失和间接损失等，需要花大量的时间来研究该事件。因为我们需要研究这方面的内容，所以我们可以将直接损失定义为对资本资产造成的财务破坏，将间接损失定义为由于资本资产的损失而导致的经营中断（以损失的产出和盈利来衡量），以及将间接成本定义为与开发计划的中断及增加的债务或公共部门赤字相关的成本。通常，直接和间接损失是事先估计的，事后再作调整，而间接成本不管是事先还是事后的，均更难确定，因为一国国民经济是一个复杂的多重联系的系统，某些联系可能会受到灾害的影响，有些则可能不会。巨灾风险的程度与事件的严重程度和脆弱性的程度直接相关。在具有很少或没有脆弱性的地区，一场严重事件将不会产生社会和财务损失的后果。类似地，在脆弱地区发生的中等程度的事件将形成中等程度的影响，而在同样地区发生的严重事件将产生重大的影响[①]。

三、农业巨灾

1. 什么是农业巨灾

人们普遍认为，所谓的农业灾难是指由农业领域的自然灾害或人为因素引起的灾难性事件。这一事件造成了农业或农村地区大规模财产损失，以及人员伤亡。世界各国都根据国家的实际情况在不同时期定义了农业灾难，包括灾害对农业的损伤和影响。因此，农业灾难可以用灾难所确定的经济损失数量、死亡人数、影响程度和发生频率来衡量（陈利，2014）[②]。

美国将农业灾难定义为风险特征。以1998年的灾害作为基准，衡量其造成的无法预料和不可避免的突发性自然灾害（如飓风和地震）造成的损失，因此，它不仅影响了大量保险公司和被保险人，还造成了直接财产损失超过2500万美元。瑞士再保险公司从定量的角度定义了灾难。灾害造成的损失金额超过500万美元，影响了1000多名被保险人，灾难性损失金额超过300万美元。中国农业保险领域对农业保险的"灾难"定义是"在一次保险赔付中，赔付额达到了当年保险公司保费收入的150%~200%"。

2. 农业巨灾的认定标准

农业损失可以在多大程度上被确定为农业灾难，世界上没有统一的识别标准，国外通常的识别方法是参照"灾难"的标准来识别农业灾难，中国尚未制定统一的农业灾害鉴定标准。

中国的学术界和业界在确定农业灾难风险方面有三个要点：第一，从农业主体的角度考虑农业灾害主体的个体差异，灾害损失将超过受影响农业生产者预期农业收入的30%。达到这一标准被认为是农业灾难；第二，从保险公司的角度考虑保险的支付能力，保险损失超过150%~200%，该标准的实现被认定为农业灾难；第三，从社会经济影响角度来看，农业灾害造成的农业经济损失超过了当年国内生产总值（GDP）的0.01，达到这一标准被认定是一场农业灾难。

确定农业巨灾标准的上述三个观点具有合理性。考虑到农业作为支撑国

---

① 张星洋. 巨灾风险可保化与巨灾保险承保模式研究［D］. 沈阳航空航天大学，2013.
② 陈利. 农业巨灾保险运行机制研究［D］. 西南大学，2014.

民经济、对国民经济和社会建设和发展的基础产业的巨大影响,我们认为农业灾难确定标准应有利于灾前及时预防迅速减少灾害,弥补灾害造成的社会经济损失。

从实际的角度来看,上述第三个标准意义不大,因为 GDP 统计的范围很广,数据复杂,工作量大,而且时间相对较长。这将在一定程度上导致农业灾难恢复和保险理赔等相关工作的滞后,使原有的减灾效果不能及时有效地实现。因此我们认为农业灾难为某一地区的农业遭受巨大损失,其损失在达到或超过预期农业收入的 50%,农业保险赔付率费率超过农业保险费收入的百分之 150% ~ 200%。

第二节 巨灾保险制度

一、巨灾保险

灾害无法消除,龙卷风、飓风、化学泄漏或者恐怖主义爆炸总会在某些时间发生。由于灾害事件的发生是受自然能量或是人类动机的驱动,因此无法预防;虽然还是有极少可能性会减少某种类型的灾害的发生,但实际上它们很难被完全消除。因此对于厌恶风险的个人和机构来说,处理这种不可避免事件的唯一途径就是制定风险管理的方案,该方案应基于具有经济性的理性减缓措施、损失融资或是减损措施。事实上,对于那些有责任进行风险管理的人而言,考虑灾害事件(无论可能性有多小)对财务资源的潜在影响,并为处理这些后果制定计划是责无旁贷的。基于这样的背景下,巨灾保险应运而生。

巨灾保险即"巨大灾害保险",是指对因发生地震、台风(飓风)、海啸、洪水等自然灾害或重大人为灾害,可能造成巨大财产损失和严重人员伤亡的风险,通过保险形式给予分散风险的制度安排。巨灾保险是巨灾风险管理的重要经济工具。在当前的经济和社会条件下,中国保险业多年来在巨灾保险中发展缓慢。保险索赔在巨灾损失中所占比例明显低于国际平均水平,仅依靠保险机构商业运营难以承担相应的风险保障责任。这就需要建立起一个由投保人、保险机构、再保险资本市场和政府分享风险巨灾风险分担机制,建立政府推动和整合市场机制的巨灾风险管理体系。

巨灾保险具有保险的基本属性,是财务安排、契约行为、社会和经济安全体系的重要组成部分,以及风险管理手段。巨灾保险显然能够承担灾难风险并使用保险来转移风险。发达国家巨灾保险的发展历史悠久,灾后补偿快速高效,对灾区重建、生产恢复和社会稳定具有不言而喻的作用。2010 年 9 月 4 日新西兰南岛曾发生 7.0 级地震初步估算此次地震造成的经济损失为 60 亿新西兰元（约合 45 亿美元）,新西兰政府的地震委员会承诺对受损建筑提供最高 10 万新西兰元的赔偿,估计保险成本为 60 亿美元[①]。

巨灾保险系统通常包括系统、文化、法律法规、政府职能、商业保险公司、再保险公司、市场机制和巨灾保险所涉及的保险产品。通过发挥商业保险公司在巨灾风险管理中的作用,建立以政府为主导,市场参与的多层次、多支柱巨灾保险和风险管理体系,以实现多方共担风险。

根据慕尼黑再保险公司发布的报告,2016 年全球灾难损失达到 1750 亿美元,保险理赔额约为 500 亿美元,保险理赔率约为 30%。其中,亚洲约占总损失的 56%。亚洲保险索赔约占 20%;在中国,发生了灾难性洪水,损失了 200 亿美元。统计数据显示 2004～2013 年全球共发生 830 起灾难,平均损失 1900 亿美元,平均保险金额为 580 亿美元,巨灾损失中保险赔偿的平均比例为 30.5%。可以看出,从全球平均水平来看,灾难性损失的保险赔偿金约为 30 亿,保险业在应对灾难性损失方面发挥了巨大作用。与全球平均水平相比,中国的保险业未能在减轻灾难性损失方面发挥应有的作用。在中国开展巨灾保险业务以应对灾难性损失具有重要意义（孙尧,2017)[②]。

二、巨灾保险制度

巨灾保险和一般保险形式上的差异也很明显。它所针对的风险是特殊的,例如地震、洪水、飓风、核灾难等。巨灾保险通过基于市场的机制或政府运作建立风险损失赔偿基金,对因意外和不可避免的灾难性事故造成的财产损失和人身伤害造成的损害赔偿。一类系统是为包括地震保险、飓风保险和洪水保险等特定灾害提供保护,如土耳其地震保险系统和美国洪水保险计划;另外一类系统是较为全面的巨灾保险系统,如法国自然灾害保险系统和挪威自然灾害保险系统。

巨灾保险系统通常包括以下要素：

---

① 中华工商时报,http://www.chinanews.com/fortune/2011/02-24/2865252.shtml。
② 孙尧.我国巨灾保险立法问题研究［D］.宁夏大学,2017.

一是巨灾保险法律法规。在巨灾保险的运作中，必须有国家法律法规来保证和支持。通过相应的法律法规，明确了巨灾保险制度涉及的政府部门和相关实体的法律责任和义务，该系统被安排用于巨灾保险的基本运作模式，因此可以合法执行，并在实施过程中遵循规则。

二是巨灾保险的运行模式。各个国家根据国情不同，采用不同的运行模式，如强制模式、自愿模式或者是自愿和强制相结合的模式。这种运行模式的确定，由该国的国情制度、政策目标、巨灾风险、社会经济发展及文化传统等复杂因素所决定。

三是巨灾保险操作机制。巨灾保险制度除了基本模式之外，还应当有具体的操作机制，如资金来源、保费收取、保险产品设计、准备金评估、查询定损和赔款支付等，使其能够顺利实施[①]。

巨灾保险制度是一个重要的社会制度和经济制度。建立巨灾保险制度将不可避免地涉及巨灾保险制度的运作方式、巨灾保险制度的目标、实现这一目标的制度安排，以及社会和技术进步如何演变。

三、部分国家和地区巨灾保险制度比较

许多国家和地区建立了符合国情的巨灾保险制度，在应对灾难造成的损失方面发挥了很好的作用。而由于各国巨灾的具体情况不同，分别采取了不同的巨灾保险制度，下面举例说明制度模式选择的深层原因。

英国洪水保险。无论经营管理，还是最终的风险承担都是由保险公司负责，这是一种完全市场化的运作方式，人们可自愿参加作为家庭财产险附加险的洪水保险。政府仅对保险行业的行为进行监管，并提供防灾减灾等公共服务，如投资防洪工程、建立防洪体系、提供气象预报、灾害预警及风险评估等。该巨灾保险制度与英国完善的保险体系是分不开的，英国是最发达的保险大国之一，也是世界保险市场的巨头。英国还是世界六大再保险中心之一，能够通过再保险将风险进行有效分散。

美国洪水保险。这是由政府主导并提供巨灾保险的模式。美国是世界上第一个建立国家强制性洪水保险的国家。在分布方面，美国7个区域面临洪水威胁，其中1/6的城市处于百年一遇的洪泛区；20000个社区易受洪水袭击。从损失上看，洪灾损失金额巨大，对全国经济产生重大影响，2011年5月美

---

① 卓苑玲. 广东省巨灾保险试点实施效果评价研究[D]. 兰州大学，2019.

国南部洪水造成40亿美元的损失。① 强制投保能够保证洪水灾害保障的广覆盖和高效率。与此同时，美国巨灾证券化的风险分散机制得益于其高度发达的金融衍生品市场，自20世90年代以来，美国开始尝试巨灾风险证券化。

日本地震保险有一种模式，就是家庭财产保险属于政府与保险公司之间的合作模式。在这一模式下，低层次的巨灾赔付由保险公司负责，高层次的巨灾赔付由政府和相关巨灾保险机构负责，这既充分利用了保险公司识别和应对风险的专业性，又能得到政府财力的保障。

第三节 农业巨灾保险

随着全球的经济不断增长，环境不断恶化，农业巨灾频发，导致损失不断加重。而且根据农业巨灾的特点：高度相关、传递性和扩散性，农业巨灾造成的损失波动较大。中国是世界上农业巨灾发生频率最高的国家之一，农业灾害不仅种类多、发生频率高，而且造成的灾害损失也呈上升趋势。

在农业巨灾面前，农业生产者显得无助和脆弱，农业巨灾不仅对农户们造成了重大损失，影响农民们的收入，使农户们因灾致贫，还对农业部门造成了重大损失，"十年致富奔小康，一场灾难全泡汤"就形象地解释了这个现象，是对农户们突遭农业巨灾的真实写照。除此之外，发生了巨灾风险后，对于承办农业保险的保险公司也会受损，庞大的巨灾损失远超过了保险公司可以承担的范围，保险补偿损失微乎其微。目前中国的农业巨灾保险赔付比率低，和国际上的赔付额占灾害直接经济损失相比，还有一定的差距。

农业作为我国的基础产业及弱势产业，农业巨灾不仅大量摧毁了农业基础设施，不断破坏生态环境，也大大地削弱了社会经济可持续发展能力，正成为经济快速发展和社会稳定的巨大阻碍。由于缺乏巨灾保险保障，我国主要依靠政府主导的财政救灾和灾后重建。因此，建立中国特色的农业巨灾风险管理新型管理制度具有创新性的学术价值。

一、农业巨灾风险研究综述

1. 农业巨灾风险特征与属性

农业巨灾风险也具有巨灾风险的特征与属性。穆利达兰、沙哈

---

① 人民网，http://roll.sohu.com/20110512/n307313794.shtml。

(Murlidharan & Shah, 2003)①、姚庆海（2005）②和邓国取（2006）③认为农业巨灾风险和巨灾风险的共同点是发生频率低、影响范围广、损失不确定、规模特别巨大、风险相关性高和传递扩散性强。此外，巨灾风险还表现出风险累积和尖峰和厚尾的数理统计特征（张庆洪，et al., 2008）④。

农业巨灾风险具有特殊性。李大垒、仲伟周（2009）等认为农业巨灾是指发生概率虽然很小，但单次或累计经济损失超过预期和风险主体承受能力的农业自然灾害⑤；黄英君、史智才（2011）也认为农业巨灾风险是对一定地区农业造成不可避免的重大经济损失的小概率事件。由于农业的特殊性，人们认识到农业最易遭受巨灾风险⑥。宙利（Zeuli, 1999）⑦指出由于农业超高的系统性风险使农作物单个产量间产生较强的相关性，因此农业风险被认为是一类具有独特特性的风险，与其他的财产和人身风险相比有许多不同之处，风险发生具有地域性和高度集中性的特点，很容易形成巨灾风险（沈蕾，2006）⑧。农业自然再生产的属性决定了农业是受巨灾风险险危害最为严重的产业（陈奇琦等，2008）⑨。特殊的国情使我国农业巨灾风险呈现出一定的特殊性。我国是世界上农业巨灾频繁而又严重的国家之一，特殊的地理位置、地形地貌、自然灾害种类繁多且比较频繁等因素使得我国面临日益严峻的农业巨灾风险威胁，成为世界上因灾害造成经济损失最严重的国家之一（李炎杰，2008）⑩。从农业巨灾风险的经济损失程度来看，其中洪涝

---

① Murlidharan T., Shah H. Economic Consequences of Catastrophes Triggered by Natural Hazards [D]. Stanford University, 2003.
② 姚庆海. 完善农村保险营销制度 大力推进县域保险发展 [J]. 中国金融, 2005 (16): 54 – 55.
③ 邓国取. 中国农业巨灾保险制度研究 [D]. 西北农林科技大学, 2006.
④ 张庆洪, 葛良骥, 凌春海. 巨灾保险市场失灵原因及巨灾的公共管理模式分析 [J]. 保险研究, 2008 (5): 13 – 16.
⑤ 李大垒, 仲伟周. 我国农业巨灾保险的模式选择及政策建议 [J]. 社会科学家, 2009 (5): 59 – 62.
⑥ 黄英君, 史智才. 农业巨灾风险管理的比较制度分析：一个文献研究 [J]. 保险研究, 2011 (5): 117 – 127.
⑦ Zeuli K. A. New Risk Management Strategies for Agricultural Cooperatives [J]. American Journal of Agricultural Economics, 1999 (81): 1234 – 1239.
⑧ 沈蕾. 农业巨灾风险的资本市场解决方案——巨灾债券 [J]. 山西财经大学学报, 2006 69 – 72.
⑨ 陈奇琦, 王雷, 黄艳. 中国农业保险巨灾风险管理策略探讨 [J]. 农业科技与装备, 2008 60 – 61, 64.
⑩ 李炎杰. 农业巨灾风险解决办法思考 [J]. 合作经济与科技, 2008 (1): 101 – 102.

和旱灾造成的损失最容易形成农业巨灾（唐红祥，2005；邓国取，2008）①，其出现的时间和地区都比较集中，危害程度很大（谷洪波，2009）②。庹国柱（2010）从福利经济学的角度出发，分析认为农业巨灾损失风险既不能完全视为私人风险，也不能将其完全视为公共风险，而应界定为一种处于私人风险和公共风险之间的"准公共风险"③。

巨灾风险是由多种因素造成的，不同的研究学者研究的影响因素不同，如果只研究单一的因素会对结果做出偏颇甚至是错误的判断。农业巨灾风险不仅拥有普通巨灾风险的特征和属性，也有农业特有的属性，所以在研究农业巨灾风险时，要基于它的特性出发，研究农业巨灾保险的风险分散机制和风险管理模式。

2. 农业巨灾风险的效应

在20世纪50年代国外开始对灾害进行研究时，主要研究灾害对于经济产生的损失及影响。这种研究集中在两个方面：灾害对经济制度系统的影响和灾害对经济物质系统的影响。然后根据对经济的影响可分为三种情况：（1）正效应的经济效果，例如，阿尔巴拉·伯特兰（Albala – Bertrand，2011）④采用发展中国家1960～1979年的28个灾害实例，用实证方法进行研究后得出了一个与人们普遍认为灾害会带来负面后果的相反结论，即多数国家灾后GDP不断攀升，证明了灾害虽然对经济有所损害，却能加速经济增长。（2）负效应的经济效果。例如，班森和克莱探讨的生产资本破坏造成生产效率降低（Benson & Clay，2000）⑤，班森（Benson，1997）⑥发现龙卷风和干旱给斐济的国民生产总值增长率带来消极影响。

国内对农业巨灾风险的影响研究基本倾向于负面的效果。李炎杰（2008）认为农业巨灾风险一旦发生将造成巨大的财产损失和严重的人员伤亡，从而使巨灾保险的经营缺乏牢固的大数法则基础⑦，若由单个保险公司

---

① 唐红祥. 农业保险巨灾风险化解策略探讨 [J]. 广东金融学院学报，2005（5）：74 – 79；邓国取. 农业巨灾经济影响分析——以我国洪灾为例 [J]. 财经论丛，2008：21 – 26.

② 谷洪波. 我国农业巨灾保险困境形成机理及模式构建 [J]. 生产力研究，2009（13）：39 – 40.

③ 庹国柱. 当前农业保险发展急需解决的几个问题 [J]. 经济与管理研究，2010（6）：58 – 62.

④ Albala – Bertrand J. – M. Political Economy of Large Natural Disasters: With Special Reference to Developing Countries [J]. OUP Catalogue，2011.

⑤ Benson C., Clay E. J. Developing Countries and the Economic Impacts of Natural Disasters [J]. Managing disaster risk in emerging economies，2000：11 – 21.

⑥ Benson C. The economic impact of natural disasters in Fiji [R]. Overseas Development Institute (ODI)，1997.

⑦ 李炎杰. 农业巨灾风险解决办法思考 [J]. 合作经济与科技，2008（1）：101 – 102.

来承担势必造成严重的后果。此外，自然灾害会在同一时期内波及广大地区，在同一风险事故中发生损失以及损失的程度具有高度的相关性，导致农业巨灾损失无法避免（张慧云、沈思玮，2008）①。近年来我国农业巨灾风险损失呈上升趋势，进而影响到"三农"的健康发展，威胁着粮食安全，对财政也造成负面影响。邓国取（2008）认为洪灾是我国的主要农业巨灾之一，洪灾的受灾面积和成灾面积总体有增加的趋势，每年造成了非常巨大的直接经济损失，严重影响到农民的生产生活、农民增收以及我国的粮食安全，对我国财政也有很大的负面影响②。近几十年来，由于我国农业自然灾害发生的频次增多，危害程度日益加重，加上农业生产忽视自然规律，造成农业巨灾损失呈不断上升趋势（谷洪波，2009）③，农业灾害损失的发生不仅严重破坏了农业生产的基础，而且还通过农业作为国民经济基础产业的乘数作用放大了负面影响，对国民经济和社会安全产生了极大的冲击（庹国柱，2010）④。

3. 农业巨灾风险的可保性

当前保险界对巨灾风险可保性存在争论。巨灾风险因不符合大数定律条件传统上认为不可保。周志刚（2005）指出按照传统理论巨灾风险因为不符合大数定律的条件和保险市场经营的限制条件，巨灾损失巨大和概率很小，使得巨灾风险不具有完全的可保性（周志刚，2005）⑤。卡明思等（Cummins et al.，2002）相继提出运用大数定律实现巨灾损失的跨年度、跨区域分散。黎已铭（2006）认为农业风险具备可保性，但农业风险的可保性较差，较差的可保性使得农业保险的商业化经营非常困难，因此需要政府的政策性支持或补贴（黎已铭，2006）⑥。黄英君、林俊文（2010）基于风险可保性的一般原理和现代农业风险的特征，分析了农业风险的可保性，并指出农业可保风险随时间、技术、经济、思想观念等变化而变化，农业风险可保性较弱是农业保险经营困境的重要原因，需要有效规避和减少市场失灵

---

① 张慧云，沈思玮．农业巨灾风险证券化研究［J］．安徽农业科学，2008（36）：3375 – 3376.
② 邓国取．农业巨灾经济影响分析——以我国洪灾为例［J］．财经论丛，2008：21 – 26.
③ 谷洪波．我国农业巨灾保险困境形成机理及模式构建［J］．生产力研究，2009（13）：39 – 40.
④ 庹国柱．当前农业保险发展急需解决的几个问题［J］．经济与管理研究，2010（6）：58 – 62.
⑤ 周志刚．风险可保性理论与巨灾风险的国家管理［D］．复旦大学，2005.
⑥ 黎已铭．我国农业保险发展问题研究［D］．西南大学，2006.

来增强农业风险可保性①。

以上学者对于巨灾风险的研究扩大了巨灾风险的广度和维度,对于巨灾风险是否可保的争论呈逐年下降的趋势,不断修订变化的结论逐渐表明:巨灾风险具备可保性、可行性。

二、农业巨灾保险研究综述

1. 关于农业巨灾保险供给和需求的研究②

安德森(Anderson,2003)③ 认为在农业巨灾保险供给不足的情况下,农户们相应的农业巨灾风险得不到分散,这一因素会导致农户参与高风险和高回报经营活动的积极性低,进而不利于改变农户们长期贫困的状态。古德温(Goodwin,2001)④ 研究表明在美国衣阿华州高风险的县,玉米保险的需求弹性很小,堪萨斯州高风险的农场对小麦的保险费率变化缺乏弹性。格雷斯等(Grace et al.,2003)⑤ 建立了关于巨灾保险需求和供给的模型,并且提出保险的消费者有意愿同时也有能力对参与巨灾保险的成本和收益进行分析,而且相关的监管也会影响巨灾保险的需求。

传统理论认为,农业巨灾风险低频率高损失的特性和农业巨灾保险"消费"的正外部性导致农业巨灾保险的供给和需求均不足。米兰达和格劳伯(Miranda & Glauber,1997)⑥ 认为农业巨灾保险公司经营的系统性风险非常高,约为一般保险公司的10倍,导致农业巨灾保险的供给缺乏。邓国取(2006)提出我国农业巨灾保险无论是潜在供给,还是潜在需求都在不断增加,1998~2004年我国对农业巨灾保险的实际供给量远小于潜在需求量⑦。随着越来越多的农民认识到巨灾带来的巨大危害和保险的风险分担与转嫁,以及农民收入支付能力的提高,使农业巨灾保险的有效需求上升。祝

---

① 黄英君,林俊文. 我国农业风险可保性的理论分析 [J]. 软科学,2010 (24):129 – 132,140.

② 陈利. 农业巨灾保险运行机制研究 [D]. 西南大学,2014.

③ Anderson J. R. Risk in Rural Development: Challenges for Managers and Policy Makers [J]. Agricultural Systems,2003 (75):161 – 197.

④ Goodwin B. K. Problems with Market Insurance in Agriculture [J]. American Journal of Agricultural Economics,2001 (83):643 – 649.

⑤ Grace M. F,et al.,Catastrophe Insurance Consumer Demand,Markets and Regulation [M]. Kluwer Academic Publishers,2003.

⑥ Miranda M. J.,Glauber J. W. Systemic Risk,Reinsurance,and the Failure of Crop Insurance Markets [J]. American Journal of Agricultural Economics,1997 (79):206 – 215.

⑦ 邓国取. 中国农业巨灾保险制度研究 [D]. 西北农林科技大学,2006.

健、洪宗华（2009）农业巨灾使经营农业巨灾保险业务的保险公司风险集中，农业巨灾保险赔付率高，导致农业巨灾保险经营风险加大，经营主体减少，农业巨灾保险的有效供给严重不足[①]。谷洪波等（2011）我国目前农业巨灾风险保险供给严重短缺，有效需求严重不足，"供求双冷"的局面严重影响到农业的稳定和可持续发展[②]。

2. 农业巨灾保险影响因素分析

一般研究认为，巨灾保险的制约主要在于供给和需求的失衡，而供求不仅受价格的影响，与供求相关的因素、供给和需求的相互作用也有影响。巨灾风险相关信息的披露，不仅能加深人们巨灾风险认识程度，刺激保险需求（Kunreuther et al., 2001）[③]，还有利于建立巨灾损失模型和定价机制，提高保险公司参与巨灾保险的积极性（Beazley, 2007）[④]。格雷斯等（Grace et al., 2003）[⑤] 从微观角度构建了反映巨灾保险供给和需求关系的模型，认为消费者愿意也有能力估算和判断承保增加的成本与利益之间的利弊，同时监管等因素也影响巨灾保险需求的波动。韩玉龙（2008）认为我国当前巨灾风险防范意识不强，保险业尚未建立完备的风险数据库，灾害信息不充分等巨灾风险管理水平低，技术不成熟导致我国巨灾保险机制不足。有关研究表明，人们对巨灾保险的需求同时也受到巨灾保险供给的制约。从过去巨灾保险的发展轨迹中我们可以发现，保险公司在每次巨灾发生后都会制定更加严格的风险规避措施，包括提高保费、增加限制条款等，有的甚至直接取消巨灾承保，保险公司的举措实质上抑制了巨灾保险需求（沈湛，2003；孙祁祥、郑伟，2004）[⑥]。库珀和多尔夫曼（Cooper & Dorfman, 2003）[⑦] 研究发

[①] 祝健，洪宗华. 反思农业巨灾保险改革60年：困境与思路 [J]. 经济研究参考，2009 (63)：26-31.

[②] 谷洪波，郭丽娜，刘小康. 我国农业巨灾损失的评估与度量探析 [J]. 江西财经大学学报，2011 (1)：44-49.

[③] Kunreuther H., Novemsky N., Kahneman D. Making Low Probabilities Useful [J]. Journal of Risk and Uncertainty, 2001 (23): 103-120.

[④] Beazley B. Catastrophic Renewals: The More Information, the Better [J]. Risk Management, 2007 (54): 30.

[⑤] Grace M. F., Klein R. W., Kleindorfer P. R., et al. Catastrophe Insurance Consumer Demand, Markets and Regulation [M]. Kluwer Academic Publishers, 2003.

[⑥] 沈湛. 试论建立我国商业巨灾保险制度 [J]. 管理科学，2003 (3)：51-55；孙祁祥，郑伟. 保险监管思路演进的经济学思考——兼论《保险法》的修改 [J]. 经济评论，2004 (3)：111-114.

[⑦] Cooper R. W., Dorfman M. S. Business and Professional Ethics in Transitional Economies and Beyond: Considerations for the Insurance Industries of Poland, the Czech Republic and Hungary [J]. Journal of Business Ethics, 2003 (47): 381-392.

现巨灾保险的供给和需求均不存在完全弹性，即价格变化对巨灾保险的供给和需求不会产生比例变化，如果单纯依靠提高巨灾保险价格的方式，则既不能增加有效供给，也不能根本解决巨灾风险的损失分担问题。因此，除了价格方式之外，创新保险运行机制，通过制度变革也能提高巨灾保险的有效供给和需求，库尔巴奇、史达西尔（Courbage & Stahel，2012）[①]就提出保险公司通过共保机制同样可以增加巨灾保险的供给。

由于农业最易遭受巨灾风险，使农业巨灾保险不仅具有普通巨灾保险的特征，更具有自身的特性。对我国农业巨灾保险制约因素分析的学者有（谷洪波、龚日朝，2009；左正龙，2009）[②]。总结其研究结论，制约我国农业巨灾保险发展的矛盾主要有四个：（1）农业巨灾保险的高成本与农民收入水平低且增长缓慢导致参保意识不强、动力不足、能力不足的矛盾；（2）农业巨灾保险的高赔付率与保险公司低保费收入之间的矛盾；（3）农业巨灾保险"搭便车"的准公共物品性与政府扶持力度不足的矛盾；（4）保险市场发展滞后与保险公司分散风险能力有限、经营存在技术、机制等障碍的矛盾。

3. 关于构建农业巨灾保险立法方面的研究[③]

张喜玲（2010）提出我国发展农业巨灾保险的重要一步就是加快农业巨灾保险的立法工作[④]。包李梅（2012）以我国构建农业巨灾法律制度的现状为基础，结合国外构建农业巨灾法律制度的成功经验，从而表明了我国在选择农业巨灾保险法律制度方面的基本原则和态度，并进一步阐述了具体的法律规范和制度安排[⑤]。梁昊然（2013）从制度解析、理论基础、功能定位、核心规则、立法完善等角度对巨灾保险制度展开了研究。并在前文关于构建我国农业巨灾保险规则建议的基础上，以地震保险为例设计了《中华人民共和国居民住宅地震强制保险条例》[⑥]。谷景志（2013）以美国、菲律宾、日本三国农业巨灾保险法律制度设计及运行方式的梳理和总结为基础，比较了这几个国家在政府介入形式、保险费用分担上的一些差异和保费风险

[①] Courbage C., Stahel W. R. Insurance and Extreme Events [J]. The Geneva Reports, 2012: 17.
[②] 谷洪波，龚日朝. 我国农业巨灾保险困境及政策选择 [J]. 中国财政，2009（3）：48-49；左正龙. 浅析我国农业巨灾保险的发展方向 [J]. 绿色财会，2009（1）：10-12.
[③] 李丰收. 我国农业巨灾保险现状分析及发展策略研究 [D]. 广东财经大学，2016.
[④] 张喜玲. 国外农业巨灾保险管理及借鉴 [J]. 新疆财经大学学报，2010（1）：33-35.
[⑤] 包李梅. 我国农业巨灾保险法律制度研究 [D]. 重庆大学，2012.
[⑥] 梁昊然. 论我国巨灾保险制度的法律构建 [D]. 吉林大学，2013.

管理、保险制度设计、保费财政支持上的一些相似之处①。何霖（2014）在深入探究了巨灾保险法的调整范围、调整方式、调整原则的基础上提出了构建我国巨灾保险法律制度的设想，并进一步设计出了我国巨灾保险法立法初稿②。何淑涵（2014）对日本、加拿大、法国、美国的农业巨灾保险法律体系进行了分析，然后将国外的经验和我国的国情相结合，从五个方面对我国的农业巨灾法律制度进行了构想和设计③。

4. 关于农业巨灾保险运行机制及模式的研究

根据世界各国农业巨灾保险发展的运行机制来看，其模式大概分为三种：国家主导的政策模式、保险公司为市场主体的商业化运行模式和政府与市场共同参与的模式。

（1）国家主导的政策支持模式。通过财政、税收、法律等手段，建立按区域和行政区划的多层级政府政策主导的巨灾保险体系，以加拿大和日本为代表（谷洪波、龚日朝，2009；魏安源等，2009）④。

（2）保险公司为市场主体的商业化运行模式。主张通过市场分散风险，采取市场的商业保险、再保险和巨灾证券化等途径来提供农业巨灾保险，以德国和英国为代表（沈湛，2003；李炳圭、薛万里，1997；尹成远、张惠娜，2008）⑤。杰斐、拉塞尔（Jaffee & Russell，2004）⑥ 认为政府不宜直接提供巨灾保险计划，应让商业保险公司去做，政府仅提供贷款以帮助商业保险公司度过灾后筹资难关的商业化经营模式。

（3）政府和市场共同参与的运行模式，被大多数学者和官方推崇的模式，国外以土耳其和美国为代表（项宗西，2008；李大垒等，2009）⑦。昆

---

① 谷景志. 美国、日本、菲律宾3国农业巨灾保险法律制度比较［J］. 世界农业，2013（12）：81 – 85.

② 何霖. 我国巨灾保险立法困境及原因分析［C］. 风险分析和危机反应中的信息技术——中国灾害防御协会风险分析专业委员会第六届年会论文集，2014.

③ 何淑涵. 农业巨灾保险法律制度的立法可行性研究［D］. 华东政法大学，2014.

④ 谷洪波，龚日朝. 我国农业巨灾保险困境及政策选择［J］. 中国财政，2009（3）：48 – 49；魏安源，陈志林，蒙业平. 建立我国农业巨灾保险的若干思考［J］. 民营科技，2009（7）：109.

⑤ 沈湛. 试论建立我国商业巨灾保险制度［J］. 管理科学，2003（3）：51 – 55；李炳圭，薛万里. 我国商业保险公司经营地震巨灾保险的可行性探讨［J］. 保险研究，1997（1）：44 – 46；尹成远，张惠娜. 农业巨灾保险风险证券化破解农险难题［J］. 华北金融，2008（5）：36 – 39.

⑥ Jaffee D. M., Russell T. Should Governments Support the Private Terrorism Insurance Market?［J］. Financier – Burr Ridge，2004（11）：20.

⑦ 项宗西. 立法构建农业巨灾保险体系［N］. 宁夏日报，2008；李大垒，仲伟周，徐贺. 农业巨灾保险理论研究述评［J］. 贵州社会科学，2009（5）：467 – 70.

鲁斯（Kunreuther，2003）[1]认为无论是私营保险市场还是政府，都不是解决巨灾风险管理的唯一主体，而政府和市场的密切合作，才是解决问题的唯一出路。库克等（Cooke et al.，2009）[2]认为任何长期的巨灾保险计划必须包括政府的财政支持以及私营保险公司的广泛参与的合作模式。卡明斯（Cummins，2006）[3]认为灾难保险需要政府的作用，但强调政府应尽量减少参与自然灾害保险市场，最低限度侵入以避免挤出更有效率的私人市场，政府在促进私人市场的发展时，减少监管障碍。

事实上，政府直接或间接对巨灾风险进行管理，已经成为各方的共识，当前主要存在的争议是政府参与巨灾风险管理的方式、手段和程度（王选鹤等，2012）[4]。昆鲁斯（Kunreuther，1998）[5]认为政府或市场作为唯一主体构建风险分散机制均不可取，政府和市场以某种形式结合最合适。在实践中，政府支持并大量补贴的农业保险和再保险逐渐成为管理农业巨灾风险的重要手段。目前我国基于农业巨灾保险机制研究与实际运作中，包括中央政府、试点省份在内都赞同并趋于采取政府主导并给予政策优惠和财政补贴的模式。刘京生（2000）认为我国巨灾保险体制应选择一种政府和商业保险公司共同为巨灾风险提供巨灾保险的综合性巨灾保险模式[6]；曾立新（2006）通过对美国巨灾保险制度的研究，认为中国巨灾保险经营应实行承保风险一体化、融资渠道多层次和多样化、商业保险公司主导化、政府支持化的模式[7]。中央在2007年中央财政政策性农险试点建立巨灾分保机制，是中国向建立政策性农业保险再保险支持体系和巨灾风险转移分摊机制迈出的第一步。吴焰（2009）为提高抗御农业巨灾风险的能力，必须加快建立巨灾风险分散机制，将旱灾、洪灾、台风等纳入可保风险范围，建成多层次的农业巨灾风险管理机制[8]。谷洪波（2009）提出建立政府主导的农业巨

---

[1] Kunreuther H. Interdependent Disaster Risks: The Need for Public – Private Partnerships [J]. Building Safer Cities, 2003: 83.

[2] Cooke J. A., Detlefsen R., Grace M. F., et al. The Future of Insurance Regulation in the United States [M]. Washington: Brookings Institution Press, 2009.

[3] Cummins J. D. Should the Government Provide Insurance for Catastrophes? [J]. Federal Reserve Bank of St Louis Review, 2006 (88): 337–379.

[4] 王选鹤，等. 损失模型的风险比较及其应用 [J]. 兰州商学院学报, 2012 (28): 1–6.

[5] Kunreuther H. A Program for Reducing Disaster Losses through Insurance [J]. H Kunreuther and RJ Roth, Jr, Paying the Price, 1998: 209–228.

[6] 刘京生. 入世后中国保险业面临的挑战 [J]. 金融信息参考, 2000 (1): 24–25.

[7] 曾立新. 巨灾风险融资机制与政府干预研究 [D]. 对外经济贸易大学, 2006.

[8] 吴焰. 建立健全农业保险发展长效机制 [J]. 中国金融, 2009 (6): 18.

风险政策性保险模式，实行政府对农业保险实行低费率和高补贴的政策。在政府主导之外，还提倡发挥市场的巨灾风险分散功能①。郝演苏（2010）目前全国性的农业巨灾保险体系的雏形已经形成，但事实上并不存在完善和有效的全国性农业巨灾保险体系。通过制度安排与机制创新，进行资源的有效整合，形成全国范围内可持续增长的农业巨灾风险分散机制。根据我国的国情和农村经济的发展实际，实行由国家农业再保险与国家农业巨灾基金并行独立运作、农业灾害救济为补充的运行模式②。张承惠、田辉（2010）从地震保险和农业保险两个方面起步，政府协调建立风险共担机制，整合相关政策，最终在全国层面建立多层次、多方位的巨灾保险制度③。与政府主导模式略有不同的是，一些学者研究认为，由于我国国情条件限制，可适当弱化政府作用，发挥市场的优势。杨宝华（2008）以市场增进为目的政府协作模式是我国政府发展巨灾保险的适当选择。在明确保险公司为市场主导者的前提下，建立一个风险分散机制完善、良性发展的巨灾保险市场，政府作为协作者进入保险市场充当巨灾保险的超赔再保险人④。谢世清（2009）由于我国保险业还处于起步阶段受资金和技术局限，很难发展完全商业保险化的巨灾风险管理体系，单靠政府承担巨灾损失则会造成公共财政的巨大压力，认为采取伙伴协作模式是适合中国现阶段国情的理性选择⑤。

  政府参与巨灾保险的风险管理模式逐渐得到大多数学者的普遍认可，其原因主要有：（1）政府作为重要主体参与巨灾风险损失的分担提高了社会的整体福利水平。（2）政府参与巨灾保险的风险管理有利于提高保险市场的巨灾风险承保能力（Duncan & Myers，2000）⑥。（3）政府给予支持的市场风险分担机制不仅更公平，而且也更有效率（Jaffee & Russell，2003）⑦。（4）政府作为行政主体提供巨灾的减灾防灾措施效率更高、效果更明显（Ermolieva & Sergienko，2008）⑧。

---

① 谷洪波. 我国农业巨灾保险困境形成机理及模式构建 [J]. 生产力研究，2009（13）：39 - 40.
② 郝演苏. 如何建立我国农业巨灾保障体系 [J]. 经济，2010（8）：52 - 53.
③ 张承惠，田辉. 土耳其和法国巨灾保险制度对我国的启示 [J]. 亚非纵横，2010（2）：17 - 21.
④ 杨宝华. 政府在巨灾保险体系中的角色定位与作用机制 [J]. 上海保险，2008（2）：24 - 27.
⑤ 谢世清. 建立我国巨灾保险基金的思考 [J]. 上海金融，2009（4）：27 - 29.
⑥ Duncan J., Myers R. J. Crop Insurance under Catastrophic Risk [J]. American Journal of Agricultural Economics，2000（82）：842 - 855.
⑦ Jaffee D., Russell T. Markets under Stress：The Case of Extreme Event Insurance [J]. Economics for an Imperfect World：Essays in Honor of Joseph E Stiglitz，2003：35 - 52.
⑧ Ermolieva T. Y., Sergienko I. Catastrophe Risk Management for Sustainable Development of Regions under Risks of Natural Disasters [J]. Cybernetics and Systems Analysis，2008（44）：405.

张珊珊（2012）通过对我国的农业巨灾保险模式和国外农业巨灾保险的发展经验进行分析，得出我国应该采用"二元化"保险立法模式建立《农业巨灾保险法》[①]。周佰成等（2012）提出关于建立我国农业巨灾保险制度的一些建议[②]。李金花（2013）提出了完善农业巨灾保险市场政府干预机制的具体措施像建立多渠道来筹集巨灾准备金、建立有效的巨灾风险再保险等[③]。陈利（2014）提出在农业巨灾保险的运行中，政府和市场应该互相合作，发挥市场效率高的优势和政府的诱导优势，共同促进农业巨灾保险的发展[④]。

国内外关于农业巨灾风险和保险的研究表明：（1）虽然不同的学者从巨灾风险的不同角度进行研究，得到了不同的结论，但不管是理论方面还是实践方面，都认为巨灾风险具备可保性，因为造成巨灾风险的影响因素过多而导致巨灾保险发展缓慢、供求失衡。（2）仅靠市场难以实现巨灾保险的供求均衡、难以使巨灾风险的灾后救助得到很好的赔付，要解决这个问题，就必须有政府的参与，既有政府政策的支持，又能通过市场分散巨灾风险。

从国内外的研究成果可以看到，过去国内外关于农业巨灾保险的研究较少，虽然现在逐渐增多但是仍然需要不断地发展和完善，因为研究范围局限在少数方面，未来应该在更大范围内对其进行研究。而且大多数国外学者和部分国内学者对于巨灾保险的研究主要是针对发达国家，我国在引用借鉴这些研究成果时应该以我国国情为基础，进一步对其进行研究。另外，对于巨灾风险的理论研究应该应用到实践中，尽快设计出有效的运行机制，加快推进我国农业巨灾保险的发展。

---

① 张珊珊. 中国农业巨灾保险研究 [D]. 华东政法大学, 2012.
② 周佰成, 白雪, 李佐智. 部分国家发展农业巨灾保险的启示 [J]. 经济纵横, 2012 (3): 85–87.
③ 李金花. 政府干预农业巨灾保险市场的研究 [D]. 中央民族大学, 2013.
④ 陈利. 农业巨灾保险运行机制研究 [D]. 西南大学, 2014.

第十二章

病虫害巨灾实证研究

第一节 病虫害的平均逃逸研究

一、介绍

与其他保险产品相比,农林业巨灾保险是最难发展的险种之一。因而农林业巨灾损失和保险的数据较为缺乏,对农林业巨灾的实证研究和应用较少。早期,米兰达(Miranda,1991)[①] 基于约翰逊(Johnson,1976)[②] 的套期保值模型建立了农作物产量保险模型,并将其应用于肯塔基州的大豆农场,她认为农作物保险是农民唯一的选择,农民的效用可以通过最小化方差而最大化收入。之后,史密斯等(Smith et al.,1994)[③] 改进了米兰达的保险模型,并将其应用于蒙大拿州和法国的小麦种植者。在农林业巨灾保险讨论中,斯基斯等(Skees et al.,1999)使用了聚合数据分析,而波库石瓦等(Bokusheva et al.,2006)[④] 则将均值方差(MV)方法与二阶随机优势

[①] Miranda M. J. Area - Yield Crop Insurance Reconsidered [J]. American Journal of Agricultural Economics,1991 (73):233 - 242.

[②] Johnson L. L. The Theory of Hedging and Speculation in Commodity Futures [J]. The Economics of Futures Trading. Springer,1976:83 - 99.

[③] Smith V. H.,Chouinard H.,Baquet A. E. Almost Ideal Area Yield Crop Insurance Contracts [J]. American Journal of Agricultural Economics,1994 (76):1260 - 1260.

[④] Bokusheva R.,Breustedt G.,Heidelbach O. Measurement and Couparison of Risk Reduction by Means of Farm Yield,Grea Yield and Weather Inder Crop Insurance Schemos The Case of Kazakhstani Wheat Farms [R]. Ag Econ Search,No. 1004 - 2016 - 78363. 2006.

(SSD) 准则相结合，得到了期望效用一致的经验过程。受森林灾害和疾病流行影响的地区通常是巨大的，这就提出了系统性风险的问题，或者换句话说，收益率损失的空间相关性问题较为突出。例如，罗伯茨（Roberts, 2005）[①] 提出彩绘苹果蛾（一种昆虫）将对新西兰的林业和森林保护区构成威胁，因此对林业虫害和疾病流行机制的需求急剧增加；赛凯拉（Sequeira, 2010）[②] 认为，林产品容易受到天气、虫害和疾病流行的随机变化的影响。各种农业技术、极端天气风险与农业保险之间的互动关系都被探讨了。然而，作物产量损失一般难以确定，多险种作物保险（MPCI）是用来防范不同原因的产量损失。MPCI 计算保险产量作为保险地块历史平均产量的百分比。当实际收益率低于保险收益率时，以实际收益率与保险收益率的差额作为赔偿。利用具有内生周期和外生周期的随机模型，对病虫害引起的作物产量损失进行了建模。

林业工业和林业保护区作为我国经济的重要组成部分，受到林业病虫害和疫病的严重影响。虫害和疾病流行被认为是外来人工林的两个最重要的威胁。研究表明，1996~2001 年，一些主要的森林病虫害和病害流行，造成的年损失约为 880 亿元，其中直接经济损失约 145 亿元，生态损失约 735 亿元[③]。有学者分析了中国林业虫害的发病数据，得出结论，林业虫害和疾病流行造成了超过 146.7 亿美元的损失。还有学者认为，森林保险是中国林业产业发展和森林储备的有效手段（Man – Tao, 2010）[④]。考虑到我国的经济和生态效益，在林业病虫害和疫病流行影响下，实行林业巨灾保险应得到重视。

一些研究确信，标准的经济模型显然不能涵盖森林保险领域经验研究的复杂性，因此需要从物理学中提出新的想法和模型。作为一个跨学科的领域，经济物理学应用统计物理理论、方法和模型来分析经济和金融问题。不同的经济物理学家提出了金融市场价格波动的模型，或对已建立的模型提出了独到的观点。此外，在各种经济数据中也发现了一些尺度规律。利用定量分析的优势，经济物理学也被应用于解决保险问题，其中使用的不确定性或随机过程和非线性动力学，诸如亚稳态系统、双稳态系统、马尔萨斯 – 维尔

---

① Roberts R. A. Insurance of Crops in Developing Countries [M]. Food & Agriculture Org., 2005.
② Sequeira L. V. Three Essays on Agricultural Risk, Insurance and Technology [M]. North Carolina State University, 2010.
③ Yushuang, S. O. N. G. Evaluation of economic losses caused by forest pest disasters between 2006 and 2010 in China [J]. Forest Pest and Disease, 2011 (6).
④ Man – Tao J. An Economic Analysis of Policy Forest Insurance from the Perspective of Forest Workers'Behaviors [J]. Journal of Xinjiang University of Finance & Economics, 2010 (49): 5111 – 5117.

赫斯特（Malthus – Verhulst）随机模型、随机切换分段亚稳态线性电势、肿瘤的生长受到外部波动和周期性治疗、生态系统、能源仓库模型和合成基因电路等系统中经济物理的逃逸时间和随机共振均被广泛应用。平均逃逸时间（MET）是物理学中描述粒子在某一区域的区间的术语，描述非线性系统中过境问题的统计性质。在随机波动的市场系统中研究 MET 的统计特性，特别是在分析股票价格的稳定性时，MET 表示股票价格停留在价格区间的时间。

因此，我们基于前人研究，进一步利用 MET 在林业病虫害和疫病巨灾风险中的统计特性，分析了森林病虫害灾害损失评估和灾害风险表征方法。通过对我国 15 个城市病虫害发生数据的实证研究，定义了林业病虫害和疫病流行造成的损失模型，并估算了相应的参数。根据接下来提出的损失模型，对损失支付的期望值进行了分析。同时，估计了赔款期望值与可抵扣额之间的相关关系，并将样本数据与基于所提模型的概率密度函数（PDF）进行了比较，并用平均逃逸时间来确定发生巨灾损失的赔付满足。

二、森林病虫害和病害流行造成的损失模型

基于奥维斯科林（Ovaskainen）和汉西（Hanski）（Ovaskainen & Hanski, 2001）[1] 提出的偏种群模型，给出了林业虫害和病害流行造成的损失。然后从理论上假设：(1) 斑块的空间结构满足耦合的映射格，(2) 这些斑块具有相同的结构特征和质量，它们在任何时刻所占的概率彼此相等，从而得到简化模型。损失可定义为：

$$\frac{dl}{dt} = \frac{l^2(1-l)}{l^2 + y^2/A^2} - \frac{e}{A^b}l - l\xi(t) + \eta(t), \quad l \in [0, 1] \quad (12-1)$$

其中，$l(t)$ 为 t 时刻林地害虫侵染和病害流行占用斑块的比例，$y = 1/(fc^{1/2})$，f 是斑块的结构因子，$f = \sum_{j \neq i} ea^{d_{ij}}$，$1/a$ 给出了平均迁移时间，d_{ij} 为斑块 i 和 j 之间的距离。A 为斑块的面积，b 为系统的参数；c 和 e 表示定殖率和死亡率参数，$\xi(t)$ 和 $\eta(t)$ 是高斯白噪声，分别如下属性：

$$\langle \eta(t) \rangle = \langle \xi(t) \rangle = 0$$
$$\langle \eta(t)\eta(t') \rangle = 2D\delta(t-t')$$
$$\langle \xi(t)\xi(t') \rangle = 2\alpha\delta(t-t') \quad (12-2)$$
$$\langle \eta(t)\xi(t') \rangle = 2\lambda\sqrt{D\alpha}\delta(t-t')$$

---

[1] Ovaskainen O., Hanski I. Spatially Structured Metapopulation Models: Global and Local Assessment of Metapopulation Capacity [J]. Theor Popul Biol, 2001 (60): 281 – 302.

D 和 α 表示噪音强度，λ 表示关联强度。潜在的修正势函数为：

$$V(l) = \frac{1}{2}\left(1 + \frac{e}{A^b}\right)l^2 - l + \frac{y}{A}\arctan\left(\frac{A}{y}l\right) - \frac{y^2}{2A^2}\ln\left(l^2 + \frac{y^2}{A^2}\right) \quad (12-3)$$

式（12-2）对应于 $l \in [0, 1]$ 中，系统在 $l_u = 0$ 处为不稳定状态，在 l_s 处为重要的平衡状态。l_s 表示 $\langle l(t) \rangle$ 的稳态值，可以通过方程 $f(l_s) = 0$，$l_s \in (0, 1]$ 计算而得。重要的平衡状态由式（12-1）给出：

$$l_s = \frac{1 + \sqrt{1 - 4\left(1 + \frac{e}{A^b}\right)\frac{ey^2}{A^{b+2}}}}{2\left(1 + \frac{e}{A^b}\right)} \quad (12-4)$$

通过诺维科夫（Novikov）定理和福克斯（Fox）方法，可以得到近似的福克-普朗克（Fokker-Planck）方程（AFPE）：

$$\frac{\partial P(l, t)}{\partial t} = -\frac{\partial}{\partial l}A(l)P(l, t)dl + \frac{\partial^2}{\partial l^2}B(l)P(l, t)dl, \quad l \in [0, 1]$$

$$(12-5)$$

其中，$P(l, t)$ 为概率分布函数，$A(l)$ 和 $B(l)$ 分别可描述为：

$$A(l) = f(l) + Dl - \lambda\sqrt{D\alpha} \quad (12-6)$$

$$B(l) = Dl^2 - 2\lambda\sqrt{D\alpha}l + \alpha \quad (12-7)$$

而

$$f(l) = \frac{l^2(1-l)}{l^2 + y^2/A^2} - \frac{e}{A^b}l \quad (12-8)$$

方程（12-5）的平稳概率密度函数（PDF）表示为：

$$P_{st}(l) = \frac{N}{B(l)}\exp - U(l)/D \quad (12-9)$$

N 是一个归一化常量，U(l) 为修正后的量：

$$U(l) = -\int_0^l \frac{\frac{z^2(1-z)}{z^2 + y^2/A^2} - \frac{e}{A^b}z}{z^2 - 2\lambda\sqrt{\alpha/D}z + \alpha/D}dz \quad (12-10)$$

在式（12-1）或式（12-9）中的参数通过最小化均方误差来估计：$\sum_l (P^{Data}(l) - P^{Model}(l))^2$，其中 $P^{Data}(l)$ 是利用核密度估计的真正损失数据的概率密度，$P_t^{Model}(l)^2$ 的概率密度是从等式（12-9）计算而得或从式（12-1）模拟而得。采用 2005~2014 年的中国 15 个城市的森林害虫发生率数据。数据来源于中国知识资源综合数据库。损失率是用森林害虫的年发病率除以历史平均产量得出的，数据集由 150 个样本组成。样本损失的均值 μ 为

0.09789，标准差 σ 为 0.08325，最小值为 0.00335，中位数是 0.06814，最大值为 0.44182。基于实际数据得到拟提议模型的估计参数为：$\hat{A}$ = 2.30836，$\hat{b}$ = 0.744386，$\hat{y}$ = 0.192071，$\hat{e}$ = 8.48628，$\hat{D}$ = 8.02888，$\hat{\alpha}$ = 0.0127618 和 $\hat{\lambda}$ = 0.944168。基于上述利用样本损失数据估计的参数，我们将实际数据与理论结果的损失概率密度函数 P_{appr} 进行比较，如图 12 – 1 所示。实际数据的 P_{appr} 由核密度估计得到，带宽为 0.01。分析结果由方程计算得到。式（12 – 9）和式（12 – 10）。仿真结果由式（12 – 1）、式（12 – 2）得到。实际数据与理论结果比较符合，如图 12 – 1 所示。图 12 – 1 为真实数据（real data）、解析分析结果（analytical results）、模拟结果（simulated result）的损失（Loss）概率密度函数实证比较。

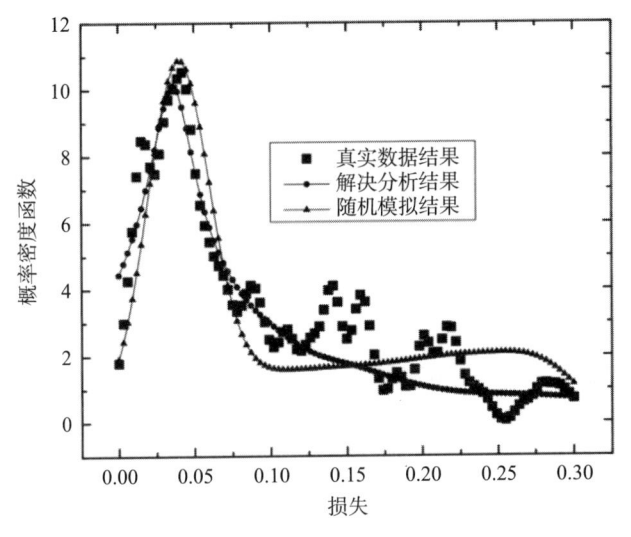

图 12 – 1　概率密度函数实证比较

三、林业巨灾保险赔偿

当因虫害造成的森林损失 l 超过免赔额的 q 时，保险公司支付赔偿 x。为简便起见，将森林巨灾保险的赔偿定义为：

$$x = \begin{cases} P_H, & l \geq l_H \\ P_H \dfrac{l-q}{l_H - q}, & q < l < l_H \\ 0, & l \leq q \end{cases} \quad (12-11)$$

l_H 为赔偿的上限损失，P_H 为赔偿的上限（最高赔款）。以 x 为自变量的损失

l 可以写成：

$$l = \frac{l_H - q}{P_H}x + q, \quad x \in (0, P_H) \quad (12-12)$$

最后，从方程（12-9）和方程（12-12），我们可以得到 x 的概率密度函数：

$$P_x(x) = P_{st}(l(x))|h'(x)|$$

$$= \frac{(l_H - q)N}{P_H B\left(\frac{l_H - q}{P_H}x + q\right)} e^{-U\left(\frac{l_H - q}{P_H}x + q/D\right)}, x \in (0, P_H) \quad (12-13)$$

不支付的概率是：

$$P_x(x=0) = \int_0^q P_{st}(l)dl \quad (12-14)$$

发生重大灾害后，全额赔偿的概率是：

$$P_x(x=1) = \int_{l_H}^1 P_{st}(l)dl \quad (12-15)$$

考虑 $\mu \pm \sigma$ 范围为保险赔偿的范围，$q = \mu - \sigma$，$l_H = \mu + \sigma$，$q = 0.01464$，$l_H = 0.18114$，根据以上数据，固定 $P_H = 1$ 时为 100。

图 12-2 描述了不同免赔额 q 下赔偿 x 的概率密度函数 [见方程（12-1）和方程（12-11）]。我们将免赔额 q 从 0.005 增加到 0.045，得到预期损失支付的最小峰值。这表明，存在一个最差的免赔额 q 使得保险损失支付稳定性最差。0.025 是图 12-2 中最差的免赔额 q。随着免赔额 q 的变化，赔款 x 的概率密度函数峰值逐渐向左侧偏移，这意味着相应的赔款期望值逐渐降低。

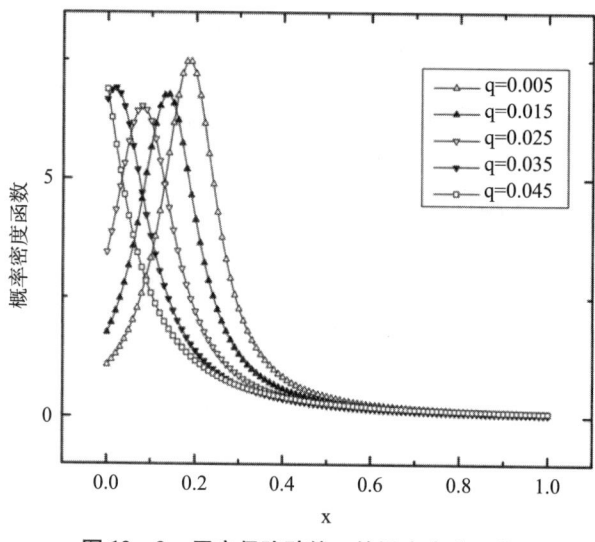

图 12-2 巨灾保险赔偿 x 的概率密度函数

一方面，由于林业虫害和疾病流行而存在的巨灾风险，这可能引发极端的损失赔偿。我们必须承认，保险公司面临着较高的赔付损失风险，这是由林业病虫害的不可预测性和林业经济的不可控性决定的。另一方面，保险公司设定的免赔额越高，需要支付的损失就越少。保险公司可能会倾向于增加免赔额，以减少损失支付。综上所述，图 12-2 表明，保险公司在实施这一林业巨灾保险产品时，应关注巨灾风险，然后优化免赔额 q 值，使其在保险收入最大化与损失支付风险最小化之间达到平衡。

图 12-3 给出了基于所提出的保险模型的全额赔偿概率的轮廓［如方程（12-15）所示］，图中刻画了完全赔偿概率［方程（12-15）］与 log（A）和 log（y）［图 12-3（a）］以及 log（b）和 log（e）［图 12-3（b）］的关系。它还显示了发生巨灾风险或巨灾损失支付的参数范围。log（A）的增加和 log（y）的减少，log（b）的增加和 log（e）的增加，均增强病虫害和疫病流行引起的灾难性风险。从图中也可以看出，随着系统因子 b 的增加，灭绝率 e 的降低，森林病虫害和病害流行所带来的系统风险急剧上升，使得全额赔偿的概率加快增长。根据各参数的定义，实验结果表明，斑块 A 投保面积越大，斑块 f 的结构因子越大，灭绝率 e 越低，系统因子 b 越大，则决定了较高的全额赔偿概率。斑块面积和结构因子的增大会增强森林病虫害和病害流行带来的系统风险，进而要求更高的全额赔偿概率［见图 12-3（a）］。从林业巨灾保险的角度看，为了降低损失成本，保险公司应适当调整被保险斑块的面积和结构因子，降低森林害虫的灭绝率，进而降低系统风险因子强度。

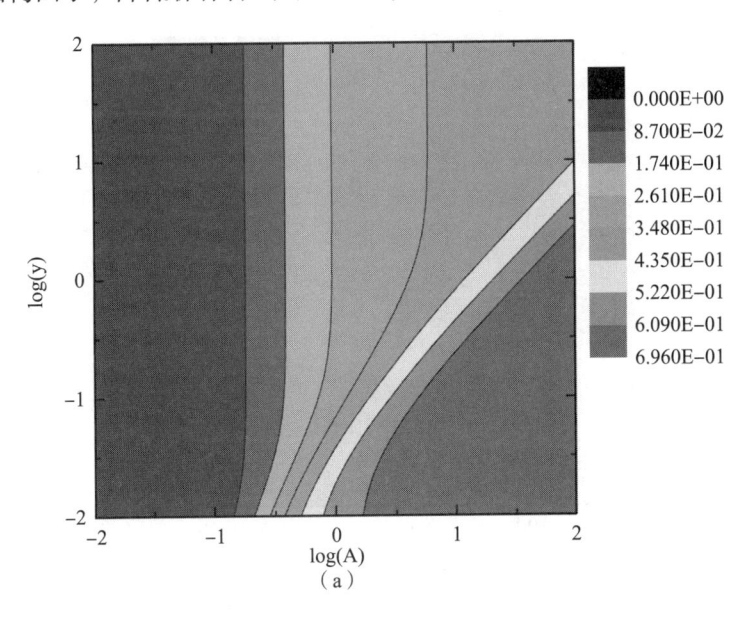

(b)

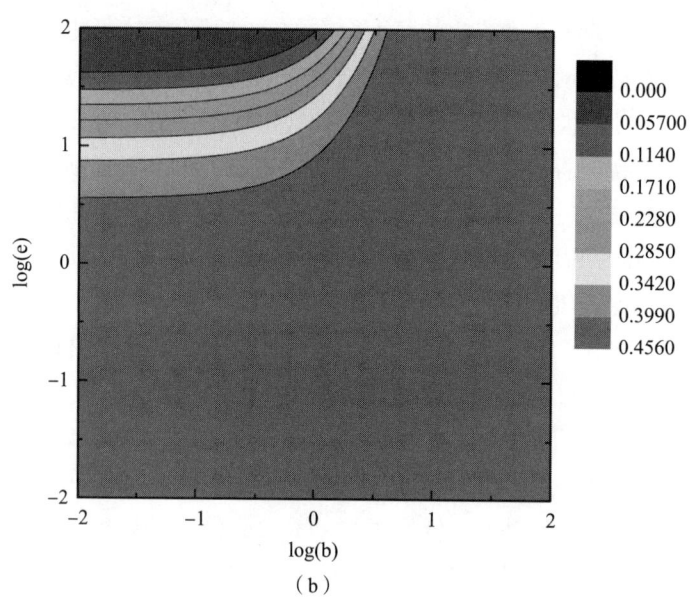

图 12-3 完全赔偿概率 [Eq. (12.15)] 与系统参数的关系

图 12-4 (a) 和图 12-4 (b) 分别显示了噪声强度（外部的乘性噪声强度 D 和内部的加性噪声强度 α）和噪声关联强度 λ 下 [方程（12-15）] 的全额赔偿概率。图 12-4 (a) 图表明，λ 的增加和减少的 D，全额赔偿的概率是单调递增的。图 12-4 (b) 表示当 λ 很小，完全赔偿的概率很低，

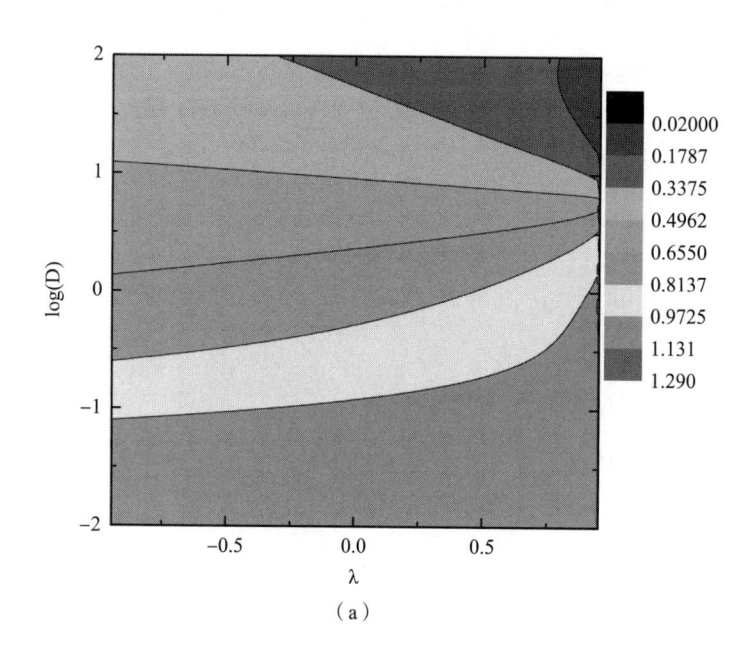

(a)

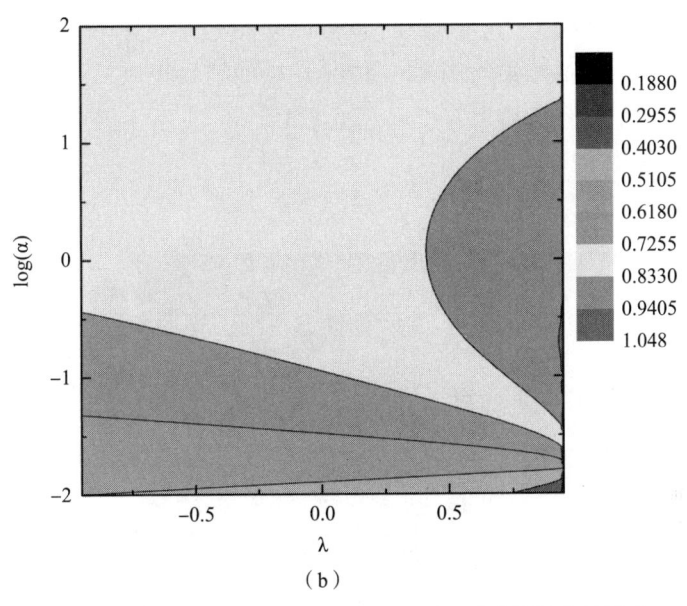

图 12-4　噪声强度 D 与交叉相关强度 λ 对赔偿概率的影响

但是，当 λ 较大，全额赔偿的概率增加，并存在阈值 λ 诱导出现相变特征（非线性单峰特性），也就是诱导出现最差的 α 使得全额赔偿的概率最大。从图中可以发现，乘性噪声强度 D 和关联强度 λ 均严重影响林业损失支付，但不会引发灾难的风险。当 λ 达到一定阈值，λ 造成林业损失支付风险增加，并造成内部发生变化。在这样关联下，存在一个最差的内部的加性噪声强度 α 极大增大全额赔偿的概率，暗示了发生巨灾风险。通过检测噪声强度和相关强度，可以识别出一个阈值，可以帮助保险公司在一定范围内控制理赔风险。这表明乘性噪声比加性噪声在引起巨灾风险或巨灾损失支付方面具有更高的概率。只有在乘法噪声和加性噪声的强相关性下，加性噪声才能触发巨灾风险的发生或巨灾损失的支付。

为了实验和比较的完整性，图 12-5 和图 12-6 给出了零赔偿的情况，与图 12-3 和图 12-4 给出的全额赔偿做出比较。由式（12-14）可知，受 $\log(y)$ 和 $\log(A)$ 的影响，$\log(b)$ 和 $\log(e)$ 的零赔偿概率相位图分别如图 12-5（a）和图 12-5（b）所示。从图 12-5（a）可以看出，斑块 A 的面积越小，零赔偿的概率越大，同时，对于斑块的面积范围越小，零赔偿的概率是非常敏感的。但是，斑块 y 结构的改变并不影响赔偿为零的概率。结果表明，控制植被斑块的面积大小，能在一定程度上控制病虫害损失。相比之下，随着系统因子 b 的增加，死亡率 e 的增加，零补偿的概率单调下降［见图 12-5（b）］。这些说明了制度因素和灭绝率对降低保险公司损失成本的重要性。这一结果与图 12-3（b）中的结果相似。不同的是斑块的结构确实对全额赔偿的概率有影响［见图 12-3（a）］，但对零赔偿的概率没有影响［见图 12-5（b）］。

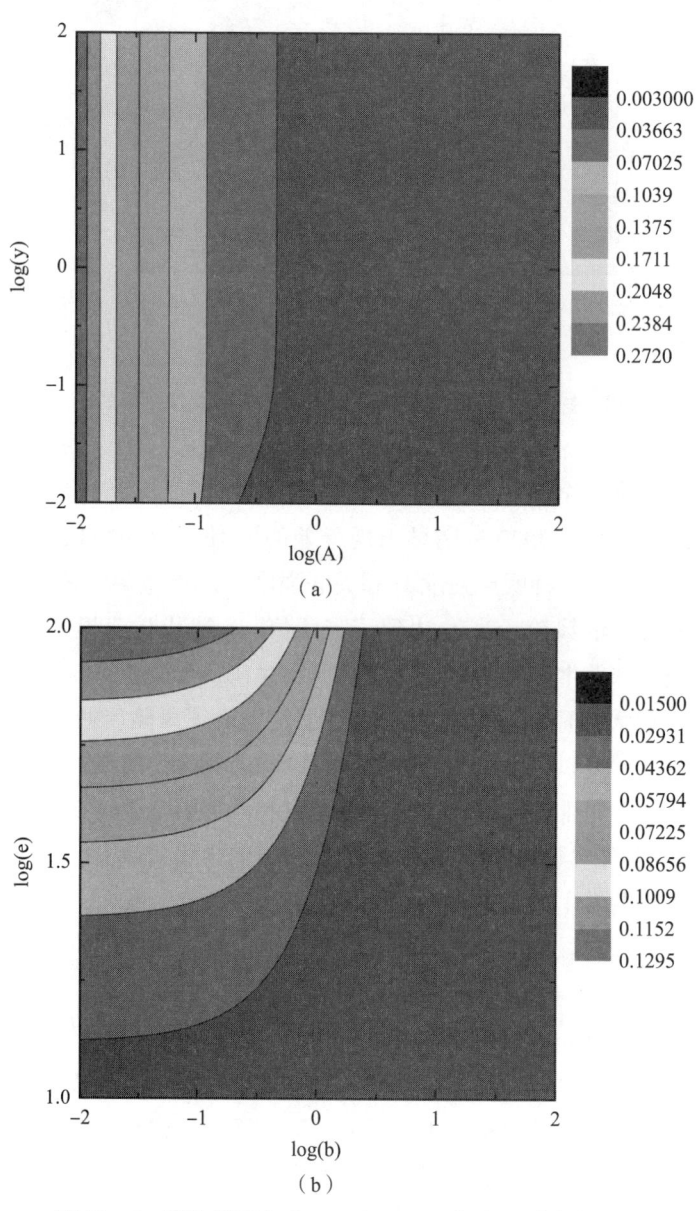

(a)

(b)

图 12-5 零补偿概率［Eq.（12-14）］与系统参数关系

图 12-6（a）和图 12-6（b）分别显示了噪声强度 D 与 α 对零补偿概率 [方程（12-14）] 的影响，两图中均考虑了相互关联强度。图 12-6（a）图表与 λ 和 D 的增加，零赔偿的概率稍有增加，但均在较低的范围内。图 12-6（b）提出了零赔偿的概率随着 λ 的增加和 α 的减少逐渐降低。而且当 α 很小的时候，零赔偿的概率要高得多。这表明，保险公司要降低损失成本，应将噪声和交叉相关强度控制在较小的数值范围内。

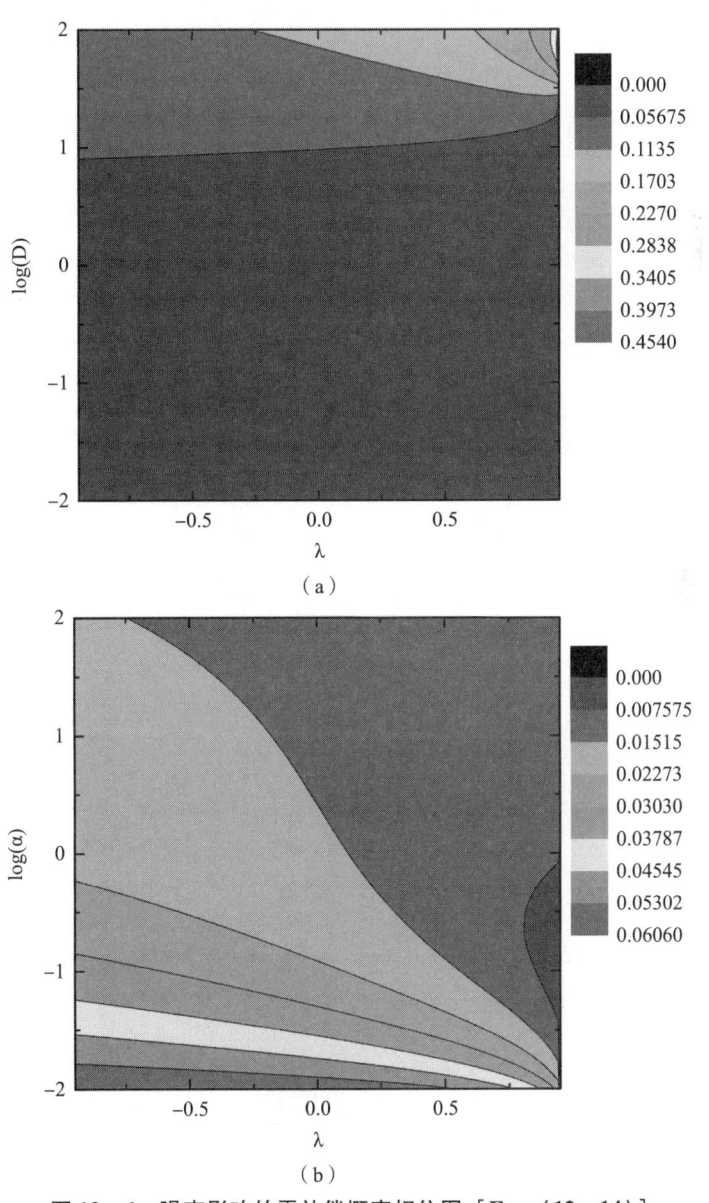

（a）

（b）

图 12-6 噪声影响的零补偿概率相位图 [Eq.（12-14）]

四、巨灾损失支付时间（MET）

从方程式（12-5）~（12-10），满足的巨灾损失赔付时间可以由平均逃逸时间获得，具体方程如下：

$$\mathrm{MET}(P_0 \to P_H) = \int_{P_0}^{P_H} \frac{dy}{B\left(\frac{l_H - q}{P_H}y + q\right)P_x(y)} \int_{P_0}^{y} P_x(Z)dz$$

$$= \int_{P_0}^{l_H} \frac{dy}{B(1)P_{st}(y)} \int_{P_0}^{y} P_{st}(Z)dz \qquad (12-16)$$

这里 P_0 是初始支付，考虑到零支付且无巨灾损失，在接下来的讨论中我们通常设置 $P_0 = 0$。国林业巨灾保险采用平均逃逸时间，满足方程式（12-16）的巨灾损失支付时间，其定义为从零赔偿到全额赔偿的变化所发生的巨灾损失支付的平均时间。该定义假设了保险公司对赔付时间没有影响，也就是忽略了由于保险公司索赔和服务质量和效率而造成的损失支付的时间差。因此，满足巨灾损失支付时间也是林业病虫害和病害流行导致的林业巨灾风险发生的一个近似指标。图 12-7 为斑块面积 A 和结构因子 y、系统参数 b 和死亡率 e 等系统参数对巨灾损失支付时间（MET）的影响。图 12-7（a）和图 12-7（b）分别显示了 A 和 y、b 和 e 对巨灾损失支付时间 MET 的影响。模拟实验结果和图 12-7（a）表明，y 对巨灾损失支付时间的影响有限，但为正；A 对巨灾损失支付时间满足有负向影响，且当 A 较

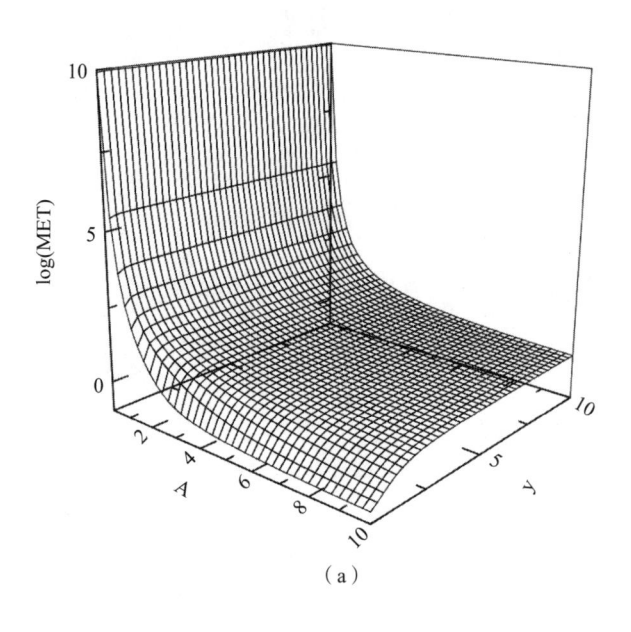

（a）

(b)

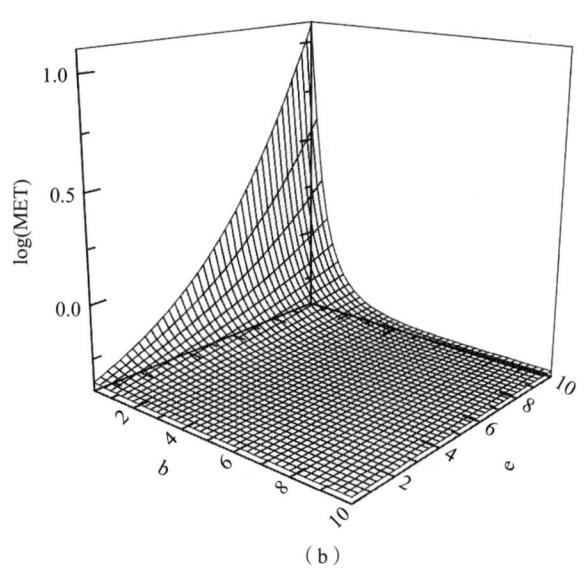

图 12-7　系统参数对巨灾损失支付时间（MET）的影响

小时影响明显。图 12-7（b）为系统因子 b 对巨灾损失支付时间 MET 的负影响，死亡率对巨灾损失支付时间 MET 的正影响。当 b 小和 e 大时，两者的影响均显著增大。从林业巨灾保险的角度，斑块的面积应控制在一个小范围内，结构因子的增加和斑块的面积的减少，能使得巨灾损失支付时间增长，这将加大时间损失风险管理成本，此外，保费收入所带来的资本投资和资本周转率也受益于巨灾损失支付时间的延长。

图 12-8（a）和图 12-8（b）分别表示了不同交叉相关强度 λ 下 $\log(D)$ 和 $\log(\alpha)$ 对巨灾损失支付时间的影响。图 12-8（a）描述，更高的 λ 导致较长的巨灾损失支付时间和更大的噪声强度。作为一种最优控制模型，随着 D 的增加，巨灾损失支付时间满足被优化到最大，然后单调递减，最终都收敛到 0。图 12-8（b）显示，巨灾损失支付时间随着 α 的增加单调递减，收敛值为 0。实验结果表明，通过改变乘性噪声和交叉相关强度，可以获得最优的巨灾损失支付时间，限制加性噪声有助于维持较高的巨灾损失支付时间。最佳参数控制最优巨灾损失支付时间的经验意义是深刻的，它为保险公司在保费定价、保险条款设计等方面提供了量化的参考，从而使损失成本最小化，保费收入最大化。

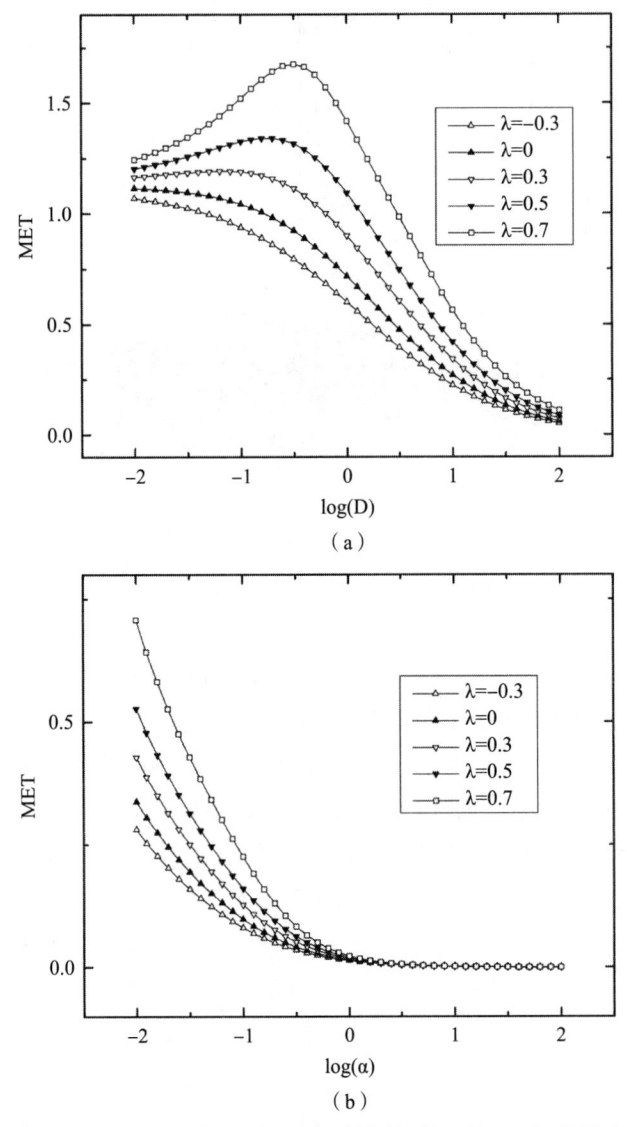

图 12-8　噪音强度 D 对巨灾损失支付时间（MET）的影响

图 12-8（a）所示的结果与噪声增强稳定性现象有关。为了便于读者理解这种动态关系，我们在图 12-9 中给出了不同初始条件下，log(D) 的巨灾损失支付时间函数关系图。显然，非单调行为也出现在图 12-9 中，与菲亚斯科那若等（Fiasconaro et al., 2010)[①] 的研究结果相同，当 $P_0 \to 0$ 时，

[①] Fiasconaro A., Mazo J. J., Spagnolo B. Noise-Induced Enhancement of Stability in a Metastable System with Damping [J]. Physical Review E, 2010 (82): 041120.

非单调行为的峰值增加，即噪声增强稳定现象增强。

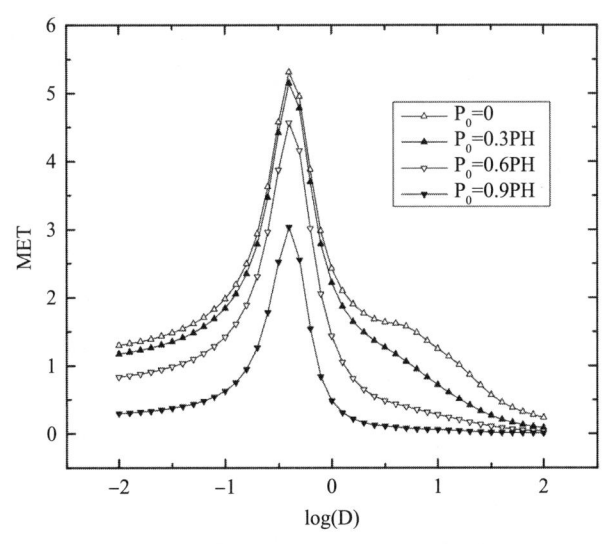

图 12-9　初始条件影响的巨灾损失支付时间 MET

总而言之，我们利用平均逃逸时间来描述巨灾损失的支付时间，并发现了一些与噪声增强稳定性现象相关的非单调行为。在第二部分的模型中，我们只考虑高斯噪声。然而，在一定条件下，莱维噪声驱动的随机朗之万方程更能较好地描述随机系统。读者可以在未来对此做进一步的研究。

各种森林昆虫和疾病会给森林造成巨大的损失。随着时间的推移，森林虫害和疾病流行对破坏程度的影响是动态的。本节建立了昆虫侵染和病害流行引起的森林损失模型。利用偏种群动力学方法对森林昆虫和病害引起的森林巨灾损失进行了建模。所使用的随机偏种群模型类似于奥维斯克林和汉西（Ovaskainen & Hanski，2001）[①]的模型，考虑了乘性噪声和加性噪声，利用 2005~2014 年我国的实际数据对该模型进行了估计。将从样本损失数据中得到的概率密度函数与从模型中得到的概率密度函数进行了比较。分析结果与模拟结果吻合较好。

我们分别研究了全额赔偿的概率和零赔偿的概率。实验结果表明，斑块面积越大、斑块结构越复杂、倍增噪声越高、灭绝率越低，均可触发森林害虫侵染和病害流行而引发的巨灾风险或巨灾赔偿的概率越大。在这些生态因

---

① Ovaskainen O., Hanski I. Spatially Structured Metapopulation Models: Global and Local Assessment of Metapopulation Capacity [J]. Theor Popul Biol, 2001 (60): 281-302.

素中，系统因素和灭绝率对巨灾风险或巨灾赔偿发生的概率影响较大。相比之下，相同的生态因子、乘性噪声和加性噪声对零补偿概率的计算结果基本相同。分别讨论了乘性噪声和加性噪声对完全补偿概率和零补偿概率的影响。这表明，乘性噪声与巨灾风险或巨灾损失发生的概率呈正相关关系，且乘性噪声的影响大于加性噪声。加性噪声只在高强度值范围内产生影响。从林业巨灾保险的角度，林业的爆发灾难损失或灾难损失支付由于林业虫害和疾病流行，可以从以下方面：公认的大区域的和斑块的结构、高的系统因素、物种灭绝率低、较高的乘法和加法噪音高的交叉关联强度范围，是保险公司应该特别注意的地方。结果表明，在一个较低的取值范围内取适当的噪声强度值，可以确定最优的巨灾损失支付时间。该最优值有助于描述巨灾风险，并对森林病虫害和病害造成的巨灾损失进行评估，作为有意义的参考，保险公司最终可以实现损失成本最小、保费收入最大的目标。

第二节　病虫害的随机共振研究

一、随机共振研究介绍

经济物理学是一个快速增长的多学科领域，在这个领域中，统计物理学的思想、模型、理论和工具被用来模拟复杂的金融和经济系统。经济物理学家最近的研究已经得出了令人信服的证据，证明标准金融模型不能完全描述真实市场，因此需要物理学的新思想和模型。曼德尔布罗特（Mandelbrot, 1963b）[1] 观察到美国棉花价格的"厚尾"行为，并提出价格变化遵循 Levy 稳定分布，斯坦利和蒙塔纳（Stanley & Mantegna, 2000）[2] 利用 Levy 分布对标准普尔 500 股票指数变化的分布进行了建模。普雷欧等（Plerou et al., 1999）[3] 发现，市场指数的收益分布与指数为 3 的渐进幂律表现一致，这远远超出了 Levy 稳定分布规定的 $0 < \alpha < 2$。马勒格尼等（Malevergne et al.,

---

[1] Mandelbrot B. B. The Variance of Certain Speculative Prices, 36 J [M]. Bus, 1963b.
[2] Stanley H., Mantegna R. An Introduction to Econophysics [M]. Cambridge University Press, Cambridge, 2000.
[3] Plerou V., Gopikrishnan P., Rosenow B., et al. Universal and Nonuniversal Properties of Cross Correlations in Financial Time Series [J]. Physical Review Letters, 1999 (83): 1471-1474.

2005)① 分析了道琼斯工业平均指数（Dow Jones Industrial Average）和纳斯达克综合指数（Nasdaq Composite Index）的对数收益率的尾部行为，并得出结论：尾部衰减慢于任何拉伸指数，但可能比具有合理指数的幂律更快。经济物理学家引入了多种金融市场资产收益率模型，并对已有模型提出了独到的见解。瓦伦蒂等（Valenti et al., 2007）② 在不同的股票市场演化模型中研究了冲击时间或逃逸时间的统计特性。经济物理学家的研究活动是对传统金融和数学金融方法的补充。同时，噪声对具有逃逸时间和随机共振的系统稳定性的影响常用于周期性波动的亚稳态系统、随机切换片状亚稳态线性电势、知觉双稳态的系统、生态系统、能量库模型等复杂系统。如规模、普遍性、无序受挫系统和自组织系统等物理概念，对分析金融市场非常有帮助。艾默特－斯锥布和德赫默（Emmert－Streib & Dehmer, 2010）③ 调查了金融网络的定义和形成，并研究了时间尺度对其建设的影响。

作为经济学、物理学等新兴科学领域，对保险问题的求解方法，通常包括不确定性、随机过程和非线性动力学等。阿查里雅和阿查里雅（Acharyya & Acharyya, 2003）④ 开发了一个人寿保险的经济物理模型，利用计算机模拟计算净收益，并找到了最大利润。弗拉万德和达罗内（Fouladvand & Darooneh, 2005）⑤ 模拟了一家保险公司的业绩，并预测了该公司的年收入。布尔内基等（Burnecki et al., 2000）⑥ 研究了美国灾难性事件造成的损失指数，发现对数正态分布比帕累托（Paretian）分布更适合，他们还确定了指数收益中存在均值回归结构。

与其他保险产品相比，农业保险是最难发展的，哈泽尔（Hazell, 1992）⑦ 讨论了农业保险在发展中国家的适当作用，发现多风险作物保险项

---

① Malevergne Y., Pisarenko V., Sornette D. Empirical Distributions of Stock Returns: Between the Stretched Exponential and the Power Law? [J]. Quantitative Finance, 2005 (5): 379－401.

② Valenti D., Spagnolo B., Bonanno G. Hitting Time Distributions in Financial Markets [J]. Physica A, 2007 (382): 311－320.

③ Emmert－Streib F., Dehmer M. Identifying Critical Financial Networks of the Djia: Toward a Network－Based Index [J]. Complexity, 2010 (16): 24－33.

④ Acharyya M., Acharyya A. B. Modeling and Computer Simulation of an Insurance Policy: A Search for Maximum Profit [J]. International Journal of Modern Physics C, 2003 (14): 1041－1046.

⑤ Fouladvand M. E., Darooneh A. H. Premium Forecasting of an Insurance Company: Automobile Insurance [J]. International Journal of Modern Physics C, 2005 (16): 377－387.

⑥ Burnecki K., Kukla G., Weron R. Property Insurance Loss Distributions [J]. Physica A, 2000 (287): 269－278.

⑦ Hazell P. B. The Appropriate Role of Agricultural Insurance in Developing Countries [J]. Journal of International Development, 1992 (4): 567－581.

目对政府来说是昂贵的，但结果并不令人满意。钱伯斯（Chambers, 1989）[1]讨论了农业保险市场上帕累托最优和受约束的帕累托最优全风险保险合同的可保性和道德风险。虽然农业保险需求稳步增长，但保险公司并不真正愿意承担此类风险，其中一个原因是，很难对这些风险进行估计。史密斯等（Smith et al., 1994）[2]分析了农作物模式的减损过程，提出农作物产量趋势模式可能是周期性模式，而不是线性趋势。农作物损失通常由多风险作物保险（MPCI）承保。根据MPCI，保险产量按保险地块历史平均产量的百分位计算。如果已实现收益低于保险收益，则根据已实现收益率和保险收益率之间的差额支付赔偿。由于通常很难确定损失的确切原因，MPCI通常可以防止许多不同原因的产量损失。

然而，了解和评估农业病虫害的影响对农民、保险公司、农业部门和组织来说是非常重要的。由于动物害虫和病原体造成的潜在作物产量损失世界平均水平分别估计为18%和16%。这显然是对食品安全的巨大挑战，不能忽视。政府或世界组织，如粮食及农业组织，需要农业损失信息，来实现以下目标：（1）监测病虫害对作物生产的影响；（2）判断病虫害对农业和环境的相关性；（3）在病虫害研究和研究方面分配资源开展作物改良；（4）决定食品和经济政策；（5）采取措施管理和控制病虫害。加勒特等观察到高度变化的天气条件将对害虫和疾病风险产生重要影响，并建立了由病虫害引起的产量损失模型。[3]

农业害虫的侵袭和疾病流行通常会影响大范围。这引发了系统性风险的问题，或者，产量损失的空间相关性。因此，基于中心极限定理结果的标准诉求正常性可能是无效的。本节中使用的是集合种群理论来研究空间结构宿主群体中的病虫害动态。集合种群由几个不同的群体组成，这些群体通常是分散的，并且可能经历局部灭绝和定植的频繁事件。显然，农业病虫害经常表现出这样的特征，并且集合种群理论似乎能够描述它们的动态。用于研究集合种群动力

---

[1] Chambers R. G. Insurability and Moral Hazard in Agricultural Insurance Markets [J]. American Journal of Agricultural Economics, 1989 (71): 604-616.

[2] Smith V. H., Chouinard H., Baquet A. E. Almost Ideal Area Yield Crop Insurance Contracts [J]. Americon Journal of Agricaltural Economics, 1994 (76): 1260-1260.

[3] Garrett K. A., Dobson A. D. M., Kroschel J., et al. The Effects of Climate Variability and the Color of Weather Time Series on Agricultural Diseases and Pests, and on Decisions for Their Management [J]. Agricultural and Forest Meteorology, 2013 (170): 216-227.

学的最早的数学模型是由莱文斯（Levins，1969）[①]提出的，它假设无数个相同的斑块，斑块之间的相互作用明显少于斑块内的相互作用。Levins 模型的一个主要缺点是它是确定性的，而基本的集合种群过程往往是随机的。

我们基于集合种群动力学开发了一个随机模型，用于模拟由于病虫害造成的作物产量损失。其基本原理是，农作物产量损失的发生是因为随着作物生长和发育，以及时间的推移，生长作物的生理受到病虫害的负面影响。因此，可以使用集合种群动力学来模拟所产生的作物产量损失，采用简化的关联函数模型（IFM）描述了随机集合种群过程。IFM 是一种广泛使用的空间结构模型。它通过部分描述（统计）和部分机械公式将景观特征（距离和面积）与殖民化和灭绝概率联系起来。与聂林如和梅冬成的论文（Nie & Mei，2007）[②]相比，该模型中考虑了内生和外生周期性，植物病虫害和疾病流行是周期性现象，如图 12-10 所示，病原体发育由重复循环组成。接种物通过感染过程进入宿主组织并建立组织。病原体在宿主内发育并最终开始产生新的接种物，而新的接种物又可以分散到新的易感部位以引发新的感染。除了上述内生性循环外，还可以在温度和降雨等外生因素中观察到周期性模式。这种周期性模式对作物和病害的发展具有不可忽视的影响。

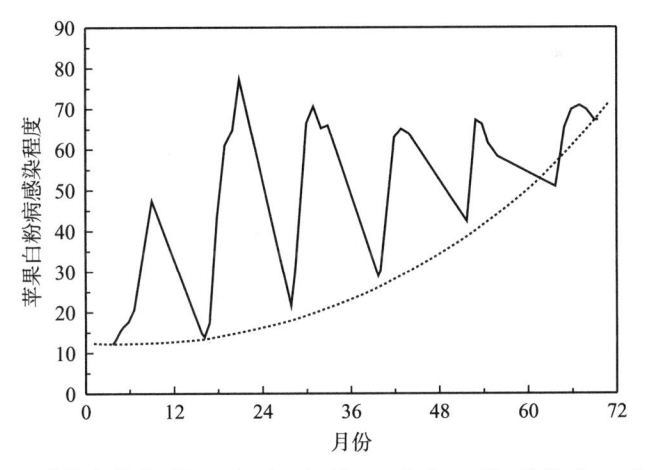

图 12-10　苹果白粉病（Percent Apple Shoots Inflected）月度（months）序列

[①] Levins R. Some Demographic and Genetic Consequences of Environmental Heterogeneity for Biological Control [J]. American Entomologist, 1969 (15): 237-240.

[②] Nie L. R., Mei D. C. Fluctuation-Enhanced Stability of a Metapopulation [J]. Physics Letters A, 2007 (371): 111-117.

二、具有内生和外生周期的随机作物产量损失模型

如前面所述,作物产量损失的发生是因为种植作物的生理机能随着时间的推移以动态的方式受到害虫和疾病的负面影响,因此使用集合种群动力学来模拟由此产生的作物产量损失。基于聂林如和梅冬成的论文(Nie & Mei, 2007),作物病虫害造成的产量损失可以用以下随机简化的 IFM(简化的发病函数模型)来描述:

$$\frac{dl}{dt} = \frac{l^2(1-l)}{l^2 + \frac{y^2}{A^2}} - \frac{e}{A^b}l - l\eta(t) + \xi(t) \qquad (12-17)$$

$l(t)$ 是在时间 t 时刻的损失率(或农作物感染的比率,$0 \leq l(t) \leq 1$),$y = 1/(fc^{1/2})$,f 是斑块的结构因素,且 $f = \sum_{j \neq i} e a^{d_{ij}}$。注:$1/a$ 是平均迁移距离,d_{ij} 是斑块 i 和 j 之间的距离,A 为斑块的面积,b 为系统参数,参数 c 为殖民速率,e 为消除速率。$\xi(t)$ 和 $\eta(t)$ 分别是乘性和加性高斯白噪声,分别代表系统内部波动和外部环境波动对系统的影响。$\xi(t)$ 和 $\eta(t)$ 具有以下性质:

$$\begin{aligned}&\langle \eta(t) \rangle = \langle \xi(t) \rangle = 0 \\ &\langle \eta(t)\xi(t') \rangle = 2D\delta(t-t') \\ &\langle \eta(t)\xi(t') \rangle = 2\alpha\delta(t-t') \\ &\langle \eta(t)\xi(t') \rangle = 2\lambda\sqrt{D\alpha}\delta(t-t') \end{aligned} \qquad (12-18)$$

其中,D 和 α 分别表示乘法和加性噪声强度,λ 是互相关强度。上述系统的势函数由方程(12-19)给出。

$$V(l) = \frac{1}{2}\left(1 + \frac{e}{A^b}\right)l^2 - l + \frac{y}{A}\arctan\left(\frac{A}{y}l\right) - \frac{y^2}{2A^2}\ln\left(l^2 + \frac{y^2}{A^2}\right) \qquad (12-19)$$

上述势函数在 $l_0 = 0$ 处具有不稳定状态,并且当系统 l_s 在 $l \in [0, 1]$ 时,是复杂平衡状态。l_s 表示 $[l(t)]$ 的稳态值,由式 $V(l_s) = 0$,$l_s \in (0, 1]$ 计算得到。非平凡平衡态由下式给出:

$$l_s = \frac{1 + \sqrt{1 - 4\left(1 + \frac{e}{A^2}\right)\frac{ey^2}{A^{b+2}}}}{2\left(1 + \frac{e}{A^b}\right)} \qquad (12-20)$$

虽然聂林如和梅冬成(Nie & Mei, 2007)[①] 使用 $\xi(t)$ 和 $\eta(t)$ 来表示

[①] Nie L. R., Mei D. C. Fluctuation-Enhanced Stability of a Metapopulation [J]. Physics Letters A, 2007 (371): 111-117.

系统内部波动和外部环境波动对系统的影响，但内部和外部波动的周期性特征并未在其系统中得到体现。然而，植物病虫害和疾病流行是周期性现象。此外，周期性模式也可以在外部因素如温度和降雨中观察到。为了捕获这种内生和外生的周期性，在聂和梅简化的关联函数模型（IFM）中增加两个周期函数。此外，任何周期函数都可以用一组正弦和余弦的和来表示（傅里叶变换），方程为简化为：

$$\frac{dl}{dt} = \frac{l^2(1-l)}{l^2 + \frac{y^2}{A^2}} - \frac{e}{A^b}l - l\eta(t) + l\xi(t) - lA_e\sin(\Omega_e t) + A_i\cos(\Omega_i t + \phi_i)$$

(12-21)

其中，A_i 为内源性（即加性）周期函数，A_e 是外生函数（即乘性）周期函数。Ω_i 和 Ω_e 分别为内生和外生函数的频率，ϕ_i 是内生函数和外生外生函数之间的初始相位差。

设 $P(l, t)$ 为 t 时刻概率密度函数 l 的损失比，与式（12-21）对应的 $P(l, t)$ 的福克－普朗克方程应为：

$$\frac{\partial P(l, t)}{\partial t} = -\frac{\partial F(l)P(l, t)}{\partial l} + \frac{\partial G(l)P(l, t)}{\partial l^2}$$

(12-22)

其中，$F(l, t)$ 和 $G(l)$ 由以下式子得出：

$$F(l, t) = \frac{l^2(1-l)}{l^2 + \frac{y^2}{A^2}} - \frac{e}{A^b}l - lA_e\sin(\Omega_e t) + A_i\cos(\Omega_i t + \phi_i) + Dl - \lambda\sqrt{D\alpha}$$

$$G(l) = Dl^2 - 2\lambda\sqrt{D\alpha}\,l + \alpha \qquad (12-23)$$

由式（12-22）和式（12-23），可以导出以下准静态概率密度函数：

$$P_s(l, t) = \frac{N}{G(l)}\exp\left(\int_0^l \frac{F(x, t)}{G(x)}dx\right) \qquad (12-24)$$

式（12-24）改写为：

$$P_s(l, t) = \frac{N}{\sqrt{G(l)}}\exp\left(-\frac{U(l, t)}{D}dx\right) \qquad (12-25)$$

其中，N 是归一化常数，福克－普朗克方程的有效势函数 $U(l, t)$ 为：

$$U(l, t) = -\int_0^l \frac{\frac{x^2(1-x)}{x^2 + y^2/A^2} - \frac{e}{A^b}x - xA_e\sin(\Omega_e t) + A_i\cos(\Omega_i t + \phi_i)}{x^2 - 2\lambda\sqrt{\frac{\alpha}{D}}x + \frac{\alpha}{D}}dx$$

(12-26)

如果 $A_e = 0$ 且 $A_i = 0$，那么不考虑周期性，有效势函数 $U(l, t)$ 变为：

$$U_{noinformation}(1) = -\int_0^1 \frac{\frac{x^2(1-x)}{x^2+y^2/A^2} - \frac{e}{A^b}x}{x^2 - 2\lambda\sqrt{\frac{\alpha}{D}}x + \frac{\alpha}{D}}dx \quad (12-27)$$

让我们考虑近似的准静态概率密度函数，可以得到，由害虫和疾病引起的作物产量损失的概率密度函数（PDF）可以通过以下等式近似。T 是周期性的外生（外部）周期性和内生性（内部）周期性的最大值（即$\frac{2\pi}{\Omega_e}$和$\frac{2\pi}{\Omega_i}$）。

$$P_{appr}(1) = \begin{cases} \frac{N}{\sqrt{G(1)}}\exp\left(-\frac{U_{noinformation}(1)}{D}\right), & A_e = 0 \text{ and } A_i = 0 \\ \frac{N}{T\sqrt{G(1)}}\int_0^T \exp\left(-\frac{U(l,t)}{D}\right)dt, & A_e \neq 0 \text{ or } A_i \neq 0 \end{cases} \quad (12-28)$$

式（12-17）中的参数是通过最小化均方误差来估计：$\sum_l (P^{Data}(1) - P^{Model}(1))^2$，其中 $P^{Data}(1)$ 是通过使用核密度估计从实际损失数据导出的概率密度，以及 $P_t^{Model}(1)$ 是根据式（12-28）计算的概率密度或根据式（12-17）或式（12-21）模拟的概率密度。在统计学中，核密度估计是估计随机变量的概率密度函数的非参数方法。在本书中的式（12-28）使用高斯核密度函数（Gaussian kernel）计算概率密度函数，并使用了 2008~2012 年中国 31 个省份的病虫害产量损失数据。通过将年度作物产量损失除以历史平均产量来获得损失率，数据集由 155 个样本组成。为了便于计算，设 $\phi_i = 0$，$A_e = 0$ 且 $A_i = 0$（不考虑周期性），得到以下估计值：$\hat{A} = 0.528318$，$\hat{b} = 0.549745$，$\hat{y} = 0.279509$，$\hat{e} = 0.394369$，$\hat{D} = 1.99884$，$\hat{\alpha} = 0.00271211$，$\hat{\lambda} = 0.951747$。

为了测试有效性并评估所提出模型的有限样本性能，使用式（12-28）近似的概率密度函数对从损失数据观察到的概率密度函数绘制，如图 12-11 所示。此外，Box-Muller 方法用于产生高斯白噪声，并且还可以通过基于式（12-17）和式（12-18）数值模拟超过 10 万个路径来获得 P_{appr}。注意图 12-11 给出了样本数据中观察到的损失率的频率，然后通过核密度估计获得概率密度函数。图 12-11 为从提议的模型得到的损耗频率（Frequency Counts of loss）、核密度估计（kernel density estimation）分析结果（analytical solution），模拟数据（numerical simulation）的概率密度函数（P_{appr}）等的实证比较。从图 12-11 中可以看出，从所提出的模型获得的密度函数通常与样本数据中观察到的密度相对应。这表明所提出的模型能够合理地拟合由于病虫害引起的作物产量损失。但是，从图 12-11 中可以看出，拟合绝不是完美的，可能是因为我们的样本集非常有限，仅包含五年的损失数据，这显然是不够的。

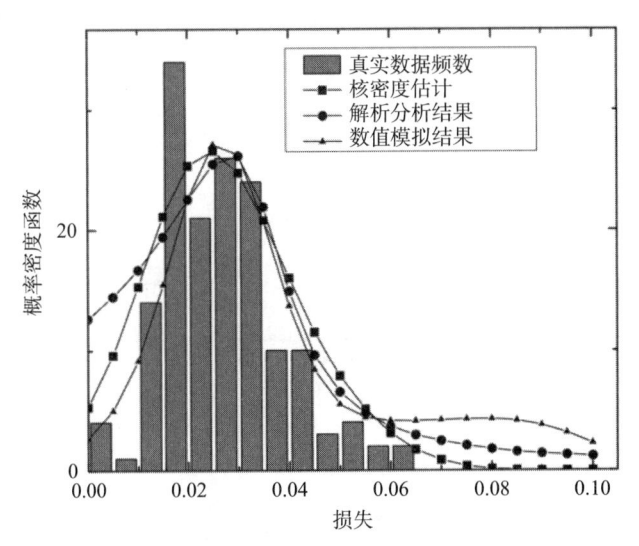

图 12 – 11　概率密度函数（P_{appr}）实证比较

图 12 – 12 描绘了周期性成分的影响［见式（12 – 21）］。图 12 – 12 为由提议模型得到的核密度估计（kernel density estimation），外生性周期（external period information）和内生性周期（internal period information）、无周期（no period information）的概率密度函数（PDF）。图 12 – 12 (a) 和图 12 – 12 (b) 分别给出了具有外生性（外部）周期性和内生性（内部）周期性的概率密度函数，利用上述样本数据估计了外生成分和内生成分的参数。其他参数的估计如图 12 – 11 所示。从图 12 – 12 可以看出，无周期性和外生/内生周期性模型的结果没有明显的差异。但是，通过计算均方误差，表明所提出的具有周期性的模型比没有周期性的模型拟合得更好。在 $l \in (0, 0.1)$ 中均匀选择 100 个点，$\sum_l (P^{Data}(l) - P^{noperiodicity}(l))^2 = 473.7$，$\sum_l (P^{Data}(l) - P^{exogenous}(l))^2 = 418.6$，$\sum_l (P^{Data}(l) - P^{endogenous}(l))^2 = 417.4$。$P^{noinformation}(l)$ 是所提出的模型的概率密度函数，没有周期性（$A_e = 0$ 且 $A_i = 0$）。$P^{exogenous}(l)$ 是所提模型的概率密度函数，具有外生周期性（$A_e = 0.04997$，$\Omega_e = 3.75$，$A_i = 0$）。$P^{exogenous}(l)$ 是所提模型的概率密度函数，具有内生周期性（$A_i = 0.003162$，$\Omega_i = 7.05$，$A_e = 0$）。这些概率密度函数都通过使用式（12 – 28）近似得到的。

(a)

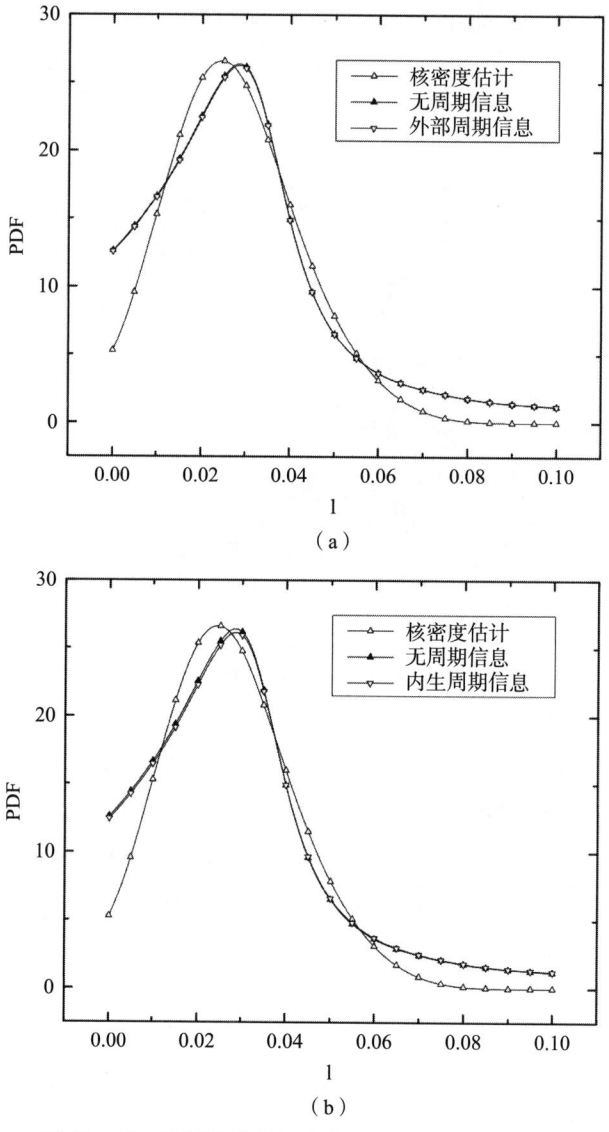

(b)

图 12-12 不同方式的概率密度函数（PDF）比较

三、对系统内部波动和外部环境影响的分析

前面提出的作物产量损失模型具有可以捕获内部系统波动和外部环境波动的成分。为了分析它们的影响，引入了标准的农作物产量保险产品：当由于病虫害引起的农作物产量损失 l 超过免赔额 q 时，保险公式赔付补偿金为 n。为简单起见，农作物产量保险的赔偿定义为：

$$n(l|p) = \begin{cases} \varpi, & l > \varpi \\ 1-q, & \varpi \geq l \geq q \\ 0, & l < q \end{cases} \quad (12-29)$$

ϖ 是赔偿的上限（最大损失支付）。损失成本或预期损失赔偿（EIL）为：

$$EIL = E(n(l|q)) = \int_0^{\varpi} \max(l-q, 0) P_{appr}(l) dl \quad (12-30)$$

在所提出的没有周期性的模型中（如式（12-17）和式（12-18）所示），内部系统波动和外部环境波动分别由 $\xi(t)$ 和 $\eta(t)$ 表示。D 和 α 表示外部和内部波动的强度，λ 是互相关的强度。进行实验以分析内部和外部波动对损失成本的影响，结果如图 12-13 所示。必须注意的是，在实验中考虑了非周期性（$A_e = 0$ 且 $A_i = 0$）。为了便于计算，在图 12-13 中的巨灾保险使 q=0.2 和 ϖ =0.5。

图 12-13（a）和图 12-13（b）分别显示了，在其他参数相同的情况下，λ = 0.951747 和 λ = -0.951747 的损失成本。图 12-13（a），λ = 0.951747 表明内部系统波动和外部环境变动呈正相关。从图 12-13（a）可以观察到，当 α 很小时，在 EIL 中存在峰值。也就是说，可以确定 D 的值，使 EIL 达到最大值。然而，当 α 取较大的值时，EIL 是 D 上的单调递减函数。当考虑参数 D 时，可以观察到类似的模式。当 D 很大时，可以识别出

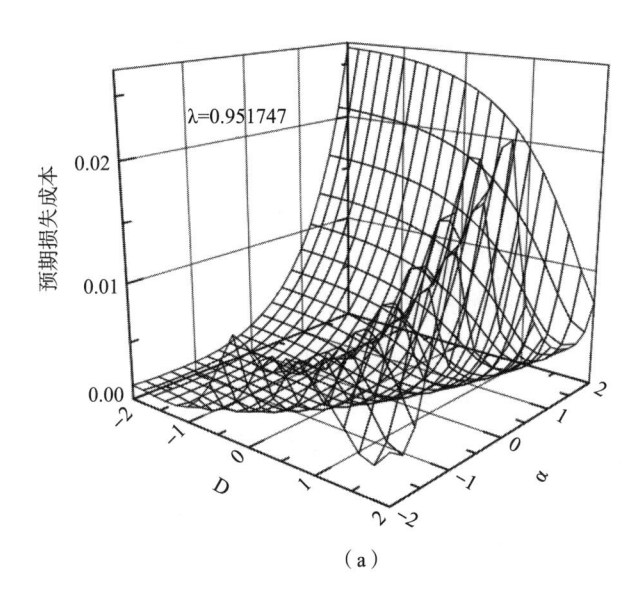

(a)

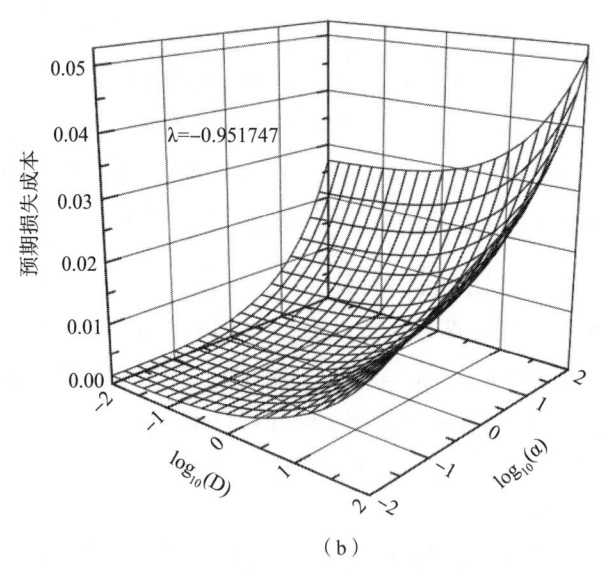

图 12-13　噪声影响的预期损失成本（EIL）

EIL 达到最大值的 α 值。当 D 值较小时，可以观察到 EIL 单调增加。当内部系统波动和外部环境波动呈负相关时，如图 12-13（b）所示，EIL 在 D 和 α 上都是单调递增的。如图 12-13（a）所示，表示可能爆发的害虫和疾病，如果内部系统波动和外部环境波动正相关，并且 D 和 α 采取适当的值。从农业保险的角度来看，这意味着农业病虫害带来的灾难性风险。从图 12-13 还可以看出，当噪声强度较小时，EIL 较小。这表明虫害和疾病流行是可以控制的，因此通过控制温度等环境波动可以降低损失成本。

　　如前面所述，植物虫害和病害流行是周期性现象。在提出的作物产量损失模型［如式（12-21）所示］中，这种周期性模式由内生（内部）和外生（外部）周期性所刻画。进行实验后，图 12-14（a）和图 12-14（b）分别显示了外生性周期性和内生性周期性的结果。从图 12-14（a）可以看出，Ω_e 外部频率对 EIL 的影响非常有限。对于每个 Ω_e，存在 A_e（外部周期项的幅度）的值，其使 EIL 的值最大化。EIL 与内源（内部）周期性之间的关系如图 12-14（b）所示。从图 12-14（b）可以看出，当 A_i（内部周期项的幅度）小时，可以识别 EIL 的峰值。

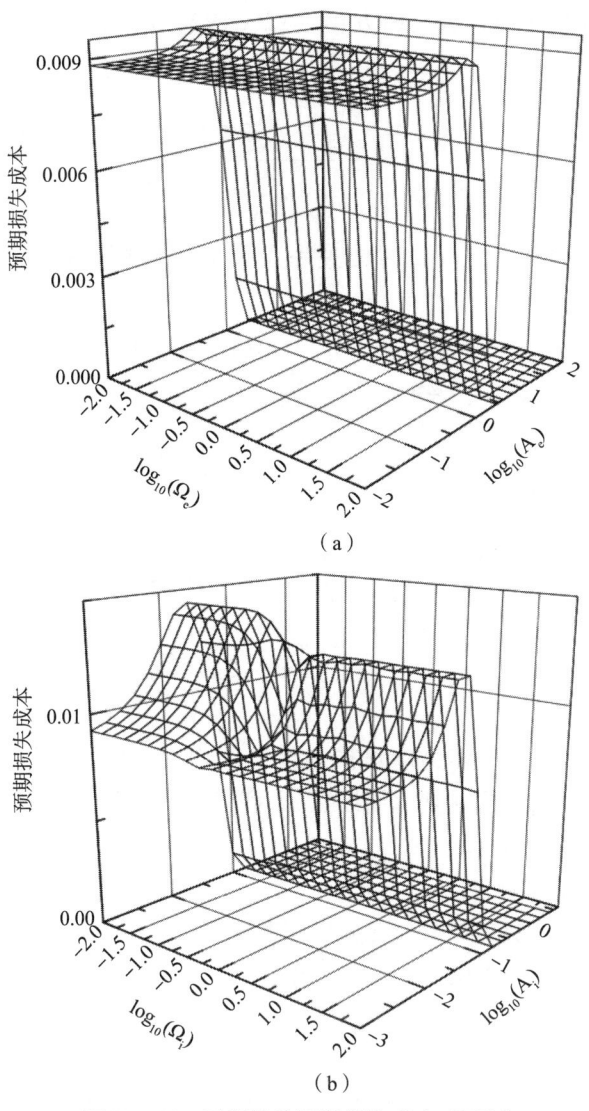

图 12-14　周期性的预期损失成本（EIL）

四、内生和外生周期性的随机共振

由植物病虫害引起的农作物产量损失率的平均首次传播时间（MFPT）可以由克雷默斯（Kramers）时间给出：

$$\mathrm{MEPT}(l_s \to l_0) = \frac{2\pi}{\sqrt{V''(l_0)V''(l_s)}} \exp\left[\frac{U(l_s, t) - U(l_0, t)}{D}\right]$$

(12-31)

其中 V(l) 和 U(l, t) 分别由方程（12-19）和（12-26）定义。V(l, t)″是：

$$V''(l) = \frac{\frac{3y^2 l}{A^2} - \frac{3y^2 l^2}{A^2} - l^4}{(l^2 + \frac{y^2}{A^2})} - \frac{e}{A^b} \quad (12-32)$$

l_0 和 l_s 两种状态之间的过渡速率由类克雷默斯（Kramers-like）公式得出：

$$W = \frac{1}{\text{MFPT}} = \frac{\sqrt{V''(l_0)V''(l_s)}}{2\pi} \exp\left[\frac{U(l_0, t) - U(l_s, t)}{D}\right]$$

$$= \frac{\sqrt{-\frac{e}{A^b}V''(l_s)}}{2\pi}$$

$$\times \exp\left[-\int_0^{l_s} \frac{\frac{x^2(1-x)}{x^2 + \frac{y^2}{A^2}} - \frac{e}{A^b}x - xA_e\sin(\Omega_e t) + A_i\cos(\Omega_i t)}{Dx^2 - 2\lambda\sqrt{D\alpha}x} dx\right]$$

$$(12-33)$$

为了研究所提出的作物产量损失模型的内部系统波动（内生周期性）和外部环境的随机共振（外生周期性），我们引入信噪比（SNR）来测度随机共振动力学行为强度。

1. 外部环境影响

如果仅考虑外部环境影响（外生周期性）（即，为了便于计算弱周期强度和低频率，使 $A_i = 0.0$，$A_e = 0.01$ 且 $\Omega_e = 0.01$），根据麦克纳马拉和威森费德（Mcnamara & Wiesenfeld, 1989）[①] 提出的随机共振理论，可以在绝热极限下获得 SNR。

$$\text{SNR} = \frac{\pi W_1^2 A_e^2}{4W_0}\left[1 - \frac{W_1^2 A_e^2}{2(W_0^2 + \Omega_e^2)}\right]^{-1} \quad (12-34)$$

其中：

$$W_0 = 2W\big|_{A_e\sin(\Omega_e t) = 0}$$

$$= 2\frac{\sqrt{V''(l_0)V''(l_s)}}{\pi}\exp\left[-\int_0^{l_s}\frac{\frac{x^2(1-x)}{x^2 + y^2/A^2} - \frac{e}{A^b}x}{Dx^2 - 2\lambda\sqrt{D\alpha}x + \alpha}dx\right]$$

---

① Mcnamara B., Wiesenfeld K. Theory of Stochastic Resonance [J]. Phys Rev A Gen Phys, 1989 (39): 4854-4869.

$$W_1 = \frac{dW}{dA_e \sin(\Omega_e t)}\Big|_{A_e\cos(\Omega_e t)=0}$$

$$= -W_0 \int_0^{l_s} \frac{x}{Dx^2 - 2\lambda\sqrt{D\alpha}x + \alpha} dx$$

$$= \frac{W_0}{2D}\left[\ln\left(\frac{Dl_s^2}{\alpha} - 2\lambda\sqrt{D/\alpha}l_s + 1\right) + \frac{2\lambda}{\sqrt{1-\lambda^2}}\left(\arctan\frac{\sqrt{D/\alpha}l_s - \lambda}{\sqrt{1-\lambda^2}}\right.\right.$$

$$\left.\left. + \arctan\frac{\lambda}{\sqrt{1-\lambda^2}}\right)\right]$$

所提出的系统的不同 λ 下信噪比 SNRs 分别作为图 12-15（a）和图 12-15（b）中 $\log_{10}(D)$ 和 $\log_{10}(\alpha)$ 的函数绘制成图形。在正常情况下，环境影响的大小或重要性非常有限，所以使用小的 $A_e = 0.01$ 和 $\Omega_e = 0.01$，其他参数与图 12-11 中的相同。从图 12-15（a）和图 12-15（b）可以看出，随着 λ 变大（从负相关到正相关），SNR 函数从单调递减（负 λ）变为非单调（正 λ）。也就是说，存在 D 值和 α 值，这将增大外部环境影响的影响，从而引起病虫害的爆发。

所提出的系统对于具有 $A_e = 0.01$ 和 $\Omega_e = 0.01$ 的不同 λ 的 SNR 绘制为图 12-16 中的 $\log_{10}(A)$ 的函数。从图 12-16 中可以观察到，对于任何 λ，可以识别 SNR 的最小值。随着 λ 变大（从负相关到正相关），SNR 的最小值变得更小。这表明存在最佳斑块大小，这将极大地削弱外部环境影响的影响，从而抑制害虫感染和疾病暴发。

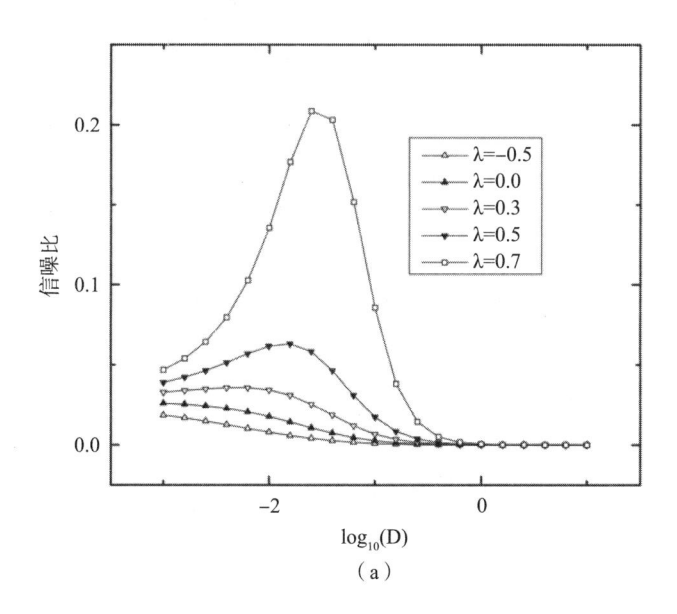

（a）

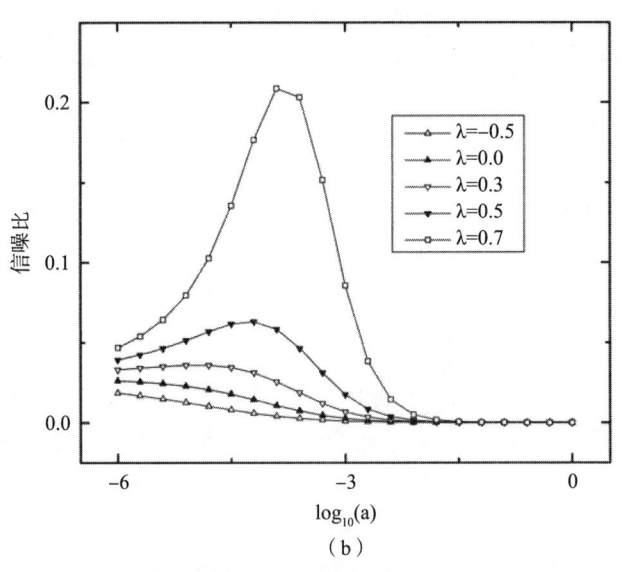

图 12 – 15　外部周期下噪声的信噪比（SNR）

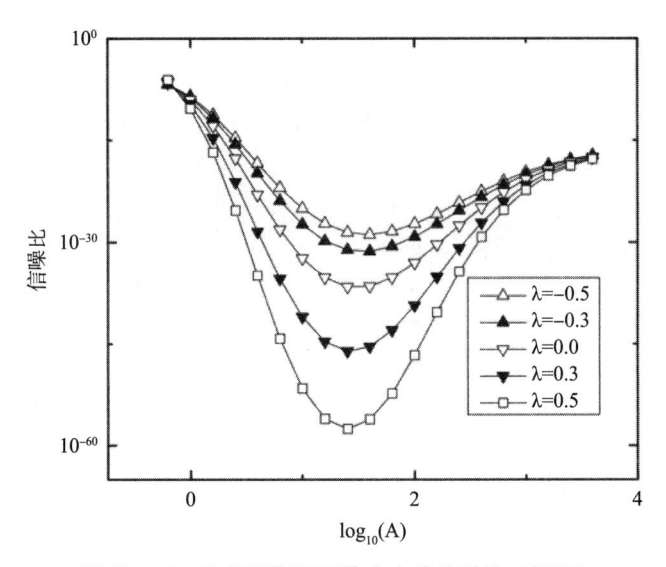

图 12 – 16　外部周期下斑块大小的信噪比（SNR）

2. 内部系统波动

如果我们只考虑内部系统波动（即内生周期性，使 $A_e = 0.0$，$A_i = 0.01$ 且 $\Omega_i = 0.01$），则可以通过下面公式计算 SNR。

$$\text{SNR} = \frac{\pi W_1^2 A_i^2}{4 W_0} \left[1 - \frac{W_1^2 A_i^2}{2(W_0^2 + \Omega_i^2)} \right]^{-1} \quad (12-35)$$

其中：

$$W_0 = 2W\mid_{A_i\cos(\Omega_i t)=0}, \quad W_1 = \frac{dW}{dA_i\cos(\Omega_i t)}\mid_{A_i\cos(\Omega_i t)=0}$$

$$W_0 = 2W\mid_{A_i\cos(\Omega_i t)=0}$$

$$= \frac{\sqrt{V''(l_0)V''(l_s)}}{\pi}\exp\left[-\int_0^1 \frac{\frac{x^2(1-x)}{x^2+y^2/A^2} - \frac{e}{A^b}x}{Dx^2 - 2\lambda\sqrt{D\alpha}x + \alpha}dx\right]$$

$$W_1 = \frac{dW}{dA_i\cos(\Omega_i t)}\mid_{A_i\cos(\Omega_i t)=0}$$

$$= -W_0\int_0^{e_s}\frac{1}{Dx^2 - 2\lambda\sqrt{D\alpha}x + \alpha}dx$$

$$= -W_0\left[\frac{\arctan\dfrac{Dl_s - \lambda\sqrt{D\alpha}}{\sqrt{D\alpha(1-\lambda^2)}} + \arctan\dfrac{\lambda\sqrt{D\alpha}}{\sqrt{D\alpha(1-\lambda^2)}}}{\sqrt{D\alpha(1-\lambda^2)}}\right]$$

所提出的具有内生周期性的系统的 SNR 分别作为图 12 – 17 （a） 和图 12 – 17 （b） 中 log10(D) 和 log10 （α） 的函数图形。$A_i = 0.01$ 且 $\Omega_i = 0.01$，其他参数与图 12 – 11 中的相同。与图 12 – 15 类似，可以观察到随着 λ 变大（从负相关到正相关），SNR 函数从单调递减（负 λ）变为非单调（正 λ）。也就是说，存在 D 的值和 α 的值，它们可以简化内部系统的波动，从而引发了疾病和疾病的爆发。

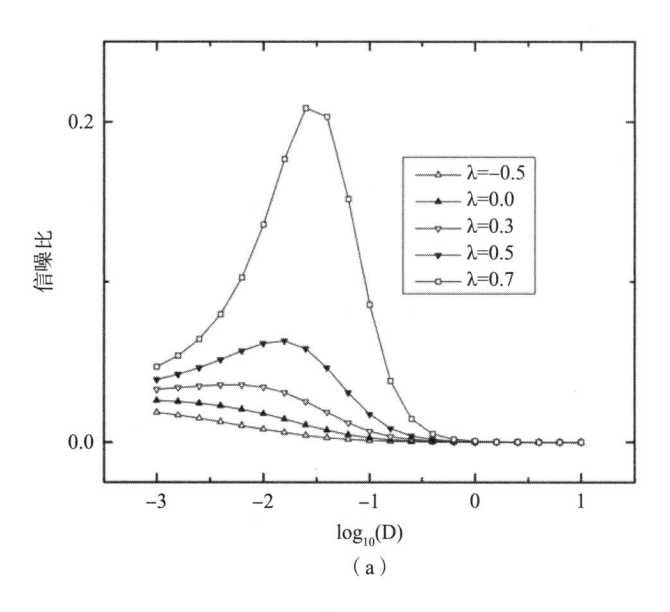

（a）

(b)

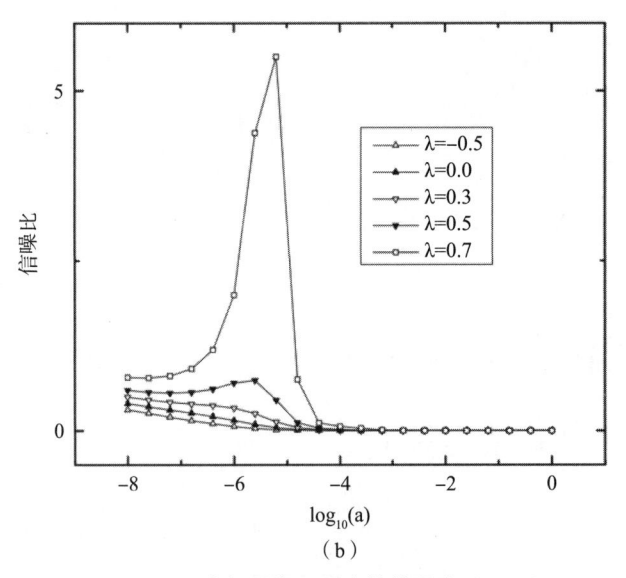

图 12-17　内部周期下噪声的信噪比（SNR）

图 12-18 中的 $\log_{10}$（A）的函数是内生周期性系统的 SNR 对应正在 $A_i=0.01$ 且 $\Omega_i=0.01$ 的条件下不同 λ 的图像。与图 12-16 类似，可以观察到可以识别出 SNR 的最小值。随着 λ 变大（从负相关到正相关），SNR 的最小值变小。

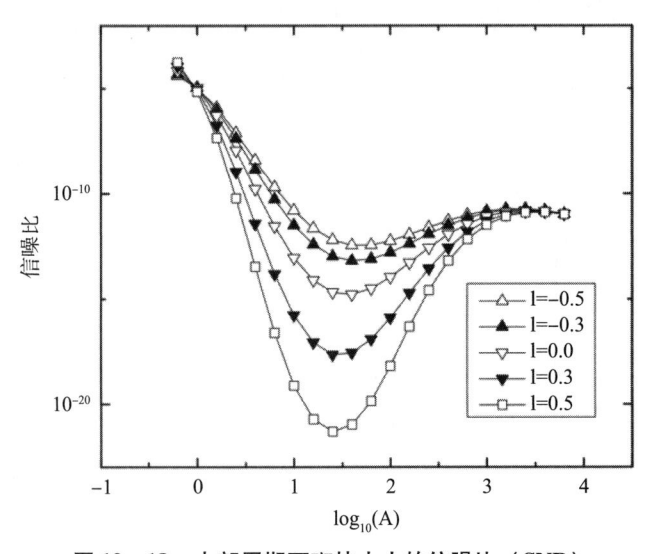

图 12-18　内部周期下斑块大小的信噪比（SNR）

五、系统动力学分析

为了分析生态系统的动力学动态变化,我们计算了稳态停留时间的有效势剖面和概率密度函数(PDF),如图 12-19 所示。

有效势函数 U 和赔付率 l 和时间 t 和外生(外部)周期性($A_e = 0.04997$,$\Omega_e = 3.75$ 和 $A_i = 0$)和内源性(内部)周期性($A_i = 0.003262$,$\Omega_i = 7.05$ 和 $A_e = 0$)绘制在图 12-19(a)和(b)。从图 12-19(a)和(b)可以看出,可以观察到两种稳定状态,稳定(不稳定)点受周期性驱动。因此,图 12-19 给出了稳定点和不稳定点,以及它们是如何被周期性驱动修改的。

进一步对比我们建议的模型和模型参考。概率密度函数(PDF)停留时间的稳定状态的函数不同噪声强度(乘法和加法),不同的内部和外部之间的相关性波动和在不同的时间计算和画在图 12-20。对于稳定态,我们考虑图 12-19 中的右态(约 $l \approx 0.45$),当 $l < 0.2$ 或 $l > 0.9$ 时,我们考虑粒子从稳定状态逃逸。在之前的基础上,利用等式(2)、(5)可以模拟稳态的停留时间。时间步长 $\Delta t = 0.01$,为之前估计的参数。因此,可以用核密度估计的方法估计停留时间的 PDF,带宽为 0.01。我们用于外源性周期性的参数是:$A_e = 0.1$,$\Omega_e = \pi$ 和 $A_i = 0$。内源周期性的参数是:$A_i = 0.1$,$\Omega_i = \pi$ 和 $A_e = 0$。

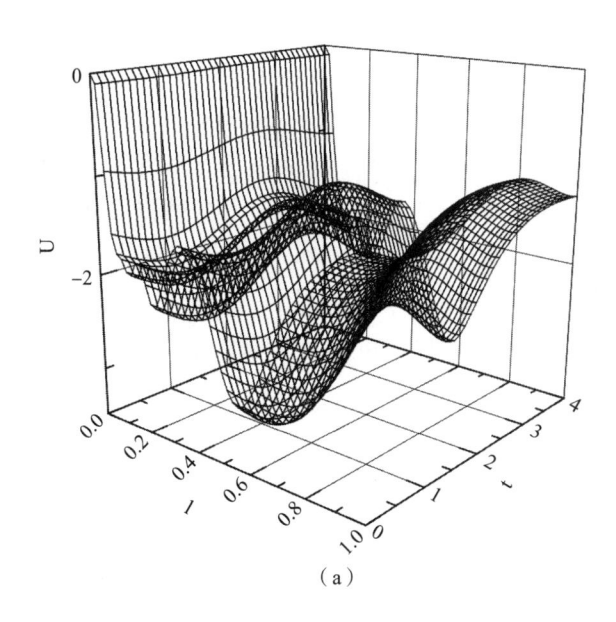

(a)

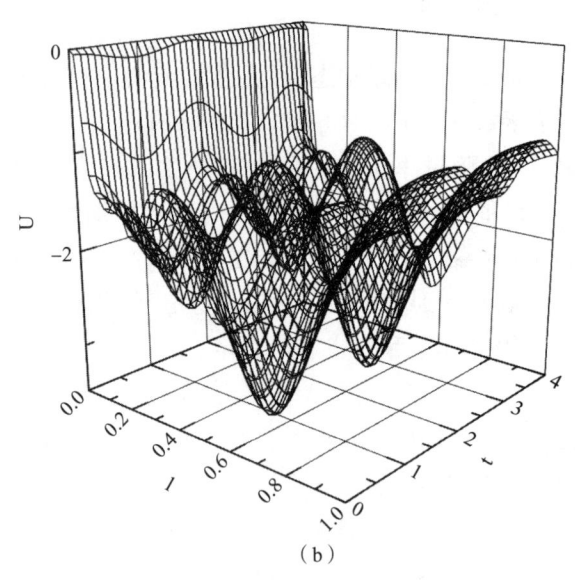

图 12-19　周期性有效势函数剖面

在外源性周期性和内源性周期性情况下，图 12-20（a）和（b）分别给出了稳态停留时间作为的噪声强度 D 和停留时间的概率密度函数。从图 12-20（a）和（b）可以看出，在较小的 D 区域呈指数衰减包络线的随时间呈多峰分布。随着 D 增大，多峰分布变为单峰分布。同样，内部噪声强度（α）和停留时间（residence time）的概率密度函数对外源性周期性和内源周期性的结果分别绘制在图 12-21（a）和（b）。同时，我们可以发现概率密度分布函数的停留时间是一个多峰分布，随着 α 增加，多峰分布成为单峰分布。图 12-20 和图 12-21 的结果与麦克纳马拉和威森费德（Mcnamara & Wiesenfeld，1989）[1] 相同。最后，相关性强度（λ）的周期性稳态停留时间的概率密度函数（PDF of residence time）对外源性周期性和内源周期性的结果绘制在图 12-22（a）和（b）。图 12-22（a）和（b）显示的存在多峰分布的指数衰减的特性和 λ 的增加提高了多峰分布。

---

[1] Mcnamara B., Wiesenfeld K. Theory of Stochastic Resonance [J]. Phys Rev A Gen Phys，1989（39）：4854-4869.

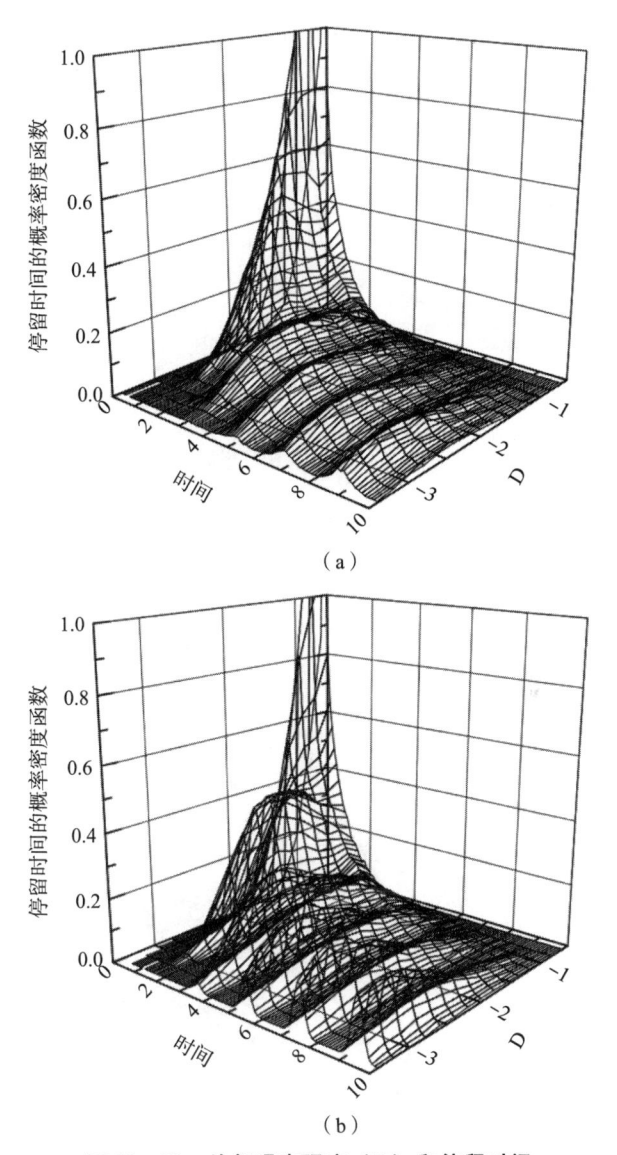

图 12-20 外部噪声强度（D）和停留时间（residence time）的概率密度函数（PDF）

(a)

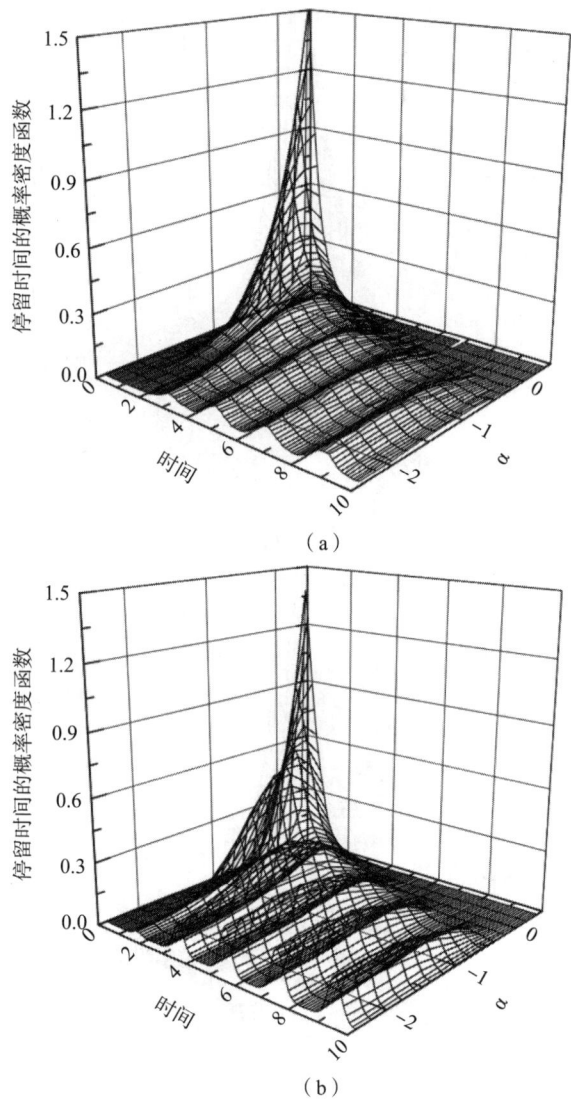

(b)

图 12-21 内部噪声强度（α）和停留时间（residence time）的概率密度函数

(a)

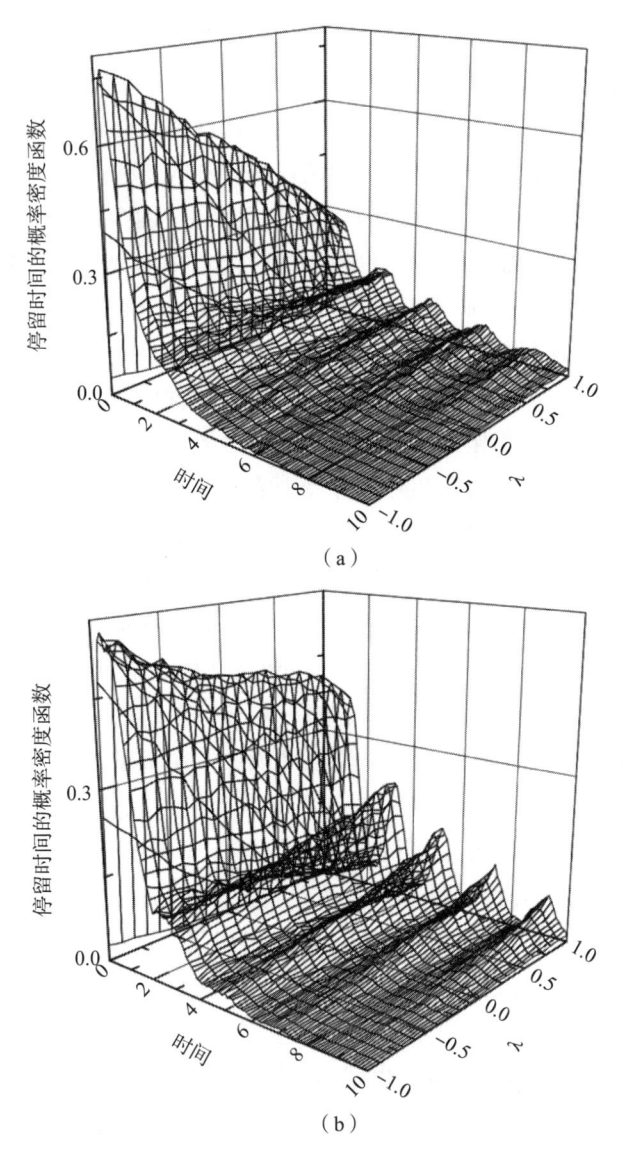

(b)

图 12-22 相关性强度（λ）的周期性稳态停留时间的
概率密度函数（PDF of residence time）

总之，在偏种群动力学的基础上，建立了作物病虫害产量损失的随机模型。其基本原理是，作物产量损失发生的原因是，随着作物的生长和发育，生长作物的生理随着时间的推移受到病虫害的动态影响。因此，偏种群动力学可以用来模拟由此产生的作物产量损失。本书采用简化的集合种群率函数模型（IFM）描述了随机偏种群过程。尽管有学者使用 $\xi(t)$ 和 $\eta(t)$ 来表示系统的内部波动的影响和外部环境波动对系统内部和外部的周期性波动捕捉在他们的系统（Nie & Mei，2007）[①]。植物病虫害流行是周期性现象。此外，在诸如温度和降雨量等外生因素中也可以观察到循环模式。这种循环模式对作物病虫害的发展有着不可忽视的影响，不容忽视。为了捕捉这种内源性和外源性的周期，在聂和梅的简化 IFM 中加入了两个周期函数。

为了检验模型的有效性和评价模型的性能，采用 2008～2012 年我国 31 个省份病虫害作物产量损失数据进行模型参数估计。通过最小化实际损失数据得到的概率密度与模型得到的概率密度函数之间的均方误差来估计参数。实验结果表明，该模型得到的密度函数与样本数据中观测到的密度基本相符，与无周期性模型相比，具有周期性的模型拟合效果更好。

为了了解系统内部波动和外部环境影响的影响，引入了一种标准作物产量保险产品，并对预期损失赔偿（EIL）进行了分析。实验结果表明这是可能的。病虫害爆发，如果内部系统波动和外部环境波动正相关和 D 和 α 是采取适当的值。从农业保险的角度来看，这意味着农业病虫害带来的灾难性风险。实验结果还表明，当噪声强度较小时，EIL 值较小。这表明虫害和疾病流行是可以控制的，因此通过控制温度等环境波动可以降低损失成本。如前文所述，植物虫害和病害流行是周期性现象。在所提出的作物产量损失模型中，这种循环模式是由内生（内部）和外生（外部）周期性所描述的。实验结果表明，Ω_e 的影响（外部频率）面纱是非常有限的。对于每个 Ω_e，存在一个价值 A_e（外部周期项的振幅）最大化价值的 EIL。此外，可以观察到当 A_i（内部周期项的振幅）较小时，可以识别出 EIL 的峰值。

本书利用信噪比分析了内源和外源周期项的共振。它可以观察到，当 λ 变得更大（负相关和正相关），信噪比函数增长从单调地减少（负的 λ 情况下）到非单调行为（正数 λ）。也就是说，存在一个最佳的 α 的值，将放大外部环境影响和因此引起的害虫和疾病的爆发。实验结果还表明，存在一个最优的斑块大小，可以大大减弱外部环境影响，从而抑制虫害和疾病流行。

该部分的研究还有可以改进和扩展的余地。一种可能的方法是使用贝叶斯方法进行参数估计。另一个扩展是使用更大的数据集进行模型拟合。本书使用的实际损失数据非常有限。仅包括 5 年的亏损数据，显然还不够。

[①] Nie L. R., Mei D. C. Fluctuation – Enhanced Stability of a Metapopulation [J]. Physics Letters A, 2007 (371): 111-117.

第十三章

启示与建议

第一节 病虫害巨灾的影响

一、病虫害实证研究结论——以云南为例

(一)农业灾害严重制约社会的稳定发展

云南被称为"立体农业",具有极为丰富的生物资源。生物资源中,既有有益生物,也有有害生物。按照农田生态系统的原理分析,在生物界中能量的变换或循环都是以食物链为核心而构成不同层次的生物群落,存在于某个生态系统中,它们是相互依存、相互制约的。在相对稳定的环境中,各级生物资源保持相对的生态平衡。但是,随着人类的经济活动,在发展农业生产的过程中,不断地改变着各层次生物种群的生态环境而打破了原来的平衡关系,影响生物种群的变动。同时,由于季节或气候条件的差异,也直接影响生物种群的消长,构成了云南生物灾害的特殊灾情。疾病、昆虫、草、老鼠等危害农作物,在某些环境条件下爆发或流行。造成大面积农作物大量减产,甚至完全绝收,由此产生的后果损失称为病虫害或者农作物生物灾害。

云南省的农业生物灾害包括病、昆虫、草、鼠、鸟、兽害等,"立体气候"的特征决定了这种灾害具有强烈的区域和年际差异。据1971~1989年统计,仅生物灾害造成的粮食作物损失约为每年2.6亿~8.3亿公斤,占当年粮食总产量的6.4%。这一数字大大超过了粮食增长率1.8%,其他经济作物的损失远远高于粮食作物。一般来说,它们是10%。由于云南省气候条件优越,适宜多种虫害栖身越冬,虫害发生面积列居生物性灾害首位,近

年来，危害陡增。据近几年来的研究，云南省因农业生物灾害造成的年均粮食损失是全国平均水平的1.33倍。① 综上所述，云南频发的农业灾害严重地制约着云南农业生产的发展。

（二）根据农业灾害确定最优巨灾损失赔付时间

我们在偏种群动力学的基础上（Li et al., 2017）②，提出了一种具有内生和外生周期的随机模型，用以模拟病虫害对作物产量的影响。其基本原理是，作物产量损失发生的原因是随着作物的生长和发育，生长作物的生理随着时间的推移受到病虫害的动态影响。因此，偏种群动力学可以用来模拟由此产生的作物产量损失。本书中用简化的集合种群率函数模型（IFM）描述了随机偏种群过程，与原始的 IFM 模型相比，该模型考虑了内源性和外源性的周期特性，以处理虫害、在疾病流行以及温度和降雨量等外源性影响因素中观察到的周期性模式。利用我国农业损失数据拟合了该模型。实验结果表明：（1）具有内生和外生周期的模型拟合较好。（2）当系统内部波动与外部环境波动呈负相关时，EIL 或损失成本呈单调递增；当内部系统波动与外部环境波动正相关时，可能发生病虫害的暴发。（3）如果系统内部波动与外部环境波动正相关，则可以确定一个最优斑块大小，该最优斑块大小将大大减弱。（4）随着斑块尺寸的增大，斑块的结构因子变小，满足巨灾损失支付时间单调减小。研究还表明，随着灭绝率的增加和系统因子的降低，巨灾损失的赔付时间显著增加；小斑块尺寸、大斑块结构因子、高消光率和长系统因子可以满足较长的巨灾损失支付时间（Li et al., 2018）③。

二、农业巨灾保险的现状

（一）农业巨灾保险可保条件逐渐弱化

农业巨灾保险的可保条件正在逐渐弱化，这也是现代保险管理发展的必然趋势。首先，农业巨灾保险的理论基础不是凭空得到的，大多来自巨灾风险管理理论。其次，农业巨灾保险逐渐被农户和农业生产者所接受，是因为保险技术随着社会的发展和现实条件的逐渐成熟而逐渐完善，且随着金融和金融衍生品的创新发展，农业巨灾保险相关法律法规的完善、政府的参与和

---

① 《中国灾害志》编纂委员会、云南省应急管理厅.《中国灾害志（云南省卷）》[M]. 昆明：中国社会出版社，2020.

② Li J. C., Dong Z. W., Zhou R. W., et al. The Stochastic Resonance for the Incidence Function Model of Metapopulation [J]. Physica A, 2017 (476): 70–83.

③ Li J. C., Zhang C. M., Liu J. F., et al. An Application of Mean Escape Time and Metapopulation on Forestry Catastrophe Insurance [J]. Physica A, 2018 (495): 312–323.

支持，社会各界的重视等，都为农业巨灾保险的运行提供了便利的条件，可保性也逐渐成为共识。

(二) 合作是农业巨灾保险实体参与的最佳选择

农业巨灾保险市场主要参与者为保险的供给方和需求方，除此之外，还必须有第三方——政府的加入。研究事实表明，只有政府加入农业巨灾保险，才能有效促进其发展。政府可以通过加大对发生农业巨灾地区的财政补贴，通过媒体等发挥更多的社会力量来救灾，而且政府加入农业巨灾保险市场可以让更多的农户及农业生产者更加放心安心，在很大程度上提高了农户的购买保险的意愿。除此之外，还需要有第四方主体：符合我国农村实际发展的农业巨灾保险合作组织的加入，在一定程度上降低因为财政救助、农户经营过度分散而引发的道德风险和逆向选择风险。政府和第四方主体的加入才能更好地保障农业巨灾保险各方参与主体的权益。

(三) 巨灾农业保险设计和开发速度跟不上发展的需求

中国幅员辽阔，地理气候条件十分复杂，自然灾害种类多，给人们的生活带来了不同程度的损害。且对于这些灾害人们无法完全预测，因为大部分的农业巨灾除了区域性特征比较明显之外，还有其他的一些特点，如季节性和阶段性特点、灾害共生性和伴生性等特点。中国目前的保险保障水平仅为10%左右，灾后重建主要靠政府救助和社会捐赠，因为农业保险业务的增长不足以覆盖农业巨灾造成的损失，这一系列的现状都和巨灾保险立法的缺失、滞后有关，法律制度对巨灾保险的发展具有重要意义，可以促进巨灾保险的良性发展。但我国目前对于农业巨灾保险研究不足，发展的不够完善，在全国的各个试点实践中也问题颇多，主要是关于巨灾保险的法律制度不满足日益突出的农业巨灾的发展需要，且巨灾保险对于农业的覆盖面不够广，当巨灾发生的时候，这些巨灾保险产品无法分散农业灾难带来的损失，创新型农业巨灾保险产品的设计和开发速度跟不上发展的需求。另外，目前我国没有形成完整有效的农业巨灾保险分散体系，仅仅依靠保费补贴，而税收优惠、多层级的再保险的功能均没有完全得到利用，以上这些因素都影响了中国农业巨灾保险的发展。

(四) 中国农业巨灾保险法律体系的建设是一项长期的系统工程

中国应通过农业巨灾保险专项立法，建立公平、开放、多层次的系统化农业巨灾保险法律体系。秉承着一致性原则、政府导向性原则和明确性原则，明确政府在其中的作用，使国家层面的立法和地方性立法相衔接，使农业巨灾保险制度更加灵活开放。为了使设计出来的巨灾保险产品更符合现实需求，与本地区的实际情况相匹配，这就需要做到综合考察各地方的农业发展状况，巨灾风险的分布、经济发展状况以及该地方的保险发展水平，避免使用统一标准而造成农业巨灾发展僵化。应根据不同的地方制定不同的政策，在一定程度上采取强制措施，与农业生产者自愿投保相结合，建立多层次、多元化的农业巨灾保险体系。且在政府的引导下，国家资助的基金用来建立政策再保险公司，然后再和其他商业再保险公司合作，建立联合再保险体系，共同负责各地区的再保险业务，分担由于农业巨灾产生的损失，实现建立从中央到地方的多层次再保险制度。完善财政保费补贴和税收优惠政策，及时设立各地方农业巨灾基金，交由专业的基金公司来打理；另外，政府应重视加强农业巨灾保险相关配套设施，定期监督和评估农业灾害。由国内外巨灾保险的发展历程来看，我国要建立农业巨灾保险的法律制度是一个长期的系统性工程，需要循序渐进（张帆，2017）[1]。

第二节　中国农业巨灾保险制度存在的问题

一、低估农业巨灾风险可能发生的程度

农业巨灾保险的发生是一个随机事件，它的显著特征是大数定律，即灾害风险在时间和空间上不能有效地分散。例如保险公司如果因为某个地区的历史赔付率、巨灾发生的频率来预测估计这个地方发生巨灾风险的可能性较低，而对这个地区的农户和农业生产者降低保费，一旦发生巨灾，就会给保险公司带来损失，导致其利益下降，由于无法预测巨灾风险的发生，农民和保险公司参与巨灾保险的热情将下降。从时间来看，若2016年和2017年的保险赔付率较低，保险公司可能会降低保费，但若2018年灾害频发，肯定会导致保险公司利润下降，使得一些保险公司持续亏损最终倒闭，因此保险公司应该设立合理的保费和赔付范围，由于巨灾风险，大数据法的特点避免了农民和保险公司的积极性。

二、缺乏配套的税收优惠政策

根据2012年的《农业保险条例》第九条：经营农业保险业务的保险机

---

[1] 张帆. 我国农业巨灾保险法律制度构建研究[D]. 东北农业大学, 2017.

构依法享受税收优惠。其中，农业保险包括林业，畜牧业和渔业投保人，农作物生产中的自然灾害、事故、疾病和其他保险事故造成的财产损失。保险机构是指保险公司和法律规定的农业互助保险等保险机构。目前国家保险机构农业保险业务主要包括三个方面：营业税和税收优惠、印花税税收优惠和所得税优惠。其中，在营业税方面，中国的农牧业保险业务（主要是指为种植、养殖、畜牧业和动植物养殖提供保险业务）免征营业税；在印花税方面，农林作物和畜牧业的保险合同没有规定；在企业所得税方面，允许在企业所得税前扣除不超过25年保费收入的巨灾风险准备金。可以看出，中国主要对印花税和营业税征收免税，所得税优惠税较小。而在发达国家，除了营业税和印花税有免税政策之外，所得税也有免税政策。所以我国在这方面也应该合理逐步降低所得税，甚至免征所得税，加大农业巨灾保险中的税收优惠力度，调动保险公司参与巨灾保险的积极性，增加市场活力。

三、我国期货市场发展缓慢滞后

中央一号文件多次提到"保险+期货"，文件明确指出，有必要稳步扩大"保险+期货"试点。众所周知，期货是一种对冲工具，具有套期保值的功能，我们可以利用它在期货市场上做和商品市场上相反的操作，从而锁定商品的价格，以此来规避商品价格变化带来的风险。但是我国大部分农业生产者教育程度有限，资金程度也有限，不具备购买期货的专业知识和资格。但是保险没有那么多的要求，人人都可以买。因此保险+期货模式既可以利用期货的套期保值功能，又可以使农户方便购买。这种模式可以实现农民、保险公司和期货公司的双赢。

但目前我国的"保险+期货"模式还有待改进，首先是因为在期货市场上，我们必须考虑商品的周期长短，要使设计出来的周期可以覆盖农户的整个种植流程，又要考虑权利金等问题，涉及的问题较复杂，影响这种模式的推进。其次因为目前我国期货市场交易品种不够丰富，到目前为止，主要有白糖、橡胶、大豆、玉米、棉花、小麦、鸡蛋等商品可以被交易，不足以覆盖所有的农产品，导致期货市场和现货市场脱节，能够参与这种模式的农户较少。最后因为农户的加入，使得期货交易中的散户居多，在一定程度上影响了期货交易的稳定性，引发期货市场上的一系列风险。因此，"保险+期货"模式还需改进，政府应该积极推动期货市场的发展，不断拓展期货市场规模，更好地实现金融服务"三农"。

四、农业巨灾保险监管体系不健全

农业巨灾保险机制运行过程中,可能出现各种各样的道德问题和逆向选择问题。如财务报表的审核缺乏监管,会出现某些人或企业虚假上报、私吞利益等。政府应该加强监管力度,制定相关的法律法规来把责任明确到每个部门工作人员身上,触犯之后应该接受相应的惩罚。并且目前的运行模式中,监管机构和投资运营机构是一体的,很难实施有效的监管。针对可能出现的这些问题,政府应该及时有效地预防巨灾保险制度中的风险,不断完善农业巨灾保险制度实施过程中的监管体系(翟宇佳,2018)[1]。

第三节 国外巨灾保险制度的经验

一、加速推进巨灾保险立法工作,并在试错中不断积极完善

邓小平在1992年视察南方时重要谈话指出[2]"证券、股市,这些东西究竟好不好,有没有危险,是不是资本主义独有的东西,社会主义能不能用?允许看,但要坚决地试。看对了,搞一两年,对了,放开;错了,纠正,关了就是了。关,也可以快关,也可以慢关,也可以留一点尾巴。怕什么,坚持这种态度就不要紧,就不会犯大错误。"摸着石头过河、敢于尝试可能是通向成功的一条捷径,因为空想是想不出来的,实践才是对理论最好的诠释。巨灾保险立法也是一样的,我们要在推进立法的过程不断尝试,不断积极完善,要"蹄急步稳"。

从国内外经验来看,每当一项巨灾出现后,对人们的伤害很大,政府就得进行灾后救助,迫使他们集中精力加强保险立法工作。由于巨灾保险制度涉及的面很广、工作比较烦琐、妥善安排各项工作及相关负责部门需要花费较大的功夫,虽然继2008年汶川地震以来保监会及保险业界专家们都已经为推进巨灾保险制度做过很多研究调研工作,但实际的试点工作在2015年才开始,《巨灾条例》也在同年两会上提出。借鉴美国的洪水保险制度的发展经验,在刚开始推出的时候美国政府和美国民众也曾有过很大的矛盾,在

---

[1] 翟宇佳. 我国农业巨灾保险制度现状及问题研究 [J]. 现代经济信息, 2018 (34): 68-70.
[2] 广安日报, http://cpc.people.com.cn/n1/2018/0713/c69113-30144486.html。

经历了一系列的困苦阻挠后最终才使商业保险公司及各投保人、政府之间的利益得到平衡，逐渐形成完备的管理模式。

二、政府应当针对巨灾保险设立专门机构

除了美国有专门的机构来针对保险巨灾之外，日本、新西兰等国家也有特殊的组织机构来对地震灾害进行管理。中国还成立了一个专门组织，中华人民共和国应急管理部，以对突发灾难开展应急管理，并建立一个巨灾保险基金，进行经营管理，如投资一些以短期为主的风险较小的项目；做好灾前教育培训工作，如组织教育民众在发生灾害之后如何自救等，将国家及民众的损失尽可能地降到最低。这个特殊的组织是巨灾管理委员会，主要负责巨灾保险的管理。巨灾管理委员会可以采取向投保人收取差别保费的方式，通过收集关于巨灾发生的损失的大数据信息，对不同地区、不同程度的灾害程度进行鉴定和识别，从而设计合适的保单和费率，例如只负责居民最基本的生活费等开销，在一定情况下设定免赔额和责任限额（郭超群，2015）[1]。

三、完善分保机制和发展相关金融市场

分保也称为再保险，这意味着保险公司根据原保险签订再保险合同。将所承保的风险和责任向其他保险人进行保险的行为，最早产生于欧洲海上贸易发展时期，再保险和原始保险相互补充，可以分担和分散巨灾风险。目前，中国再保险集团的市场份额很小，约为40家，大多数再保险公司都是海外再保险公司。如果我们想发展巨灾保险制度，那么必须大力发展再保险市场，利用国际再保险市场来更好地拓展业务。国际上如美国的洪水保险基金等通过发行各种定向基金的方法依靠金融市场来应对巨灾风险，还有墨西哥发行的巨灾债券、其他国家的灾害彩票等，它们都是通过金融市场应对巨灾风险的有效尝试。

四、增强巨灾保险科学研究和激励措施

我们应该充分利用人力资源，建立一个由保险行业专家、保险相关方面的大学教授以及世界知名的保险公司负责人等组成的类似于世界经济论坛的国际性机构，每年定期或不定期举行一次会议，共同探讨巨灾风险问题，促

---

[1] 郭超群．论我国巨灾保险制度的构建——域外立法经验及其借鉴［J］．法商研究，2015（32）：175－183．

进国际巨灾保险事业合作交流，相互学习借鉴。会议时间有限所以不必各个方面都有所涉及，而是应该将各国遇到过的典型的事例或者遇到的一些问题拿到会上讨论交流，仔细分析，掌握主要矛盾，提出的解决方案必须可行、可操作性强，会议的地点也可以随成员所在国不同而变换。

国家还可以通过财政政策来激励科研人员、大学教授等申报研究巨灾保险相关课题，为其提供经费资助。如 2017 年就公布了保监会部级课题批准立项的 21 个项目，其中包括湖南大学刘娜的《保险业在金融体系中的定位与职能再认识》，还有商务部国际贸易经济合作研究所《保险业服务"一带一路"战略研究》等重要课题。并不是所有相关的课题都得被批准立项，研究人员在课题中应该注重实际意义，利用严谨的逻辑思维对课题进行论证，提出中国在巨灾保险体系中存在的问题，并根据实际情况提出切实可行的建议和措施。而不是仅限于"纸上谈兵"，应充分发挥科研人员的智慧为巨灾问题做出贡献（马忠浩，2018）[①]。

第四节　农业巨灾保险启示与建议

综上所述，农业巨灾保险的发展空间仍然很大。农户不可能自行投保巨灾风险，需要政府和保险公司共同来完成，发挥市场的力量，帮助遭受巨灾的地区、农户渡过难关。因此。政府和市场共同参与巨灾保险的管理，已成为研究的共识。政府除了设计农业巨灾保险制度并推动实施外，还应该以再保险人的身份参与，直接或间接促进农业巨灾保险的有效运行，充分发挥政府在风险管理中的积极作用。另外，市场这只"看不见的手"也要发挥好资源的优化配置作用，发展巨灾风险证券化等金融手段，减轻保险市场的承保负担。综上所述，在目前中国经济体制下，为了加快发展农业巨灾保险，可以采取以下措施。

一、探索多形式的保险组织

保险组织的形式应与农村经济的发展水平、农民的风险意识和该地区的工业化程度相适应。鼓励发展互助合作、股份合作、专业企业经营、共保体组织、国家型组织等多种形式的保险组织。

---

① 马忠浩. 国外巨灾保险模式及对我国的启示［J］. 时代金融，2018（35）：395 - 396.

以农民为主体，鼓励互助合作保险组织和保险合作组织的发展。中国的农村地区辽阔，农村地区的保险需求实际上非常大。它可以为农业发展，自然、经济和社会三大风险提供有效保障。农业保险还可以采取现有成熟的外国互助保险公司和合作保险公司的形式，鼓励现有农民专业合作社和农村共同基金将业务扩展到农业巨灾保险，确定巨灾风险损失的限额和超额分配比率。

以专业企业为主体，培育农业专业保险股份公司的组织和共同保险组织。事实上，政府主要制定政策来支持和培育商业化的市场主体，并开放农业保险市场。鼓励农业保险市场和商业化市场采取一种合作形式，共同分散巨灾风险，承担责任。

以国有控股公司为主体，设立国有公司组织，可以为农业巨灾风险提供再保险，等到巨灾再保险市场成熟的时候，就逐渐减少国有控股的比例，形成以市场为主导的巨灾再保险市场。

二、加大农业巨灾保险市场的开放

为了使中国保险市场更加强大，我们不仅要发展国内农村和农业保险业务，还要引进外资，引进具有专业技能的外资保险公司，组成多种形式、多种渠道的外资保险公司。另外参与国际合作也是必然的选择，这样才能不断加大市场的深度和广度，扩大农业巨灾保险的实体数量和资本实力。

在加强监管的前提下放宽对外资的限制，引导外资进入农业巨灾保险市场。结合国内市场，我们将共同开发国内农业巨灾保险，合理利用外资，加快巨灾保险市场的发展。具体可在如下几个方面加强引导：（1）鼓励采取法人和非法人的组织形式。企业组织形式包括中外合资企业、中外合作企业和外商独资企业。各种形式的组织可以为外资进入农业巨灾保险市场提供经验和借鉴。（2）开展商务导向，积极鼓励外资进入中西部地区，促进中西部地区的发展。除此之外，也可引导外资进入粮食主产区、商品棉基地，为粮食主产区和商品棉基地的巨灾风险做一定的保障，促进该地区保险业的发展。（3）开展业务范围指导，重点介绍农业巨灾保险重点领域的资金，学习外资公司的专业知识，提高外资配置效率，利用外资关注巨灾风险，促进中国巨灾保险体系的调整和优化。（4）引导国内保险公司和外国保险公司相互合作，学习外资机构的风险控制、产品运作和管理模式等成功经验。促进国内保险机构的贡献，提高中国保险业的水平。

三、加快农业巨灾保险融资体系建设

为拓宽巨灾保险业务和规模,除了引入外资,政府也要制定相关优惠政策,搭建平台为巨灾保险的发展提供融资支持,为保险公司和农业生产者投资资金,以拓宽灾难保险资金来源的渠道。(1)为农业巨灾保险制定专项财务预算。安排发展农业巨灾保险专项资金,为农民购买巨灾保险,为保险公司购买再保险,建立农业巨灾风险基金。政府还可以采取间接融资的模式,例如直接把国家财政用于农业的支出投向农业巨灾保险业,为农业巨灾保险提供财政支持。(2)鼓励多种形式的金融信贷融资。制定优惠政策鼓励由政府设立的国家开发银行、农业发展银行等政策性银行为巨灾保险机构和农业生产者提供低利率的政策性贷款。(3)探讨灾难证券化对资本市场融资的影响。巨灾风险证券化是指通过发行金融证券将保险市场中的巨灾风险转移到资本市场,例如在芝加哥期货交易所开始交易的巨灾期货合约、美国巨灾风险交易所推出的灾难交换产品。在设计和探索巨灾风险证券化过程中,中国需要保险公司、投资银行和证券机构之间的密切合作。除了巨灾期货和灾难掉期之外,还有金融工具,如巨灾债券、巨灾股票和巨灾期权。(4)向广大社会公众融资。除了农户、保险公司、外资公司和政府之外,还可以设计一些和巨灾风险相关的比较简单购买的彩票,让社会大众都参与进来,引导社会闲置资金进入保险市场,还可以鼓励社会和行业对农业巨灾进行捐赠等。

四、鼓励巨灾保险产品创新

为了满足农民日益增长的巨灾风险保护需求,应设计不同的产品,不断创新巨灾保险产品。政府应该鼓励这些创新产品,制定相关的优惠政策,促进社会各界的创新。中国银行保险监督管理委员会还应优先考虑创新产品,为它们开辟绿色通道。

农业巨灾产品的开发需要各界的支持,如国家财政、农业、林业、民政、发改等部门,设计新的农业巨灾产品需要这些部门相互协调,相互配合,共同打造创新型产品,同时也应该加强对社会的宣传,尤其是基层乡政府和村委会等,对其加强保险方面的教育,提高保险意识。

首先,保险公司应该配备相关方面的专业人员,并对员工进行培训,避免因为保险公司员工的参差不齐带来对整个行业的抹黑。其次,还要主动和政府及相关部门沟通,争取得到国家的优惠政策的支持。再次,保险公司还

应制定一定的可以吸引人才的福利，为保险产品的创新提供优秀人才。最后，保险公司应主动学习国外优秀保险公司的管理模式，积极获得相关方面的技术支持。

保险公司创新产品的开发应根据国家和农民的需要确定。保险公司应重点关注国家粮食安全相关农产品、国民经济和民生相关作物、国家重点国有林区和主要畜产品。配合国家"菜篮子"项目、种子产业和渔业发展战略，重点发展相关保险产品和产品，积极开展农业生产县和主要粮食产区的试点和推广，努力扩大保险覆盖面。

加强对风险对象的保险产品创新，开发不同种类的巨灾保险产品，把天气、价格和区域锁定，和金融市场结合设计相关产品，如天气指数保险、价格指数保险、区域农业巨灾保险等，继续创新保险形式。

五、加快提高巨灾科学应对能力

加快改进科学技术和风险应对能力，如灾难预测和预警以及风险评估。保险公司、科研院和政府应该互相合作，利用各自资源对巨灾风险展开预警预测，在灾难发生前做好预防工作，建立巨灾保险定价模型，推动巨灾风险评估技术的发展。努力使灾难风险计量更准确，并做好相关的预防工作。

加快建设对灾难的预警系统、监测系统，提高发生灾害时的应急管理的能力，利用巨灾风险管理模拟实验来提高空间减灾技术。完善灾变数据建设和成果共享系统，建立国家共享灾变数据库，包括巨灾风险评估、灾害预测、气象研究等数据信息数据库。制定可行的巨灾风险的防范计划，不断加强完善灾难预警和防御体系。同时，大力加强公共工程和社会治安防灾减灾建设，提高社会响应能力，减少社会脆弱性，减少巨灾风险的损失破坏程度。积极参与有关巨灾风险管理的国际会议，相互交流，相互学习，共同探讨抵御巨灾风险的管理措施（陈利，2014）[①]。

[①] 陈利. 农业巨灾保险运行机制研究［D］. 西南大学，2014.

第十四章

前 沿 介 绍

第一节　复杂网络与金融

如果你想结交某个国家的居民需要几个互相认识的人来传递消息？在网络上，任选两个网页需要多少个网络链接才能相通？电脑病毒和流行性感冒是怎样在计算机和生物个体之间传播？为什么流言会散布得很快？全球或地区性金融危机是如何发生的？怎样构建合理的公共卫生安全网络？虽然这些问题不同，但这些问题都涉及一个非常复杂的网络，需要利用复杂网络相关的知识进行研究和分析。从开始对复杂网络的探索，其理论和应用就出现在工程、生物学、社会学、物理学领域。近年来，关于复杂网络理论的文章已经大量发表在世界级的科学期刊上，事实上，它反映了复杂网络的理论应用已成为各领域学者们研究的新方向。复杂网络理论已成为21世纪最重要的学科之一。金融市场是一个复杂的系统，每个国家的金融系统都是"开放复杂的巨系统"，并且在世界经济高度一体化的时代背景下，全球每个国家的金融网络已经连接成为一个巨大的复杂网络。把复杂网络理论引入金融市场探索中，将每一个金融系统都看作是一个复杂的网络，将为研究者增添一个更宏观、更加综合性的视角。

一、复杂网络研究的起源与发展

一个叫康尼斯堡的城镇，这个小镇上有一条河、两个小岛以及七座桥。小镇上的居民们经常散步，于是产生了一个疑问：一个人能否不重复情况下走完七座桥，最后回到原来的位置？这就是著名的七桥问题。18世纪杰出的数学家欧拉（Leonhard Euler）探究并解决了七桥问题，由此开创了数学领域的一个新的方向，即图论。而后，这个方向成为研究复杂网络的工具，也是起点（汪小帆等，2006）①。在图论的基础上，其他两位数学家构建了随机图理论，其实质是在数学上对于复杂网络体系的系统性研究，这是研究复杂网络的基本理论（Erdős & Rényi，1960）②。

20世纪60年代，哈佛大学的杰出社会心理学家米尔格兰姆（Stanley Milgram）研究了一个社交网络实验，也即是著名的米尔格兰姆的小世界实验（Milgram，1967）③。首先，他在美国境内选择了两个目标：某地区的一位女士和一个波士顿的证券经纪人。同时，在与目标相对较远的自治州招募了志愿者，并随机编成组。要求志愿小组的成员尝试通过他们认识的人并利用尽可能少的人向给定目标发送一封信。他从一些社会性的报告和调查中得出结论，世界上任选两个人之间的平均距离是6，即间接平均5人，你可以与地球任何角落的任何一个人联系。这就是著名的六度分离推理。

而众多的学者们也进行其他的小世界实验，就是为了测试证明米尔格兰姆实验获得的六度分离假设。其中一个著名的实验是"凯文·贝肯（Kevin Bacon）"游戏，游戏的主角是美国电影演员凯文·贝肯，通过游戏的规则去寻找电影演员之间的联系，并得到一个量化的指标。每一个电影演员都对应他自己的贝肯数，如果一个电影演员和贝肯一起在一部电影中表演过，那么他或她的贝肯数是1。对于没有跟贝肯合作过的演员，如果和贝肯数为1的人合作过，那么他的贝肯数加1，即为2，以此类推。这样就能以某个演员为中心来构建一个关系网络，贝肯数的大小描述了网络中从任何参与者到凯文·贝肯的最短路径。而互联网上有一些学者建立的关于电影演员的数据库，可以查询到全球各国的电影演员和作品。只需输入电影演员的名字，就能得到演员贝肯数的数值。如果输入曾志伟，可以看到：在《肥龙过江》中，曾志伟与元彪合作，而在《死亡游戏》中元彪又与考林·加普合作，考林·加普又在Trapped中与贝肯合作。这样曾志伟的贝肯数就为3。而现在通过很多网站都可以统计出这个数字，如豆瓣电影中会在每一个演员的下面统计演员所演绎的电影的名称，已经与搜索演员合作两次以上的演员的名

---

① 汪小帆，李翔，陈关荣. 复杂网络理论及其应用［M］. 北京：清华大学出版社有限公司，2006.
② Erdős P.，Rényi A. On the Evolution of Random Graphs［J］. Publ Math Inst Hungar Acad Sci，1960（5）：17-61.
③ Milgram S. The Small World Problem［J］. Psychology today，1967（2）：60-67.

称。在这个实验中,科学家们查询了 600000 个电影演员的信息,而最大的数值仅为 8,计算平均贝肯数为 2.944。由于电影演员的范围较小,所获得的数值小于米尔格兰姆的小世界实验。同时伴随着社会的开放与发展、各国演员合作的次数增多和时间的累积,贝肯数的平均值也会越来越小。

尽管电影演员和数学家网络的定义清晰且易于测试,但相对于其范围而言,它仍然很小。换句话说,电影和数学家中的小世界现象不能直接扩展到全世界数十亿人。

哥伦比亚大学著名社会学教授邓肯·詹姆斯·瓦茨(Duncan J. Watts)于 2001 年成立了一个研究小组,并创建了一个名为世界项目的网站。该网站在全球范围内开展了一项在线实验,其目的是为了检验六度分离假说是否有效。他们选择了许多目标受众,包括所有性别、年龄、种族和职业,涵盖社会的各个层面。志愿者小组中每个人的任务是通过电子邮件向分配给他们的目标受众发送信息,类似于米尔格兰姆的小世界实验。如果团队的志愿者不了解目标人,他们需要向网站提供他认为更合适的朋友的电子邮件地址。该网站告诉志愿者朋友这个实验的情况。如果朋友同意,他可以成为新的志愿者,继续实验。研究小组花了一年多的时间,来自 13 个国家的 18 个目标受试者和来自 166 个国家和地区的数万名志愿者参与了这项实验,但最后目标人收到的邮件数与之相比少得可怜。然而,这个研究中也存在着无法控制的不利因素,让这个实验的过程十分困难。例如,该实验对志愿者的朋友们缺乏吸引力以及人们对于陌生人和邮件信息的警惕意识。而这个实验的最终结果和米尔格兰姆的小世界实验得到的数字很接近,平均计算得到的单个邮件发到目标邮箱的过程中,其转发次数在 6 左右(即大于或者小于 6 的范围)。

到 20 世纪末,复杂网络的科学探索经历了重要的变革,复杂网络的理论研究不再局限于数学领域。人们开始考虑具有大量节点和复杂连接结构的实际网络的整体特征,并引发了从物理学到生物学的许多学科的复杂网络研究浪潮,被称为"网络的新科学"(Watts,2004)[1]。过去,对实际网络结构的研究通常基于具有数十个或数百个节点的网络。近年来,在复杂网络的研究中,经常看到具有数万到数百万个节点的网络。网络规模的变化也促使网络分析方法发生了相应的变化,甚至许多问题的呈现也应该改变[2]。而对

---

[1] Watts D. J. The New Science of Networks [J]. Annual Review of Sociology, 2004 (30): 243 – 270.

[2] 梁芳. 复杂网络拓扑结构与流行病动力学相互作用的研究 [D]. 华中科技大学, 2007.

于其主要的研究内容如下：

（1）发现：揭示网络系统结构的统计特性以及测量这些属性的适当方法。

（2）建模：建立适当的网络模型，以帮助人们理解这些统计特性的含义和机制。

（3）分析：基于每个节点和整体的特性进行分析并得到预测结果。

（4）控制：提出有效的方法来改善现有的网络性能并设计新的网络，尤其是稳定性、同步和数据循环（汪小帆等，2006）[1]。

美国康奈尔大学博士生邓肯·詹姆斯·瓦茨及其导师史蒂芬·斯托加茨（Steven Srogatz）教授在1998年"自然"杂志上发表的题为《"小世界"网络的集体动力学》（Collective Dynamics of 'Small-World' Networks）的文章（Watts & Strogatz, 1998）[2]；美国圣母大学物理系的艾伯特-拉斯洛·巴拉巴西（Albert-László Barabási）教授及其博士生在1999年的《科学》杂志上发表的题为《随机网络中标度的涌现》（Emergence of Scaling in Random Networks）的文章（Barabasi & Albert, 1999）[3]。上述两篇文章是对复杂网络理论探索开启新征程的里程碑，它们建模并论证了该理论的小世界和无标度特性。

二、金融领域中复杂网络理论

基于复杂网络理论的经济学方面的研究结果较少，但很多专家早已意识到这一研究领域具有极大发展前景，并且复杂网络理论已被用于研究在银行系统、信用体系和金融体系中多样危机的传播和传染过程。

银行系统作为金融的一个子系统，随着信贷链的扩展和内部交易的高涨，其复杂性、集中性和相关性也越发高。因此，银行间债权债务网络已成为一个高度相关的复杂网络。在一个错综复杂的债权债务网络中，银行体系的风险可能传播得更迅速，感染领域可能更广，感染机制可能变得更复杂。因此，不仅有必要加强银行系统风险传染的相关研究，而且有必要加强基于复杂网络理论的银行系统风险传染及其管理研究。

在系统风险传染方面国内外学者进行了相关研究，大部分学者是在随机网络的基础上进行相关研究，与银行间市场复杂网络结构相结合，从实证的

---

[1] 汪小帆，李翔，陈关荣. 复杂网络理论及其应用 [M]. 北京：清华大学出版社，2006.
[2] Watts D. J., Strogatz S. H. Collective Dynamics of 'Small-World' Networks [J]. Nature, 1998 (393): 440–442.
[3] Barabasi A. L., Albert R. Emergence of Scaling in Random Networks [J]. Science, 1999 (286): 509–512.

结果可以看出银行间市场网络是属于无标度网络。因此，理论研究中设定银行间市场网络是无标度网络更符合银行业实际，所以也有少数学者在相关研究中构建了无标度网络，并且考虑到了银行间借贷的方向、借贷的大小、银行加入网络的随机性、新成员选择交易对象的动态择优性以及银行的加入与已有银行间交易的动态关联性等实质特征。此外，在复杂网络基础上进行相关研究的学者一般只对影响系统风险传染的某些影响因素进行分析，并没有深度挖掘哪些影响因素起决定性作用。在银行系统风险管理方面，绝大部分学者是从宏观、微观及综合管理三个层面分析，鲜有在复杂网络的基础上进行探讨（谭春枝，2017）[①]。

（一）银行间的网络结构

银行间市场可以调节货币供应量，调整银行间的货币余额，促进货币的保值和金融机构的升值。随着银行间市场日益重要的作用和规模，基于银行间市场的风险传染已经成为系统性风险形成和积累的重要渠道，尤其是银行间借贷市场为主体的无担保银行间市场，其业务是由银行以自己的信贷为主要渠道进行。通过担保进行短期融资是形成和传播系统性风险的主要渠道。与此同时，随着银行间借贷市场参与者的飞速扩张和交易规模的高速增长，银行间债权债务关系变得十分复杂，构成了一个高度相关的复杂网络。所以，在复杂网络理论的基础上，以银行间借贷市场为主体，来加固无担保银行间市场体系，研究综合风险传染机制及其防控策略对银行业的稳健发展具有重要的现实意义。

对银行间市场复杂网络结构的研究主要集中在实证方面，即利用一国银行间交易的具体数据，对该国银行体系的网络结构进行实证分析。在对复杂网络进行实证研究时，最好获得银行间双边交易的实际数据，以提高研究效率。因此，研究结果的准确性，使得一些能够获得双边实际交易数据的学者成为对相应国家银行网络结构进行实证研究的主体。他们的研究基本上得出了相同的结论，即银行间网络是无标度网络。一些学者分析了由 9000 多家银行组成的美国 Fed Wire 系统，得出度服从指数为 1.76 的幂律分布（Becher et al., 2008; Soramäki et al., 2007）[②]；同样，也有学者分析了奥地利

[①] 谭春枝. 基于复杂网络理论的银行间市场系统风险传染机制研究［M］. 北京：经济管理出版社，2017.

[②] Becher C., Millard S., Soramaki K. The Network Topology of Chaps Sterling［J］. SSRN Electronic Journal, 2008（355）：27；Soramäki K., Bech M. L., Arnold J., et al. The Topology of Interbank Payment Flows［J］. Physica A, 2007（379）：317 – 333.

银行同业市场，他们观测自 2000~2003 年的 900 家银行的数据，得出其拆借市场度分布服从指数为 1.85 的幂律分布（Boss et al.，2004；Cajueiro & Tabak，2008）[①]；米勒（Müller）研究的瑞士银行同业网络表明，一个大约有 100 家瑞士银行的相对较小的系统有一个比其他系统更加偏态的分布，在其同业拆借市场中，只有两家大型银行占据主要地位，这意味着有一个小的幂律分布指数（Müller，2006）[②]；埃德森（Edson）和康特（Cont）的调查表明（Edson & Cont，2010）[③]，在 2007 年 6 月~2008 年 9 月，巴西银行系统的 600 家银行间的内在联系呈现出幂律指数范围为 2.23~3.37 的幂律分布。比彻等（Becher et al.，2008）[④] 和约里等（Iori et al.，2008）[⑤] 的研究表明，更小规模的英国和意大利市场的银行系统也呈现出类似的无标度特征，即在银行连接的分布中，一些银行拥有大部分连接。

（二）风险在银行间网络上的传播

将复杂网络理论应用于银行间市场风险传染的研究，从统计物理的角度分析了复杂网络的拓扑结构和网络属性对风险传染的影响。

复杂网络理论在金融学术领域的运用相对较晚，直到 21 世纪才开始。近 10 年来，复杂网络理论在银行间市场风险传导研究中的应用渐渐变成学术界研究的热点。特别是在美国次贷危机出现后，相关研究蓬勃发展，大多数学者都是建立了随机银行网络模型，并在此模型基础上开展了随后的理论研究。较早从事这方面研究的学者是阿列克谢朱克（Aleksiejuk）和霍利斯特（Holyst），他们构建了一个有向随机银行网络模型（Aleksiejuk & Holyst，2001）[⑥]，并在此基础上研究某银行倒闭而引起其他银行倒闭的数量，这是第一次将统计物理理论应用于研究银行倒闭传染问题。约里

[①] Boss M., Elsinger H., Summer M., et al. Network Topology of the Interbank Market [J]. Quantitative Finance, 2004 (4): 677-684; Cajueiro D. O., Tabak B. M. The Role of Banks in the Brazilian Interbank Market: Does Bank Type Matter? [J]. Physica A, 2008 (387): 6825-6836.

[②] Müller J. Interbank Credit Lines as a Channel of Contagion [J]. Journal of Financial Services Research, 2006 (29): 37-60.

[③] Edson B., Cont R. The Brasilian Interbank Network Structure and Systemic Risk [J]. Banco Central Do Brasil Working Paper Series, 2010: 219.

[④] Becher C., Millard S., Soramaki K. The Network Topology of Chaps Sterling [J]. SSRN Electronic Journal, 2008 (355): 27.

[⑤] Iori G., De Masi G., Precup O. V., et al. A Network Analysis of the Italian Overnight Money Market [J]. Journal of Economic Dynamics & Control, 2008 (32): 259-278.

[⑥] Aleksiejuk A., Holyst J. A. A Simple Model of Bank Bankruptcies [J]. Physica A, 2001 (299): 198-204.

等（Iori et al.，2006）[1] 从随机网络模型出发，基于银行主体行为的建模，研究了同质银行和异构银行在银行系统感染风险中的特殊性，研究结果表明银行间市场的同质结构使银行系统更为稳定。尼尔等（Nier et al.，2007）[2] 建了一个银行随机网络，在此基础上研究发现网络集中度对银行倒闭风险传染的影响是非单调的，并存在一个阈值，当度大于它时，银行的防冲击能力会增强，而小于这个值时，度越高感染效果越强。盖（Gai）和卡帕迪亚（Kapadia）也构建了一个基于随机银行网络结构的传染模型（Gai & Kapadia，2010）[3]，并指出复杂金融系统有一种"强健而脆弱"的趋势，尽管更高程度的金融联系能降低传染的可能性，但给定一个严重的传染性的违约，更高的复杂网络关联度将会导致广泛的传染。埃沃利（Eboli，2004）[4]、巴蒂斯顿等（Battiston et al.，2012）等以及梅和阿林明（May & Arinaminpathy，2010）[5] 等都构建了银行间随机网络模型，并在此基础上分析了银行倒闭的危机传染，他们的研究有个共同发现：较高的银行内在联系会增强破产的扩散，尽管非常高的联系又会使其下降。阿南德等（Anand et al.，2013）[6] 做了拓展，他们不但建立了一个包含国内银行、外资银行的银行随机网络系统，还将与银行有业务往来的公司也纳入系统，研究了宏观经济波动、资产市场流动性及网络结构在决定总的信贷损失及危机传染方面的相互作用。国内有学者（张锋华和李红刚，2013）也进行了类似处理，建立了有向有权随机银行网络与无向无权随机客户网络相耦合的复杂网络模型，将客户与银行间的相互作用结合起来研究，模拟结果表明银行倒闭危机在耦合的复杂网络模型中会出现传播范围的迅速扩大的现象。

有一部分学者基于无标度（网络节点的"度"遵循幂律分布）网络模

---

[1] Iori G., Jafarey S., Padilla F. G. Systemic Risk on the Interbank Market [J]. Journal of Economic Behavior & Organization, 2006（61）：525-542.

[2] Nier E., Yang J., Yorulmazer T., et al. Network Models and Financial Stability [J]. Journal of Economic Dynamics & Control, 2007（31）：2033-2060.

[3] Gai P., Kapadia S. Contagion in Financial Networks [J]. Proceedings of the Royal Society a–Mathematical Physical and Engineering Sciences, 2010（466）：2401-2423.

[4] Eboli M. Systemic Risk in Financial Networks: A Graph Theoretic Approach [R]. Universita di Chieti Pescara, 2004.

[5] May R. M., Arinaminpathy N. Systemic Risk: The Dynamics of Model Banking Systems [J]. J R Soc Interface, 2010（7）：823-38.

[6] Anand K., Gai P., Kapadia S., et al. A Network Model of Financial System Resilience [J]. Journal of Economic Behavior & Organization, 2013（85）：219-235.

型进行相关的理论研究。克劳斯和甘安特（Krause & Giansante, 2012）[1] 利用艾伯特-拉斯洛·巴拉巴西提出的无标度（scale-free）网络建立了一个有向无标度网络模型研究了银行破产的传导机理，并得出初始破产银行的规模对于危机是否扩散是个重要因素，但就扩散的范围而言，银行同业借贷网络的特征更为重要。也有一部分学者基于不同的复杂网络模型进行相关的比较研究。还有少部分学者从其他不同角度进行相关理论研究将网络拓扑结构和博弈模型结合起来研究银行间的风险传染，分析发现若银行能找到一个愿与其签订风险分摊协议的邻居银行，那么该银行可据自身风险降低的需要来选择相应的交易策略。梅等（May et al., 2008）[2] 和施韦策（Schmieder, 2006）[3] 等凸显了利用网络理论和复杂系统文献的相关知识以及更多的综合技术来发展金融系统弹性模型的重要性。还有一些学者通过对复杂银行网络的研究，认为有向的聚集系数能测度复杂网络中的系统性风险。张锋华、李红刚在有向有权随机网络的基础上构建了一个银行网络流动性动态配置的多主体模型，为了模拟金融危机中银行网络流动性再分配的过程，仿真结果表明：银行网络流动性转移效率与流动性影响的大小呈负相关，与网络结构的一致性和连通性呈正相关。

（三）不足与展望

首先，当现有文献研究银行间市场网络及其在危机传染中的关系时，构建的网络模型没能反映银行业的本质特征。大多数的相关性研究都假设银行网络是一个随机网络。然而，对单一国家银行系统网络结构的实证研究表明：大多数银行网络存在典型的无标度特质，即银行节点的程度服从幂律分布。所以，在理论研究中将银行间市场网络设置为无标度网络更适用银行业的现实。但是，我们还没有考虑到一些对银行间网络的结构和功能有重大影响的实质性特征。这些实质性特征对复杂网络中银行系统风险的传导规律有着重要的影响。

其次，复杂性科学被誉为 20 世纪相对论和量子力学之后第三次科学革

---

[1] Krause A., Giansante S. Interbank Lending and the Spread of Bank Failures: A Network Model of Systemic Risk [J]. Journal of Economic Behavior & Organization, 2012 (83): 583-608.

[2] May R. M., Levin S. A., Sugihara G. Complex Systems: Ecology for Bankers [J]. Nature, 2008 (451): 893-895.

[3] Schmieder C. The Deutsche Bundesbank's Large Credit Database (Bakis-M and Mimik) [J]. Schmollers Jahrbuch, 2006 (126): 653-663.

命（庄新田、李冰，2008）①，而金融系统是人类创造的最为复杂的系统之一。作为一个"开放复杂巨系统"，随着信用链的延长及内部交易的激增，金融系统呈现出更高的复杂度、集中度和关联度，在复杂理论基础上对银行体系风险传递进行现场研究，是金融业发展的现实需要。虽然有些文献从复杂网络的角度研究银行系统风险的风险，但他们的研究相对片面而且不够深入。一方面，他们的研究般只考虑因外生性原因而倒闭的银行给债权银行带来的损失及其传染效应，没有考虑银行倒闭给其债务银行带来的流动性压力及其传染效应；另一方面，他们只对影响银行系统风险传染的某些因素及其影响规律进行分析，而没有较全面、系统地分析银行系统风险传染的影响因素，更未深度挖掘银行系统风险传染的重要因素及其传染效果。

最后，在复杂网络的基础上研究银行系统风险管理方面的文献很少，绝大部分学者是从宏观、微观以及将宏观、微观和货币政策相结合的综合层面来分析，鲜有在复杂网络的基础上进行探讨。利用中国银行业的实际数据系统研究银行系统风险在复杂网络中的传染机制及其防控措施的文献相当匮乏，仅有少量文献在这方面做了初步的研究（谭春枝，2017）②

第二节 代理人基（Agent-based）模型

一、代理人基（Agent-based）模型概述

Agent-based 模型用于模拟具有自治的代理（独立个人或公共组、例如组织、团队）的行动和交互计算模型，通过图像显示来评估代理在整个系统中的作用。也可称为代理人基模型（agent-based model，ABM）或多元代理人系统（multi-agent system，MAS），若代理人具有异质性，则称为异质代理人模型（heterogeneous agent model，HAM）。

（一）代理人（Agent）的产生背景

早期的代理人（agent）的原型与理念来自人工智能（AI）领域的研究。休伊特（Hewitt）在1977年，提出并构建的"并发演员模型"（concurrent

---

① 庄新田，李冰. 对有效市场的挑战——资本市场分形与混沌的研究综述 [J]. 东北大学学报（社会科学版），2008（2）：133–138.

② 谭春枝. 基于复杂网络理论的银行间市场系统风险传染机制研究 [M]. 北京：经济管理出版社，2017.

actor model）是首个有关代理人的系统（Hewitt，1977）[①]。而在这个模型中，他设定了一个"Actor"，定义为"自封装、交互型的、并行执行"的对象。然后，主要在分布式人工智能（DAI）的探索与研究，将涉及与代理人相关的理论，对于那些涉及代理人的研究大部分都是关于先进行内部符号的推理，再进行决策的过程。同时，伴随着计算机技术与通信技术的迅速发展，在20世纪90年代，代理人的概念开始被广大的学者们注意并开始进行理论研究，在全球领域内迅猛发展。并且在其他的研究领域内开启了研究的高潮，如智能化人机界面、智能开启系统（intelligent system，IS）、电子商务（electronic commerce，EC）、工作流管理系统（workflow management system，CSCW）等方面。对于代理人的探索与研究自此时起，已从人工智能领域扩散到更加广阔的范围内，包括软件编程、管理科学等领域。

（二）代理人的概念

1986年，明斯基（Minsky）出版了《思维的社会》（*The society of mind*）这本书，其中提到了社会中的一些个体，他们具有技能并且是智能的，也具备社会交互能力，可以通过协商来解决，而所谓的个体就是代理人"agent"。

代理人技术激起了学者们对计算机科学，管理科学等领域的浓厚兴趣，并且，其成果被快速的传播和使用。但是，对于代理人却没有一个统一的定义，主要的原因有两个：一是代理人可以与很多研究领域结合，而不同领域的有不同的学术背景和理论基础，并且所需要研究有关代理人的性质也不同，研究他的学者们也会表达出自己不同的看法，其观点都有各自的道理，但却没有形成共识。二是无法用中文术语表示代理人的完全含义，大部分英文单词不同于中文词语，他们可能会对应多个意思，比如对于代理人的翻译也非常多，可以翻译为：代理人，经纪人，指对事态起重要作用的人、事物、主体、智能体或者是智能主体。由于对代理人内容的丰富性和理解的不同，这些译文难以精准地体现代理的丰富含义，尤其是在建模和仿真的研究领域。但是有一些代表性的定义。

富兰克林（Franklin）对agent的定义是（Franklin & Graesser，1996）[②]具有自治性的agent是能够不断感知环境并作用于环境，以完成其计划的一

[①] Hewitt C. Viewing Control Structures as Patterns of Passing Messages [J]. Artificial Intelligence, 1977 (8): 323 – 364.

[②] Franklin S., Graesser A. C. Is it an Agent, or Just a Program?: A Taxonomy for Autonomous Agents [C]. intelligent agents, 1996: 21 – 35.

类系统。伍尔德里奇（Wooldridge）给出的定义是（Wooldridge，1997）①②代理人是封装在一些环境中的计算机系统，为了达到设计好的目标，它能够执行灵活自主的行为。也有人认为，代理人是具有包括信念、能力、选择和承诺等精神状态的一个实体。而雷恩（Lane）认为，代理人是一个具有控制问题求解机理的计算单元，它可以指一个机器人、一个专家系统、一个过程、一个模块或一个求解单元等。虽然对于代理人无法进行定义的统一，但它存在的一些性质可以广泛地被学者们认可，比如，自治性（autonomy）、反应性（reactivity）、主动性（po-activeness）和社会性（social ability）（Wooldridge & Jennings, 1995）③。

最简单的代理人被认为是一个计算机过程，但在人工智能学科，诸多学者主张代理人应是具备更多的人类特性，即人的人格意识。而且，他还有知识、信念、目的、义务、诚实和理性。而代理人是抽象的或者真实的一个实体，它可以相互交互，也可以与环境互动。同时代理人需要具有社交性、主动性、进化性等14个特质，特别说明，有关代理人模型和其他建模方法的关键性区别是主动性，此特性可以使代理人能够适用于那些其他方式难以运用的复杂系统，如：社会、经济、生态等方面。而代理人最基本的属性是自主性，可以使其运行时具有自我控制能力，从而不受到别的因素的影响。

（三）代理人的结构

在众多的领域内，学者们根据单个代理人的结构，将其分为慎思型、反应型以及混合型三种类型的描述。

1. 慎思型代理人

它也被称为思维代理，它使用代理人作为意识系统。设计代理人的目的是将其用作人类个人或社会行为的智能代理，如信念、愿望、意图、目标、承诺和责任等。代理人通过传感器感知外部环境，并将感知结果表达为代理人的某种心理状态（信念）。然后，从这些心理状态，执行逻辑推理以确定所执行的动作。将代理人作为一种意识系统进行研究是合理的。例如拉奥（Rao）和乔治夫（Georgeff）提出的BDI模型（Rao & Georgeff, 1995）④。

---

① Wooldridge M. Agent – Based Software Engineering ［J］. IEE Proceedings – software, 1997 (144): 26 – 37.

② 戚晖，厉秉强，赵玉良. 基于多智能体概念的生物电厂自动供料系统研究 ［J］. 制造业自动化, 2008 (2): 79 – 81.

③ Wooldridge M., Jennings N. R. Intelligent Agents – Theory and Practice ［J］. Knowledge Engineering Review, 1995 (10): 115 – 152.

④ Rao A. S. Georgeff M P. BDI agents: from theory to practice ［C］//Icmas, 1995, 95: 312 – 319.

2. 反应型代理人

反应型代理人没有对环境的表现和推理行为,只是通过刺激——反应行为工作,例如有学者提出的包容体系结构是最著名的反应型代理人结构(Ferber & Weiss,1999)[1]。反应型代理人结构只需对他所处的环境的当前状态做出反应,而不需要思考那些历史因素或给将来设计规划。并且,由于他不涉及复杂的符号推理,因此其执行速度快,适合于实时环境。另外,反应型代理人可以通过简单的相互作用来组织复杂的全局行为,容错是反应型代理人体系结构的一个重要特征。他可以保持全局的成功,即使是其中一个反应型代理人由于某种因素而不能完成某项任务[2]。

3. 混合型代理人

混合型代理人是一种介于上述两个类型之间的形式,结合它们俩的优点,弥补了它们俩的不足之处,提高了智能性和反应效率,将反应、审议和协作能力结合起来,开发出了一种新形式的混合型结构(史忠植,2000)[3]。

二、代理人基模型的发展动态

(一) 代理人基模型的发展历史

代理人基模型在 20 世纪 40 年代后期是一个相对简单的概念。直到 20 世纪 90 年代,它才成为一种常用方法,因为它需要大量的密集计算程序。历史可以追溯到冯·诺依曼(Von Neumann)机器,即自动复制理论机器,它会生成自己的副本与精确的详细说明。冯·诺伊曼的朋友斯坦尼斯拉夫·乌拉姆(Stanislav Ulam)也是一位数学家,这一概念得到了进一步的改善,他建议将机器建在纸上,就像网格上的一组单元一样。冯诺伊曼对这个想法非常感兴趣,并创造了第一个细胞自动机。数学家约翰·康威(John Conway)介绍了另一项进展,他修建了著名的生命游戏(Game of Life),凭借冯·诺依曼的机器,康威的生命游戏以简单的规则在二维棋盘中运行虚拟世界。

概念上代理人基模型之一是托马斯·谢林(Thomas Schelling)的离析模型,在他 1971 年的论文《离析的动态模型》(*Dynamic Models of segrega-*

---

[1] Ferber J., Weiss G. Multi – Agent Systems: An Introduction to Distributed Artificial Intelligence [M]. Addison – Wesley Reading, 1999.

[2] 廖守亿. 复杂系统基于 Agent 的建模与仿真方法研究及应用 [D]. 国防科学技术大学, 2005.

[3] 史忠植. 智能主体及其应用 [M]. 北京:科学出版社, 2000.

tion) 中对此进行了讨论 (Schelling, 1971)①。虽然谢林最初使用硬币和图表纸而不是计算机，但他的模型体现了代理人基模型的基本概念，即作为自治代理人，在共享环境中与观察到的聚合和紧急结果的交互。

在 20 世纪 80 年代早期，有一场著名的囚徒困境战略锦标赛，让他们以一种基于代理人的方式进行互动，以确定赢家。阿克塞尔罗德 (Axelrod) 还将在政治学领域开发出许多其他代理人基模型 (Axelrod, 1997)②，用于研究从民族中心主义到文化传播的各种现象。到 20 世纪 80 年代末，克雷格·雷诺兹 (Craig Reynolds) 关于群集模型的研究，促成了第一批包含社会特征的基于生物代理人的模型的发展，他试图模拟活生生的生物的真实情况，试图构建真实生物的代理人（被有关学者称为人工生命）。

在 20 世纪 80 年代，社会科学、数学、运筹学等研究领域的学者们与其他的一些领域进行合作，创建了一系列的从事此方面研究的组织，包括计算和数学组织理论 (CMOT)、管理科学研究所 (TIMS) 及美国运筹学学会 (ORSA) 等。

从 1990 年开始，美国麻省理工学院多媒体实验室的智能体仿真软件 (StarLogo)、国新墨西哥州的圣达菲研究所经济仿真软件 (Swarm)、自然和社会现象仿真软件 (NetLogo)、多智能体混合仿真系统 (AnyLogic) 和 GAMA 代理建模及仿真平台 (GIS & Agent-based Modeling Architecture) 等建模仿真工具的出现，以及一些定制的代码的出现，建模软件已被广泛使用，代理人基模型的应用领域也在不断扩展。

在 20 世纪 90 年代，代理人基模型的扩张在社会科学表现得尤为显著，其中由约书亚·爱波斯坦 (Joshua Epstein) 和罗伯特·艾克斯蒂尔 (Robert Axtell) 致力发展的大规模代理人基模型——大糖帝国 (Sugarscape)，最为人注目。他们模仿和探索社会现象的作用，如季节性迁徙，污染，繁殖，战争和疾病传播，甚至文化的传播 (Epstein & Axtell, 1996)③。20 世纪 90 年代其他值得注意的发展包括卡内基梅隆大学凯瑟琳·卡利 (Catherine Kelly) 的代理模型——探索社交网络和文化的共同演化。在 20 世纪 90 年代，奈杰尔·吉尔伯特 (Nigel Gilbert) 出版了第一本关于社会模拟的教科书，并从

---

① Schelling T. C. Dynamic Models of Segregation [J]. Journal of mathematical sociology, 1971 (1): 143–186.

② Axelrod R. The Complexity of Cooperation: Agent-Based Models of Competition and Collaboration [M]. Princeton University Press, 1997.

③ Epstein J. M., Axtell R. Growing Artificial Societies: Social Science from the Bottom Up [M]. Brookings Institution Press, 1996.

社会科学的角度创办了一本期刊：《人工社会与社会模拟杂志》（JASSS）。除了 JASSS 之外，有关代理人基模型的期刊还有"Springer Open journal Complex Adaptive Systems Modeling"（CASM）。

20 世纪 90 年代中期，代理人基的社会科学主要开始关注一些像设计有效的团队、理解组织有效性所需的沟通以及社交网络的行为等的问题。"Computational and Mathematical Organization Theory"（CMOT）后来重新命名为社会和组织系统计算分析（CASOS），并收录了越来越多的代理人基模型。

在 20 世纪 90 年代末，TIMS 和 ORSA 合并成立了"Institute for Operations Research and the Management Sciences"（INFORMS），并且从每年两次会议变成了一次会议，这促使 CMOT 集团成立了一个独立的协会——北美计算社会和组织科学协会（NAACSOS）。

2000 年之后罗恩·申（Ron Sun）开发了一种新的代理人基模型——基于人类认知模型的仿真方法（Sun，2006）[1]，称为认知社会仿真。自 2001 年以来，加州大学洛杉矶分校在加州箭头湖举办了一次会议，成为该领域从业者的另一个主要聚集地。2014 年，哥伦比亚大学的萨迪克·阿斯加里（Sadegh Asgari）和他的同事开发了一个建筑竞标的代理人基模型（Awwad et al.，2014）[2]，该模型用于分析低标底的一次性施工招标，可以应用于其他投标方法。

（二）代理人基模型与复杂适应系统[3]

复杂系统有很多，而复杂适应系统（CAS）是比较有代表性的一个。"复杂适应系统理论"（Holland，1995）[4]是遗传算法的提出者霍兰（Holland）于 1994 年在圣菲研究所（SFI）成立 10 周年时正式提出的。其基本思想可以这样来概括："系统中的成员称为具有适应能力的主体（Adaptive 代理人），简称为主体。所谓具有适应性，就是指它能够与环境以及其他主体进行交互作用。主体在这种持续不断的交互作用的过程中，不断地'学

---

[1] Sun R. Cognition and Multi‐Agent Interaction: From Cognitive Modeling to Social Simulation [M]. Cambridge University Press, 2006.

[2] Awwad R., Asgari S., Kandil A. Developing a Virtual Laboratory for Construction Bidding Environment Using Agent‐Based Modeling [J]. Journal of Computing in Civil Engineering, 2014 (29): 04014105.

[3] 廖守亿. 复杂系统基于 Agent 的建模与仿真方法研究及应用 [D]. 国防科学技术大学, 2005.

[4] Holland J. H. Hidden Order: how Adaptation Builds Complexity [J]. Leonardo, 1995 (3): 29.

习'或"积累经验",并根据学到的经验改变自身的结构和行为方式。整个宏观系统的演化,包括新层次的产生、分化和多样性的出现,新的、经聚合而成的、更大的主体的出现等,都是在这个基础上逐步派生出来的。"在复杂适应系统中,任何学科环境的主要部分都由其他适应性学科组成,因此任何学科在适应方面的努力都是为了适应其他学科。此功能是复杂适应系统复杂动态模型生成的主要来源。复杂适应系统理论为自下而上建模提供了一种研究方法,这是它最大贡献(廖守亿,2015)①。

复杂适应系统理论是圣菲研究所学派的代表理论,它为设计代理人基模型的构建供应了一个有价值的思路。但是,复杂适应系统理论和构建基于代理的模型的方法框架具备明确的生物学痕迹,它没有一个纯粹的建模和模拟框架,也没有一个理想的思路,有必要对其进行改进和扩展。而研究复杂系统的有效果的方法是建立代理人基模型,尤其是与复杂自适应系统进行结合,最具动态性、突破性。

总之,复杂适应系统理论的核心概念是代理人,其方法学基础是基于代理人的建模与仿真方法,它既是方法的创新,也是方法论的创新(廖守亿,2015)。代理人基模型与传统的数学模型不仅是建模方法的不同,也是方法论的更新,前者是生成论的,后者是构成论的(苗东升,2001)②。

(三)代理人的研究范围

目前,复合自适应系统理论与代理人基模型相结合的研究被广泛应用于人工智能、经济学、社会学和军事对抗中。但它仍处于起步阶段,具有实验性学术研究的本质,远离现实。复杂系统的仿真分析和控制还有很长的路要走,但代理人基模型和复杂系统的结合。

1. 人工智能领域——智能代理人

在人工智能领域,对代理人的探索集中于集中在智能代理人或多智能体系统上。它是一种在特定环境中运行,响应环境变化,智能且独立地实现设计目标的计算实体。在正常情况下,它具有一定的感知,推理和学习能力,以及自适应和协作功能,如一些智能控制系统,实时专家系统。

2. 计算机领域——软件代理人

在计算机领域主要是从软件设计的角度对代理人进行研究,他们认为代理人是一种在特定环境下连续、自主运行的软件实体。而在软件工程中存在

---

① 廖守亿. 复杂系统基于 Agent 的建模与仿真 [M]. 北京:国防工业出版社,2015.
② 苗东升. 复杂性研究的现状与展望 [J]. 系统科学学报,2001 (4):3-9.

着一种新思路来使用软件代理人完成软件系统设计和实现,这对于计算机软件开发是一种突破性的进展。

3. 经济学领域中的代理人

在经济学领域,代理人是一个相对于代理人的概念。在研究博弈时,学者们会根据是否具备私人信息来将个体分为代理人和委托人,而代理人就拥有这个信息,委托人恰恰与之相反。

4. 建模与仿真领域

在建模和模拟领域,复杂系统的研究关注于某些代理的个体表现如何创造整个系统的整体"出现"行为。它们指的是构成复杂系统作为代理人的主动权的个人或单位,也可以称为主体,但主体不能非常准确地反映他的意思(廖守亿,2015)①。

5. 社会领域

社交领域是代理人基模型中使用最广泛且最活跃的领域之一。代理人基模型是捕获这些现象的最合适的方法,这是许多社会科学家的共识。社交系统中的"人类"基本上类似于基于代理的模型中的代理。"人类"被抽象为具有独立决策、协调和组织能力的代理人。因此,代理人可能需要使用神经网络等学习技术来对其各种能力进行(廖守亿,2015)。

6. 经济领域

经济领域是基于代理人模型被广泛使用的领域。美国斯提亚实验室(Sntia Labs)的研究人员开发了一种美国经济模拟模型——阿斯彭(Aspen)(Pryor et al.,1996)②,该模型结合了该实验室的进化学习和并行计算的最新进展。这与传统的经济模型相比更为优化,例如,对货币政策税法和贸易政策进行更详细的研究,可以对不同的经济部门进行单独分析,或与其他部门进行综合分析,为了更好地了解整个经济过程,并准确模拟经济中基本决策部门的行为,如居民、银行、公司和政策。这个实验室现已完成了简单市场经济的原型模型(简单模拟美国经济),并正在研究更详细的模型。同时,完成了过渡经济(过渡经济模拟)的模拟模型(Basu & Pryor,1997)③。同时,还有学者将代理人基模型的思想用到虚拟股市中去(Arthur et al.,1997)④。

---

① 廖守亿. 复杂系统基于 Agent 的建模与仿真 [M]. 北京:国防工业出版社,2015.

② Pryor R.,Basu N.,Quint T. Development of Aspen:A microanalytic simulation model of the US Economy [R]. Sandia National Labs.,Albuquerque,NM (United States),1996.

③ Basu N.,Pryor R. J. Growing a Market Economy [J]. Centrally Planned Economies,1997.

④ Arthur W. B.,Durlauf S. N.,Lane D. A. The Economy as an Evolving Complex System Ii [M]. Addison – Wesley Reading,MA,1997.

7. 军事作战对抗领域

军事领域是代理人基模型的新应用领域,因为战争符合其基本特性(Ilachinski,1997)[①],这是研究人员的共识,因此代理人基模型可用于研究战场行为,如军事对抗(Cares,2002)[②]。美国国防部希望能够在未来的战场上实时获取信息,代理人基模型是复杂性科学的一种方法论,自然而然地成为美国国防部的先进建模和模拟方法,并建立了诸多系统[③]。

(四)计算实验金融

ACF 即 agent-based computational finance,中文翻译为计算实验金融,该理论是指应用计算机技术来模拟实际金融市场,在既定的市场结构下,通过研究市场微观层次代理人(投资者)的行为来揭示市场宏观特性形成原因的一门金融学分支(张维,2010)[④]。

自 20 世纪 80 年代以来,随着越来越多的无法解释的市场愿景和企业行为,传统的金融理论在预测和解释已经发生的市场现象方面存在相当大的困难。实践迫切需要新的金融研究。而在新的金融理论探索中,计算实验金融突显了出来。计算实验金融实际上是基于 CAS 理论,计算机模拟技术和复杂性学科中的金融基础理论,并为金融市场中相互作用的微观个体建立了基于代理的模型。研究交互规律和个体市场整体运动的影响,揭示隐藏在表面下的金融规律,并找出资产价格或收益率产生的一些问题的答案。和那些经典的学科一样,传统的金融理论研究存在着不现实的简化假设,虽然这些假设有助于获得数学解析的便利性,但是所得的结果却与事实不符。然而就像有的学者所说:"丢失的硬币"就在"灯柱"之下,如计算实验金融利用代理人基模型进行的微观模型将会成为金融学研究中深具潜力的工具。

第三节 量化投资

一、什么是量化投资

随着时代的发展,我们开始接触到各种各样的概念,那么什么是量化投

---

① Ilachinski A. Irreducible Semi – Autonomous Adaptive Combat(ISAAC):An Artificial – Life Approach to Land Warfare [J]. Military Operations Research,1997(5):386.

② Cares J R. The use of agent-based models in military concept development [C]. winter simulation conference,2002:935 – 939.

③ 廖守亿. 复杂系统基于 Agent 的建模与仿真方法研究及应用 [D]. 国防科学技术大学,2005.

④ 张维. 计算实验金融研究 [M]. 北京:科学出版社,2010.

资呢？我们可以理解为量化投资是利用计算机技术和采用某些数学模型来实现投资理念和实现投资战略的过程。

简单来说，量化投资是为了避免一些传统的定性投资方法的缺点，避免人类主观意识的干扰。在模型中反映适当的投资理念和经验，然后使用计算机筛选和处理大量信息。在此基础上，我们总结市场规则，不断优化投资策略，对我们的投资决策过程进行相应指导。

量化投资是一种可以实现我们投资理念的工具。我们在投资的过程中，不仅仅要关心我们的投资理念是否成功，还要关心我们使用的相关数据是否能够达到目标。也就是说，它还没有准备好掌握投资概念本身并准确实现投资理念（丁鹏，2012）[①]。

（一）量化投资的理论基础

根据尤金·法玛（Eugene F. Fama）在1970年提出的有效市场假说理论，在弱式有效的市场中，半强式有效和强式有效的市场，相应的技术分析、基本面分析和量化分析在不同的市场中发挥着不同的作用。在无效市场中，技术分析是充分有效的，我们可以利用技术分析获得超额利润，比如在中国市场的最初十年可以得到很好的体现；在效率低下的市场中，股票价格的等相关的技术分析已经失效，而我们如果使用基础分析的话，将会获得超额利润；但是在半强有效的市场中，基本面分析又失去了效果；如果市场进入强势有效市场，那么所有的分析都失去意义，无论什么方法都无法战胜市场，只能采用被动指数化投资。

根据我们现在所知，非公开信息不仅仅是内幕信息和私人信息。我们还可以利用数据挖掘的方法来获得非公开消息，也就是上文所说的量化投资方法。上层的管理人员对内幕消息的监管越来越严格，通过这种方法越来越难以获取非公开信息，因此，量化投资已成为获取公开信息的最佳科学理论和技术（王彦，2015）[②]。

（二）量化投资的特点

1. 投资决策客观

在传统的定性投资方法中，投资者的投资决策更主观，因为人们是情感动物，在投资过程中难免受到自己复杂感情的影响，很难做到真正的客观合理。而量化投资在投资决策方面则避免了这个问题，因为量化投资是通过计

[①] 丁鹏. 量化投资：策略与技术［M］. 北京：电子工业出版社，2012.
[②] 王彦. 量化投资理论基础概述［J］. 商场现代化，2015：254.

算机来做出决策的，计算机没有感情不会受到人的主观性的影响，它通过我们事先设置好的模型来进行决策、分析判断，从而减少因主观影响而产生的不当决策。

2. 投资决策效率高

做出投资决策之前我们一般要对股票信息进行分析，而我国股票市场数据庞大、信息繁多，包括各种经济指标、宏微观政策、公司报告研究和公告等，人处理起来比较吃力，需要耗费大量时间，且由于人的主观性的影响，对于分析结果也缺少科学合理性。而量化投资则利用计算机技术来解决这个问题，它会对这些庞大复杂的信息进行快速处理，耗用的人力物力和财力大大减少，而且分析结果还相对客观，大大提高了投资决策的效率。

3. 量化投资的反应迅速

计算机交易是根据人为设置好的程序进行的，这种交易对于信息的发现较及时，能够快速抓住转瞬即逝的信息，反应迅速，对于信息变化快速的今天，计算机的这种量化投资技能具有重要意义。

4. 投资收益稳定

近年来，通过将定量投资与其他投资方法进行比较，发现定量投资具有最高的信息比率。由此可以看出量化投资的收益高、收益稳定，对于风险的控制很有力度（谢东东，2018）[①]。

二、量化投资发展动态

（一）国外量化投资的发展

国外定量投资经济的发展历史可以归纳为以下四个阶段：

（1）对冲阶段。对冲指的是通过构建的组合与市场的波动相抗衡来取得收益。在对冲阶段时，国外的量化投资应用较少，主要是研究量化投资的理论知识和技术，为将来的实践打好基础。

（2）杠杆阶段。杠杆阶段指的是基金经理通过加杠杆比原有的投资思路获得更高的收益。相对于对冲阶段而言，杠杆阶段对于量化投资的实践应用会更多一些。

（3）多策略阶段。在杠杆阶段，收入的增加是通过杠杆来获得的，但是收入不稳定且波动性很大。所以要进入多策略阶段，即运用多种策略来提高这种收益的稳定性。

---

① 谢东东. 量化投资的特点、策略和发展探讨［J］. 时代金融，2018（27）：245–252.

(4) 量化投资阶段。在这个阶段，基金经理采用的策略比较偏重于对模型的设计，而且更重视风险的管理（Hosseini et al.，2019）①。

（二）国内量化投资的发展

国内量化投资的发展可以总结为三个阶段：

(1) 起步阶段。在这一阶段，我国的量化投资发展的较为缓慢，各方面的设施和程序都不够完善。

(2) 成长阶段。在这个阶段，量化投资方式的应用有了一定的进展。

(3) 迅速发展阶段。这一阶段中，量化投资的发展比较迅速。量化投资策略中也更重视对于战略的选择，利用各种科学有效的方法，为公司的经济效益提高奠定了基础，并且遵循战略选择原则，严格筛选公司的投资项目，使之更加科学可靠，为地方经济和社会的稳定发展做出贡献，符合政府和国家建立投资公司的初衷（王冰、李想，2011）②。

量化投资对基金公司和资产管理公司都有重要影响。

(1) 容易做大规模。科学有效的量化投资模型可以快速复制并快速扩大规模。例如巴克莱是全球最大的资产管理公司，巴克莱指数增强系列产品于 2011 年底结束，管理费用超过 1.6 万亿美元，升值超过福富达基金。

(2) 可以获得绝对收益。量化投资可以利用市场中性的策略，构建与市场涨跌没有相关关系的投资组合，从而赚取超额收益，如银行理财和保险等，这种稳健的策略就比较适合那些风险厌恶者或者追求稳定收益的大机构客户。

(3) 杜绝了内幕消息和老鼠仓。根据有效市场假说理论，内部新闻和私人信息可以在半强市场中承受超额收益。定量投资仅使用公共数据通过构建数学模型和挖掘历史信息和数据规则来发现市场中的套利机会而获取收益。复杂 IT 系统的程序化交易也使得鼠标盒无法实现。在这个金融市场监管越来越严格和规范的今天，内幕消息和私人信息基本成为不可能的事，量化投资就必然成为投资研究的主要方法（赵佳艺，2019）③。

（三）量化投资在中国

我国 A 股市场并不是一个强有效的市场，所以量化投资的各种优点才会体现出来，通过构建数学模型从而寻找估值错误的机会并进行投资，充分

---

① Hosseini S., Ivanov D., Dolgui A. Review of Quantitative Methods for Supply Chain Resilience Analysis [J]. Transportation Research Part E – Logistics and Transportation Review，2019 (125)：285 – 307.
② 王冰，李想. 浅议量化投资在国内市场的发展 [J]. 经济视角（下），2011 (3)：46 – 47.
③ 赵佳艺. 量化投资发展及我国现状分析 [J]. 现代商贸工业，2019 (40)：116 – 117.

发挥其学科、制度的及时性、准确性和分散性的优势。

1. 量化投资适合 A 股市场

越来越复杂但日益成熟的股票市场对传统的定性投资方法提出了挑战，现阶段 A 股市场更适合采用科学客观的量化投资策略，虽然我们的股票市场相对脱节，效果不如美国市场成熟，那么市场上的错误定价就很多。留给投资者寻找超额收益的空间和潜力就越多，而量化投资可以发掘市场的无效性，挖掘更多的投资机会。虽然中国的定量投资发展时间也很短，但是根据现有数据，量化投资适合中国市场。

2. 百花齐放的量化基金产品

定量基金产品包括指数基金产品、指数增强基金产品、风格类指数基金产品、策略指数基金产品、ETF、收益分级型产品和行业指数基金产品。虽然基金经理使用多因素模型筛选股票，但不同的量化基金有不同的侧重点，如投资的分析方法、观察角度和不同的投资理念等。除此之外，在个股筛选、行业分析和大类资产的配置中，都体现出不同的投资理念和投资风格。

从量化投资的这些工具和不同的方法可以看到，量化投资给投资者提供的基金产品是多种多样的，可以说是百花齐放。它可以成为目标，同时满足不同风险回报偏好的投资需求，例如规避风险和风险偏好（许龙，2019）[1]。

（四）量化投资本土化前景

计算机技术的发展和机构投资者主导的市场对于量化投资成功是必要的。没有过硬的电脑技术，量化投资将成为无米之炊，夏普曾说过，在 20 世纪 60 年代，即使是拥有当时最好的商用电脑，也需要 33 分钟来解决 100 只股票的问题。因此，面对现在成千上万的股票和金融产品，以及缺乏计算速度和先进计算机的能力，这些复杂的证券分析根本不可能。

同时，个人投资者依靠自己的力量也不可能完成，因为大多数个人投资者没有相应的专业技术，没有那么多的空闲时间，因此需要机构投资者来完成它。随着退休基金和共同基金的不断增加，社会上的闲置资金大幅增长，它们逐渐成为市场上的主要机构投资者，并委托专门的投资机构来进行操作，来管理这些大规模资产，运用新的创新技术和运作方式，花更多的时间和精力来专注的研究。因此，在个人投资者主导的时代，量化投资不太可能发生[2]。

---

[1] 许龙. 量化投资的应用现状与发展前景 [J]. 现代商业，2019（5）：68 - 69.
[2] 高占军. 量化投资拥有光明的未来 [N]. 金融时报，2012 - 03 - 03（7）.

在量化投资盛行之前,也曾不被市场待见。早些时候,投资者乃至华尔街认为投资管理是一门艺术,需要人才,需要直觉和独特的市场利用能力。因此,当学术界将这种投资管理转变为难以理解的数学公式时,它被认为是"异端",缺乏灵魂,没有任何实质性东西。在20世纪70年代早期的美国,即使表现最佳的基金经理也从未相信量化投资,大多数人认为那些精通计算机技术和数学的人都是骗子。

但是当美国债券市场和股市从1973~1974年崩溃时,财富急剧下降,而那些表现良好的基金经理也随之消失,傲慢投资者的自信心也被逐渐摧毁。在这时候,一位经过深思熟虑的投资顾问兼作家彼得伯恩斯坦建议市场必须采用很好的方式来管理投资组合。他还创办了《投资组合杂志》,该杂志取得了成功。从那时起,量化投资逐渐被投资者所接受,并且一度令人眼花缭乱。然而,随着2000年以来各种证券和期权产品种类和交易量的增加,量化投资也有相应的劣势。1987年10月,股市崩溃对投资者来说是一个令人难忘的黑色星期一。许多交易直接通过计算机进行,而不是通过交换进行。一些采用保险策略的投资公司并没有要求价格机器出售股票,因此交易员判断将会有大量的大订单出售,因此他们竞相逃离,这加剧了市场的恐慌情绪。这些投资组合通过机械式交易使得大量空间瞬间涌出,彻底砸垮市场,量化投资起到了助跌之效。

尽管量化投资在发展过程中麻烦不断,但从以往的数据中可看到,量化基金的表现连续多年超过其他投资方式,如西蒙斯创立的文艺复兴技术公司,在1989~2007年这段时间里平均年收益率为35%,超越同期标普500回报率20多个百分点,比巴菲特、索罗斯两位金融界的大师也高出10余个百分点。中国经济经过40多年的高速发展,各行各业基本上进入"红海"阶段,未来十年,量化投资与对冲基金这个领域是少有的几个"蓝海"市场,只要脚踏实地地研究模型、研究市场,开发出适合市场稳健盈利的交易系统,是可以诞生"个人英雄"的行业。

第四节 机器学习

一、机器学习起源

人类之所以不断前进和发展,归根到底是不断总结经验从而优化自己。

从石器时代再到近代的工业革命以及现代社会科技金融的发展，人类已经逐渐迈向新的时代，积累了足够的经验，就应该将这些知识和方法付诸实践。

在 17 世纪甚至更早的时候，人们对于人工智能的定义基本上靠的是一些简单的推理，因为当时的社会条件并不完善，所以人们希望能够出现两个知识渊博的人，比如历史学家或者哲学家，他们的观念出现相对的矛盾之后，可以不通过无休止的争吵，反而将相应的问题数字化，通过动笔计算来解决问题。

这种抽象逻辑给了后人一些相应的启发。在当今时代，在各个领域，机器学习都是将相关的业务逻辑抽象成相关的数字来进行计算，从而把相关的问题解决。但是在古时候，这些想法或者逻辑都只是存在科学家的脑海中，并没有办法做出相应的实践。实际上，在工业革命之后，人工智能还并没有引起广泛的关注，直到机器的出现，人工智能才迎来新的时代。

谈到近代人工智能的起源，我们必须考虑一个人——图灵（Alan Mathison Turing）。随着战争的爆发，越来越多的机械产业开始代替人类的手工，这样不仅效率会高很多，也能节约较多的时间，因此科学家们开始思考什么时候机器能够代替人类来决定或者思考问题。在 20 世纪初期，人们才开始逐渐的讨论人工智能。因为没有一个相对的标准，所以人们不知道机器能够做到什么程度才算真正的人工智能。

1950 年，计算机科学和密码学的先驱图灵发表了一篇题为"计算机器与智能"的论文，定义了人工智能测试的方法，允许被测试的人与声称具有智能的机器一起实验。在测试期间，测试者需要单独与测试仪分开，如果测试者能够区分谁是机器或者谁是测试人员，那么机器就不会通过相关的图灵测试。但是如果测试者无法分辨上述问题，那么机器就是人工智能。

人工智能学科的诞生表明，人工智能在 1956 年的达特茅斯会议上开始受到越来越多的关注，该会议提出了这样一个理论："可以准确地描述学习或智能的所有其他功能，以便机器可以模拟它。"这个论点与今天的机器学习算法的应用非常相似。在随后的发展过程中，由于对人工智能的不断探索，在相关的统计学算法研究上取得了相应的突破性进展，相对有代表性的如网络算法。有了相应的算法支撑，人们才能将一些想法进行演练，如将真实场景和数学层面相集合，通过相关数据分析预测可以实现一定程度的智能应用。

在不断摸索和发展的过程中，人工智能遇到了相应的困难和挑战。因为资源有限，所以人工智能的发展并没有那么的顺利，没有了资源，就相当于机器没有了燃料。随着计算的复杂程度越来越大，对于20世纪70年代的机器来说，还是无法承受这一切，并且当时的互联网也是处于发展的阶段，数据积累的方面就像一个刚出生的小婴儿，并没有足够有的数据去建立我们想要的模型。以图像印刷文字识别（optical character recognition，OCR）为例，如果要为特定场景调整一组高精度OCR模型，则需要数千万级的数据样本来收集数据。以存储和计算成本而言，此类数据在当时的条件下是不可能实现的。长期缺乏计算和数据的能力也导致了人工智能的发展。

虽然我们的发展遇到了相关的困难，但是我们却从来没有停止探索的脚步。在21世纪，互联网的快速发展让我们可以快去共享越来越多的图片和文本数据，同样我们可以查到我们自己浏览和购物记录。互联网已经变成了一个大数据库，相对精明的一些商人开始逐渐将注意力投向了大数据时代的挖掘，而网络数据库对于商人来说是一座金矿，而对于数据科学家来说，这是一份可遇不可求的机会，数据科学家采用各种方式来挖掘数据后面的价值，而数据买卖也成为当时席卷商业的买卖。数据是需要慢慢积累的，积累到一定的程度，就需要我们用机器学习算法来进行相关的演算。PB级数据的积累导致了独立计算向多台机器的迁移，并行计算理论已经开始被广泛使用，这也催生了云计算的概念。云计算是一种分布式计算，它只是一个非常复杂的任务的反汇编，有一个由数百台机器组成的小模块，每个机器执行一项任务，然后总结结果（李昊朋，2019）①。

不断推断过去经验的收集和分析方法的历史实际上是人工智能的历史。在科学技术还没成熟前或者说机器出现之前，人类智能通过相互的分析和相对的信息来对事物进行判断，这种判断肯定存在一定的缺陷。因为这些判断和分析仅仅来自我们人类的脑力和知识量。相对于人类的脑力，机器就相当于一个信息处理器或者理解为信息储存站，它可以接受成千上万的信息，并且可以不间断的分析数据信息，将这些数据和模型相结合，进行大维度的分析、归纳和演绎，人工智能是通过分享这些机器学到的知识或认知而形成的。

如上所述，人类在相关领域的扩展和经验是人工智能的发展，机器学习则涉及多科目，包括生物学、统计学和计算机等。到目前为止，机器学习也主要是将人类生活中的一些场景抽象成相关的数学公式。同时，依靠机器处理数据和迭代和演绎生成模型的做数据能力，从而预测和分析新的社会问

---

① 李昊朋. 基于机器学习方法的智能机器人探究 [J]. 通讯世界, 2019 (26)：241-242.

题,人工智能的历史伴随着机器学习算法的进化历史。接下来的讨论是对当前阶段机器学习算法的一些成就的简要介绍,以便您了解机器学习算法的目的(Yagli et al., 2019)①。

二、机器学习概念

机器学习侧重于计算机如何模拟或实施人类学习行为以获取新知识或技能,以及重新组织现有知识结果以不断提高其绩效。机器学习是人工智能的可信度,也是使计算机智能人工化的根本途径。

学习是我们人类社会不断前进的最有效的方法,它也是人类需要掌握的技能,对于学习这种生活技能,不同的人有不同的看法。汤姆·米切尔(Tom Mitchell)的机器学习详细解释了信息理论中的一些概念,并在定义机器学习的基本概念:"机器学习是对计算机算法的研究,可以通过经验自动改进"(Pereira et al., 2009)②。阿尔帕丁(Alpaydin)同时提出自己对机器学习的定义,"机器学习是用数据或以往的经验,以此优化计算机程序的性能标准"(Pereira et al., 2009)③。

尽管前人已经给出了众多的机器学习的理解,但是为了这门学科的发展,以及对于机器学习更好的理解,有必要对其进行定义。任何一个事物都不可能是完美或者说是毫无瑕疵的,所以我们给的定义可能不那么完全和充分,这要求我们在未来的学习过程中进一步改进。更加严谨的一点说法是:机器学习是对过去具有新知识和技能并识别现有知识的机器的研究。

在1959年,美国的塞缪尔(Samuel)设计了一个国际象棋程序,有能力学习和提高他在不断的比赛中的表现。4年后,这个程序战胜了设计师本人。又经过3年,这个机器击败了8连冠的冠军。该计划展示机器学习的力量,也提出许多令人深思的哲学和社会问题。通过塞缪尔的国际象棋程序,一些学者提出机器的能力是否能够超越人类的问题。他们中的许多人认为机器的学习能力不会超过人类的学习能力。机器是人类所造,其具有的程序或者说功能,也是完全按照人类所思考而设定的,无论如何机器的思考能力都不会超越人类。我们认为这种观点仅适用于没有学习的机器,但如果它是全面的,那么就值得我们考虑了。在开发过程中,随着应用程序的进展,机器

---

① Yagli G. M., Yang D. Z., Srinivasan D. Automatic Hourly Solar Forecasting Using Machine Learning Models [J]. Renewable & Sustainable Energy Reviews, 2019 (105): 487-498.

②③ Pereira F., Mitchell T., Botvinick M. Machine Learning Classifiers and Fmri: A Tutorial Overview [J]. Neuroimage, 2009 (45): S199-209.

的性能将不断提高,甚至可能发生在相应的开发阶段之后,设计者自己并不知道机器的能力水平。

机器学习还有下面几种定义。"机器学习是计算机算法的研究,可以通过经验自动改进"。"机器学习是用数据或过去的经验来优化计算机程序的性能标准。"一种经常引用的英文定义是:A computer program is said to learn from experience E with respect to some class of tasks T and performance measure P, if its performance at tasks in T, as measured by P, improves with experience E. (石弘一,2018)[①]。

三、机器学习发展历程

(一)机器学习发展时间段

从当时人类脑海中的思想到今天的机器而不是人类思维,机器学习的发展大致可分为四个时期[②]。

第一阶段是20世纪50年代中期~20世纪60年代中期。在此期间,主要的研究目标是各种自组织系统和自适应系统,而我们所采用的主要研究方法就是不断改变洗涤的修复和控制,从而提高系统的执行能力。本阶段的代表性工作是塞缪尔的下棋程序。但是这种学习的结果并不符合并当时人们对于机器学习系统的期望。

第二阶段是在20世纪60年代中期~70年代中期,这在当时称为机器学习的冷静时期。在这个阶段,我们的主要研究目标是模拟人类的概念学习过程,并使用一些简单的逻辑结果或图形记过作为机器的内部描述。此阶段的代表性工具就包括温斯顿的结构学习系统和归纳学习系统,比如希思罗机场。

第三阶段从20世纪70年代中期~80年代中期,称为复兴时期,人们学会了从简单的单一概念到学习多个复杂的概念。在不同的时间探索不同的学习策略和学习方法,同时在该时间段将学习系统与各种应用程序集成,通过一系列的努力,最终在该阶段取得了较好的成果,从而进一步推动力机器学习的发展。1980年,第一届机器学习国际研讨会在美国卡内基梅隆(CMU)举行,标志着全球机器学习研究的兴起。

机器学习的最新阶段始于1986年,并迅速发展起来,其各阶段如下:

---

① 石弘一. 机器学习综述 [J]. 通讯世界, 2018 (10): 253-254.
② 孟宜成. 粗集理论在机器学习中的应用与研究 [D]. 昆明:昆明理工大学, 2008.

（1）机器学习已经成为新时代不可缺少的一门学科，并且在各大高校的学习过程中已经成为相对重要的课程。机器学习被整合到心理学、生物学和神经生理学中。

（2）各种形式的综合学习系统不断涌现，结合相关的学习方法，吸收各种方法的优势，弥补其方法的不足。

（3）机器学习与人工智能各种基础问题的统一性观点正在形成。

（4）各种学习方法的应用范围不断扩大，其在各个领域中都有相应的应用。例如，用于归纳学习的知识获取工具被广泛用于诊断子类型专家系统，并且连通学习在声学图像识别中具有优势。

（5）与机器学习有关的学术活动空前活跃。除了年度机器学习研讨会外，还有计算机学习理论会议和遗传算法会议（许祖铭，2018）[①]。

（二）大数据是基础学习发展的基础

21世纪是大数据时代，这个大数据当然包括我们所说的互联网，也包括我们所说的云计算等。阿里巴巴的成功足以说明新的时代注重数据和互联网的结合是多么的重要。在新的时代会出现这种新的名词，有的人表示对于大数据时代不能理解，什么是大数据？什么是电子商务、共享经济？什么是大数据时代？其实从我们客观世界存在的那一刻开始，数据就早已存在，无论是天文中研究的天体运动还是我们社会的发展和进步，数据无处不在，但是只知道数据是没什么用的，数据真正的价值在于我们如何采集以及将它应用到我们的生活中，让数据来引领我们生活前进。

正是由于互联网的快速发展，人类开始认识到数据的重要性，于是开始采集和利用相关数据。对于21世纪的大数据时代，其实并没有那么明确，我们站在这个时代，是既清晰，又模糊。清晰的是我们现在已经意识到数据的重要性，并且开始着手处理数据，挖掘其真正的价值，而模糊的是我们未来还要怎么做，才能更加发挥其作用。首先我们先来看看我们用这些数据做了什么。根据存储市场研究的最新报告，目前全球数据存储容量为50EB，来自互联网、医疗保健、通信、公共安全和军事行业等。接下来我们来看看这些数据是如何产生的。

虽然诸如脸书（Facebook）、谷歌（Google）和阿里巴巴这样的互联网巨头已经开始积累数据并分析数据以反馈业务，但是到目前为止，全世界每年保存下来的数据其实是非常少的，可能只有总数据产量的百分之一，并且

---

① 许祖铭. 基于人工智能的机器学习历史及展望研究［J］. 电子世界，2018（15）：70-72.

其中我们能用到的数据更少,例如,标记的数据占不到百分之十。造成这种现状有两个原因,首先是数据产生和数据采集的困难,另外一个原因是采集到的数据和能被分析的数据之间的联系较少,这两个因素导致我们前面所说的现象。

一方面,由于硬件节省成本的限制,会有数据生成和数据收集的困难;另一方面,由于缺乏数据收集标准,而后者正是主要原因。因为随着科学技术的发展,硬盘技术和性能将会随之提升,这一方面的劣势将会被消除,但是后者仍然是我们需要重视并且应想办法解决的。虽然大多数互联网公司拥有相对成熟的数据收集和标准系统,如网站的点击行为。但是对于大多数行业来说,尤其是传统行业,对于数据的采集仍然在摸索当中,这种摸索将会持续很长的一段时间。现在的互联网都在倡导"互通"思想,就是对相应的资源进行分享,或者理解为世界万物互联网,而对于传统行业来说,将互联网采集数据的经验吸取后很难用到自身。因为在大数据时代,互联网采集数据具有天然的优势,互联网的数据托管在数据库里,以二进制的方式记录在硬盘中,可以通过简单的处理从而形成一份高质量的结构化数据。然而在传统行业,以建筑行业为例,数据是在施工现场用砖和瓦片产生的,这是施工现场施工的结果。如何将这些数据转换为二进制存储需要由新标准指定,并且这些标准受技术手段限制。如果我们的图像识别足够智能,拍照可以量化网站上的数据,那么这样是可以解决问题的(欧华杰,2019)[①]。

在新的时代,对于数据的采集和处理需要更多的技术支持或者制定更多的标准,但是在数据的应用方面也有相应的缺陷。这种缺陷主要有两个原因:一是监督学习算法所学的数据是标记数据,标记数据依赖于人工标签;另一个原因是非结构化数据的处理能力低,例如说大批量处理和特征提取方面仍有很大的提升空间。我们以图像识别为例,图像识别特殊之处在于需要训练每个对象以匹配相应的模型。而且这个模型需要大量的训练样本来提高准确性,而我们所讨论的一般成熟模型需要 1000 万个级别的训练样例。随着互联网的不断发展,相应的数据将不断更新和生成。由广泛引用的互联网数据中心(international data corporation,IDC)和 EMC 联合发布的"2020数学宇宙"报告显示了这点,到 2020 年,全球数字将扩展到 40 个 B,展位将超过 520GB。目前我们还不敢想象,不过我们可以肯定的是,就像当今社会,水电煤是我们不可缺少的一部分,而在未来,数据也将会是我们不可缺

---

① 欧华杰. 大数据背景下机器学习算法的综述[J]. 中国信息化,2019(4):50-51.

少的重要部分,这将是一个重要的资源。

（三）机器学习算法现状

通过前面我们所说的大数据,我们现在谈机器学习可能会相对好理解一些。传统的机器工作模式就是程序员编程,输入一系列的代码,然后机器按照代码制定的命令一步一步执行下去,其最后出现的结果是我们所能预料到的;而机器学习是我们向机器中输入数据或者更加准确地说向机器学习算法中输入数据,然后机器进行相应的处理以后,将结果反馈给我们,这些结果不是我们所能预料到的,而是通过数据自我学习得到的,学习的过程是通过算法来完成的。因此我们可以用另一种方式来说机器学习。这个过程与人类学习过程非常相似,但与人类相比,该机器是一种学习工具,可以不间断地执行大规模数据分析。

我们现在所处的是 IT 时代,基本每天都会接触到机器学习,可以理解为机器学习已经贯穿了我们的生活,通过分析和介绍机器收集的大数据所带来的人工智能正在改变着我们的生活方式和思维。很多人都会提出问题:机器学习到底能为我们做什么？回头想一想,其实你可以发现机器学习早已渗透我们生活的每一个方面,下面以某宝购物环节为例,从而介绍机器学习是如何应用到我们生活当中的。我们现在所处 2021 年,某宝购物是我们生活的常态,其中就涉及机器学习思想和方法。如某天,你发现朋友穿的衣服很好看,但是又不好意思开口询问,其实可以拿手机拍下来,然后采用某宝的看图识物,然后某宝页面就会出现这件衣服的同款。

在这个过程中,我们将图像识别应用于机器学习中寻找衣服,可是现在某宝商家过多,衣服相近的款式又非常多,所以我们需要进行一定的筛选和排序,这涉及机器学习算法模型的调整。我们排列了所有的类似的风格,最后得到了最终的显示顺序。再如,大多数的时候我们都是通过打字进行搜索商品,其实你也可以运用语音的方式搜索你需要的商品,而这就是语音转文本的运用。你会发现,在某宝页面会出现一些推荐商品,而这个场景其实依赖的是推荐系统后台的用户画像,从而进行相关的推荐。

将自己所需要的商品选择后,提交订单,然后支付,如果说你发现自己的账务并没有过多资金,你可能需要花呗进行相应的垫付,那么花呗这个额度是如何计算的呢？这涉及金融风险控制的问题,并且金融风险控制也基于机器学习算法来训练模型并计算它。

在我们支付成功以后,商家会进行相应的排单,然后发货。这一时期包括货物的包装,从库存到运输库存,从低级仓库到高级仓库分配等。可以在短时间内完成如此多流程的原因是因为仓库已经在库存方面提前预测了需求,提前准备货物。这组预测算法基于机器学习算法。

当快递员拿到我们所需要的商品后,在配送的过程中,系统会给快递员设计最方便的路径,而这也是通过机器学习算法来计算的。等到我们在网上所购买的商品到达后,我们试穿发现衣物并不合适,我们想要退换货,这时候联系客服,当我们输入相关换货或者退货的信息后,会立刻得到相关的回复,实际上,这是一个客服服务机器人,而不是真正的"客服服务人员"。智能客服服务系统使用文本的语义分析算法来准确地确定用户的问题并给出相应问题的答案。同时,智能客服服务还可以分析用户问题的背景,例如,交付的产品损坏或不符合客户需求。此时,我们的客户服务机器人将通过情感分析将商品挑选出来并交给客户。

通过前面在线购物中机器学习的例子,不难发现,在整个网上购物过程中,机器学习算法贯穿所有相应的过程。

其实在我们生活中还有很多这样的例子,因为场景太多,没有办法列举它们,这里通过场景来切分,把机器学习的一些高频场景列举如下。

聚类场景:人群划分和产品种类划分等。

分类场景:广告投放预测和网站用户点击预测等。

回归场景:降雨量预测、商品购买量预测和股票成交额预测等。

文本分析场景:新闻的标签提取、自动文本分类和文本密钥信息提取。

关系图算法:社交网络关系(social network site,SNS)、网络关系挖掘和财务风险控制等。

模式识别:语音识别、图像识别和手写字识别等。

上面的应用示例只是我们所说的机器学习算法当中的一小部分。其实随着我们数据不断的积累,各个领域当中都会涉及机器学习算法,都会依靠机器学习算法来解决相关问题(杨剑锋等,2019)[①]。

[①] 杨剑锋,等. 机器学习分类问题及算法研究综述 [J]. 统计与决策,2019 (35):36 – 40.

参 考 文 献

[1] 包李梅. 我国农业巨灾保险法律制度研究 [D]. 重庆：重庆大学，2012.

[2] 博迪，等. 投资学：Investments [M]. 北京：机械工业出版社，2014.

[3] 查玲玲. 我国巨灾保险发展研究 [D]. 新疆财经大学，2016.

[4] 陈利. 农业巨灾保险运行机制研究 [D]. 西南大学，2014.

[5] 陈奇琦，王雷，黄艳. 中国农业保险巨灾风险管理策略探讨 [J]. 农业科技与装备，2008：60-61，64.

[6] 邓国取. 农业巨灾经济影响分析——以我国洪灾为例 [J]. 财经论丛，2008：21-26.

[7] 邓国取. 中国农业巨灾保险制度研究 [D]. 西北农林科技大学，2006.

[8] 邓国取. 中国农业巨灾保险制度研究 [M]. 北京：中国社会科学出版社，2007.

[9] 丁冬. 巨灾风险证券定价 [D]. 广东外语外贸大学，2018.

[10] 丁鹏. 量化投资：策略与技术 [M]. 北京：电子工业出版社，2012.

[11] 高占军. 量化投资拥有光明的未来 [N]. 金融时报，2012-03-03 (7).

[12] 谷洪波，龚日朝. 我国农业巨灾保险困境及政策选择 [J]. 中国财政，2009 (3)：48-49.

[13] 谷洪波，郭丽娜，刘小康. 我国农业巨灾损失的评估与度量探析 [J]. 江西财经大学学报，2011 (1)：44-49.

[14] 谷洪波. 我国农业巨灾保险困境形成机理及模式构建 [J]. 生产力研究，2009 (13)：39-40.

[15] 谷景志. 美国、日本、菲律宾3国农业巨灾保险法律制度比较 [J]. 世界农业，2013 (12)：81-85.

[16] 郭超群. 论我国巨灾保险制度的构建——域外立法经验及其借鉴 [J]. 法商研究, 2015 (32): 175-183.

[17] 郝演苏. 如何建立我国农业巨灾保障体系 [J]. 经济, 2010 (8): 52-53.

[18] 何霖. 我国巨灾保险立法困境及原因分析 [C]. 风险分析和危机反应中的信息技术——中国灾害防御协会风险分析专业委员会第六届年会论文集, 2014.

[19] 何淑涵. 农业巨灾保险法律制度的立法可行性研究 [D]. 华东政法大学, 2014.

[20] 黄达. 金融学: 货币银行学 (第5版) [M]. 北京: 中国人民大学出版社, 2014.

[21] 黄吉平. 经济物理学 [M]. 北京: 高等教育出版社, 2013.

[22] 黄英君, 林俊文. 我国农业风险可保性的理论分析 [J]. 软科学. 2010 (24): 129-132, 140.

[23] 黄英君, 史智才. 农业巨灾风险管理的比较制度分析: 一个文献研究 [J]. 保险研究, 2011 (5): 117-127.

[24] 戚晖, 厉秉强, 赵玉良. 基于多智能体概念的生物电厂自动供料系统研究 [J]. 制造业自动化, 2008 (2): 79-81.

[25] 黎已铭. 我国农业保险发展问题研究 [D]. 西南大学, 2006.

[26] 冷娜. 基于贝叶斯和极大似然法的原油价格动态预测研究 [D]. 云南财经大学, 2020.

[27] 李炳圭, 薛万里. 我国商业保险公司经营地震巨灾保险的可行性探讨 [J]. 保险研究, 1997 (1): 44-46.

[28] 李大垒, 仲伟周, 徐贺. 农业巨灾保险理论研究述评 [J]. 贵州社会科学, 2009 (5): 467-70.

[29] 李大垒, 仲伟周. 我国农业巨灾保险的模式选择及政策建议 [J]. 社会科学家, 2009 (5): 59-62.

[30] 李丰收. 我国农业巨灾保险现状分析及发展策略研究 [D]. 广东财经大学, 2016.

[31] 李昊朋. 基于机器学习方法的智能机器人探究 [J]. 通讯世界, 2019 (26): 241-242.

[32] 李金花. 政府干预农业巨灾保险市场的研究 [D]. 中央民族大学, 2013.

[33] 李炎杰. 农业巨灾风险解决办法思考 [J]. 合作经济与科技, 2008 (1): 101-102.

[34] 梁芳. 复杂网络拓扑结构与流行病动力学相互作用的研究 [D]. 华中科技大学, 2007.

[35] 梁昊然. 论我国巨灾保险制度的法律构建 [D]. 吉林大学, 2013.

[36] 廖守亿. 复杂系统基于 Agent 的建模与仿真方法研究及应用 [D]. 国防科学技术大学, 2005.

[37] 廖守亿. 复杂系统基于 Agent 的建模与仿真 [M]. 北京: 国防工业出版社, 2015.

[38] 刘京生. 入世后中国保险业面临的挑战 [J]. 金融信息参考, 2000 (1): 24-25.

[39] 刘淑彦. 频发的自然灾害 尴尬的巨灾保险现状 [N]. 中国保险报, 2018-10-09 (4).

[40] 马忠浩. 国外巨灾保险模式及对我国的启示 [J]. 时代金融, 2018 (35): 395-396.

[41] 茆诗松, 汤银才. 贝叶斯统计 [M]. 北京: 中国统计出版社, 2012.

[42] 孟宜成. 粗集理论在机器学习中的应用与研究 [D]. 昆明理工大学, 2008.

[43] 米什金. 货币、银行和金融市场经济学 [M]. 北京: 北京大学出版社, 2011.

[44] 苗东升. 复杂性研究的现状与展望 [J]. 系统科学学, 2001 (4): 3-9.

[45] 欧华杰. 大数据背景下机器学习算法的综述 [J]. 中国信息化, 2019 (4): 50-51.

[46] 沈蕾. 农业巨灾风险的资本市场解决方案——巨灾债券 [J]. 山西财经大学学报, 2006: 69-72.

[47] 沈湛. 试论建立我国商业巨灾保险制度 [J]. 管理科学, 2003 (3): 51-55.

[48] 石弘一. 机器学习综述 [J]. 通讯世界, 2018 (10): 253-254.

[49] 史忠植. 智能主体及其应用 [M]. 北京: 科学出版社, 2000.

[50] 师小琳, 师义民, 段俊杰. 屏蔽数据并联系统的可靠性分析 [J].

西北大学学报（自然科学版），2018，48（2）：161-167.

[51] 孙祁祥，郑伟. 保险监管思路演进的经济学思考——兼论《保险法》的修改 [J]. 经济评论，2004（3）：111-114.

[52] 孙尧. 我国巨灾保险立法问题研究 [D]. 宁夏大学，2017.

[53] 谭春枝. 基于复杂网络理论的银行间市场系统风险传染机制研究 [M]. 北京：经济管理出版社，2017.

[54] 唐红祥. 农业保险巨灾风险化解策略探讨 [J]. 广东金融学院学报，2005（5）：74-79.

[55] 庹国柱. 当前农业保险发展急需解决的几个问题 [J]. 经济与管理研究，2010（6）：58-62.

[56] 许闲. 中国巨灾保险研究：内容特征与理论视角 [J]. 财经理论与实践，2018，39（6）：36-43.

[57] 汪昌云，类承曜，谭松涛. 投资学 [M]. 北京：中国人民大学出版社，2013.

[58] 汪小帆，李翔，陈关荣. 复杂网络理论及其应用 [M]. 北京：清华大学出版社有限公司，2006.

[59] 王冰，李想. 浅议量化投资在国内市场的发展 [J]. 经济视角（下），2011（3）：46-47.

[60] 王和，吴成丕. 国际巨灾保险制度比较研究 [M]. 北京：中国金融出版社，2013.

[61] 王选鹤，孟生旺，王雅实. 损失模型的风险比较及其应用 [J]. 兰州商学院学报，2012（28）：1-6.

[62] 王彦. 量化投资理论基础概述 [J]. 商场现代化，2015：254.

[63] 魏安源，陈志林，蒙业平. 建立我国农业巨灾保险的若干思考 [J]. 民营科技，2009（7）：109.

[64] 吴焰. 建立健全农业保险发展长效机制 [J]. 中国金融，2009（6）：18.

[65] 项宗西. 立法构建农业巨灾保险体系 [N]. 宁夏日报，2008.

[66] 谢东东. 量化投资的特点、策略和发展探讨 [J]. 时代金融，2018（27）：245-252.

[67] 谢世清. 建立我国巨灾保险基金的思考 [J]. 上海金融，2009b（4）：27-29.

[68] 许龙. 量化投资的应用现状与发展前景 [J]. 现代商业，2019

(5)：68-69.

[69] 许祖铭. 基于人工智能的机器学习历史及展望研究 [J]. 电子世界，2018（15）：70-72.

[70] 杨宝华. 政府在巨灾保险体系中的角色定位与作用机制 [J]. 上海保险，2008（2）：24-27.

[71] 杨剑锋，等. 机器学习分类问题及算法研究综述 [J]. 统计与决策，2019（35）：36-40.

[72] 姚庆海. 完善农村保险营销制度 大力推进县域保险发展 [J]. 中国金融，2005（16）：54-55.

[73] 尹成远，张惠娜. 农业巨灾保险风险证券化破解农险难题 [J]. 华北金融，2008（5）：36-39.

[74] 约翰·赫尔. 期权、期货及其他衍生产品（原书第10版）[M]. 王勇，等译. 北京：机械工业出版社，2018.

[75] 曾立新. 巨灾风险融资机制与政府干预研究 [D]. 对外经济贸易大学，2006.

[76] 曾哲韬. 我国巨灾风险管理的市场化研究 [D]. 广西大学，2014.

[77] 翟宇佳. 我国农业巨灾保险制度现状及问题研究 [J]. 现代经济信息，2018（34）：68-70.

[78] 张承惠，田辉. 土耳其和法国巨灾保险制度对我国的启示 [J]. 亚非纵横，2010（2）：17-21.

[79] 张帆. 我国农业巨灾保险法律制度构建研究 [D]. 东北农业大学，2017.

[80] 张慧云，沈思玮. 农业巨灾风险证券化研究 [J]. 安徽农业科学，2008（36）：3375-3376.

[81] 张庆洪，葛良骥，凌春海. 巨灾保险市场失灵原因及巨灾的公共管理模式分析 [J]. 保险研究，2008（5）：13-16.

[82] 张珊珊. 中国农业巨灾保险研究 [D]. 华东政法大学，2012.

[83] 张维. 计算实验金融研究 [M]. 北京：科学出版社，2010.

[84] 张星洋. 巨灾风险可保化与巨灾保险承保模式研究 [D]. 沈阳航空航天大学，2013.

[85] 张喜玲. 国外农业巨灾保险管理及借鉴 [J]. 新疆财经大学学报，2010（1）：33-35.

[86] 张鑫. 量化投资发展趋势及其对中国的启示 [J]. 中国商论, 2018 (1): 331-32.

[87] 张亦春, 等. 金融市场学（第四版）[M]. 北京: 高等教育出版社, 2013.

[88] 赵佳艺. 量化投资发展及我国现状分析 [J]. 现代商贸工业, 2019 (40): 116-117.

[89] 周佰成, 白雪, 李佐智. 部分国家发展农业巨灾保险的启示 [J]. 经济纵横, 2012 (3): 85-87.

[90] 周炜星. 金融物理学导论 [M]. 上海: 上海财经大学出版社, 2007.

[91] 周志刚. 风险可保性理论与巨灾风险的国家管理 [D]. 复旦大学, 2005.

[92] 朱位秋, 蔡国强. 随机动力学引论 [M]. 北京: 科学出版社, 2017.

[93] 祝健, 洪宗华. 反思农业巨灾保险改革60年: 困境与思路 [J]. 经济研究参考, 2009 (63): 26-31.

[94] 庄新田, 李冰. 对有效市场的挑战——资本市场分形与混沌的研究综述 [J]. 东北大学学报（社会科学版）, 2008 (2): 133-138.

[95] 兹维·博迪, 等. 金融学（第二版）[M]. 曹辉, 等译. 北京: 中国人民大学出版社, 2018.

[96] 左正龙. 浅析我国农业巨灾保险的发展方向 [J]. 绿色财会, 2009 (1): 10-12.

[97] 卓苑玲. 广东省巨灾保险试点实施效果评价研究 [D]. 兰州大学, 2019.

[98] Acharyya M., Acharyya A. B. Modeling and Computer Simulation of an Insurance Policy: A Search for Maximum Profit [J]. International Journal of Modern Physics C, 2003 (14): 1041-1046.

[99] Agarwal P., O'hara M. Information Risk and Capital Structure [J]. Social Science Electronic Publishing. Available at SSRN, 2007: 939663.

[100] Agudov N. V., Spagnolo B. Noise-Enhanced Stability of Periodically Driven Metastable States [J]. Physical Review E, 2001 (64): 035102.

[101] Aizenman J. Volatility, Employment and the Patterns of Fdi in Emerging Markets [J]. Journal of Development Economics, 2002 (72): 585-601.

[102] Aleksiejuk A., Holyst J. A. A Simple Model of Bank Bankruptcies [J]. Physica A, 2001 (299): 198 – 204.

[103] Alhamzawi R., Yu K. M. Bayesian Lasso – Mixed Quantile Regression [J]. Journal of Statistical Computation and Simulation, 2014 (84): 868 – 880.

[104] Alhamzawi R., Yu K., Benoit D. F. Bayesian Adaptive Lasso Quantile Regression [J]. Statistical Modelling, 2012, 12 (3).

[105] Anand K., Gai P., Kapadia S., et al. A Network Model of Financial System Resilience [J]. Journal of Economic Behavior & Organization, 2013 (85): 219 – 235.

[106] Andersen T G, Teräsvirta T. Realized volatility [M]//Handbook of financial time series. Springer, Berlin, Heidelberg, 2009: 555 – 575.

[107] Andersen T. G., Tim B., Diebold F. X., et al. Modeling and Forecasting Realized Volatility [J]. Econometrica, 2001 (71): 579 – 625.

[108] Anderson J. R. Risk in Rural Development: Challenges for Managers and Policy Makers [J]. Agricultural Systems, 2003 (75): 161 – 197.

[109] Arodz T., Bonchev D. Identifying Influential Nodes in a Wound Healing – Related Network of Biological Processes Using Mean First – Passage Time [J]. New Journal of Physics, 2015 (17): 025002.

[110] Arthur W. B., Durlauf S. N., Lane D. A. The Economy as an Evolving Complex System Ii [M]. Addison – Wesley Reading, MA, 1997.

[111] Awwad R., Asgari S., Kandil A. Developing a Virtual Laboratory for Construction Bidding Environment Using Agent – Based Modeling [J]. Journal of Computing in Civil Engineering, 2014 (29): 04014105.

[112] Axelrod R. The Complexity of Cooperation: Agent – Based Models of Competition and Collaboration [M]. Princeton University Press, 1997.

[113] Banerjee A. V. A Simple – Model of Herd Behavior [M]. Oxford University Press, 1992.

[114] Barabasi A. L., Albert R. Emergence of Scaling in Random Networks [J]. Science, 1999 (286): 509 – 12.

[115] Barras R. Property and the Economic Cycle: Building Cycles Revisited [J]. Journal of Property Research, 1994 (11): 183 – 197.

[116] Basu N., Pryor R. J. Growing a Market Economy [J]. Centrally

Planned Economies, 1997.

[117] Beazley B. Catastrophic Renewals: The More Information, the Better [J]. Risk Management, 2007 (54): 30.

[118] Becher C., Millard S., Soramaki K. The Network Topology of Chaps Sterling [J]. SSRN Electronic Journal, 2008 (355): 27.

[119] Benson C. The economic impact of natural disasters in Fiji [R]. Overseas Development Institute (ODI), 1997.

[120] Benson C., Clay E. J. Developing Countries and the Economic Impacts of Natural Disasters [J]. Managing disaster risk in emerging economies, 2000 11 – 21.

[121] Bernanke B. S. Irreversibility, Uncertainty, and Cyclical Investment [J]. Quarterly Journal of Economics, 1983 (98): 85 – 106.

[122] Bertola G., Caballero R. J. Irreversibility and Aggregate Investment [J]. Review of Economic Studies, 1991 (61): 223 – 246.

[123] Bhalekar S., Daftardar – Gejji V. Chaos in Fractional Order Financial Delay System [J]. Computers & Mathematics with Applications, 2016: S0898122116301250.

[124] Bollerslev T. Generalized Autoregressive Conditional Heteroskedasticity [J]. Eeri Research Paper, 1986 (31): 307 – 327.

[125] Bonanno G., Caldarelli G., Lillo F., et al. Networks of Equities in Financial Markets [J]. European Physical Journal B, 2004 (38): 363 – 371.

[126] Bonanno G., Caldarelli G., Lillo F., et al. Topology of Correlation – Based Minimal Spanning Trees in Real and Model Markets [J]. Physical Review E, 2003 (68): 046130.

[127] Bonanno G., Spagnolo B. Escape Times in Stock Markets [J]. Fluctuation and Noise Letters, 2005 (5): L325 – L330.

[128] Bonanno G., Valenti D., Spagnolo B. Role of Noise in a Market Model with Stochastic Volatility [J]. European Physical Journal B, 2006 (53): 405 – 409.

[129] Bonanno G., Valenti D., Spagnolo B. Mean Escape Time in a System with Stochastic Volatility" [J]. Physical Review E, 2007 (75): 016106.

[130] Boss M., Elsinger H., Summer M., et al. Network Topology of the Interbank Market [J]. Quantitative Finance, 2004 (4): 677 – 684.

[131] Bouchard B., Touzi N., Zeghal A. Dual Formulation of the Utility Maximization Problem: The Case of Nonsmooth Utility [J]. Annals of Applied Probability, 2004 (14): 678–717.

[132] Bouchaud J. P., Cont R. A Langevin Approach to Stock Market Fluctuations and Crashes [J]. European Physical Journal B, 1998 (6): 543–550.

[133] Bouchaud J. P., Potters M. Théorie Des Risques Financiers [J]. DMW – Deutsche Medizinische Wochenschrift, 1997 (75): 1109–1113.

[134] Bouchaud J. -P., Potters M. Theory of Financial Risks [M]. Cambridge University Press Cambridge, 2000.

[135] Burnecki K., Kukla G., Weron R. Property Insurance Loss Distributions [J]. Physica A, 2000 (287): 269–278.

[136] Cajueiro D. O., Tabak B. M. The Role of Banks in the Brazilian Interbank Market: Does Bank Type Matter? [J]. Physica A, 2008 (387): 6825–6836.

[137] Cares J R. The use of agent-based models in military concept development [C]. winter simulation conference, 2002 (1): 935–939.

[138] Cavagna, Andrea. Irrelevance of Memory in the Minority Game [J]. Physical Review E, 1999 (59): 3783–3786.

[139] Challet D. Modeling Market Mechanism with Minority Game [J]. Physica A, 1999 (276): 284–315.

[140] Challet D., Marsili M. Relevance of Memory in Minority Games [J]. Physical Review E, 2000 (62): 1862–1868.

[141] Challet D., Marsili M., Zecchina R. Statistical Mechanics of Systems with Heterogeneous Agents: Minority Games [J]. Physical Review Letters, 2000 (84): 1824.

[142] Challet D., Marsili M., Zhang Y. C. Minority Games: Interacting Agents in Financial Markets (Oxford Finance Series) [M]. Oxford University Press, Inc, 2005.

[143] Challet D., Zhang Y. C. Emergence of Cooperation and Organization in an Evolutionary Game [J]. Physica A, 1997 (246): 407–418.

[144] Challet D., Zhang Y. C. On the Minority Game: Analytical and Numerical Studies [J]. Physica A, 1998 (256): 514–532.

[145] Chambers R. G. Insurability and Moral Hazard in Agricultural Insurance

Markets [J]. American Journal of Agricultural Economics, 1989 (71): 604 -616.

[146] Chiang T. C. , Zheng D. Z. An Empirical Analysis of Herd Behavior in Global Stock Markets [J]. Journal of Banking & Finance, 2010 (34): 1911 - 1921.

[147] Chichigina O. A. , Dubkov A. A. , Valenti D. , et al. Stability in a System Subject to Noise with Regulated Periodicity [J]. Physical Review E, 2011 (84): 021134.

[148] Cipriani M. , Guarino A. Estimating a Structural Model of Herd Behavior in Financial Markets [J]. American Economic Review, 2014 (104): 224 - 251.

[149] Cont R. Empirical Properties of Asset Returns: Stylized Facts and Statistical Issues [J]. Quantitative Finance, 2010 (1): 223 -236.

[150] Cont R. , Bouchaud J. P. Herd Behavior and Aggregate Fluctuations in Financial Markets [J]. Macroeconomic Dynamics, 2000 (4): 170 -196.

[151] Cooke J. A. , Detlefsen R. , Grace M. F. , et al. The Future of Insurance Regulation in the United States [M]. Washington: Brookings Institution Press, 2009

[152] Cooper R. W. , Dorfman M. S. Business and Professional Ethics in Transitional Economies and Beyond: Considerations for the Insurance Industries of Poland, the Czech Republic and Hungary [J]. Journal of Business Ethics, 2003 (47): 381 -392.

[153] Corsi F. A Simple Approximate Long - Memory Model of Realized Volatility [J]. Journal of Financial Econometrics, 2004 (7): 174 -196.

[154] Courbage C. , Stahel W. R. 2. Insurance and Extreme Events [J]. The Geneva Reports, 2012: 17.

[155] Cox J. A. , Tanaka N. Dual Ion - Exchange Method for the Controlled Addition of a Prescribed Ionic Species to a Solution [J]. Analytical Chemistry, 1985 (57): 385 -387.

[156] Cox J. C. , Ingersoll J. E. , Ross S. A. A Theory of the Term Structure of Interest - Rates [J]. Econometrica, 1985 (53): 385 -407.

[157] Cummins J. D. Should the Government Provide Insurance for Catastrophes? [J]. Federal Reserve Bank of St. Louis Review, 2006 (88): 337 -379.

[158] Daniel G. , Joseph N. L. , Bree D. S. Stochastic Volatility and the

Goodness-of – Fit of the Heston Model [J]. Quantitative Finance, 2005 (5): 199 – 211.

[159] Darbyshire P., Abbass H., Barlow M., et al. A prototype design for studying emergent battlefield behaviour through multi-agent simulation [C]// Proc. Japan – Australia Workshop on Intelligent and Evolutionary Systems, 2000: 71 – 78.

[160] Dengke X., Zhongzhan Z. A Semiparametric Bayesian Approach to Joint Mean and Variance Models [J]. Statistics & Probability Letters, 2013 (83): 1624 – 1631.

[161] Dixit A k, Pindyck R S. Investment under Uncertainty [M]. Princeton University Press, 1994.

[162] Dobija D., Klimczak K. M. Development of Accounting in Poland: Market Efficiency and the Value Relevance of Reported Earnings [J]. International Journal of Accounting, 2010 (45): 356 – 374.

[163] Dong X. H., Zeng C. H., Yang F. Z., et al. Non – Gaussian Noise – Weakened Stability in a Foraging Colony System with Time Delay [J]. Physica A, 2018 (492): 851 – 870.

[164] Drägulescu A. A., Yakovenko V. M. Probability Distribution of Returns in the Heston Model with Stochastic Volatility [J]. Quantitative Finance, 2002 (2): 443 – 453.

[165] Du L. C., Mei D. C. Stochastic Resonance, Reverse – Resonance and Stochastic Multi – Resonance in an Underdamped Quartic Double – Well Potential with Noise and Delay [J]. Physica A, 2011 (390): 3262 – 3266.

[166] Duncan J., Myers R. J. Crop Insurance under Catastrophic Risk [J]. American Journal of Agricultural Economics, 2000 (82): 842 – 855.

[167] Eboli M. Systemic Risk in Financial Networks: A Graph Theoretic Approach [R]. Universita di Chieti Pescara, 2004.

[168] Edson B., Cont R. The Brasilian Interbank Network Structure and Systemic Risk [J]. Banco Central Do Brasil Working Paper Series, 2010: 219.

[169] Eguiluz V. M., Zimmermann M. G. Transmission of Information and Herd Behavior: An Application to Financial Markets [J]. Physical Review Letters, 2000 (85): 5659 – 62.

[170] Elliott R. J., Siu T. K. Risk – Based Indifference Pricing under a

Stochastic Volatility Model [J]. Communstochanal, 2010: 51-73.

[171] Emmert-Streib F., Dehmer M. Identifying Critical Financial Networks of the Djia: Toward a Network-Based Index [J]. Complexity, 2010 (16): 24-33.

[172] Epstein J. M., Axtell R. Growing Artificial Societies: Social Science from the Bottom Up [M]. Brookings Institution Press, 1996.

[173] Erds P., Rényi A. On the Evolution of Random Graphs [J]. Publ Math Inst Hungar Acad Sci, 1960 (5): 17-61.

[174] Ermolieva T. Y., Sergienko I. Catastrophe Risk Management for Sustainable Development of Regions under Risks of Natural Disasters [J]. Cybernetics and Systems Analysis, 2008 (44): 405.

[175] Feldstein M. S. Mean-Variance Analysis in the Theory of Liquidity Preference and Portfolio Selection [J]. Review of Economic Studies, 1969 (36): 5-12.

[176] Ferber J., Weiss G. Multi-Agent Systems: An Introduction to Distributed Artificial Intelligence [M]. Addison-Wesley Reading, 1999.

[177] Fiasconaro A., Mazo J. J., Spagnolo B. Noise-Induced Enhancement of Stability in a Metastable System with Damping [J]. Physical Review E, 2010 (82): 041120.

[178] Fiasconaro A., Spagnolo B. Stability Measures in Metastable States with Gaussian Colored Noise [J]. Physical Review E, 2009 (80): 041110.

[179] Fortran I., Press W. H., Teukolsky S. A., et al. Numerical Recipes in FORTRAN (2nd ed): the art of scientific computing [M]. Cambridge Press, 1992.

[180] Fouladvand M. E., Darooneh A. H. Premium Forecasting of an Insurance Company: Automobile Insurance [J]. International Journal of Modern Physics C, 2005 (16): 377-387.

[181] Frank T. D. Time-Dependent Solutions for Stochastic Systems with Delays: Perturbation Theory and Applications to Financial Physics [J]. Physics Letters A, 2006 (357): 275-283.

[182] Frank T. D., Patanarapeelert K., Tang I M. Delay- and Noise-Induced Transitions: A Case Study for a Hongler Model with Time Delay [J]. Physics Letters A, 2005 (339): 246-251.

[183] Franklin S., Graesser A. C. Is it an Agent, or Just a Program?: A Taxonomy for Autonomous Agents [C]. intelligent agents, 1996: 21-35.

[184] Froot K. A., O'connell P. G. J., Seasholes M. S. The Portfolio Flows of International Investors [J]. Journal of Financial Economics, 1998 (59): 151-193.

[185] Gai P., Kapadia S. Contagion in Financial Networks [J]. Proceedings of the Royal Society a - Mathematical Physical and Engineering Sciences, 2010 (466): 2401-2423.

[186] Gallant A. R. Reflections on the Probability Space Induced by Moment Conditions with Implications for Bayesian Inference [J]. Journal of Financial Econometrics, 2016 (14): 229-247.

[187] Gammaitoni L., Hänggi P., Jung P., et al. Stochastic Resonance [J]. Reviews of modern physics, 1998 (70): 223-287.

[188] Garrett K. A., Dobson A. D. M., Kroschel J., et al. The Effects of Climate Variability and the Color of Weather Time Series on Agricultural Diseases and Pests, and on Decisions for Their Management [J]. Agricultural and Forest Meteorology, 2013 (170): 216-227.

[189] Gelman A., Roberts G. O., Gilks W. R. Efficient Metropolis Jumping Rules [J]. Bayesian statistics, 1996 (5): 42.

[190] Goodwin B. K. Problems with Market Insurance in Agriculture [J]. American Journal of Agricultural Economics, 2001 (83): 643-649.

[191] Gopikrishnan P., Meyer M., Amaral L. a. N., et al. Inverse Cubic Law for the Distribution of Stock Price Variations [J]. European Physical Journal B, 1998 (3): 139-140.

[192] Grace M. F., Klein R. W., Kleindorfer P. R., et al. Catastrophe Insurance Consumer Demand, Markets and Regulation [M]. Kluwer Academic Publishers, 2003.

[193] Graf S., Kling A., Ruß J. Financial Planning and Risk-Return Profiles [J]. European Actuarial Journal, 2012 (2): 77-104.

[194] Grassia P. S. Delay, Feedback and Quenching in Financial Markets [J]. European Physical Journal B, 2000 (17): 347-362.

[195] Guo R., Zhu H., Chow S. M., et al. Bayesian Lasso for Semiparametric Structural Equation Models [J]. Biometrics, 2012 (68): 567-77.

[196] Han Q. L., Yang T., Zeng C. H., et al. Impact of Time Delays on Stochastic Resonance in an Ecological System Describing Vegetation [J]. Physica A, 2014 (408): 96-105.

[197] Hart M., Jefferies P., Hui P. M., et al. Crowd-Anticrowd Theory of Multi-Agent Market Games [J]. The European Physical Journal B, 2001 (20): 547-550.

[198] Hastings W. K. Monte Carlo Sampling Methods Using Markov Chains and Their Applications [J]. Biometrika, 1970 (57): 97-109.

[199] Hazell P. B. The Appropriate Role of Agricultural Insurance in Developing Countries [J]. Journal of International Development, 1992 (4): 567-581.

[200] Heimel J. a. F., Coolen A. C. C. Generating Functional Analysis of the Dynamics of the Batch Minority Game with Random External Information [J]. Physical Review E, 2001 (63): 056121.

[201] Hernandez-Garcia E., Masoller C., Mirasso C R. Anticipating the Dynamics of Chaotic Maps [J]. Physics Letters A, 2002 (295): 39-43.

[202] Heston S. L. A Closed-Form Solution for Options with Stochastic Volatility with Applications to Bond and Currency Options [J]. Review of Financial Studies, 1993 (6): 327-343.

[203] Hewitt C. Viewing Control Structures as Patterns of Passing Messages [J]. Artificial Intelligence, 1977 (8): 323-364.

[204] Ho K., Man W., Chow F., et al. Memory Is Relevant in the Symmetric Phase of the Minority Game [J]. Physical Review E, 2005 (71): 066120.

[205] Ho T. K. State Highway Capital Expenditure and the Economic Cycle [J]. International Journal of Public Administration, 2008 (31): 101-116.

[206] Hobson D., Rogers L. C. Complete Models with Stochastic Volatility [J]. Mathematical Finance, 1998 (8): 27-48.

[207] Holland J. H. Hidden Order: how Adaptation Builds Complexity [J]. Leonardo, 1995 (3): 29.

[208] Hosseini S., Ivanov D., Dolgui A. Review of Quantitative Methods for Supply Chain Resilience Analysis [J]. Transportation Research Part E-Logistics and Transportation Review, 2019 (125): 285-307.

[209] Huang J. P. Experimental Econophysics: Complexity, Self-Organi-

zation, and Emergent Properties [J]. Physics Reports – Review Section of Physics Letters, 2015 (564): 1 – 55.

[210] Huang L., Liu H. Rational Inattention and Portfolio Selection [J]. Journal of Finance, 2007 (62): 1999 – 2040.

[211] Huang X. X. Mean – Risk Model for Uncertain Portfolio Selection [J]. Fuzzy Optimization and Decision Making, 2011 (10): 71 – 89.

[212] Huang X., Zhou H., Zhu H. B. Assessing the Systemic Risk of a Heterogeneous Portfolio of Banks During the Recent Financial Crisis [J]. Journal of Financial Stability, 2012 (8): 193 – 205.

[213] Ilachinski A. Irreducible Semi – Autonomous Adaptive Combat (ISAAC): An Artificial – Life Approach to Land Warfare [J]. Military Operations Research, 1997 (5): 386.

[214] Iori G., De Masi G., Precup O. V., et al. A Network Analysis of the Italian Overnight Money Market [J]. Journal of Economic Dynamics & Control, 2008 (32): 259 – 278.

[215] Iori G., Jafarey S., Padilla F. G. Systemic Risk on the Interbank Market [J]. Journal of Economic Behavior & Organization, 2006 (61): 525 – 542.

[216] Iyetomi H., Nakayama Y., Aoyama H., et al. Fluctuation – Dissipation Theory of Input – Output Interindustrial Relations [J]. Physical Review E, 2011 (83): 016103.

[217] Jacquier E., Polson N. G., Rossi P. E. Bayesian Analysis of Stochastic Volatility Models (Reprinted) [J]. Journal of Business & Economic Statistics, 2002 (20): 69 – 87.

[218] Jaffee D. M., Russell T. Should Governments Support the Private Terrorism Insurance Market? [J]. FINANCIER – BURR RIDGE, 2004 (11): 20.

[219] Jaffee D., Russell T. Markets under Stress: The Case of Extreme Event Insurance [J]. Economics for an Imperfect World: Essays in Honor of Joseph E Stiglitz, 2003 35 – 52.

[220] Jeffreys H. The theory of probability [M]. OUP Oxford, 1998.

[221] Jing – Hui L. I., Han Y. X. Resonance, Multi – Resonance, and Reverse – Resonance Induced by Multiplicative Dichotomous Noise [J]. 理论物理, 2007 (48): 605 – 609.

[222] Johnson L. L. The Theory of Hedging and Speculation in Commodity Futures [J]. The Economics of Futures Trading. Springer, 1976: 83 - 99.

[223] Johnson N F, Hart M, Hui P M. Crowd effects and volatility in markets with competing agents [J]. Physica A, 1999 (269.1): 1 - 8.

[224] Joseph N. L., Daniel G., Bree D. S. Goodness-of - Fit of the Heston Model [J]. Computing in Economics and Finance, 2003: 199 - 211.

[225] Jung P., Hanggi P. Amplification of Small Signals Via Stochastic Resonance [J]. Physical Review A, 1991 (44): 8032 - 8042.

[226] Kazmerchuk Y., Anatoliy S., Wu J. H. The Pricing of Options for Securities Markets with Delayed Response [J]. Mathematics and Computers in Simulation, 2007 (75): 69 - 79.

[227] Kim H. J., Shin K. S. A Hybrid Approach Based on Neural Networks and Genetic Algorithms for Detecting Temporal Patterns in Stock Markets [J]. Applied Soft Computing, 2007 (7): 569 - 576.

[228] Kiselev S. A., Phillips A., Gabitov I. Long Scale Evolution of a Nonlinear Stochastic Dynamic System for Modeling Market Price Bubbles [J]. Physics Letters A, 2000 (272): 130 - 142.

[229] Kostur M., Hänggi P., Talkner P., *et al.* Anticipated Synchronization in Coupled Inertial Ratchets with Time - Delayed Feedback: A Numerical Study [J]. Physical review E, 2005 (72): 036210.

[230] Kothari S. P. Capital Markets Research in Accounting [J]. Journal of Accounting & Economics, 2001 (31): 105 - 231.

[231] Kramkov D., Schachermayer W. Necessary and Sufficient Conditions in the Problem of Optimal Investment in Incomplete Markets [J]. Annals of Applied Probability, 2003 (13): 1504 - 1516.

[232] Krause A., Giansante S. Interbank Lending and the Spread of Bank Failures: A Network Model of Systemic Risk [J]. Journal of Economic Behavior & Organization, 2012 (83): 583 - 608.

[233] Kunreuther H. A Program for Reducing Disaster Losses through Insurance [J]. H Kunreuther and RJ Roth, Jr, Paying the Price, 1998 209 - 228.

[234] Kunreuther H. Interdependent Disaster Risks: The Need for Public - Private Partnerships [J]. Building Safer Cities, 2003: 83.

[235] Kunreuther H., Novemsky N., Kahneman D. Making Low Probabil-

ities Useful [J]. Journal of Risk and Uncertainty, 2001 (23): 103 – 120.

[236] Leung M. T., Daouk H., Chen A. S. Using Investment Portfolio Return to Combine Forecasts: A Multiobjective Approach [J]. European Journal of Operational Research, 2001 (134): 84 – 102.

[237] Levins R. Some Demographic and Genetic Consequences of Environmental Heterogeneity for Biological Control [J]. American Entomologist, 1969 (15): 237 – 240.

[238] Li J. C., Dong Z. W., Zhou R. W., et al. The Stochastic Resonance for the Incidence Function Model of Metapopulation [J]. Physica A, 2017 (476): 70 – 83.

[239] Li J. C., Mei D. C. The Risks and Returns of Stock Investment in a Financial Market [J]. Physics Letters A, 2013a (377): 663 – 670.

[240] Li J. – C., Mei D. – C. The Influences of Delay Time on the Stability of a Market Model with Stochastic Volatility [J]. Physica A, 2013b (392): 763 – 772.

[241] Li J. C., Mei D. C. Reverse Resonance in Stock Prices of Financial System with Periodic Information [J]. Physical Review E, 2013c (88): 012811.

[242] Li J. C., Mei D. C. The Returns and Risks of Investment Portfolio in a Financial Market [J]. Physica A, 2014 (406): 67 – 72.

[243] Li J. C., Li C., Mei D. C. Effects of Time Delay on Stochastic Resonance of the Stock Prices in Financial System [J]. Physics Letters A, 2014 (378): 1997 – 2000.

[244] Li J. C., Mei D. C. The Roles of Extrinsic Periodic Information on the Stability of Stock Price [J]. European Physical Journal B, 2014 (87): 1 – 6.

[245] Li J. C., Zhang C. M., Liu J. F., et al. An Application of Mean Escape Time and Metapopulation on Forestry Catastrophe Insurance [J]. Physica A, 2018 (495): 312 – 323.

[246] Li J. H. Stochastic Resonance, Reverse – Resonance, and Resonant Activation Induced by a Multi – State Noise [J]. Physica A, 2010 (389): 7 – 18.

[247] Li P., Nie L. R., Shu C. Z., et al. Effect of Correlated Dichotomous Noises on Stochastic Resonance in a Linear System [J]. Journal of Statistical Physics, 2012 (146): 1184 – 1202.

[248] Li X., Jin Y. Y., Chen G. R. Complexity and Synchronization of the

World Trade Web [J]. Physica A, 2003 (328): 287-296.

[249] Li Y. X., Qian Z. W., Li J. C., et al. The Stability of Portfolio Investment in Stock Crashes [J]. Modern Physics Letters B, 2016 (30): 1650288.

[250] Lillo F., Mantegna R. N. Variety and Volatility in Financial Markets [J]. Physical Review E, 2000 (62): 6126-34.

[251] Lin C. Y. C., Prince L. Gasoline Price Volatility and the Elasticity of Demand for Gasoline [J]. Energy Economics, 2013 (38): 111-117.

[252] Lin, Cai Y. K., G. Q. Probabilistic Structural Dynamics [M]. McGraw-Hill Professional, 2004.

[253] Liu Y., Gopikrishnan P., Cizeau P., et al. Statistical Properties of the Volatility of Price Fluctuations [J]. Physical Review E, 1999 (60): 1390-400.

[254] Liu Y., Sutanto J. Buyers' Purchasing Time and Herd Behavior on Deal-of-the-Day Group-Buying Websites [J]. Electronic Markets, 2012 (22): 83-93.

[255] Long F., Guo W., Mei D. C. Stochastic Resonance Induced by Bounded Noise and Periodic Signal in an Asymmetric Bistable System [J]. Physica A, 2012 (391): 5305-5310.

[256] Lopes H. F., Tsay R. S. Particle Filters and Bayesian Inference in Financial Econometrics [J]. Journal of Forecasting, 2011 (30): 168-209.

[257] Luo Y, et al. Bayesian Quantile Regression for Longitudinal Data Models [J]. Journal of Statistical Computation and Simulation, 2012 (11): 1635-1649.

[258] Lwin K., Qu R. A Hybrid Algorithm for Constrained Portfolio Selection Problems [J]. Applied Intelligence, 2013 (39): 251-266.

[259] Malevergne Y., Pisarenko V., Sornette D. Empirical Distributions of Stock Returns: Between the Stretched Exponential and the Power Law? [J]. Quantitative Finance, 2005 (5): 379-401.

[260] Mandelbrot B. The Variation of Certain Speculative Prices [J]. The Journal of Business, 1963 (36): 394-419.

[261] Mandelbrot B. B. The Variance of Certain Speculative Prices, 36 J [M]. Bus, 1963b.

[262] Man-Tao J. An Economic Analysis of Policy Forest Insurance from

the Perspective of Forest Workers' Behaviors [J]. Journal of Xinjiang University of Finance & Economics, 2010 (49): 5111 – 5117.

[263] Mantegna R. N., Spagnolo B. Noise Enhanced Stability in an Unstable System [J]. Physical Review Letters, 1996 (76): 563 – 566.

[264] Mantegna R. N., Stanley H. Scaling Behaviour in the Dynamics of an Economic Index [J]. Nature, 1995 (376): 46 – 49.

[265] Mantegna R. N., Stanley H. E. Turbulence and Financial Markets [J]. Nature, 1996 (383): 587 – 588.

[266] Mantegna R. N., Stanley H. E. An Introduction to Econophysics: Correlations and Complexity in Finance [M]. Cambridge university press Cambridge, 2000.

[267] Markowitz H. Porfolio Selection [J]. Theory & Practice of Investment Management Asset Allocation Valuation Portfolio Construction & Strategies Second Edition, 1952 (7): 77 – 91.

[268] Markowitz H. M. Todd G. P. Mean – Variance Analysis in Portfolio Choice and Capital Markets [M]. John wiley & Sons, 2000.

[269] Masoliver J., Perelló J. Escape Problem under Stochastic Volatility: The Heston Model [J]. Physical Review E, 2008 (78): 056104.

[270] Masoliver J., Perelló J. First – Passage and Risk Evaluation under Stochastic Volatility [J]. Physical Review E, 2009 (80): 016108.

[271] Masoller C., Zanette D. H. Anticipated Synchronization in Coupled Chaotic Maps with Delays [J]. Physica A, 2001 (300): 359 – 366.

[272] May R. M., Arinaminpathy N. Systemic Risk: The Dynamics of Model Banking Systems [J]. J R Soc Interface, 2010 (7): 823 – 838.

[273] May R. M., Levin S. A., Sugihara G. Complex Systems: Ecology for Bankers [J]. Nature, 2008 (451): 893 – 895.

[274] Mcaleer M., Medeiros M. C. Realized Volatility: A Review [J]. Econometric Reviews, 2008 (27): 10 – 45.

[275] Mcdonald R., Siegel D. The Value of Waiting to Invest [J]. Quarterly Journal of Economics, 1986 (101): 707 – 727.

[276] Mcnamara B., Wiesenfeld K. Theory of Stochastic Resonance [J]. Phys Rev A Gen Phys, 1989 (39): 4854 – 4869.

[277] Mei D. C., Du L. C., Wang C. J. The effects of time delay on sto-

chastic resonance in a bistable system with correlated noises [J]. Journal of Statistical Physics, 2009 (137): 625 – 638.

[278] Merton R. C. Optimum Consumption and Portfolio Rules in a Continuous – Time Model [J]. Journal of Economic Theory, 1970 (3): 373 – 413.

[279] Metropolis N., Rosenbluth A. W., Rosenbluth M. N., et al. Equation of State Calculations by Fast Computing Machines [J]. The Journal of Chemical Physics, 1953 (21): 1087.

[280] Micciche S., Bonanno G., Lillo F., et al. Volatility in Financial Markets: Stochastic Models and Empirical Results [J]. Physica A, 2002 (314): 756 – 761.

[281] Milgram S. The Small World Problem [J]. Psychology today, 1967 (2): 60 – 67.

[282] Miranda M. J. Area – Yield Crop Insurance Reconsidered [J]. American Journal of Agricultural Economics, 1991 (73): 233 – 242.

[283] Miranda M. J., Glauber J. W. Systemic Risk, Reinsurance, and the Failure of Crop Insurance Markets [J]. American Journal of Agricultural Economics, 1997 (79): 206 – 215.

[284] Mitchell L., Ackland G. J. Boom and Bust in Continuous Time Evolving Economic Model [J]. European Physical Journal B, 2009 (70): 567 – 573.

[285] Müller J. Interbank Credit Lines as a Channel of Contagion [J]. Journal of Financial Services Research, 2006 (29): 37 – 60.

[286] Murlidharan T., Shah H. Economic Consequences of Catastrophes Triggered by Natural Hazards [D]. Stanford University, 2003.

[287] Moura N. J., Ribeiro M. B. Evidence for the Gompertz curve in the income distribution of Brazil 1978 – 2005 [J]. European Physical Journal B, 2009, 67 (1): 101 – 120.

[288] Neumann T., Ebendt R., Kuhns G. From Finance to Its: Traffic Data Fusion Based on Markowitz' Portfolio Theory [J]. Journal of Advanced Transportation, 2016 (50): 145 – 164.

[289] Nie L. R., Mei D. C. Noise and Time Delay: Suppressed Population Explosion of the Mutualism System [J]. Europhysics Letters (EPL), 2007 (79): 20005.

[290] Nie L. R., Mei D. C. Fluctuation – Enhanced Stability of a Metapop-

ulation [J]. Physics Letters A, 2007b (371): 111 – 117.

[291] Nier E., Yang J., Yorulmazer T., et al. Network Models and Financial Stability [J]. Journal of Economic Dynamics & Control, 2007 (31): 2033 – 2060.

[292] Ovaskainen O., Hanski I. Spatially Structured Metapopulation Models: Global and Local Assessment of Metapopulation Capacity [J]. Theor Popul Biol, 2001 (60): 281 – 302.

[293] Park T., Casella G. The Bayesian Lasso [J]. Journal of the American Statistical Association, 2008 (482): 681 – 686.

[294] Peng H. T., Lee H. M., Ho J. M. Trading Decision Maker: stock trading decision by price series smoothing and tendency transition inference [C]. ieee international conference on e-technology, e-commerce and e-service, 2005: 359 – 362.

[295] Pereira F., Mitchell T., Botvinick M. Machine Learning Classifiers and Fmri: A Tutorial Overview [J]. Neuroimage, 2009 (45): S199 – 209.

[296] Pindyck R. S. Irreversible Investment, Capacity Choice, and the Value of the Firm [J]. American Economic Review, 1986 (78): 969 – 85.

[297] Piryatinski A., Tretiak S., Fenimore P. W., et al. Three – Pulse Photon – Echo Spectroscopy as a Probe of the Photoexcited Electronic State Manifold in Coupled Electron – Phonon Systems [J]. Physical Review B, 2004 (70): 161404.

[298] Plerou V., Gopikrishnan P., Rosenow B., et al. Universal and Nonuniversal Properties of Cross Correlations in Financial Time Series [J]. Physical Review Letters, 1999 (83): 1471 – 1474.

[299] William H. Numerical recipes in C/C ++ code CDROM [M]. Cambridge University Press, 2002.

[300] Pryor R., Basu N., Quint T. Development of Aspen: A microanalytic simulation model of the US Economy [R]. Sandia National Labs., Albuquerque, NM (United States), 1996.

[301] Raberto M., Scalas E., Cuniberti G., et al. Volatility in the Italian Stock Market: An Empirical Study [J]. Physica A, 1999 (269): 148 – 155.

[302] Rao A. S. Georgeff M P. BDI agents: from theory to practice [C]// Icmas, 1995, 95: 312 – 319.

[303] Remer R., Mahnke R. Application of Heston Model and Its Solution to German Dax Data [J]. Physica A, 2004 (344): 236-239.

[304] Robert C, Casella G. Monte Carlo statistical methods [M]. Springer Science & Business Media, 2013.

[305] Roberts R. A. Insurance of Crops in Developing Countries [M]. Food & Agriculture Org., 2005.

[306] Rohatgi V. K. Statistical Inference [M]. Dover Publications, 2003.

[307] Saad E. W., Prokhorov D. V., Wunsch D. C. Comparative Study of Stock Trend Prediction Using Time Delay, Recurrent and Probabilistic Neural Networks [J]. IEEE Transactions on Neural Networks, 1998 (9): 1456-1470.

[308] Scharfstein D. S., Stein J. C. Herd Behavior and Investment [J]. American Economic Review, 1990 (80): 465-479.

[309] Schelling T. C. Dynamic Models of Segregation [J]. Journal of mathematical sociology, 1971 (1): 143-186.

[310] Schmieder C. The Deutsche Bundesbank's Large Credit Database (Bakis-M and Mimik) [J]. Schmollers Jahrbuch, 2006 (126): 653-663.

[311] Schuss Z., Singer A., Holcman D. The Narrow Escape Problem for Diffusion in Cellular Microdomains [J]. Proceedings of the National Academy of Sciences, 2007 (104): 16098-16103.

[312] Sen R., Gupta P., Dey D. High Dimensionality Effects on the Efficient Frontier: A Tri-Nation Study [J]. Journal of Data Analysis and Information Processing, 2016 (4): 13.

[313] Sequeira L. V. Three Essays on Agricultural Risk, Insurance and Technology [M]. North Carolina State University, 2010.

[314] Shleifer A., Summers L. H. The Noise Trader Approach to Finance [J]. Journal of Economic Perspectives, 1990 (4): 19-33.

[315] Silva A. C., Prange R. E., Yakovenko V. M. Exponential Distribution of Financial Returns at Mesoscopic Time Lags: A New Stylized Fact [J]. Physica A, 2004 (344): 227-235.

[316] Silva A. C., Yakovenko V. M. Comparison between the Probability Distribution of Returns in the Heston Model and Empirical Data for Stock Indexes [J]. Physica A, 2003 (324): 303-310.

[317] Smith V. H., Chouinard H., Baquet A. E. Almost Ideal Area Yield

Crop Insurance Contracts [J]. American Journal of Agricultural Economics, 1994 (76): 1260 -1260.

[318] Soramäki K., Bech M. L., Arnold J., et al. The Topology of Interbank Payment Flows [J]. Physica A, 2007 (379): 317 -333.

[319] Spagnolo B., Agudov N. V., Dubkov A. A. Noise Enhanced Stability [J]. Acta Physica Polonica, 2004 (35): 1419.

[320] Spagnolo B., Valenti D. Volatility Effects on the Escape Time in Financial Market Models [J]. International Journal of Bifurcation and Chaos, 2008 (18): 2775 -2786.

[321] Stanley H., Mantegna R. An Introduction to Econophysics [M]. Cambridge University Press, Cambridge, 2000.

[322] Stoica G. A Stochastic Delay Financial Model [J]. Proceedings of the American Mathematical Society, 2005 (133): 1837 -1841.

[323] Suliman A., Zhang Y. A New Method for Mean - Variance Portfolio Optimization with Cardinality Constraints [J]. Annals of Operations Research, 2013 (205): 213 -234.

[324] Sun R. Cognition and Multi - Agent Interaction: From Cognitive Modeling to Social Simulation [M]. Cambridge University Press, 2006.

[325] Szado E. Vix Futures and Options-a Case Study of Portfolio Diversification During the 2008 Financial Crisis [J]. Journal of Alternative Investments, 2009 (2): 12.

[326] Tang N S, Duan X D. A semiparametric Bayesian approach to generalized partial linear mixed models for longitudinal data [J]. Computational Statistics & Data Analysis, 2012, 56 (12): 4348 -4365.

[327] Tang N. S., Zhao H. Bayesian Analysis of Nonlinear Reproductive Dispersion Mixed Models for Longitudinal Data with Nonignorable Missing Covariates [J]. Communications in Statistics - Simulation and Computation, 2014 (6): 1265 -1287.

[328] Tang N. S., Zhao Y. Y. Semiparametric Bayesian analysis of nonlinear reproductive dispersion mixed models for longitudinal data [J]. Journal of Multivariate Analysis, 2013 (115): 68 -83.

[329] Valenti D., Spagnolo B., Bonanno G. Hitting Time Distributions in Financial Markets" [J]. Physica A, 2007 (382): 311 -320.

[330] Vicente R., De Toledo C. M., Leite V. B. P., et al. Underlying Dynamics of Typical Fluctuations of an Emerging Market Price Index: The Heston Model from Minutes to Months [J]. Physica A, 2006 (361): 272-288.

[331] Wang C. J. Delays Induce Different Switch in a Stochastic Single Genetic Regulation System with a Positive Autoregulatory Feedback Loop [J]. International Journal of Modern Physics B, 2013 (27): 1350085.

[332] Wang C. J., Yang K. L., Qu S. Q. Vibrational Resonance in a Discrete Neuronal Model with Time Delay [J]. International Journal of Modern Physics B, 2014a (28): 1450103.

[333] Wang C., Yi M., Yang K., et al. Time Delay Induced Transition of Gene Switch and Stochastic Resonance in a Genetic Transcriptional Regulatory Model [J]. BMC Syst Biol, 2012 (6 Suppl 1): S9.

[334] Watts D. J. The "New" Science of Networks [J]. Annual Review of Sociology, 2004 (30): 243-270.

[335] Watts D. J., Strogatz S. H. Collective Dynamics of "Small-World" Networks [J]. Nature, 1998 (393): 440-442.

[336] Welch I. Sequential Sales, Learning, and Cascades [J]. Journal of Finance, 1992 (47): 695-732.

[337] Wooldridge M. Agent-Based Software Engineering [J]. IEE Proceedings-software, 1997 (144): 26-37.

[338] Wooldridge M., Jennings N. R. Intelligent Agents-Theory and Practice [J]. Knowledge Engineering Review, 1995 (10): 115-152.

[339] Wu D., Zhu S. Brownian Motor with Time-Delayed Feedback [J]. Physical Review E, 2006 (73): 051107.

[340] Xie Q. S., Wang T. H., Zeng C. H., et al. Predicting Fluctuations-Caused Regime Shifts in a Time Delayed Dynamics of an Invading Species [J]. Physica A, 2018 (493): 69-83.

[341] Xu X. X., Liu J., Guo L. X., et al. Oscillatory Dynamics in a Continuous-Time Delay Asset Price Model with Dynamical Fundamental Price [J]. Computational Economics, 2015 (45): 517-529.

[342] Yagli G. M., Yang D. Z., Srinivasan D. Automatic Hourly Solar Forecasting Using Machine Learning Models [J]. Renewable & Sustainable Energy Reviews, 2019 (105): 487-498.

[343] Yang Y. W. , He X. M. Bayesian Empirical Likelihood for Quantile Regression [J]. Annals of Statistics, 2012 (40): 1102 – 1131.

[344] Yuan J. , Wei G. An Efficient Monte Carlo Em Algorithm for Bayesian Lasso [J]. Journal of Statistical Computation and Simulation, 2014 (84): 2166 – 2186.

[345] Zaluskakotur M. From Randomness to Periodicity-the Effect of Polarization in the Minority Game Strategy Space [J]. Acta Physica Polonica, 2005 (36): 8.

[346] Zeng C. H. , Wang H. Noise and Large Time Delay: Accelerated Catastrophic Regime Shifts in Ecosystems [J]. Ecological Modelling, 2012 (233): 52 – 58.

[347] Zeng C. H. , Xie Q. S. , Wang T. H. , et al. Stochastic Ecological Kinetics of Regime Shifts in a Time – Delayed Lake Eutrophication Ecosystem [J]. Ecosphere, 2017 (8): e01805.

[348] Zeng C. H. , Zhang C. , Zeng J. K. , et al. Noises – Induced Regime Shifts and – Enhanced Stability under a Model of Lake Approaching Eutrophication [J]. Ecological Complexity, 2015 (22): 102 – 108.

[349] Zeng J. K. , Zeng C. H. , Xie Q. S. , et al. Different Delays – Induced Regime Shifts in a Stochastic Insect Outbreak Dynamics [J]. Physica A, 2016 (462): 1273 – 1285.

[350] Zeuli K. A. New Risk Management Strategies for Agricultural Cooperatives [J]. American Journal of Agricultural Economics, 1999 (81): 1234 – 1239.

[351] Zhang L. L. , Cai G. L. , Fang X. L. Stability for a Novel Time – Delay Financial Hyperchaotic System by Adaptive Periodically Intermittent Linear Control [J]. Journal of Applied Analysis and Computation, 2017 (7): 79 – 91.

[352] Zhong G. Y. , Li J. C. , Jiang G. J. , et al. The Time Delay Restraining the Herd Behavior with Bayesian Approach [J]. Physica A, 2018 (507): 335 – 346.